杨春时 著

文学理论的现代重构

人民出版社

责任编辑：安新文
封面设计：薛　宇
责任校对：张红霞

图书在版编目(CIP)数据

文学理论的现代重构/杨春时 著．—北京：人民出版社，2021.12
ISBN 978－7－01－022094－9

Ⅰ．①文…　Ⅱ．①杨…　Ⅲ．①文学理论　Ⅳ．①I0

中国版本图书馆 CIP 数据核字(2020)第 074988 号

文学理论的现代重构
WENXUE LILUN DE XIANDAI CHONGGOU

杨春时　著

人民出版社 出版发行
(100706　北京市东城区隆福寺街 99 号)

中煤(北京)印务有限公司印刷　新华书店经销

2021 年 12 月第 1 版　2021 年 12 月北京第 1 次印刷
开本：710 毫米×1000 毫米 1/16　印张：27.5
字数：391 千字

ISBN 978－7－01－022094－9　定价：66.00 元

邮购地址 100706　北京市东城区隆福寺街 99 号
人民东方图书销售中心　电话 (010)65250042　65289539

目　录

第二编　文学的社会历史论

第三编 文学活动论

第四编　文学作品论

绪　　论

《文学理论的现代重构》是文学理论的基础部分，它概要地讲解了文学的一般知识。在学习它之前，必须先明确文学理论的学科性质、任务、学习方法和文学理论建设的途径。这就是《文学理论的现代重构》绪论的内容。

一、文学理论的学科性质

文学理论是文艺学的一个分支。文艺学包括文学理论、文学史、文学批评，它们各有不同的研究对象和不同的任务。文学史是对以往的文学历史发展的研究，它不但要叙述文学的沿革，而且要总结文学历史发展的具体规律。文学史的任务主要是给人们学习历史上的文学作品以指导，帮助人们了解文学的历史。文学批评是对具体文学现象的研究和评价，即对具体作家、作品和流派的评论，主要是对当代文学现象的分析研究。文学批评的任务主要是指导文学创作和文学接受，促进当代文学的发展。文学理论是对所有文学现象的研究，既包括历史上的文学现象，也包括当前的文学现象；既包括本民族的文学现象，也包括全世界其他民族的文学现象；既包括文学创作，也包括文学作品和文学接受。文学理论区别于文学史研究，后者只研究以往的（而且往往是某一民族的或以民族文学为基础的）文学现象，而文学理论还包括对当代的文学研究，甚至对以后发生的文学现象也有某种解释效力。文学理论也区别于文学批评，后者只研究当代的具体文学现象，而文学理论则研究以往至今的一切文学现象。更重要的是，文学理论是对文学现象的理论概括，它揭示文学的本质、规律，把具体的文学现象抽象为理论形态。文学理论必须脱离具体的文学现象，构造自己的概念体系、逻辑体系。因此，文学理论可以越过具体文学现象，对于古今中外的文学都具有普遍意义。文学史则不脱离具体的文学现象，不成为理论形态，它是对文学的历史演变进行叙述。文学批评也不脱离具体文学现象，不以理论形态出现，它是对具体文学现象的分析、评价。

如果从更大的范围来说，文艺学包括文学理论，属于人文科学。一般把科学研究分成三类，即自然科学、社会科学和人文科学。自然科学研究自然现象，要进行实验的、量化的研究，属于一种精密科学。社会科学研究社会现象，主要是人的社会物质层面的活动，包括经济学、社会学、人口学、法学等。它具有实证性，可以量化，但不具有精密科学的性质。人文科学研究精神现象，它缺乏实证性，不能进行量化研究，不属于精密科学，因此有人称之为人文学而不称之为人文科学。人文科学包括哲学、伦理学、历史学、文艺学、宗教学等。文学是一种精神现象，因此文艺学包括文学理论具有人文科学的性质。文学理论不能像自然科学那样采用实验的、数量化的研究方法，也不同于以自然科学为典范的实证的社会科学方法。

文学理论是文艺学的基础学科，在文艺学中具有主导地位。文学史必须有文学理论的指导，才能揭示文学的历史规律。文学理论可以解释文学的发生、文学与社会现实的关系、文学的思潮、流派、文学的历史演变等文学现象。如果没有文学理论的指导，文学史就可能变成文学资料的堆积。文学批评也必须有文学理论的指导，才能对具体的文学作品和流派作出正确的、深刻的评论。文学理论揭示了文学作品的思想倾向、审美价值、风格特征等，使文学的意义得以彰显。如果没有文学理论的指导，文学批评就可能限于感性、流于随意、缺乏深度。好的文学史研究者和好的文学批评家一定有深厚的理论修养，这是他们区别于普通文学爱好者的地方。

文学理论是一门综合学科，它包含了多学科的知识。因为文学是人的复杂的精神活动,它涉及了许多学科领域。文学是对社会生活的一种感知和解释,因此文学理论就涉及了社会学。文学又是一种心理现象,因此文学理论又与心理学相关。文学是使用语言的艺术,因此文学理论又与语言学有密切联系。文学又是一种审美活动,因此文学理论又离不开美学。哲学是根本的世界观,文学理论也需要哲学的指导。《文学理论的现代重构》作为文学理论的基础部分,包含多学科的知识,能够对文学现象进行综合的研究,以揭示文学的全貌。文学理论的现代发展,出现了多学科研究的趋势,文学理论分化为许多分支学科,如文学社会学、文学心理学、文学语言学、文艺美学等。多学科的介入,使文学研究深化了,文学理论也不断丰富、深化,并走向多学科的综合。《文学理论的现代重构》就是多学科综合的文学基础理论。

二、文学理论的任务

文学理论的任务有两个,一个是学术任务,一个是社会任务。

文学理论的学术任务,就是它作为一门学术所负担的任务。学术以追求真理为根本任务,文学理论所追求的真理就是文学现象的本质和规律。文学活动是人类的重要的社会活动,同时又是非常复杂的精神现象,探索它的奥秘,是人类的许多求知欲望之一。文学理论就是在对文学的探索历史过程中形成的。从古代开始,一些思想家就对文学现象进行了研究,试图解释文学的起源、文学的性质、文学的作用等问题。如中国古代的孔子就对诗歌作出了“兴、观、群、怨”的界定。以后经过历代的阐发,特别是经过刘勰的总结,以《文心雕龙》为标志,创立了以价值论为基础、以表情说为核心的中国古代的系统文学理论。西方文学理论的建立也是对文学探索的历史积累的结果。古希腊哲人就对文学的奇妙现象进行了思考。柏拉图一方面把文学当作对理念的双重模仿(现实模仿理念,艺术又模仿现实),又认识到了艺术的非理性性质,认为艺术导致一种迷狂。他对文学持否定态度,认为诗人煽动情欲,主张把诗人驱逐出理想国。亚里士多德在理性意义上揭示文学的本质,他认为文学是一种认知活动,是对现实的模仿,而且文学描写带有必然性,揭示历史的规律。在文艺复兴以后,就形成了以认识论为基础、以再现说为核心的西方文学理论。文学理论必须对丰富生动的文学现象作出合理的解释,从而也就对人类的精神世界作出探索。在人类的学术活动中,文学理论具有不可替代的重要位置。

文学理论的社会任务是指导文学活动。文学理论既是文学经验的总结,又是文学活动的指导。文学活动是人类精神生活的重要方面,它负担着提高精神境界、教育人和健康娱乐等社会责任,因此对文学活动应进行理论指导,以更好地发挥文学的社会功能。文学活动包括文学创作、文学接受和文学批评等环节,它们都需要文学理论的阐释。文学理论能够提示文学的本质和规律,对文学现象作出解释。因此,文学理论就必然能够对作家和读者产生影响,指导他们的文学创作和鉴赏活动。许多作家有一定的文学理论修养,有自己的文学主张和思想,有的本人就是文学理论家,如席勒、萨特和加缪既是作家,又是哲学家和文学理论家。作家有了文学理论修养,就会更自觉地按照文学的本质和规律进行创作,提高文学作品的质量。许多读者也有一定的理论修养,在理论的指导下,能够更深刻地理解文学作品。特别是一些经典性的、有深刻思想内容的作品,没有相当的文学理论修养是很难深刻理解的。但是,在大多数情况下,作家和读者并不一定有足够的文学理论修养,也不直接按照文学理论进行创作和鉴赏,文学理论对他们的指导是间接的,是通过文学批评的中介实现的。文学理论指导文学活动的主要过程是:文学理论指导文学批评,文学批评指导文学创作和文学接受。文学批评是对文学作品的分析和评价,必须依据一定的文学理论。有了文学理论的修养,文学批评家才区别于一般文学爱好者,才有资格进行专业的批评,才不是一般的意见而是权威的评论。如果说文学理论还是一门专门化的学术,是面向少数专业人士的话,那么文学批评则是面向社会、面向大众的实践行为,它直接发挥了指导文学实践的功能。作家通过文学批评了解社会对自己作品的评价,作为自己创作的参考。读者通过接受权威的文学批评，帮助自己理解和评价文学作品。这样，通过文学批评的中介，文学理论就发挥了指导文学活动的作用。

三、文学理论的建设和发展

文学理论在古代就已经产生，如西方的古希腊、罗马，中国的春秋时期都是文学理论的发轫期。随着社会的演进和文学的发达，文学理论也在不断发展，在近代欧洲成为一个学术门类。中国的现代文学理论是在五四新文化运动中开始形成的。五四以前，中国的文学理论还处于古典时期，它虽然有许多有价值的思想财富，但在总体上已经不适应文学的现代发展，必须进行革新。五四新文化运动从西方引进了现代文学，也引进了现代文学理论。从此，中国文学理论开始了现代转型。五四以后，中国进入了社会革命时期，苏联革命文学理论传入，并且逐步取代西方文学理论，主导了中国的革命文学运动。在这个过程中，苏联文学理论也开始与中国革命实际相结合，并产生了中国化的革命文学理论——毛泽东文艺思想。在社会主义建设阶段，源于苏联的文学理论与“左”的思潮结合，阻碍了文学的发展，并且在“文革”中给文学带来毁灭性的灾难。在改革开放的新时期，中国文学获得了解放，焕发了勃勃生机，恢复了五四启蒙主义传统，并且开始发展为现代形态。与此同时，中国的文学理论也摆脱了苏联模式和“左”的思想干扰，恢复和继承了五四文学思想传统，并且向现代文学理论开放。当前，我国的文学理论正处在由古典向现代的转型期和重要的历史发展阶段，在这个时期，建设中国现代文学理论的任务就历史地落在我们的肩上。

建设中国现代文学理论，必须从中国文学的现代发展实际出发，注重理论联系实际，在文学实践中发展文学理论。文学理论虽然是抽象的概念体系，但它又是文学实践经验的总结。我们必须不断地总结文学实践的经验，并且上升到理论形态。应当避免脱离实际，从概念到概念的研究方法。文学理论观点应该经过文学实践的检验，在实践中修正、完善、发展。

当代世界文学和中国文学的发展为文学理论建设提供了思想的源泉，只要我们不脱离这个源泉，就会获得无尽的理论发展动力。关注当代文学的经验，加以总结和概括，提炼为理论形态，是建设现代中国文论的重要途径。

建设中国现代文学理论，必须继承中国传统文学理论的合理因素，这是中国现代文学理论的丰富思想资源。长期以来，对中国文学理论传统有所忽视，甚至有人认为它已经过时，没有任何价值了，这种观点是错误的。中国传统文学理论是中国古代文学经验的总结，它体现了中华民族的审美观念。虽然时代已经变了，传统文学理论的许多观点都不适应现代文学的发展了，但是，这并不意味着它已经没有合理的思想了，也不意味着现代文学理论的建设就不需要传统文学理论的思想资源了。恰恰相反，中国古代文学理论是一个宝库，有许多超越时空的思想财富，需要我们继承、发扬。欧洲现代文论如意象派理论和海德格尔诗学理论就吸收了中国古典文学理论的思想资源，显示了其现代价值。中国现代文学理论的建设不能从空中进行，也不能仅靠从外面引进，它必须建立在已有的传统之上。当然，不能把传统文学理论原样搬用，必须对传统文学理论进行现代改造，把它纳入现代理论体系。这样，就能创造出有中国特色的现代文学理论体系。

中国现代文学理论建设，必须向世界现代文学理论开放。由于历史的原因，中国现代文学理论的发展落后了，它至今还没有完全走出苏联文学理论的框架，还没有建立自己的理论体系，还没有完成文学理论由古典到现代的转型。要完成这个转型，赶上和超过世界文学理论的发展水平，就必须克服闭关自守、故步自封的思想，学习和吸收世界现代文学理论的合理因素，作为建设中国现代文学理论大厦的砖瓦。学习和吸收不是全盘西化，不是照搬照抄。现代西方文学理论既体现了文学观念的现代发展，也存在着一些不合理的成分。现代主义文论流派众多，观点歧异，各自存在着片面性。当前流行的后现代主义虽然具有反形而上学的合理性，但也存在着相对主义和虚无主义的弊端。因此，对于它们要采取学习、批判、吸收、融通的态度，取其精华，去其糟粕。要进行中国传统文学理论与西方现代文学理论的对话，实现中西文论的融合互补。总之，在当代文学实践经验的基础上，把现代西方文学理论与中国传统文学理论结合起来，融会贯通，发展创新，就一定会建设成中国现代文学理论体系。

四、学习文学理论的方法

首先，学习文学理论应该学会运用理论思维。文学理论是一个严整的概念体系，具有严密的逻辑性。它要求摆脱感性的、日常的思维习惯，进入一种理论的思辨。日常思维往往是从感性经验出发，直接得出结论。比如，对于文学的本质，如果以日常思维来进行概括，就会囿于日常经验，得出比较直观的结论。在欧洲古代社会，由于直观经验的局限，就得出了文学是现实的模仿等结论。在中国古代先秦时期，由于直观经验的限制，人们对文学的认识就停留于"载道"、"言志"、"表情"等观念。至于文学为什么如是，它与根本的世界观的联系，诸文学概念之间的联系，则没有得到系统的说明。也就是说，古代社会的文学理论还没有建立起严整的概念体系。文学理论必须依据理论思维。所谓理论思维，就是把具体的日常经验上升为抽象的概念，并进一步建立诸概念之间的逻辑联系，也就是建立起严整的概念体系。如果没有建立严整的理论体系，仅仅停留于现象的描述和经验的陈述，就没有普遍的意义，不成其为文学理论。近代以来，许多文学理论家、美学家都超越了经验水平，进行了理论的推演，形成了严整的概念体系。例如康德、黑格尔、席勒等都是这样，他们的理论体系有很强的逻辑力量。中国六朝时期刘勰《文心雕龙》也构造了一个理论体系，但这个体系还不够完备，还保留着经验思维的痕迹。我们学习《文学理论的现代重构》必须习惯于理论思维，不仅要善于联系实际，还要善于逻辑推演，找出各概念之间的逻辑关系；不仅要记住结论，还要知道它是如何推导出来的。《文学理论的现代重构》是一个有机的整体，各部分存在着逻辑上的联系。因此，我们不应孤立地学习每一部分，而要找出各部分之间的联系，在总体上把握文学理论。尤其要掌握文学理论的核心——文学的本质，因为文学的其他特性、规律都是文学本质的推演，都包含在文学的本质之中，只有深入掌握文学的本质，才能深入理解文学的其他特性。这是理论思维的一个基本规律，一定要学会掌握运用。

还有，要理论联系实际。文学理论是文学经验的总结和概括，在抽象的理论后面，包含着丰富的文学经验。我们学习《文学理论的现代重构》切记不要死记硬背、把它当成机械的教条。应当通过对文学历史和文学经典的学习，来验证和加深理解文学理论。还要尽量把学过的理论知识运用于文学现象的分析，在文学史学习和文学批评的实践当中加深掌握文学理论。文学理论又是在不断发展、变化的，要关注文学理论界的学术讨论，了解文学理论界的最新动态，不断更新自己的文学理论知识。

最后，还要扩展自己的知识领域，学习多学科的知识。文学理论是一门综合学科，包含着多学科的知识。只有掌握了哲学、美学、社会学、历史学、心理学、语言学、人类学等多学科的知识，才能深刻掌握文学理论。特别重要的是，应该掌握现代的哲学、美学理论。文学理论的基础是哲学和美学理论，要掌握文学理论的基本观点，要求对现代哲学、美学的基本理论有所了解。当然，这不是说一定要先学习这些学科然后才能学习《文学理论的现代重构》，因为《文学理论的现代重构》毕竟是文学理论的基础部分；而是说，应当配合《文学理论的现代重构》的学习，尽量扩展自己的知识，对相关学科的知识要广泛吸收。在以后的学习中，还要学习与《文学理论的现代重构》有关的课程，如“马列文论”、“西方文论”、“中国古代文论”、“美学”等，它们都是文学理论的分支学科或基础学科，从不同的角度扩展、深化了《文学理论的现代重构》的知识。在这些学科的学习中应该注意联系《文学理论的现代重构》的内容，进一步加深理解，把我们的文学理论的水平提到一个新的高度。

本章参考书目

1. [法]杜夫海纳主编:《美学文艺学方法论》,朱立元、程未介编译,中国文联出版公司 1992 年版。

2. [美]乔那森·卡勒:《文学理论入门》,李平译,译林出版社 2008 年版。

3. [荷]佛克马、[美]易布思:《二十世纪文学理论》,林书武等译,生活·读书·新知三联书店 1988 年版。

第一编　文学本体论

关于文学的本质，主要有两种观点：一种是现实论，认为文学属于现实活动，具有现实性。这一理论或者认为文学是对现实的模仿（亚里士多德）、认识和反映（苏联文论和"文革"前的中国文论）；或者认为文学是一种情感体验（中国古典文论）、意识形态（苏联文论和"文革"前的中国文论）。另外一种是审美论，认为文学是审美活动，具有自律性，它独立于现实、超越现实（西方现代文论）。此外，后现代主义文论又另辟蹊径，认为文学无本质，文学的本质是一种话语权力的构造。应当说，这些文学观各有一定的合理性，对部分文学作品各有一定的解释的有效性；同时它们又各有片面性，不能解释全部文学。文学是不同种类的集合，包括通俗文学、严肃文学和纯文学，而现实论或审美论的文学观不能全面地解释这三种文学形态；文学无本质论又否定了文学的独立存在。文学理论对文学性质和意义的规定，必须包容以上的文学种类，作出全面的理论概括，而不能偏于一方，导致片面性。那么，如何界定文学的性质和意义呢？这就需要考察文学的本体，也就是把文学作为一种生存方式进行考察，进而推导出文学的性质和意义。

第一章　文学是指向自由的生存方式

第一节　文学是一种生存方式

一、文学的本体是什么

对文学本质的研究，首先要有对文学本体的定位。所谓文学本体，就是文学概念的所指，也就是文学的存在方式。对文学本体的规定决定了文学研究的对象，从而决定了不同的文学本质观。一种观点认为，文学本体就是文学作品，作品具有客观性，是文学研究的对象，故文学作品的客观意义就是文学的本质。持这种观点的有形式主义文论、结构主义文论等。它们由此提出了所谓文学性或者文学文本的结构等问题。还有一种观点认为，文学是作家思想感情的表达，作家的世界观决定了文学的性质，故作家成为文学研究的对象。持这种观点的有浪漫主义文论以及各种近代文论。它们由此提出所谓天才、主体性等问题。还有一种观点认为，文学作品的意义是由读者的接受决定的，读者的兴趣、观念决定了文学的性质，故读者的接受成为文学研究的对象。持这种观点的是接受美学或文学接受理论。它由此提出所谓读者的“期待视野”、文本的“召唤结构”、“隐含的读者”等问题。应该说，以上三种研究视角都各有一定道理，但又各有片面性。因为它们都只注重了文学活动的某一方面，或者是作品，或者是作家，或者是读者，而忽略了其他的方面。文学的本体不是文学作品，因为作品要有人来创造和解读才有意义；也不是作家，因为作家的意图不等于作品的意义；也不是读者，因为读者的观念也不等于作品的意义。文学应当包括作品、作家创作和读者接受等环节，三者不能割裂开来，必须整合在一起，才构成文学研究的总体视角，也才成为文学的本体。

首先，文学本体就是文学活动，文学活动的总和构成了文学的本体。文学活动包括作家的创作活动和读者的接受活动，包含了作家、作品、读者等环节。只有从这个本体出发，才能克服以往文学研究的片面性，建立文学研究的总体视角。其次，文学的本体与哲学本体论相关。哲学的本体是存在，而现实生存是存在的历史形式。文学也是一种生存活动，从而与存在相关。文学活动不同于一般的社会活动，如生产劳动、科学研究、游戏娱乐等，它们只是现实生活的一部分，不是独立的、完整的生活；而文学活动是一种独立的、完整的精神生活，是与现实生活不同的另外一种生活。现实生活的总和构成现实的生存方式，而文学是一种与现实生存不同的生存方式。这就是说，文学的本体就是特殊的生存方式，文学的性质应该从生存方式中考察。只有从生存出发，才能揭示文学的本质。

二、关于生存方式

研究文学本体，首先要研究生存方式。什么是生存呢？哲学的本体是存在，而存在是逻辑的设定。存在的定义是：存在是主体与世界的共在，存在是生存的根据。具体地说，存在不是主体的存在，也不是对象世界的存在，也不是二者的分立，而是主体和世界共同存在，是二者的同一。其次，存在不具有现实性，而是逻辑的设定，它超越现实生存，是一种可能性。存在的现实形式是生存，生存是存在的历史显现，存在规定着生存，生存又是存在的异化形式。① 在历史的进程中，生存体现为不同的生存方式。生存方

---

① 杨春时：《作为第一哲学的美学——存在、现象与审美》，人民出版社 2015 年版，第 80—83 页。

式由生产方式决定,不同的生产方式决定不同的生存方式。人类有三种生产方式,也有相应的三种生存方式。

人类第一种生存方式是自然的生存方式,这是原始时代的生存方式,它由人类自身的生产所决定。原始时代基本的生产活动就是人类自身的生产,即种的繁衍。这是动物式的生产,构成了动物式的自然生存方式。在原始社会,物质生产和精神生产都没有发展起来,简单的原始劳动还不能算作社会生产:它没有社会分工,没有形成生产关系和社会关系,人与人之间的关系是血缘关系;也没有生产资料可言,因为原始人使用的工具是石块、木棍以及简单的石制、木制、骨制工具,生产对象是野生动植物,它们都不能算作生产资料。精神生产也没有形成,没有科学也没有意识形态,只有巫术活动,而巫术是物质活动与精神活动混沌未分的蒙昧性的原始活动,不是精神生产。这表明人类尚未与自然分离,主体与世界的对立还未发生,还处于蒙昧的史前时代。

人类第二种生存方式是现实的生存方式,这是文明的生存方式,它由物质生产所决定。在文明时代,人类自身的生产已经作为前提得到解决(一夫一妻制的确立为标志);物质生产成为基本的生产方式,形成了现实的生产关系和社会关系;精神生产也发展起来,出现了科学和意识形态。但精神生产未获充分独立,它还依附于物质生产,物质生产成为主导,精神生产要为物质生产服务:科学要转化为生产力,意识形态要巩固生产关系和社会关系。在物质生产的基础上,形成了现实的生存方式。现实生存方式对于自然生存方式而言是一种进步,因为人类开始摆脱自然的奴役,确立主体地位。但是,现实生存方式发生了主体与世界的对立,还不是自由的生存,而是异化的生存方式。首先,人与自然对立,人企图征服自然,一方面破坏了生存环境,另一方面也遭受到自然的抵抗,不能摆脱自然的压迫。其次,人与人对立,由于社会关系的不合理,导致人与社会的冲突。最后,物欲支配人,金钱关系统治了社会,人被虚假的价值所蒙蔽,导致了自我异化。总之,人还仅仅为了生存而活,而不是为了自由而活。

人类第三种生存方式是自由的生存方式,这是由独立的精神生产主导的。马克思说:“事实上,自由王国只是在由必需和外在目的规定要做的劳动终止的地方才开始;因而按照事物的本性来说,它存在于真正物质生产领域的彼岸。……在这个必然王国的彼岸,作为目的本身的人类能力的发展,真正的自由王国,就开始了。”①这就是说,在物质生产主导的现实世界,没有真正的自由;自由在精神生产领域。关于这个精神生产充分发展的世界,马克思设想为共产主义。他认为,在共产主义社会生产力高度发达,物质需求得到充分满足,人类就可能大大缩短劳动时间,更多地从事艺术、科学、体育、游戏活动,从而把人从异化劳动中解放出来,获得全面发展。但是,这并不意味着自由只能等待遥远的将来。在现实条件下,人类也可以通过“自由的精神生产”,超越现实,进入自由王国。自由的精神生产包括艺术活动,也包括其反思形式哲学等超越性精神活动。艺术(包括文学)是独立的精神生产和消费活动,属于自由的生存方式。这一点还需要进行论证。

三、文学是复合的生存方式

在判定文学属于哪一种生存方式之前,我们先论证文学是一种独立的生存方式。

首先,文学是独立的精神生产和精神生活。文学与其他精神活动不同,科学、意识形态等精神生产活动依附于物质生产活动并且为现实生存服务,具有直接的功利性。它们不是独立的精神生产,也不是独立的生存方式,只是现实生存的一部分。文学属于精神生产,也是一种精神生活,它不依附于物质生产,具有独立性。文学直接满足人的精神需要,也不会发生像科学和意识形态那样直接的社会效果,不具有直接的功利性。

其次,文学是一种完整的生活方式。其他精神生产如科学和意识形态活动只是人的专业性的生产活动,是片面的理性活动(认识或者价值判

① 《马克思恩格斯全集》第25卷,人民出版社1974年版,第926—927页。

断),脱离了感性(日常经验和情感),是日常生活的抽象化,不是完整的生活。而文学则不同,无论是文学创作还是文学接受,都使人全身心地进入了一种完整的精神生活;这种精神生活具有极大的丰富性,它饱含了人的感性、理性、超越性以及认识和情感。文学活动不只是思想活动,也是身体活动,主体全身心地投入作品展开的生活中去,与文学角色共命运、同悲欢。人的全部精神力量都在文学活动中得到发挥,并且进行了自我和对象世界的创造,产生了一个新的生活世界。因此,文学是全面的生存活动,而不是片面的生存活动。

最后,文学活动与现实生存相分隔,文学最终超越于现实生存。文学活动不仅在现实生存之中,而且在现实生存之外。文学与现实虽然有交叉,但属于不同的时空:一个是现实时空,一个是想象的、审美的时空。在文学活动中,我们已经忘却了自我和现实世界,进入新的生存之中了。这样,文学活动就独立于现实生活,成为另外一种精神生活。综上所述,文学是一种独立的生存方式。

此外,文学作为一种生存方式,不是单一的,而是复合的,这就是说,它包含着不同的取向,具有多层次性。文学活动既包含着现实生存层面,也涉入了自然生存的层面,同时又指向自由的生存方式。严肃文学突出了意识形态性,倾向于现实的生存方式。通俗文学更突出了感性特征,偏离了理性,倾向于自然的生存方式。纯文学突出了审美性,倾向于自由的生存方式。这就是说,文学作为一种生存方式,是现实的生存方式、自然的生存方式和自由的生存方式的复合,文学本质就具有这种复合性。但是,这并不意味着文学的性质是现实生存方式、自然生存方式与自由的生存方式的平列、混合,而是具有层次性、指向性。其中现实的生存方式是基础和表层结构,自然的生存方式是原型和深层结构,自由的生存方式是生成性的超验结构。也就是说,文学既立足于现实,又回归自然,最后指向自由。这就是为什么不说"文学是自由的生存方式"而说"文学是指向自由的生存方式"的缘由。

第二节 文学作为现实的生存方式

文学作为一种独立的生存方式,其基础是现实生存,因此也具有现实性,在一定程度上属于现实生存活动。

一、文学活动的现实性

历史唯物主义认为,人首先要衣食住行,然后才能从事科学、艺术等精神活动,物质生活是精神生活的基础和前提。因此,社会存在决定社会意识;现实生活是第一性的,人的精神活动是第二性的。这就是说,现实生存或者说现实生活是文学的基础。文学虽然是一种指向自由的精神生活,但是它建筑在现实生活基础之上,现实生活是文学活动的基础和前提。人先要实际地生活,然后才能有条件、有意愿、有能力从事文学活动。从发生学上看,也是先有现实生活后有文学。从历史的角度说,也是社会发展推动了文学的发展,为文学的发展提供了空间。

文学不是孤立存在的,而是现实生活的派生物。“饥者歌其食,劳者歌其事”,文学离不开人的生活。首先,现实主体是文学主体的基础。文学活动的主体是现实的人。文学主体包含着现实主体即现实个性(作家和读者)和审美主体即审美个性,但现实主体是文学主体的基础。文学是现实的人的创造,人受现实生活制约,是社会关系的总和。作家不管多么富有天才,性格多么独特,但都是现实的人,都打上了社会现实的烙印。作家的文学创作总要受到其社会存在的影响,其人格、思想也体现于作品中,从而使作品具有了现实性。读者也是现实社会中的人,他的世界观决定了文学趣味,因此对作品的接受受到现实生活的影响,产生了现实意义。

此外,现实世界是文学描写的对象,是文学形象的原本。文学的表现人的命运和人的追求,而这只能来源于现实生活。作家不管多么富有想象力,多么善于创造，也只能从生活中提取创作材料。以神话小说《西游记》为例，它描写的不是凡人的生活，而是神仙鬼怪的故事，像孙悟空、猪八戒等都是幻想的产物，但他们又是那个时代人物的真实写照，他们有个性、有人情味，神魔之间的关系实际是当时社会关系的曲折反映。文学形象必然打上现实生活的烙印，古今中外的文学都是时代的产物，体现了特定时代的精神风貌、历史环境、社会矛盾。

文学的现实性还在于，文学活动本身就是现实活动的一种。在现实层面，文学活动在某种意义上重复了现实生活。这不仅在于文学形象以特殊的方式再现了现实生活，而且还由于在一定意义上，文学活动本身就是现实生活的一部分，具有现实性。人们在工作之余，会有兴趣阅读文学作品，获得思想的启迪和精神的愉悦，从而丰富了社会生活。而且，更主要的是，文学展开的社会生活，不是外在的，而是内在的，作者和读者都进入了文学展开的生活之中，与文学形象融为一体，从而也过着一种假定的现实生活。主人公的悲欢离合成为我们新的经历，我们重新遭遇了一种命运。我们的生活经验和人生追求都在这种生活中呈现出来，从而重新投入现实生活，也延续了现实生活。

二、文学是理想化的精神生活

文学作为一种现实的生存方式，带有理想性，因此与实际的现实生活之间有所区别。文学是精神性的生活，它使得作家或者读者通过想象和情感体验进入了一种新的生活。这种生活不同于物质性的日常生活，而具有了纯粹的精神性。人需要日常生活，因为人是物质的存在；也需要精神生活，因为人还是精神的存在。文学满足了人的精神需要，创造了一个精神的世界。

文学作为精神生活带有理想性，因而不同于现实化的日常生活。通俗文学、严肃文学或纯文学，无论是哪一种文学类型，都不同于日常生活，不同之处在于其理想性，是理想化的精神生活。所谓理想化的生活，是指文学在现实意义上和超现实意义上体现了人的理想。文学之所以有存在的理由，在于其理想性。别林斯基说艺术是现实生活的苍白复制，其意义只在于作为生活的替代品。这种说法贬低了艺术。艺术包括文学不是现实的替代品，它具有理想性。现实生活虽然实际、有其价值，但并不完满，不能完全实现人的社会理想，更不能实现自由，因此需要一种理想化的精神生活来补充、代替。古往今来的现实生活都是异化的历史，人与自然的关系以及人与人的关系都不合理。因此，现实生活或者是黑暗的，或者是平庸的，不符合人的愿望。于是，就产生了人的不满和理想追求。人的理想有两种，一种是形而下的改善生活的愿望，也就是世俗幸福的追求；一种是超越现实的形而上的追求，也就是终极价值的追求，他们都源于对现实生存的不满。正是基于这种不满和理想追求，才产生了文学以及各种艺术等精神活动。精神生活是人的特殊生活，是一种更高级的生存方式，人需要精神生活，即在于对日常生活的不满足和更高的追求。这种不满和追求既体现在文学活动的现实层面，也体现在超现实的审美层面，也就是说文学作为理想化的精神生活，在现实和超现实两个维度上体现出来。

文学作为理想化的精神生活，首先体现在现实层面上，也就是说文学活动是一种理想化的现实生存状态。文学作为一种精神生活，不是重复了现实生活，而是对现实生活的改造和理想化，从而扩大了生存的自由度。现实生活往往是不理想的，人的发展和幸福追求受到社会关系的阻碍，不能充分实现，也不能自由地表达，从而使人生充满了苦恼和无奈。而在文学活动中，主体包括作者和读者都把自己的社会理想注入其中，希望在文学形象的创造中，可以充分地表达自己的追求，并且通过艺术的想象使其得到实现。文学既可以创造出一个更合理的虚拟世界，也可以揭露现实的黑暗；既可以按照自己的理想塑造好人形象，也可以按照自己的意志塑造坏人形象，并且按照自己的理想安排他们的命运。文学还可以冲破社会观念的束缚，自由地抒发自己的情感，尽情地歌哭笑骂。中国古典文论强调文学可以“兴、观、群、怨”，讲“发愤而作”，西方讲“愤怒出诗人”，都是说文学可以充分地表达自己的思想感情，排遣不满的情绪，这在现实中不能自由地实现，而在文学中却成为可能，从而成为一种理想化的精神生活。

文学作品总是以不同方式体现作家的人生理想：或者描写比现实更美满的世界人生，表达人的美好愿望；或者揭露现实的阴暗面而对其有所批判，表达人的不满和反抗，从而肯定理想社会。前一类作品如新古典主义、部分启蒙主义、部分浪漫主义以及革命文学等，它们把生活美化，塑造了应该如此的生活。这类文学也包括一般的通俗文学，通俗文学表达了人的感性欲求，以摆脱理性的禁锢，这也是一种理想化的生活。后一类作品如现实主义、部分启蒙主义、现代主义文学等，它们通过揭露现实、批判现实，从反面表达了自己的社会理想。文学描绘的世界总是以社会理想改造并偏离了现实世界，而不是复制现实世界。新古典主义以古典理性改造世界，创造了崇高与卑下对立的理性世界；浪漫主义反叛现代理性，创造了一个怪异的、幻想的、激情的世界；现实主义以人道主义暴露和批判现实世界，创造了一个非人道的悲惨世界……总之，文学诉诸人的社会理想，改造了现实，创造了更美好的精神生活。虽然文学这种理想化的生活不同于现实生活，高于现实生活，但毕竟没有离开现实生存领域，只是现实生活的理想化。这些作品所体现的理想，主要还是社会理想，如道德观念、人道精神、政治观念等。因此，它们还局限于现实领域，企望通过对现实的理想化改造，实现自己的社会理想。但是，这种社会理想不能从根本上消除现实生存的异化性质，不能实现充分的自由，因此也只能是一种乌托邦。

文学虽然具有现实的维度，属于现实的生存方式，但这不是文学的全部，文学还具有自然的维度，属于自然的生存方式。

第三节　文学作为自然的生存方式

文学作为一种复合的生存方式，包括自然的生存方式。文学活动首先是感性活动,感性活动一方面被理性制约,停留于现实生存,同时又挣脱现实领域而有两个取向,一个是升华为审美活动,一个是还原为身体性活动。这就是说,感性活动一方面升华为自由的生存,另一方面回归于自然的生存。因此,就后者而言,文学就具有了自然性。

一、文学向自然生存的回归

文学作为一种独立的生存方式,包括不同的水平。在身体性的水平上,文学使人回归于自然,属于自然的生存方式。

原始人类的生存方式是自然的生存方式,它没有产生人与自然的对立、身体与意识的分离;理性还没有在发生,没有支配人,人是自然人。当然,这种自然的生存方式还具有动物性,还不是真正人的生活。原始人类的生活方式是直接的原始欲望表达,而不经过理性的矫正。原始欲望包括两个基本方面,一是性欲,二是攻击性即暴力倾向。在男女关系方面,原始人类是自然的、开放的,性欲没有受到理性规范的压抑。直至周代还有原始习俗的遗留,《周礼》记载:"中春之月,令会男女,于是时也,奔者不禁。"(《周礼·地官司徒第二·媒氏》)在攻击性方面,则表现为原始时代的暴力崇拜,例如许多原始部落还遗留着"猎人头"作为成年礼的习俗,这项活动被视为勇武的象征。

在文明社会中,自然生存方式转化为现实的生存方式,人与自然对立,身体与意识分离,理性支配了人,人失去了自然天性,成为社会关系的总和。于是,身体被意识支配。欲望受到文化压制,人成为理性化的动物。这既标志着文明进步,也导致人的片面化,自由的天性受到限制。于是,人就有了挣脱理性束缚,回归自然天性的要求。中国古代的道家特别是庄子提出了回归自然的思想,但这个自然是无知无欲的、等同于鸟兽木石的自然,而不是真正的人的自然天性。卢梭提出了"自然人"理想,以反抗和消除理性对人的天性的扭曲。他认为这个自然是理想化的人性,是人的良心。尼采以身体性反抗理性,认为身体的强健和欲望的强烈是超人的特性之一。马尔库塞认为爱欲是人的本性，具有快乐原则，但被理性压抑了。因此他提倡“新感性”，以解除理性对感性的压制，实现人的幸福。福柯认为身体被权力所奴役，企望解除理性对身体的规训，呵护身体性。但在现实生存中，这种自然人的理想只是一种乌托邦，因为理性不可或缺，它使社会进入文明；自然不能复原，人不能再回到原始状态；而且感性也不可能摆脱理性而独立，理性始终制约着感性。

自然人虽然不能成为现实，但在文学活动中，这一理想在一定程度上得到了实现。文学是异质性的文化，使人摆脱理性桎梏，这不仅体现为审美超越性，还体现为向自然天性的回归。回归自然的愿望可以成为文学创造的内在动力之一，它凭借文学的想象力使人摆脱理性的统治，离开现实生存状态，向自然回归。这意味着人不用实际地摆脱社会而回归自然，而可以想象地脱离现实而回归自然。例如文艺复兴时期的《十日谈》，就通过色情描写和情欲体验，反抗了宗教禁欲主义，肯定了人的自然性，并且回归了自然的生存。

二、文学活动的自然性

在文学活动中，由于解除了理性的控制，消除了人与自然的对立、身体与意识的分离。这种状态导致两种趋向，一种是趋向审美，审美把意识与身体同一起来，并且升华到精神的高度，成为审美；另一种是回归自然，回归原始欲望。在特定意义上，文学是原始欲望的转化形式：原始欲望或者转化为现实层面，或者转化为审美层面。但这种转化并不充分，还有一部分以极度感性的方式呈现出来。因此，在文学活动中，特别是在通俗文学中，不仅有现实的维度和审美的维度，还有一个自然的维度，它使人获得感性的解放，复归于自然天性。

文学作为自然的生存方式，其自然性表现在文学活动的极度感性化上面。由于解除了理性的限制，感性得到充分解放。这种极度的感性化使原始欲望得到释放，人复归于自然天性。文学有两个基本的主题，就是所谓的爱与死,也就是性和暴力(攻击性)的文化形式,它们或隐或显地通过文学描写表达出来,演绎成各种社会生活的故事。在通俗文学中这两个基本主题表达得更为直接和鲜明,从而也就更直接和鲜明地摆脱了理性的控制而进入了自然性的生存。这就是说,文学总是要涉及爱(以性欲为基础)与死(以攻击性为基础)这两个永恒的主题,并且总是以细致生动的描写表达原始欲望。通过文学的欲望书写和身体经验的想象,人的原始欲望摆脱了理性桎梏,得到宣泄,从而获得了感官的快乐。感官快乐就是由于原始欲望的释放而产生的。理性原则与感性原则不同,理性原则是社会价值,感性原则是感官快乐。感官快乐是自然生存的本性,自然生存依据感官快乐的原则。文学是原始欲望的想象满足,它产生了身体性的快感。文学作为自然的生存方式,也依据感官快乐原则,产生了消遣娱乐性。这样,文学就依据快乐原则而不是依据理性原则创造,从而使人在一定程度上摆脱了社会角色的限制,回归了自然天性,成为自然人。弗洛伊德提出文学是原始欲望的泄导,在身体层面上是合理的。在一些带有情欲描写的作品中,由于偏离了伦理规范,让人在一定程度上获得了感性的解放,欲望获得了想象的满足。

文学的自然性首先体现在文学主体的自然化上面。现实的人是理性化的人,感性被理性支配,人成为理性主导的生物。于是,人的自然天性被文化改造、被理性压抑。而自然化的文学主体则去除了理性的控制,复归于自然天性。在文学特别是通俗文学中,文学主体可以不受理性压抑,自由地表达欲望,并且通过想象满足欲望,从而自由地享受感官快乐,真正成为自然人。

文学的自然性也体现在文学对象上面。现实世界是理性化的世界,它规训人,迫使人服从社会规范。同样,作为文学对象的世界则是自然法则支配的世界,社会法则失效。它不再用理性规训人,而是成为欲望化的世界、感官快乐的对象。文学中的情欲描写(如《金瓶梅》、《肉蒲团》)和暴力描写(如武侠小说或警匪片),就很大程度上服从自然法则,而不是服从社会法则。它是欲望的世界,而非法理的世界。

当然,文学的自然性导致的向自然天性的回归,既有其合理性,也有其危险性。它一方面可以解脱理性的压抑,使人的心理获得平衡;另一方面也可能导致原始欲望的膨胀,从而产生反理性、反社会的危害。因此,对于文学的自然性可能带来的危害要有所防范。

第四节 文学作为自由的生存方式

文学作为特殊的生存方式,不仅具有现实性和自然性,还具有更高的审美性,属于自由的生存方式。审美有两个最基本的特性,一个是超越性,一个是主体间性,从而也就具有了自由性。

一、文学的审美性之一:超越性

审美超越思想在古代西方就已经萌芽。古希腊美学形成了两种不同的思想,一种是柏拉图的美在理念的思想,一种是亚里士多德的艺术模仿现实的思想。这两种不同的思想形成了不同的传统,一个是强调审美超越性的传统,一个是强调艺术的现实性的传统。近代美学把艺术置于感性位置,指向或者象征着理性,形成理性主义的艺术观,如康德认为美是道德的象征;黑格尔认为美是理念的感性显现。现代美学强调了艺术的超越性,形成了审美主义。审美主义是对理性主义的反叛,它破除了理性主义的藩篱,确立了审美的超越性。叔本华认为意志是本体,带来生存的痛苦,而艺术可以消解意志,从而摆脱生存的痛苦。这已经预示了审美反叛和超越现实的性质。尼采提出了反理性的酒神精神和日神精神说,追求人生的艺术化,呼吁审美对现实生存的超越。海德格尔后期以"诗意地安居"为挣脱理性羁绊的人找到家园,审美成为超越此在的本真的存在方式。后现代主义的福柯,在批判理性规训的同时,也诉诸审美,进行自我呵护。由此可以看出,审美主义已经取代理性主义,成为现代哲学的主流之一,从而也成为现代美学的主流之一。

文学是指向自由的生存方式,这就决定了文学的审美超越性。何谓超越,就是突破现实生存的局限,进入自由的生存方式,从而回归存在。文学超越现实,指向自由的生存方式,获得终极的价值;指向本真的体验方式,领会了生存的意义。现实与文学的关系是基础与超越的关系,现实是基础,现实生存制约和影响文学活动,文学是在这个基础上的超越。现实与文学之间不存在因果关系和决定论。这是因为,文学已经超越了现实,进入了自由的领域,从而摆脱了现实领域的因果关系和决定论。

文学超越的动力在于人的自由要求——审美理想。审美理想是潜伏于无意识中的自由要求,它不具有自觉性,也不是实际的要求,而是终极的价值,是最高的要求。在审美对象的激发下,这种潜在的自由要求转化为审美理想喷薄而出。它推动现实生存超越自身,指向自由的生存方式和本真的体验方式。

文学的审美超越能力来自想象力。想象力是超越时空限制的能力,充分地体现了人的创造性。想象力可以突破现实时空的限制,想象不在当前的事物,指向过去或未来;想象不在场的事物,指向广阔的世界。在现实生活中,人的创造力受到现实条件的限制,想象力也受到逻辑规范的制约,不能充分发挥。而在文学活动中,主体内在的自由要求转化为审美理想,在审美理想的推动下,突破了自觉意识的限制,想象力获得解放,可以完全突破时空限制,进行自由的创造。这正如中国古典文论所说的“观古今于须臾,抚四海于一瞬”(《文心雕龙·神思》)。萨特说:“想象不是意识借以获得经验的额外功能,想象是体现自由时的整个意识……”①文学创造的完成,总是出乎自己的意料,产生一种惊奇感;对主体而言,这是完全崭新的东西,它证明了人的创造力一旦解放,将会变得多么强大。作家可以自由地创造文学形象,读者可以充分地进入主人公的生活,在文学形象上倾注主体的全

---

① 伍蠡甫主编:《西方文论选》上卷,上海文艺出版社 1958 年版,第 453 页。

部思想感情、理想愿望。这意味着，人在文学活动中找到了自己的归宿，创造了属于自己的世界，实现了自由的生存，进入了理想的境界。

文学的超越性体现为超现实性。文学虽然发源于现实生活，具有现实属性，但不同于现实生活而指向自由的生存。这首先体现为文学的虚拟性。文学不是真实的世界，也不是现实世界的复制，而是想象创造的虚拟世界。不仅如此，文学与现实生活更有质的不同。从本质上说，现实生活不是自由的领域。尽管它在不断地进步，但作为现实生存方式，只具有有限的自由，而不可能达到真正自由的领域，因为“这个真正自由的领域只存在于物质生产领域的彼岸”（马克思）。而文学特别是纯文学则具有审美属性，是纯粹的精神生产和自由的精神生活。因此，文学就区别于现实，进入了自由的生存。无论文学与现实的关系多么密切，文学都与现实有本质的差别，这个根本差别即在于文学具有审美属性也就是自由的属性。

文学的超越性还意味着超功利性。文学不是为了获得实际的、外在的利益，而是为了满足内在精神的需要，这就是康德所说的文学的非功利性。不仅如此，文学还具有超功利性。超功利性即审美不具有现实价值，但是具有最高的价值——自由，它高于现实价值，是更大的功利性。文学不会给人带来实际利益，不是意识形态宣传，这是其非功利性。同时，文学又给人以自由，领会了生存的意义，这是其超功利性。总之，文学的审美价值是至善，是最高的价值、终极的价值。

文学的超越性还意味着彻底的否定性和批判性。批判性是现代美学思想的核心，它破除了理性主义的藩篱。现实生存体验是受到日常经验和意识形态的束缚的，不具有批判性；它依附于现实生存，肯定现实生存，从而遮蔽了存在的真正意义。文学作为本真的生存体验，它不依附于现实生存，不肯定现实，反而超越现实经验，超越意识形态，批判现实。文学可以自由地幻想美好的生活，也可以描写丑恶的生活，但都是对现实生存的否定和批判。文学可以充分地认识和自由地批判这个世界，而在现实中我们却往往不能做到这一点。这种否定和批判具有彻底性，它不是用一种意识形态取代另一种意识形态,也不是用一种现实取代另一种现实,而是以自由的名义揭示现实的异化。因此,阿多诺提出否定的辩证法,认为艺术自觉或者不自觉地批判现实,而诉诸自由。

二、文学的审美性之二:主体间性

近现代哲学属于主体性哲学,认为主体是存在的本源。后现代哲学产生了反主体性的倾向。反主体性哲学的最初形态是结构主义。结构主义发源于语言学,它排除主体的能动性,认为世界被内在的结构所决定,而深层结构是不变的。结构主义否定了主体性,同时自身也存在着致命的缺陷,就是非历史性和文本意义的绝对性。因此,对结构主义的反拨,产生了解构主义和其他后现代主义流派。它们都继续了反主体性的事业,并且更加彻底。德里达认为意义不是主体的创造,而是能指的游戏。福柯认为主体是被规训的对象,主体死了。但反主体性的后现代哲学也导致了一种偏颇,主体与世界都不是存在的本源,存在不是主客对立的,而是我与世界的同一,而这种同一性就体现为主体间性,即我与世界的关系是主体与主体的关系。文学不仅具有超越性,还具有主体间性,这是由其审美属性决定的。只有从主体间性理论出发,才能揭示文学的本质。传统的文学理论建立在主客体对立的哲学基础上,把作者和读者划为主体,把现实世界和作品划为客体,用认识论来解释文学的本质,文学成为感性认识或形象的认识。主体性文论分割了文学主体与文学对象,不符合文学的实际。文学活动消除了主客对立、实现了物我合一,这就是说文学具有主体间性。

主体间性概念是胡塞尔创造的,他建立了现象学理论,认为对象世界是意向性对象,通过本质直观(现象学还原)可以获得对象的本质。但这种理论可能导致唯我论,即每个主体都发现不同的本质,从而与现象学追求的科学性冲突。为了避免导向唯我论,以确证现象学还原的普遍性,它考察了不同认识主体之间的共同性,即所谓"先验统觉"。它认为认识主体之间的共同性即主体间性,这种主体间性只是认识主体之间的同一关系,而不是认识主体与认识对象之间的同一关系,后者仍然是主体性的。因此,胡塞尔的现象学仍然是主体性的先验论现象学,他的主体间性理论只是认识论的主体间性,而不具有本体论的品格。本体论的主体间性突破了胡塞尔的主体间性理论,它认为从本源上说,主体与世界之间的关系是主体与主体的关系,而不是主体与客体的关系。这种主体间性的充分实现只在于审美活动中,而不在于现实生存之中,现实生存是主体性主导的,只具有有限的主体间性。前期现代西方美学建立在主体性的基础上,认为审美是主体性的创造和自我实现。后期现代西方美学趋于确认审美的主体间性,认为审美主体与审美对象之间的关系不是主客对立的关系,不是主体构造对象、支配对象,而是主体与主体之间的基于理解、同情而达到的同一关系。伽达默尔的解释学美学认为,对艺术的解释是对话的过程,其间存在着一种"问答逻辑",是一种"视域融合"。这就意味着艺术活动不是主体对客体的认识,而是自我主体与文本主体间的交流和互相理解。接受美学继承了解释学美学路线。尧斯提出了读者的"期待视野"理论,读者参与构造了文学的历史。伊瑟尔提出文本具有"召唤结构",并有一个"隐含的读者",这样读者与文本的互动就产生了创造性的意义。巴赫金提出了对话理论,他认为文学活动不是主体与客体的认识关系,不是主体独白的形式,而是主体对主体的理解,而理解是通过对话实现的。他认为文本是主体而不是客体:"这不是一个有许多客体的世界,而是有充分权力的主体的世界。"①后期海德格尔建立了存在论的哲学,其美学思想走向主体间性。他提出了"诗意地安居"和"世界游戏"说,认为本有之展开即天、地、神、人四方的游戏,它们之间具有一种"亲密关系"从而具有了主体间性。杜夫海纳认为艺术品不是客体,不能透过其"表象"完全把握其实质,而只能在与艺术品的交往中理解它。因此,艺术品是一个"准主体",人与艺术品的关系是"主体间性"的。

与西方古典美学不同,中国古典美学不是建立在主客对立的哲学基础

---

① [法]托多罗夫:《巴赫金、对话理论及其他》,百花文艺出版社 2001 年版,第 322 页。

上,而是建立在天人合一的哲学观念之上,因此形成了主体间性的文学观。中国美学认为审美不是主体对客体的认知或征服,不是自我膨胀和自我实现,而是自我与世界的互相尊重、和谐对话与融合无间。中国文论认为,人与世界之间存在着一种情感交流,诗歌等文学艺术就是情感交流的产物,从而产生了"感兴"论。刘勰集中地阐发了感兴论:"情以物迁,辞以情发。""是以诗人感物,连累不穷。""人禀七情,应物斯感,感物吟志,莫非自然。""睹物兴情"、"情以物兴"、"物以情观"、"神与物游"等(刘勰《文心雕龙》),他指出了情之兴是感物的结果。钟嵘也肯定了感物说:"气之动物,物之感人,故摇荡性情,形诸舞咏。"(钟嵘《诗品·序》)王夫之也说:"夫景以情合,情以景生,初不相离,唯意所适。截分两橛,则情不足兴,而景非其景。"(王夫之《姜斋诗话·夕堂永日绪论内编》)他鲜明地反对把情与景、主观与客观分离,而强调二者是互感相生的。感兴论的实质是把世界当作有生命的主体,审美是自我主体与世界主体间的交互感应而达到的最高境界。在创作论和接受论上,中国美学都认为艺术活动是主体与对象之间的交流、体验,而不是西方美学的感性认识。刘勰所谓"神与物游","神用象通","目既往还,心亦吐纳","情往似赠,兴来如答"(刘勰《文心雕龙》)就强调了作者与创作对象之间的情感交流。皎然讲"思与境偕",这个偕字道出了主体与客体间的共存、交往关系。

本书提出的主体间性属于本体论的主体间性,而不是认识论的主体间性,这是本源的主体间性。从本体论上说,主体间性源于存在的同一性,即我与世界之间的源始同一关系。存在是主体与世界的共在,互相构成,彼此不分,具有同一性。这就是说,我与世界的本源关系不是客体性的,也不是主体性的,而是一种有机的融合的关系。但是,在异化的现实生存中,存在的同一性破裂,主客对立,即人与自然对立,人与人对立。因此,现实主体是有限的、片面的主体,与世界对立;现实对象是有限的、片面的对象,与主体对立,成为他者。于是片面的主体性发生,我成为有生命、有意识的主体,世界成为被动的、死寂的世界。但它(他)们之间仍然残存着同一性,这就是保留在我与世界关系中的有限的主体间性，如爱情、友谊、同情等伦理关系。但是，这种伦理关系并不是主体间性的充分形式，而是海德格尔所说的一种“残缺样式”，它被主体性所主宰。只有把现实生存的主体与客体的对立转化为自我主体与世界主体之间的平等交往，建立一个主体间的生活世界，才能达到本真的存在。这就是说，现实主体必须放弃片面的主体性地位，改变对世界的主人态度，把异化的、现实的人变成自由的、全面发展的人；同时，把现实的、异己的客体世界也变成有生命的、与自我主体平等的主体世界。两个主体通过交往、对话融合为一体，进入自由的生存方式。这样，主体间性就成为超越现实生存、回归存在同一性的纽带，也成为审美的本质属性。

主体间性概念的第一个含义就是，主体与世界之间的关系不是主客关系，而是主体与主体的关系。在自由的生存方式中，我不是片面的主体性之我，而是消除了与世界对立的我；世界也不是死寂的客体，而是与我一样，有生命、有情感，是另外一个主体。因此，存在不是主客对立，而是主体与主体之间的共在。主体间性概念的另外一个含义就是，主体与世界之间不可分隔，是一种互相交往、互相理解和同情的关系。在现实领域，我与世界之间是分隔的，我是主体，世界是客体，我与世界的关系是认识的、实践的关系，不能消除对立，没有自由可言。在自由的生存方式中，我和世界都成为主体，不再是我与他的关系，而是我与你的关系，双方互相交往、对话，打破了隔离；互相理解和同情，达到了沟通。这是一个充分人性化的世界，与人对立的冷冰冰的世界消解了，变成为与人亲和的世界。这是一个充分世界化的人性，那种占有性的、敌对性的人变成了充满爱意的人。主体间性概念的第三个含义是，通过主体间的交往、对话，我与世界消除了对立，达到了同一性。这种同一性是彼此的构成、依存、互属，达到你中有我，我中有你，我即是你，你即是我。这种“天人合一”的理想的境界，在现实中不能真正实现，只有在自由的生存方式中才能实现。

文学作为一种指向自由的生存方式，具有主体间性。这就是说，在文学主体与文学对象之间，不是主客体的对立关系，而是主体与主体的对话、交往关系。文学体验不是一种主客对立格局中的认识或情感宣泄，而是审美理解和审美同情。在文学创作和文学欣赏中，作家和读者必须把文学形象当作另外一个主体，不管是作为叙事文学的人物角色，还是作为抒情文学的抒情意象，都必须与之对话，彼此理解，互相交流，最终消除距离，成为一体。这是文学形象的创造过程，也是文学形象的接受过程。审美使主体与客体的对立关系转化为主体间的和谐关系，也就是把世界由客体变成主体，使世界有了生命、有了情感，成为与人交往、对话的另一个主体。在文学活动中，世界不是死寂的客体，而是有生命的主体，他召唤我们、感染我们、感动我们，使我们与它亲近。我们见花落泪、见柳伤情，为艺术中的形象而激动，就是把世界当作了与我一样的主体，当作有灵性的"人"。陀思妥耶夫斯基通过以自己为原型的主人公之口说道："我同我的想象，同亲手塑造的人物共同生活着，好像他们是我的亲人，是实际活着的人；我热爱他们，与他们同欢乐，共悲愁，有时甚至为我的心地单纯的主人公洒下最真诚的眼泪。"①

文学的主体间性是由审美理解和审美同情构成的。理解和同情只能是主体与主体之间才能发生，主客体之间不能发生理解和同情，而只是一种客观的认知或主观的态度。理解是把对方当作自己来认识，达到完全的了解；同情就是情感的充分交流和价值的充分认同，这样才能沟通我和对象，实现主体间性。现实的理解和同情受到现实关系的限制，不能充分克服主客对立，具有有限性。审美是最充分的理解和同情，而且实现了理解与同情的同一，因此也是最充分的主体间性。在文学活动中，自我消除了片面的主体性，放弃了对世界的支配态度，作为自由的主体与世界交往，回应对象主体的召唤，从而构成了主体间性。在文学活动中，我把对象当作我自己，对象也把我当作他自身，我与对象充分沟通，彼此互属。审美理解使我完全把握了审美对象，特别是在叙事文学中，我把文学角色作为人来理解，进入他们

① 中国社会科学院外国文学研究所外国文学研究资料丛刊编委会编：《外国理论家作家论形象思维》，中国社会科学出版社1979年版，第110—111页。

的内心世界，从而也理解了人的命运。这种理解也是一种审美的同情。审美同情导致主客不分、物我两忘，人与世界互相感应，最终融为一体，进入天人合一的境界。在一切文学中特别是抒情文学中，我与对象之间发生了审美同情关系，我与抒情主人公发生了情感上的共鸣，彼此呼应，融合为一体。当然，这种审美同情也是一种审美理解。这种对审美理解和审美同情的论说，是从自我主体方面表述，实际上是相互的：在审美中，审美对象也有情有义，向我发出召唤，理解我、同情我，给我温情，给我关怀，与我亲近，如此我们才能被世界所感动，由实际的利害关系转化为审美的自由关系。所以中国文论认为诗情不是主体固有的，而是人与世界之间的情感交流，是一种“感兴”。审美活动使主体与世界的对立消失，主体与客体的对立不复存在，进入了主客同一、物我两忘的境界。无论是文学创作还是文学欣赏，都建立在主体间性的基础上才有可能。如果在主体与客体对立的基础上，就无法解释审美对象为什么摆脱了客体性而与我对话、与我沟通，打动我。

三、文学实现了自由的生存

文学的审美活动具有了超越性和主体间性，意味着具有了自由性。自由不是主体意志强加于世界，而是主体与世界的和谐共在。自由也不在现实生存中，因为现实生存还受到社会关系的制约，属于必然的领域。只有超越现实，回归存在的本真性，才能获得自由。超越性和主体间性是自由的属性，这说明文学活动本身就是自由的生存方式。文学具有了审美层次和审美属性，也就成为自由的生存方式。文学不仅对现实生活进行改造，而且超越了现实生存，成为自由的生存方式。这是因为，现实生存本身作为存在的异化就具有历史的局限性，虽然这种局限性可以经过社会实践加以改造，但不能在根本上克服。因此，文学对现实生活的理想化创造，在现实水平上仍然不能满足人的自由要求。这种自由要求作为更高的追求，只能在审美领域得到实现。文学具有审美属性，而且审美在文学活动中具有导向性，它引领着文学的其他属性。特别是在纯文学中，文学的审美属性更为鲜明，使文学成为自由的生存方式。这就是说,文学的理想性最终体现为对现实生存的超越,指向自由的精神生活。

文学作为自由的生存方式,克服了现实生存的局限。现实生活虽然也有其价值,但它并不完全符合人的愿望,没有实现充分的自由。而文学展开的不再是苦恼的或者是平庸的日常生活,而是充满了希望、激情和幸福的精神生活。不管文学描写的世界人生是光明还是黑暗、欢乐还是痛苦,都带给我们审美的愉悦,而这就是一种自由。在文学中,我们可以自由地抨击一切反人性的东西,也可以自由地讴歌一切美好的东西。在文学中,人的终极追求——自由获得了实现,从而就进入了自由的生存方式。

文学作为自由的生存方式,体现于它的整个环节。首先,文学活动的动机和目标与现实生存方式不同,它具有自由的性质。现实生存方式以物质生产为基础,是为了实际利益即“简单粗陋的实际需要”而生产和生活,而不是为了实现人的天性而生产和生活,不是为了自由而生产和生活。文学活动不是为了实际的利益,而是出自纯然的兴趣,而这个兴趣的最高形式是审美理想,也就是自由的要求。因此,它不会束缚于外在的目的,而是出自内在的目的,也不会把人本身当成手段,而是当成目的。总之,文学作为生存方式的动机和目的本身就是自由的。

其次,文学的过程与现实生存不同,它是自由的精神活动。现实生存活动的基础是物质生产活动,它是一种脑力和体力的片面的消耗,是出卖自己以换取生活资料的活动,是一种异化劳动。劳动者在其中没有感受到快乐和幸福,而是感到劳累、枯燥、无聊。建筑于其上的现实生活,也受到现实的社会关系的束缚,为了生存而操劳和奔波,要遵守各种外在的规则,没有充分的自由。文学作为自由的生存方式,文学活动本身就是自由的,它的过程是一种创造的快乐,一种兴趣的满足,不受到任何外在的束缚,而任凭审美理想驰骋。这样,文学活动的过程就是自由本身。

文学活动的结果也与现实生存不同,它使主体和世界都获得了解放。现实生产的结果是劳动者的被剥夺,它不能享受劳动的成果。建筑于其上的现实生活也造成了人的异化和世界的异化。人成为片面发展的主体，世界成为与人对立的客体。文学活动解放了主体，使其由现实的人变成了审美的人。现实的人是被社会关系束缚的、不自由的人，而审美的人是获得解放的和全面发展的自由的人。所以在文学活动中，无论是作家还是读者，都变得更高尚，更纯洁，更具有创造力、想象力，更有同情心，而这就是审美的人。与此相关，在文学活动中，世界变成了文学形象，它不是现实世界，而使自由主体生活于其中的世界，它消除了与我的对立而与我亲近，它更美好、更自由、更富有人性；即使是对丑恶世界的文学描绘，也把现实世界变成了审美对象，我们可以自由地对它加以揭露、批判，从而使其成为自由的世界。

文学活动的结果还包括美感，这是自由的感觉。无论是描写美好的人生还是描写黑暗的社会，无论是悲剧还是喜剧，我们都沉浸于其中，获得一种审美的喜悦，这种喜悦是在现实中无法获得的，也是现实中的快乐无法比拟的。美国诗人爱伦·坡谈到人在艺术生涯中得到的精神的满足：

> 我们依然有一种不可压制的渴望……这种渴望属于人的永恒。……这不仅仅是欣赏我们面前的美——而是疯狂地向往更高的美。……因而，由于诗——或者有时候由于音乐，最使人着迷的诗，我们感动得哭了起来，我们哭泣并不是像格拉维那修道院院长所想的是因为高兴过度，而是因为一种性急的、等待不及的悲哀：我们活在世上，不能完全地、立刻而又永久地掌握那种神圣的和狂热的喜悦，这种喜悦，我们在诗里，或者在音乐里，只有短暂而隐约的闪现。①

总之，文学作为自由的生存方式，克服了现实生存的不足，使人在理想的精神生活中获得了自由，从而实现了人的自由要求。

---

① ［美］爱伦·坡：《诗的原则》，《欧美古典作家论现实主义和浪漫主义》（一），中国社会科学出版社1980年版，第337—338页。

本章参考书目

1.[德]马克思:《1844年经济学哲学手稿》,人民出版社2014年版。

2.[美]赫伯特·马尔库塞:《审美之维》,李小兵译,广西师范大学出版社2001年版。

3.杨春时:《作为第一哲学的美学——存在、现象与审美》,人民出版社2015年版。

第二章　文学是指向本真的生存体验

文学是一种生存方式，同时也是一种生存体验方式，是指向本真的生存体验。由于文学体验具有不同层次，就产生了不同层次的文学意义。

第一节　文学是一种生存体验方式

一、关于生存体验方式

人的生存是有意识的生存，他能意识到自己的生存状况，并且追问生存的意义，因此生存也是一种生存体验。所谓体验，就是人对世界的全身心的感知，它不是理性化的观念的把握，而是直接的感知；也不仅指认知，还包括情感体验，总之，是人对世界的身心一体的完整感受。体验是最原初的经验，理性的知识和价值都发源于此，它们是生存体验的分化、抽象形式。人怎样生存，也就怎样体验自己的生存，生存体验在不同水平上领会了生存的意义。

人有三种生存方式，也有三种相应的生存体验方式。

人的第一种生存体验方式是自然的生存体验方式，它与自然的生存方式相一致。在原始社会，人类不能理智地对待世界和自身，还没有形成科学和意识形态，而是形成了原始意识。原始意识是主体与客体未分化，认知（客观的认识）与情意（主观的情感意志）未分离的意识；是没有形成自觉意识的非自觉意识（没有自我意识的直觉、想象、情感等）；是身体与意识没有分离的身体体验,它以身体感觉和原始欲望直接把握世界。

原始体验带有蒙昧性,它们用巫术来解释和操纵世界。原始人认为世界充满了精灵鬼怪,在巫术活动中,他们通过魔法体验了超自然的存在。对他们而言,世界具有巫术意义,因此可以通过巫术活动来操纵世界。无疑,这还不是文明人类对世界的理智的把握。

人的第二种生存体验方式是现实的体验方式,它与现实的生存方式相对应。现实体验产生了意识与身体的分化,形成了现实意识。现实意识发生了主体与客体的分化、认知与情意的分化,并且发生了自觉意识(表象、概念思维)和非自觉意识(意象意识)的分化。自觉意识是非自觉意识的反思形式,它支配了非自觉意识,人因此成了理智的生物,这也意味着理性限制了主体的自由。现实意识有感性和知性两种水平。感性意识是日常生活的经验,是对现象的把握和情绪反映。这是比较初级的体验。知性意识是对有限的对象本质和有限的主体价值的把握,科学和意识形态就是知性意识的反思形式。无论感性意识还是知性意识都不是对生存的总体把握,现实体验只能回答现实问题,产生现实意义,而不能解决生存的根本意义问题,把握生存的根本意义。

人的第三种生存体验方式是本真的体验方式,它与自由的生存方式相对应。本真的体验方式超越了现实生存体验,它不是感性的经验,也不是知性的对具体事物性质的把握,而是对存在本体的把握。本真的体验方式包括审美体验,形成了审美意识。审美意识使身体体验与意识体验都获得升华并且消除了二者的对立、达成了同一,成为全身心的体验方式。审美意识弥合了认知与情意的分离,也克服了主观与客观的对立,消解了自觉意识,成为非自觉意识的充分形式。哲学思维也属于本真的思维方式,它是审美体验的反思形式,用哲学范畴来阐释存在的意义。

二、文学是复合的生存体验方式

首先,文学作为独立的生存方式,也是独立的生存体验方式。这是因为，文学体验不同于日常体验，不是日常体验的一部分，而是一种异常的生存体验。在文学体验中，虽然有日常体验的影子，但却不是一般的日常体验，我们获得了新的经验，展开了一个新的生活世界，这是一个既熟悉而又陌生的生活世界。我们在文学体验中，总是有似曾相识的感觉，同时也有一种完全新鲜的感受，它更深刻，不同于日常生活的体验。在文学体验中，现实体验被重复，也被超越、隔绝，形成了新的生存体验。由此，文学体验就成为一种独立的生存体验方式，而不是现实体验的附庸形式。

另外，文学体验具有复合性，既包含了现实生存体验和身体体验，又属于本真的体验方式，是三者的有机融合。在文学活动中，我们的体验是极其丰富的，不仅有日常生活体验，也有身体性的欲望体验，还有审美体验，它们融合在一起，难以分解开来。文学作为生存体验是总体性的，它是对生活世界的整体把握，因此不同于分化为各种学科的专门化的把握，如科学的、意识形态的把握。后者把世界分割开来，而且抽象化，使世界失去了本来面目，也使人的感觉丧失了丰富性。文学以其身心一体的整体体验，把握了全部生活世界，因此文学世界比现实世界更丰富、更真实。劳伦斯说："我是一个人，一个活生生的人。""正是由于这个原因，我才是一个小说家。作为一个小说家，我认为自己优于圣人、科学家、哲学家以及诗人，尽管他们都是描写活生生的人的不同部分的大师，但是，他们从未得窥全豹。"①对于这种独立的、复合的生存体验方式，要做更深入的考察。

三种体验方式各自具有一定的独立性，同时也互相作用，并且具有指向性。复合性的文学体验不是固态的，而是流动的，它不停留于现实体验或身体体验，而是超越这两者，最终指向审美体验。这是因为，现实体验和身体体验并不自由，不能把握生存的根本意义，因此人类并不满足于现实体验和身体体验，而要求有更高的、更全面的体验方式。审美体验是最高层次，现

① ［英］D.H.劳伦斯：《道德和小说》，转引自拉曼·塞尔登编：《文学批评理论》，刘象愚等译，北京大学出版社2003年版，第519页。

实体验和身体体验都受制于它，于是现实体验和身体体验就被超越、升华，向审美体验流动。

文学体验的结果是产生了文学的意义，而文学的多层次体验产生了多层次的意义。传统文论往往把文学意义单一化，或者是原型意义，或者是现实意义，或者是审美意义。其实文学的意义是这三者的复合，各种意义在不同的文学形态中居于不同的地位。这就是说，文学的身体体验产生了文学的原型意义，这是深层结构；文学的现实体验产生了现实意义，这是表层结构；文学的审美体验产生了审美意义，这是超验结构。

第二节　文学体验的现实性和现实意义

一、文学是现实体验的深化

文学首先是作为现实体验存在的，现实体验是基础，身体体验潜藏于其下，审美体验建筑于其上。也就是说，现实体验是文学形象的基础，先有现实的感知和描写，然后才可能把它转化为文学形象。没有现实体验，没有现实的描写，文学形象就立不起来。现实体验是身体体验的基础，身体体验是对现实体验的还原。从表面上看，身体体验是现实体验的基础，是先有身体体验，后有现实体验，但实际上正相反，是先有现实体验，身体体验被现实体验所遮蔽，我们不能直接身体体验，只有在现实体验发生后，通过对理性的破除才能还原身体体验。而现实体验的深入、细致直接决定着身体体验的真切和深度。比如对一些日常生活的文学描写，越深入、细致，就会越真切地还原到身体体验即欲望的冲动体验。另外，现实体验是审美体验的基础，现实经验的深度与广度，影响着审美体验的深度与广度。只有在深刻的现实经验的基础上，才能升华为深刻的审美体验。如果作者的现实经验肤浅，缺乏对世界人生的深广体验，那么，作品的审美意义也必然受到限制，不可能达到对存在意义的深刻把握。以李后主为例，在他被俘前，由于“生于深宫之中，长于妇人之手”，没有深刻的人生体验，因此词风浮华；在国破家亡后对社会人生有了深切的体验，对生存意义有了深刻的思考，词作境界乃深，具有了极高的审美价值。

从文学体验的角度说，现实层面是文学的现实描写，是作品讲述的故事，包括人物、事件、环境以及现实的思想感情等，它们与现实生活之间有直接的对应关系，是现实经验的表达。文学的现实层面展开的描写还保持着现实形态，没有升华到审美层面，因此只是感性意象，这是文学形象的基础，还没有完全转化为文学形象。在现实层面上，文学展开了一幅现实生活的画面（叙事文学）或表达了现实的思想感情（抒情文学）。文学的现实层面作为一种现实经验和感性意象，可以是逼真的写实描写，也可以是非写实的变形的描写：写实的文学作品直接就把现实生活经验传达出来，而非写实的文学作品则间接地传达现实生活经验。前者如《三国演义》、《水浒传》等，它们直接描写政治、军事斗争，具有某种写实性；后者如《聊斋志异》、《西游记》等，它们作为神怪小说，不直接描写现实，但仍然有现实层面，这就是它的现实生活背景，现实的思想感情。作品中的神话故事仍然可以还原为现实事件，作家通过神怪幻想来表达自己的现实态度和现实追求。

文学体验包含着现实生存体验，但这不是现实生存体验的简单重复，而是对现实生存的再体验，是生存体验的深化。在现实生活中，人们的生存体验受到日常观念和意识形态的制约，带有历史的局限性，不能领会生存的真正意义，从而成为盲目的生活。人类不甘心盲目地生存，而要追问生存意义何在，即人为什么活，生活的真谛是什么。这就需要对生存体验加以深化，以获取生存的意义。文学就首当其冲地成为深化生存体验的活动。

文学作为生存体验的深化形式，体现在现实的和超越（审美）的两个层面上。在现实层面上，文学突破了惯性的思维，排除了现成的观念，直接地体察现实生活，反思现实生活，获得一种“陌生化”效果，从而突破了传统意识的局限，思想得到解放，在一定程度上摆脱了盲目的生存状态，深化了对生活世界的把握。文学往往体现了进步的意识形态或意识形态的合理方面,对不合理的社会观念有所突破,从而体现了一定的社会理想和时代精神。如现实主义文学就以人道主义揭露了社会的黑暗,同情于人的命运,表达了对资本主义的抗议和对合理社会的追求。这样,文学作为对现实生活的再体验,深化了对生活的认识,也肯定了人的价值,从而在一定程度上摆脱了盲目的生存状态。当然,文学的现实体验仍然有其局限,它没有超越现实而达到自由的领域。

二、文学的现实意义

文学表达的思想内容不是虚幻的,而是来源于现实,因此在现实层面上具有现实意义。文学建筑于社会生活之上,因此以艺术的方式再现了社会生活,也表现了人的现实的精神世界。人对现实生存的认识和态度,是文学思想的来源。无论是生活细节,还是情绪感觉,都来自生活经验,都是文学的原始材料。文学不仅以现实生活体验为基础,而且包含着现实生活体验。文学形象是感性意象的创造,感性意象是文学形象的载体,也是文学形象的组成部分,它属于现实经验,体现着现实意义。在文学活动中,作者传达了自己的人生经验,表达了自己的思想感情。没有丰富而深刻的人生体验,就不可能有成功的文学创造,也不可能有深刻的文学欣赏。海明威的名作《老人与海》,就融合了作者的生活经验和在古巴的生活经历,他把自己在海上捕鱼的艰险和人生拼搏感受都写在作品之中了。

文学特别是叙事文学成为社会生活的再现形式。文学的内容丰富多彩,涉及了社会生活的各个领域,日常生活、职业生涯、婚姻家庭、政治风云、军事斗争、商战传奇、刑事案件、科考探险等,大凡人的活动都成为其题材;各种人物都进入文学描写的视野,如英雄豪杰、平民百姓、帝王将相、才子佳人、江湖侠客、特工神探、贪官污吏,乃至神魔鬼怪等,无不可成为文学的角色。离开了这些事件和人物,文学就不复存在。文学的魅力之一,就在于它对社会生活的广阔展现,开阔了人的眼界和心胸。文学对社会生活的再现,不是实录,不是直观的反映,而是艺术的再现,从而使它更鲜明、更典型、更能揭示社会生活的本质。文学具有虚拟性，可以偏离社会生活而作出新的叙事和创造出新的艺术形象。但是，这些人物形象仍然有现实生活的原型，渗透着现实生活的经验。蒲松龄的《聊斋志异》写了许多狐妖花魅的故事，这些都是生活中不存在的，但她们又体现了美好的人性，是理想化的人的化身，它来源于作者的生活体验和生活理想。

不仅叙事文学具有现实意义，抒情文学也如此。抒情文学不偏重于再现社会生活，而偏重于表现内在的思想感情。这些思想感情同样来源于日常生活，是日常生活中产生的思想感情的升华和创造。抒情文学表达的主题涵盖了整个人的精神世界，如讴歌爱情、乡情、友情，抒发忧国忧民、愤世嫉俗之情，表达人生坎坷、自我追求等人生体验，喜怒哀乐皆在其中。中国文论说“饥者歌其食，劳者歌其事”；“文章合为时而著，歌诗合为事而作”，都是说文学表达的思想感情是出自现实生活的，是现实人生的体验。当然，抒情文学表达的思想感情，虽然来自现实体验，但又被社会理想和审美理想深化了、升华了，但无论如何高蹈，这些思想感情的基础仍然是现实人生的体验。

文学在现实层面拥有现实经验，也就是现实的人生体验，这是一种感性的经验，呈现为感性意象。但是，感性经验的本质形态就是知性观念，或者说感性意象的反思形式就是知性意义。如果对现实的人生体验进行概括、抽象，就得到了知性的意义。文学的知性意义包括科学观念和意识形态观念，而后者对于文学更重要。什么是意识形态呢？简单地说，就是包括政治、道德、法律等在内的社会价值体系，而阶级意识成为意识形态的核心。按照马克思主义的唯物史观，社会分为经济基础和上层建筑两个部分，而上层建筑又包括社会制度和意识形态；经济基础决定上层建筑，社会存在决定社会意识。在现实层面上，文学就归属于上层建筑和意识形态，也就是说，在现实层面上，文学体现了某种政治的、道德的、法律的观念。文学的现实意义主要是意识形态性，意识形态给文学打上了不可磨灭的烙印。人们对文学的认识，首先就是从文学的意识形态性开始的，如中国古代的“文以载道”和现代的“文艺为政治服务”；西方古代的“寓教于乐”和现代的“文学是意识形态的再生产”(伊格尔顿)。仅就文学的现实意义而言,对文学意识形态性的强调是有合理性的。

不管哪一种文学形态,都有现实层面和现实意义,都摆脱不了意识形态的纠缠,而且往往积极地宣传某种意识形态。但严肃文学的现实意义突出,鲜明地传达着某种意识形态。它要干预现实,必须提倡某种思想观念,因此就有了明确的意识形态意义。严肃文学的突出意义就在于其鲜明的思想倾向性,它关怀人生,直面现实,针砭时弊,惩恶扬善,提出道德、政治的主张。如果说,通俗文学的意识形态意义由于其感性化而被消解、纯文学的意识形态意义由于其审美化而被超越,那么,严肃文学的现实意义则较少受到感性和审美的冲击,因此其意识形态色彩更为强烈。如《子夜》的思想意义就带有明显的意识形态性:作者自觉地用马克思主义的阶级斗争观点分析中国社会,并且指出资本主义道路走不通,唯有社会主义才是中国的未来。

通俗文学的原型意义大于现实意义和审美意义,它充分地感性化了,但也不可避免地受到意识形态的制约,具有意识形态性。通俗文学一般要使自己的故事符合某种道德的或政治的社会观念,使原始欲望合法化,也就是把感性描写纳入意识形态规范。虽然这种规范化是不充分的,无法消除通俗文学的感性性质,但也使其具有了意识形态属性。如武侠小说以精彩的打斗取胜,满足了人的攻击性,但也宣扬见义勇为、除暴安良的道德观念。又如,爱情小说往往有情色描写,满足了男女的情欲需求,但它也表现了善良的人性和忠贞的爱情观念。

纯文学也有现实层面和现实意义,因此也有意识形态属性。审美意义不是凭空产生的,它是现实意义的升华,纯文学的审美意义就是建立在现实意义基础上的。纯文学与严肃文学、通俗文学的不同在于,审美意义居于主导地位,而且现实意义比较充分地转化为审美意义。这就要求文学的意识形态必须与审美意义有某种相容性,即意识形态必须是合乎人道的。纯文学的意识形态往往以人道主义为基调,这是进步的意识形态,它克服了阶级的偏见,因此才能在此基础上升华为审美意义。托尔斯泰的作品贯穿着人道主义精神，充溢着对下层人民的同情，它冲破了贵族阶级的偏见，因此才可能升华为审美意义。如他对妓女玛丝洛娃和被视为堕落女人的安娜·卡列尼娜的同情，就是基于人道主义思想。另一方面，纯文学的意识形态观念可能与审美意义相冲突，特别是当它已经落后、僵化的时候，冲突就更明显，那么审美意义就可能冲破现实意义的局限，否定落后的意识形态。托尔斯泰的作品如《复活》、《安娜·卡列尼娜》中就有传统意识形态与审美意义的冲突，而最终后者战胜了前者。历史上的作家大都不属于劳苦大众，但优秀的作家能够克服本阶级意识形态的局限，写出同情人民、揭露和批判统治者罪恶的作品。

三、文学的现实意义与其他意义的关系

以意识形态为核心的现实意义，是文学意义的基础部分，支撑着文学的大厦。首先，文学的意识形态性与文学的原型意义之间存在着矛盾，必须处理好这个关系。一方面，意识形态要给感性经验留下适当的空间，原型意义才能实际存在。如果意识形态性过强，那么留给原型意义的空间就不足，文学就失去了感性的魅力，变成了理性的说教。例如“文革”中的文学的意识形态性过强，留给原型意义的空间就过少，特别是涉及男女情爱领域，就被意识形态压缩到几近于无。从早期革命文学的“革命加恋爱”，到革命文学的革命化的爱情，再到“样板戏”中爱情完全被取消，都有缺乏人情味，导致公式化、概念化的问题。意识形态对通俗文学的限制是最强的，因为意识形态是排斥消遣娱乐性的。所以通俗文学的存在和发展，有赖于宽松的意识形态环境，否则，就会扼杀通俗文学。在“文革”前和“文革”中的30年里，由于极端的意识形态化，通俗文学几乎被取消，代之以大众化的“工农兵文学”，而这种文学突出了意识形态性，排斥了消遣娱乐性，因此不属于通俗文学。如果意识形态比较开放、宽松，那么留给原型意义的空间就比较大，特别是对于通俗文学更是如此。中国改革开放以来，纠正了意识形态的极左倾向，承认了文学的消遣娱乐性，从而给通俗文学以较大的生存空间，带

来了通俗文学的繁荣。另一方面,意识形态要监督、规范原型意义。原型意义是文学的潜在意义,它体现为非理性的感性冲动。意识形态作为理性观念,限制着感性冲动,调节着文学的非理性倾向,使得文学在理性与感性之间获得平衡,避免感性泛滥,危害社会。如果没有文学的现实意义特别是意识形态的作用,那么原型意义就会膨胀,就会使文学失去理性而变成神话传说;失去思想性而变成游戏活动,甚至发生诲淫诲盗的危害。

文学的现实意义也是审美意义的基础,并且给审美意义以历史的规定性。现实意义是审美意义的前提,如果没有现实意义包括意识形态的作用,那么文学的审美意义将无法存在。"美善相乐"(荀子),审美意义是在现实意义的基础上发生的,现实意义使文学的审美意义有所依托,从而避免文学因过于空灵而失去自身。但是,现实意义尤其是意识形态性过强,也会限制审美意义。因为意识形态毕竟属于现实价值,它与审美价值之间存在着质的差异甚至冲突。尤其是落后的意识形态,对于审美意义的限制更大。例如,中国传统社会的文学,很多都宣扬忠孝节义等落后观念,因此其审美价值受到损害。如《西厢记》较之于《红楼梦》,传统意识形态更强,因此其审美价值低于《红楼梦》。有时为了适应意识形态,往往要牺牲审美意义,如元稹的《莺莺传》,虽然描写了张生与崔莺莺的感人爱情,但后面为了维护礼法,又让张生抛弃莺莺,并通过张生之口反污崔莺莺为害人的"尤物"、"妖孽",并声称抛弃崔莺莺是为了"补过",这极大地损害了作品的审美意义。意识形态的进步与审美价值之间有较大的相容性,给审美价值以较大的生存空间。对于纯文学而言,意识形态的进步与宽松,对于文学的审美意义更为重要。例如现代社会的意识形态,建立在个体自由之上,因此就更能容纳审美意义,从而推动了纯文学的繁荣。中国改革开放以来,纯文学也从极左的意识形态禁锢下解放出来,审美价值空前提高,产生了许多经典性作品。

在文学的现实生存体验中,还没有完全摆脱现实关系的束缚,也不能完全摆脱传统社会观念的限制,仅仅追求有限的价值,没有把握生存的真谛。这也就是说,它对现实的把握还不具有全面性,也没有真正领会生存的意义。这样,文学体验就必然超越现实领域而指向了更全面的生存体验和生存意义,包括身体体验和原型意义。

第三节 文学的身体体验和原型意义

与作为自然的生存方式相对应,文学具有了身体体验。身体体验属于文学体验的深层结构。在文学活动中,身体体验由隐到显,成为文学体验的组成部分。

一、文学体验的身体性

文学是一种回归自然的生存方式,也是一种自然性的身体体验,也就是说文学体验具有身体性。所谓身体性是相对于意识性的概念,既是指区别于纯意识的肉身性,即没有脱离身体的感觉特性;也是指区别于社会性的自然性,其核心是原始欲望。人既具有意识性,也具有身体性,二者处于对立统一的关系中。传统的理性主义文论高扬了意识性而抹杀了身体性,把文学归结为纯粹的意识,从而否定了文学的自然取向。后现代主义文论批判了理性主义的身心观和文学观,认为身体与意识是同一的,身体包含着意识;文学的性质是身体性的。后现代文论主张把文学建立在身体性的基础上,并且要通过文学来恢复被压抑的身体性。福柯建立了身体性的"生存美学",认为主体被理性规训,身体受到压抑,因此要通过审美的"自我呵护"恢复人的身体主体性。舒斯特曼进一步提出了"身体美学"的概念,认为身体美学是"将身体作为感性审美欣赏与创造性自我塑造的核心场所,并研究人的身体体验与身体应用"①,这实际上是把审美当作身体的愉悦。

---

① [美]理查德·舒斯特曼:《身体意识与身体美学》,程相占译,商务印书馆2011年版,第33页。

身体美学为大众文化和通俗文学的合法性提供了理论根据，它们认为文化消费和文学活动就是要满足身体欲望，获得身心一致的快感。后现代主义纠正现代主义的意识美学，肯定文学的身体性，有其合理性。但它否认意识与身体的差异，以身体性吞没精神性，进而抹杀文学的现实性和审美性，这就导致另一种偏向。它在肯定通俗文学的同时，也抹杀了严肃文学和纯文学的价值，这是应该批判的。

身体体验是人类最原始的体验方式，它不是以脱离身体的意识把握世界，而是在意识与身体未分化的条件下以身体感觉来呈现原初的世界，以原始欲望来想象世界。《诗经》中的国风部分有许多性爱场面和性爱体验的描写，表现了那个时代还没有完全理性化的自然生存方式，也表达了那个时代没有完全理性化的身体体验。如：

野有死麕，
白茅包之；
有女怀春，
吉士诱之。
林有朴樕，
野有死鹿；
白茅纯束，
有女如玉。
舒而脱脱兮，
无感我帨兮，
无使尨也吠。
（《召南·野有死麕》）

身体和意识本来是同一的，但是在现实生存中，这种原始的同一发生了分裂，二者既有统一性也有对立性。但身体体验是最原初的体验方式，只是在现实生存中被意识化了。于是，如何还原身体体验成为一些哲学家的目标。梅洛—庞蒂指出知觉是最基本的体验活动，后来又提出了“肉身化”理论，认为人与世界的本源关系不是意识与对象的关系，而是一种不分彼此的“肉”的融合。这实际上提出了身体体验是最原初的体验。舒斯特曼提出身体意识即“身体化的意识”：“活生生的身体直接与世界接触、在世界之内体验它。”①但身体体验无法提纯，不能在现实中还原，因此这些理论都有空想性。但身体体验能在文学（以及其他艺术）中实现，这是文学的一个特性。文学体验中既有意识的经验，也有身体的经验。这是因为文学不仅是思想的活动，而且是身体的活动；文学不仅引起思想情感，还引起身体的反应，是全身心的活动。文学的描写要通过人的解读和想象而成为文学形象，主体全身心地参与进去，也引起全身心的反应。所以瓦莱里认为，诗歌对人的影响是深层的，它引发或再造活生生的人的整体性与和谐，“诗会扩展到整个身心；它用节奏来刺激其肌肉组织，解放或者激发其语言能力，鼓励他充分发挥这些能力”。②

文学的身体体验不仅指其感官性，还有一个方面，就是说文学体验深入到原型层面，成为一种原始欲望的经验。现实体验受到理性制约，只限于意识层面，展现的是一个理性化的世界（感性也受到理性制约），而不能展现身体经验中的世界，它与身体体验一道被排除了。原型层面中隐藏着原始欲望，它处于无意识状态，不能直接呈现，也不能直接体验世界。但是在文学活动中，由于摆脱了理性制约，无意识得到解放，原始欲望得到充分释放，一方面升华为审美体验；另一方面也以极度感性化的形式凸显出来，转化为身体意识，它与世界会通即直接成为一种身体体验。文学特别是通俗文学可以在一定程度上突破意识形态的束缚，表达了人的身体欲望，呈现出原始经验。这样，在文学体验中，除了有现实经验和审美体验之外，还有一种身体欲望释放的快感和原始经验。这种身体体验与现实体验、审美体验混合

① ［美］理查德·舒斯特曼：《身体意识与身体美学》，程相占译，商务印书馆2011年版，第1页（中译本序）。

② ［法］瓦莱里：《论诗》，见《文艺杂谈》，段映虹译，百花文艺出版社2001年版，第338—339页。

在一起，不易区分。但是我们仍然可以把它们区分开来，因为身体体验是没有被理性化，也没有被审美化的，保留着自然的本性。最基本的原始欲望包括性欲和攻击性，其他欲望都是衍生的。在现实中性欲和攻击性被理性所规范、包装，不能直接成为生存体验的合法形式。而在文学中，身体欲望被合法化，并且成为一种生存体验的直接形式，使世界成为原始经验的对象，从而具有了原型意义。文学的身体体验是与感性经验沟通的，感性经验可以脱离理性管控而趋向于身体体验，并与之融合，从而成为独立的、具有意识性的身体体验。这样，文学活动就给感性拓展出一个空间，使其充分发展，最终进入身体体验，并且让身体体验以极度感性化的形式来呈现世界。在身体体验中人成为自然人，不再是理性化的人；世界成为自然化的世界，不再是理性统治的世界，社会规范的桎梏被消解于无形。文学中的性和暴力描写，虽然有所节制，并且进行了道德化的包装，但毕竟突破了理性规范，使人获得了一种身体经验。它把原始欲望从无意识领域中释放出来，以原始经验感受世界，产生了一种身体性的自然感受。

在古典文学理论中，身体体验产生的快感只是有待于升华为审美愉悦的低层次的感觉，但现代文论使得身体体验具有了独立性和独立的意义。巴赫金提出了“狂欢化”的理论，而狂欢化就是对文化规范的解构和原始欲望的释放，是破除理性非禁锢而向身体体验的回归。在民俗节日活动中以及通俗艺术中存在的消解理性规范、回归野性自然的现象，它产生了身体性的快乐，这就是狂欢化现象。狂欢化理论揭示了民间文化和通俗艺术中蕴含的反理性倾向，而这就是一种身体体验。后现代文论改造了巴赫金的狂欢化思想，把快感意识形态化，提出了快感政治的理论。它认为资本主义建立了生产快感的文化工业，使艺术具有了消费性，从而支撑了资本主义的意识形态。这样一来，文学艺术的快感具有了两重性。在《聊斋志异》中，通过对狐妖花魅与人的情爱描写，不仅产生了现实经验和审美体验，也有原始欲望的体验。它超脱了理性规范，表现了人的自然天性。在武侠小说中，主人公可以凭借武功横行天下、快意恩仇，不受王法制约；而所谓武功，不过是暴力的形式，在行侠仗义的旗号下，隐藏着攻击性的体验。因此，这是一个身体体验下的江湖世界，不同于理性统治下的现实世界。在民歌中，也更多地保留了身体体验，特别是那些大胆而火辣辣地表达性爱的民歌。

文学的身体性和意识性，构成了完整的文学活动，即文学活动具有全身心性。文学创作和文学接受过程中不仅仅是意识的表达，也是身体的激动；不仅有理性的认知，也有欲望的体验。巴尔特认为，阅读带有身体性："阅读，就是使我们的身体积极活动起来……处于文之符号、一切语言的招引之下，语言来回穿越身体，形成句子之类的波光粼粼的深渊。"①

二、文学的原型意义

体验及其反思产生了意义。文学的身体体验决定了文学具有原型意义。身体体验面对的世界与现实体验面对的世界不同，它以原始欲望感受和想象世界，使世界呈现为身体意象。所谓身体意象就是身体化的感性意象，是身体化的对象世界。这个身体体验的对象世界不是现实的律法世界，而是对应人的欲望法则的世界。身体意象即原始意象的现身。文学的身体体验对应着原型层面，文学的原型层面潜藏着原始意象，而原始意象凝聚着人的生命欲求，也就是原始欲望。人有两种基本的原始欲望，一为性欲，一为攻击性。弗洛伊德最先揭示了人的深层心理结构，他认为这是以性欲为核心的原始欲望。在童年时期，性欲以"恋母（父）情结"的形式存在，成年后被理智压入无意识，成为深层结构。无意识中的原始意象不直接表现出来，而是以做梦或艺术（白日梦）的形式得到宣泄或升华。一战以后，他目睹人类的残忍好斗，又提出了"死本能"来补充性本能。"死本能"实际就是攻击性，这是人类的另一种生物本能，也是人的基本的原始欲望。另一方面，荣格从"集体无意识"的角度揭示了人类的深层心理结构。性欲和攻击

---

① ［法］罗兰·巴尔特《S/Z》导言，屠友祥译，上海人民出版社 2012 年版，第 3 页。

性作为人类两大本能和原始欲望,成为人类行为基本的深层动力,也成为文学艺术活动的原始动力和深层内容。在文学活动中,尽管表现了广阔的社会生活,但最基本的内容仍然是爱情与死亡,它们成为文学的永恒的主题,而爱与死又是性欲和攻击性的文明形式。文学的身体体验产生了身体意象,它是原始意象的呈现形式,是原始欲创造的世界,而不是理性创造的世界。许多文学作品,特别是通俗文学作品都展现了一个野性的身体意象。身体意象蕴含着身体意义,也就是原始生命力表现。对身体意象的反思就得出了文学的原型意义。文学的原型意义就是对生存的自然本性的揭示,是对感官快乐的肯定。

对严肃文学而言,原始欲望被较充分地理性化了,它被道德的合法形式所抑制和隐蔽,因而不易被察觉。但它对社会生活的描写所呈现的感性意象,仍然包含着某种身体体验,这是原始欲望的转化形式,如爱情以性欲为原型;社会斗争以攻击性为原型。在严肃文学中,原始欲望很少以极度感性化的形式呈现出来,更多的是以符合社会规范的形式表现出来,它的现实意义突出而原型意义不彰显。但严肃文学仍然存在着原型意义,它往往比较隐蔽,需要我们的挖掘。例如莫言的《红高粱》,虽然描写了民间的抗日斗争,具有现实内容,但也具有原型意义:表现了“我爷爷”与“我奶奶”之间的野性情欲,以及民间的尚未被理性消磨掉的原始生命力。

对纯文学而言,原始欲望被充分净化、升华为审美理想,原始意象转化为审美意象,因此其审美意义突出而原型意义不彰显。但审美冲动仍然源于原始欲望,是原始欲望的升华。纯文学以审美的形式升华了原始欲望,它之所以达到了自由的境界,正是由于原始欲望得到升华,从而消除了无意识与意识之间的冲突的结果。但是,纯文学也不可能使原始欲望完全升华为审美意识,也会有部分转化为身体意识,尽管它受到了审美意识的限制。例如《红楼梦》,虽然讴歌了宝玉与黛玉之间的纯洁的爱情和高尚的人生理想,否定薛蟠、贾琏式的蠢滥之物的低劣情欲,但在第六回中也有“贾宝玉初试云雨情”的性爱描写。

通俗文学以极度感性化甚至非理性的形式,较直接地体现出文学的原型意义。通俗文学理性化和审美化的程度都不高,因此其现实意义和审美意义都不突出。它以充分感性化的描写,偏离了理性的制约,宣泄了人的原始欲望,故其原型意义突出。这就是说,感性意象较少地理性化,而较多地受到原始欲望的支配,故较多地体现了原型意义。通俗文学的内容主要有两类,一个是言情,一个是打斗(武侠、警匪等),它们正是性欲和攻击性的宣泄形式。当然,健康的通俗文学也对原始欲望进行了道德化,如情欲表现为爱情,攻击性表现为正义对邪恶的斗争等。即使如此,它仍然表现和宣泄了人的感性冲动。而不健康的通俗文学则有渲染色情和暴力的倾向,以迎合人的原始欲望。通俗文学的消遣娱乐性来自原始欲望的宣泄,有的是直接的,如关于性爱和暴力的描写;有的是间接的,仅仅表现为一种游戏的乐趣。娱乐性来自游戏,而游戏是原始生命力的释放。通俗文学就是突出了娱乐性,成为一种游戏。

文学的原型意义还体现于文学中蕴涵的人类文化的深层模式。由于人类的基本欲望而导致的基本行为模式,不仅在原始文化中定型而成为文化原型,而且在文学中"移位"而成为文学形象。文学的故事千变万化,但基本的人类行为模式没有变化,这就是文学的深层结构。因此,揭示文学的原型意义即人类文化的深层模式就成为文学批评的任务。揭示文学的原型意义就是所谓原型批评和精神分析批评,前者揭示文学的普遍的文化心理原型结构,后者揭示具体文学作品所蕴藏的个体深层欲望。

人的现实经验受到意识形态的制约,人的感性经验和原始生命力受到压制,因此,它所展示的生活经验和文化形态就必然是不完整的、不全面的。而身体体验作为人类原始生命力的所在,影响、冲击着现实意识,改变着现实意义,使文学所体现的现实经验一定程度上摆脱了理性的压制,充实了感性的内容,成为完整的、全面的生活经验和文化形态。所以,文学所展现的现实生活才是富有人性的、有血有肉的生活,而不是意识形态化的、抽象的生活。在传统社会,由于宗教或者礼教的禁锢,生活是受压抑的,人的情感欲望不能得到实现。但是在文学所描写的日常生活中，往往能够冲破意识形态的禁锢，大胆地描写情欲、讴歌爱情。中国文学从《诗经》开始，就具有歌咏男女情爱的传统，甚至多有男女情色的描写，以至于为正统意识形态所不容，孔子说“郑声淫”，并且删改了诗经；后世文人对诗经的感性描写也多有曲解。但这种感性传统不绝如缕，延续至今，充分体现了完整的人性。

三、文学的原型意义与其他意义的关系

首先看文学的原型意义与现实意义之间的关系。文学活动一方面产生现实意义，受理性的制约；同时也以其原型意义消解现实意义，成为解构理性的逆向活动。文学体验是生命体验的回归，而生命体验本身就是生命的冲动，包含着人的原始生命力。人的原始生命力的核心是性欲和攻击性，这种原始生命力具有非理性，它不顾理性的规范，顽强地实现自己。在现实生活中，这种原始的生命力受到理性的制导和压抑，不能充分实现，从而形成了理性与非理性的冲突。在文学活动中，特别是在通俗文学中，无意识被充分释放，表现为一种极度感性化身体性倾向。文学描写往往以感性解放的形式导向非理性体验，它使感性解脱了理性的抑制，回归身体性。这种非理性体验成为对理性意义的消解过程。文学的理性意义要求确立对原始生命力的约束机制，而文学的身体体验又要求确立对原始生命力的解放机制，从而不知不觉间就会对理性意义产生怀疑，动摇、破坏理性意义。于是，在这个层面上，文学的意识形态意义就被解构。比如《金瓶梅》的现实层面的主旨是通过对放纵情欲的恶果的揭示，宣扬礼教，达到劝诫的效果。但是，它在原型层面上又解构了这个宗旨，其性爱描写自觉不自觉地渲染了性爱的乐趣，从而消解了传统的禁欲主义的意识形态。文学的原型意义总是肯定人的自然本性和权利。《包法利夫人》塑造了艾玛的形象，她由于性生活的苦闷而有了婚外恋，被社会所谴责和抛弃，成为淫妇形象。而作者的写作和我们的阅读经验却告诉我们，她是值得同情的，她的性爱追求是有合理性

的，而那些道德规范却是压制人性的。文学非理性体验导致现实意义的消解，这实际上是文学对理性化的一种矫正、约束。文学对理性的解构功能的合理性在于，理性不是存在的全部，非理性同样是人的本质属性；对非理性的过度抑制可能导致生命体验的丧失和生命力的枯萎，因此需要文学的非理性体验来平衡。在文学实践中，文学不仅仅建构理性意义，同时也进行自我否定，通过非理性体验来消解理性意义。这种解构作用平衡了理性与感性，避免理性异化，对人的自由具有重要意义。

原型意义与审美意义的关系有两个方面，其中一个方面是原始意象、原始意义作为原型被审美理想所提升，转化为审美意象、审美意义。如美学的两个基本范畴优美与崇高（壮美）就分别有性欲与攻击性的原型。两性作为最初、最直接的审美对象，性爱和攻击性作为审美的深层原始动力，对优美和崇高范畴的形成具有重要意义。这就是说，优美与爱欲、女性美相关，崇高与攻击性、男性美相关。康德认为，美与崇高两种审美范畴与两性的特点有关，男人的特点是崇高，女人的特点是优美。他还认为，优美和崇高与男女的不同的性欲对象相关，即男人喜欢女性的优美，女人喜欢男性的崇高。他说："对异性的向往（我们总是以沉默来掩饰这一点）归根结底还是所有其他动机的基础"，"人性中最精细、最生动的欲望恰好与本能相关"。① 中国美学中早就有阴柔之美与阳刚之美、秀美与壮美的区分，而阴阳之分源于男女两性之别。

另一方面，原型意义对现实意义的消解，为审美意义的发生开辟了道路。这是一种否定之否定的过程：消解了现实意义，去除了审美意义发生的理性障碍，留下的思想空间将被审美意义填充。例如，爱情小说以其感性描写，突破了意识形态的限制，消解了传统的道德观念；同时，感性欲望也得到升华，成为具有道德品质或审美品格的爱情。

---

① ［德］康德：《对美感和崇高感的观察》，曹俊峰译，黑龙江人民出版社1990年版，第37页。

第四节 文学的审美体验和审美意义

一、文学体验的审美性

文学体验不仅在现实意义上体验了生存,而且在超验的意义上深化了生存体验,从而成为一种审美体验。马修·阿诺德说:"实际上,诗歌就是对人生的评论:诗人的伟大之处在于对人生观——对'如何生存'这一问题的观点——予以有力的、审美的表现。"①

文学的审美体验从形式上看是一种感性认识或态度,因此美学最初被界定为感性学;而实际上是超感性的体验,它保留了感性的丰富性,甚至比感性经验更丰富,同时也比感性经验更深刻。我们在审美体验中会有比感性经验更深刻的领悟,而不是停留于感性经验。文学体验不在于重复日常经验,也不在于表达日常态度,它有更深刻的体验,就是审美体验。一部文学作品,不仅仅是描写了日常生活,它一定还告诉我们更深刻的东西,给我们以美感,让我们回味无穷,反复思考,这正是文学优越于生活的地方。总之,审美体验超越了感性水平的经验。

知性水平上的生存体验也具有局限性。科学和意识形态就是知性水平体验的反思产物,它把握住了事物的本质属性和作出了普遍的价值判断,因此比感性经验更深刻。但是,知性水平的领会仍然是有限的,它不是对生存本身的体验,不是对存在意义的领悟,而只是对有限的现实生存的把握。科学作为知性认识,只能把握有限的对象的客观属性,不能把握存在的本质。文学的审美体验超越了科学认识,是对生存意义的把握。我们在审美活动中,尤其是在艺术活动中,往往能够透过生活现象,领会到生活的真谛。如

① [英]马修·阿诺德:《诗歌研究》,转引自拉曼·塞尔登编:《文学批评理论》,刘象愚等译,北京大学出版社 2003 年版,第 510 页。

果说科学是真的话，那么审美则是至真，即最高的真实。伽达默尔提出存在着艺术的真理。海德格尔后期转向了审美主义，认为艺术能领会存在的意义，因此“美就是真理在作品中的自行置入”。杜夫海纳更是把审美作为真正的现象学还原，认为审美可以把握存在，从而建立了审美现象学。

文学体验也超越了意识形态，获得了生存的根本价值。意识形态作为知性水平的社会价值体系，只体现了一定历史条件下的一定人群的价值观念，它具有历史的局限性，不能体现生存的最高价值。在文学活动中，由于审美理想的作用，解除了现实关系，我们能以自由的审美主体的身份，重新感受生活，思考人生的真谛，体验人生的价值。审美活动使我们超越了意识形态的有限性，领悟了人生的最高价值，明白了什么是人生的最高追求、人为什么活。如果说意识形态规定了什么是善的话，那么文学的审美体验则领会了至善，即最高的善。历史上的文学都在一定程度上克服了剥削阶级意识形态的局限，体现了人类的自由意识。如中国传统社会的优秀诗歌，都讴歌了美好的爱情，反抗了封建礼教；抨击了统治阶级的荒淫残暴，同情了人民的疾苦。西方近代文学也没有肯定资本主义的意识形态，而是同情底层人民的命运，揭露和抗议资本主义制度的黑暗。而西方现代文学则从根本上否定和反抗现代理性，诉诸人的自由。总之，审美超越了感性和知性水平的现实体验，是本真的体验方式。

文学的审美体验为什么能够领会存在的意义呢？因为审美作为一种本真的生存体验与审美作为一种自由的生存方式是同一的，自由的生存也必然体验了自由。同时，这个问题也涉及现象学。现象学是胡塞尔创立的，他认为经验意识只是一种自然的态度，不能把握事物的本质。只有把经验意识还原到“纯粹意识”，进而通过“本质直观”，才能使事物的本质呈现出来。海德格尔改造了现象学，使之成为把握存在意义的哲学方法论。杜夫海纳建立了审美现象学，认为审美意识就是纯粹的意识，审美体验才是真正的本质直观，它使得存在的意义得以显现。审美体验作为充分的非自觉意识，摆脱了自觉意识的制约，以纯粹的直觉想象和情感体验面对审美对象，而这时的审美对象就是整个世界(如一件艺术品已经脱离了现实世界,成为审美体验中的整个世界),从而使审美对象的本质——审美意义显现,也就是使整个世界的本质——存在的意义显现。

叙事文学和抒情文学作为文学体验的不同方式,殊途同归,都达到了对生存意义的领会。叙事文学描写人的命运,而人的命运正是我们司空见惯而无动于衷的。但是,面对文学形象,我们却不能漠然置之,我们会把主人公的命运当成自己的命运,重新体验和思考人生,从而超越现实体验的局限,把握生存的意义。《阿Q正传》的主人公是普通的农村游民,在现实中人们往往熟视无睹,不会特别对他发生兴趣,更难为他而痛苦,为他而思考。但是,面对鲁迅笔下的阿Q,我们会感到振聋发聩,感到巨大的痛苦和深刻的羞耻,我们会拷问自己的灵魂,从而重塑自己。抒情文学是自由情感体验的表达,而这种体验在现实生活中已经麻木,"简单粗陋的实际需要"和虚假、有限的价值控制了我们,使我们忘记了更根本的价值。文学活动恢复了我们的自由要求和体验,使我们明白了人的价值,它不是吃饱穿暖,也不是荣华富贵,而是自由本身。当我们展开古今中外文学的画卷时,我们会沉醉于诗的意境之中,流连于山光水色,品尝爱情的甜蜜、友谊的温暖,体会忧国思乡的深沉……这时候,我们就忘却了世俗的蝇营狗苟,心胸豁然开朗,心灵得到净化。歌德谈到他阅读莎士比亚作品时的感受:

> 我初次看了一页他的著作之后,就使我终身折服;当我读完他的第一个剧本时,我好像一个生来盲目人,由于神手一指而突然获见天光。我认识到,我极其强烈地感到,我的生存得到了无限度的扩展;对我来说一切都是新奇的,前所未闻的,不习惯的光辉使我眼睛酸痛。我渐渐学到了怎样去使用视力,感谢赐我智慧的神灵,我现在还亲切地感到,我获得了些什么。①

---

① [德]歌德:《莎士比亚命名日》,中国社会科学院外国文学研究所外国文学研究资料丛刊编辑委员会编:《莎士比亚评论汇编》,中国社会科学出版社1979年版,第289页。

总之，文学作为本真的体验方式，把我们带入了似曾相识而又全新的人生体验：我们置身其中的世界向我们展示了真实的一面，生活的意义变得完全不同了，我们过着一种自由的精神生活。这里也要强调“指向”一词的重要性，它是说文学包含着现实体验和原始经验，但又指向本真的体验。这就是说，文学体验不仅仅是现实的生存体验的一部分，而且回归原始体验，最终走向本真的审美体验。

二、文学的审美意义

文学的审美体验产生了审美意象，文学的审美意象是审美意义的内涵，文学的审美意义是审美意象的反思形式。审美意象有两种形态，一种是再现性的审美意象，它是叙事文学的审美意义，比如小说等叙事文学中形成的以人物角色为中心的意象；一种是表现性的审美意象，它是抒情文学的审美意义，比如抒情诗表现出来的情感意象。这两种审美意象都是文学审美意义的内涵。

审美意义虽然是文学的最高层次，但它又不是自然存在的，而是超验的、生成性的。这就是说，审美意义不是像现实意义那样实际，它不直接呈现，不是语言的字面的意义，不是现实的描写；用经验的眼光来看，它不存在，存在的只是现实对象。审美意义也不像原型意义那样隐而不显，无法还原，只是精神分析的对象。它是审美体验的对象，作为审美意象是可以感知的。如果说现实意义是现实体验的产物，那么，审美意义就是审美创造的产物，只有对现实意义进行审美超越，才能把它转化为审美意义，变现实意义为审美意义。在文学创作和文学欣赏过程中，最后的环节就是审美意义的创造。一旦脱离了审美体验，审美意义就不复存在了。审美体验不是人的实际态度，而是现实意识的升华，因此，审美意义是超验的，有待于生成的。在这个意义上，审美意义是一个空白，它有待于创造性的填充。美学家英加登认为文学有一个空白，需要主体的填充，这个空白包括有待于现实经验填充的部分，也包括审美意义的创造性空间。我们仍然以大家熟悉的《红楼梦》来分析。《红楼梦》在现实意义上展开了三个故事线索:一个是贾宝玉与林黛玉的爱情悲剧,一个是大观园女性的命运,一个是贾府的兴衰荣辱。这些内容只具有社会意义,还不具有审美意义,因此它本身也不是审美层次。但作品的审美层次就建筑在这些现实叙述上。《红楼梦》把这三条故事线索升华到生存意义的高度,得出了一个“空”字。这个“空”并不等同于佛教的“空”,不是无情的“空”,而是有情的“空”。它在对人生大彻大悟的同时,仍然饱含着对人生的眷恋、对爱情的执着、对女性的赞美、对传统人生道路的拒绝、对吃人社会的控诉。这时,作品的描写就不止于现实经验,而升华为审美体验,我们就不停留于现实意义,而进入了审美意义,现实现象就转化为审美意象。

审美意象是对现实经验的超越,是在现实经验基础上的审美体验。如果说,在文学的现实意义上,我们还停留于对社会生活的现实感受,这种感受还限于感性的水平,并没有达到对人生的根本性体验,那么在审美意义上,审美体验是对人生的超越性体验,具有形而上的意义。例如《离骚》中的主人公形象,在现实意义上是忠于楚王的士大夫,是楚文化的殉道者;而在审美意义上则是一个上天入地、九死不悔乃至质问上天、怀疑圣人的真理寻求者的形象。这个审美意象才是文学的最高意义——审美意义的内涵。

对审美体验和审美意象的反思,就产生了审美意义。这就是说,在审美层面,文学具有审美意义。审美意义是对审美体验的反思,而审美体验是最高的生存体验形式,可以获知生存的意义。因此,审美意义就是生存意义。文学不但要表达生命欲求和传达意识形态,还要探索人生的价值和真谛,这个形而上的问题不仅是哲学研究的对象,也是文学反思的对象。生存意义问题表现为两个方面:主观方面即生存的价值问题,也就是说,人为什么活?人应该追求什么?怎样生活才有价值?客观方面即生存的真谛问题,也就是说,人生是怎么回事?人性是什么?什么样的生活才是真实的?这两个问题其实是一个问题的两个方面。那么,生存意义是什么呢?就是自由。生存只是存在的历史形式,生存的根本意义就是回归存在。而存在的本性就是自由，存在的本真性和同一性都指向自由。审美作为自由的生存方式，也体验到了生存意义，因此，文学体验的最高层次就是对自由的领会。文学告诉人们，真正的人生不是现实的处境，人生的意义不是现实观念，而是指向自由的，自由的人生才是真实的人生，自由才是生存的真谛、生存的价值。叙事文学主要通过对人物命运的描写，揭示生存的真谛；抒情文学主要通过主观情感的升华来体验生存的价值，它们都是对生存意义——自由的揭示。以《红楼梦》为例，它一方面包含着社会内容，建立了理性意义，如对纯真爱情的追求，对贵族家庭没落的反省，对女性命运的同情等；另一方面，它又超越了理性意义，进行了形而上的哲学思考，如对一切现实价值的质疑，对理想人生的绝望和对终极的生存意义的追问等。它并没有作出解答，但又似乎有了解答，就是自由。在这种超越性理解和反思之下，爱情、家庭和人的命运等世俗追求和观念都被质疑、否定从而也被升华了。《红楼梦》之所以感人至深，不仅仅在于理性意义，更在于超越性的审美意义——对于自由人生的九死不悔的追求。如果把它与同样题材的小说如《西厢记》进行比较，就更加清楚了，后者也肯定了自由的爱情，但仅止于此，没有对生存意义的追问；而且有对世俗观念的妥协，缺乏批判和超越精神，因此形而上的意义薄弱。

作为自由的审美意义，不是固定的现实意义，它不能用现实语言作明确的界说，只能以审美范畴作范导性的启发。审美范畴包括优美、崇高、悲剧、喜剧、丑陋、荒诞等，它们都是对审美意义的表述，也是对存在意义的表述。这就是说，审美意义就是存在的意义，不是现实意义，因此只是一种哲学的话语。自由是存在的根本属性，向存在超越就是自由，自由就是超越本身。因此，审美超越就是对现实意义的否定和对于自由的追寻。存在是逻辑的设定，不是现实状态，是彼岸而非此岸。文学向存在的超越就是一种指向自由的过程，审美意义就体现于这个超越过程中，它引导人去追寻、思考，而又不做现实的结论。《红楼梦》否定了传统的人生道路，但并没有说明生存道路是什么。它以宝玉出家来表达对现实的拒绝，并把现实人生归结为一个

“空”字。但在这种悲凉之中并非一无所有,对爱情的执着、对纯洁女性的爱慕、对自由生活的向往已经深深地铭刻在我们的心灵上,而这就是对人生的审美体验,就是对生存意义的揭示。正因为审美意义没有现成的答案、不做实际的结论,每个人才能作出自己的思考和选择,文学才永远有生命力。

各种文学形态都具有审美意义,离开了审美意义就不成其为文学。通俗文学虽然突出了消遣娱乐性,但也要有审美属性,也要在一定程度上提出生存本身的问题,从而超越感性界限;否则,单纯的消遣娱乐性会使文学成为游戏。严肃文学虽然突出了现实意义,但也应当突破现实意义的局限,深入到人生的更高层次,体现某种审美意义;否则,单纯的意识形态性会使文学成为枯燥的说教。纯文学虽然也具有原型意义和现实意义,但突出了审美意义,因此具有很高的文学性。

三、文学的审美意义与其他意义的关系

文学的审美意义即生存意义问题是一个形而上的问题,它具有超越性。审美意义的超越性体现在三个方面:一是突破了感性、知性意义的局限,获得了形而上的品格;二是对现实意义的批判、否定,三是对原型意义的升华。

首先,文学的审美意义作为对存在意义的思考,必然超越感性、知性意义。感性经验只是初级的意义,限于现象领域,不能及于本质;科学是知性的认识,意识形态是知性的价值观念,它们是被现实存在决定的,无法超越自身的局限,不能达到对现实的批判性思考,从而也无法回答生存意义问题,反而遮蔽了生存的意义。文学的审美意义超越了感性和知性的水平,达到了最高的水平。科学是有限的客观知识体系,意识形态是有限的价值观念体系,它们都不具有至上性,而审美意义则突破了现实观念的束缚,具有至上性。它超越了历史的、阶级的局限,成为对自由的揭示。审美通过对生存意义的理解和反思,达到了生存的自觉。

其次,文学的审美意义是对现实意义的批判、否定。现实意义的核心是意识形态观念,它既为人类生存所必需,又对人类自由有所限制。审美意义

不仅突破了现实意义的限制，而且以自由的名义对其加以批判、否定，从现实关系的桎梏下解放、提升了人的精神世界。审美意义的产生，必须超越意识形态，克服其局限性，才能达到对生存意义的揭示。这就是说，审美意义是否定性的。生存意义不是现成的社会观念，它必须建立在对意识形态的扬弃的基础上。文学对现实意义的批判、否定，往往体现为文学作品中的自我否定、自我超越。文学作品中存在着审美意义与现实意义的矛盾，往往在现实意义上宣传某种意识形态，而在审美意义上又否定、超越了这种意识形态。这种矛盾现象是非常普遍的，越是深刻的文学作品，就越突出了这种矛盾。托尔斯泰的《安娜·卡列尼娜》最初的意图是宣扬陈腐的宗法观念：婚姻是神圣的，破坏家庭是有罪的。作者企图通过安娜的悲惨下场来警示人们：违反这个信条是没有好下场的。但是，作品的审美意义却超越了意识形态的局限，它同情安娜的命运，肯定了她的勇敢选择，宣布了爱情高于婚姻，没有爱情的婚姻是不道德的。现代主义的意识形态批判更为自觉，它尖锐地揭破了意识形态的虚伪、反人性和荒诞。如果说在传统社会，文学对意识形态的批判和否定还是不自觉的话，那么在现代社会，对存在意义的自觉产生了意识形态批判，文学加入了意识形态批判的行列，维护着人的自由。文学与意识形态的分离和对抗是现代社会的一种重要现象，这也被解释为现代性的自我分裂和自我超越。

审美意义的介入，使现实意义本身也发生了变化，变得不那么纯粹、单一了。文学的意识形态意义在审美意义的渗透下，可能发生裂变，形成内在的矛盾。文学既表达了意识形态，又对其有所怀疑、动摇甚至否定。正是这种自我否定，才使审美意义有发生的可能和存在的空间。例如，杜甫的“三吏三别”既肯定维护了中央王朝的统一战争的正义性，又控诉了政府对民众的残酷压榨。前者体现了正统的意识形态，而后者则对其有所怀疑和否定。这种矛盾是在审美意义的光照下发生的，使得意识形态发生了裂隙，并且被质疑、动摇和否定，从而给审美意义留下了空间。

文学的审美意义不仅否定现实意义，而且也升华了原型意义。古希腊美学就提出,文学具有净化情欲的功能。文学描写的感性经验,具有非理性的内容,包括暴力、色情倾向,而审美意义则消解了原始欲望,使感性经验纯洁化,成为自由的生存体验。而文学的原型意义所携带的心理内驱力则转移到审美意义上来,使其具有巨大的情感力量。文学对爱情、善恶斗争的描写,具有宣泄原始欲望的原型意义,也具有现实意义,但最终会转化为审美意义,成为对人的命运的反思、对自由的追求。以《聊斋志异》为例,它不乏情色描写,体现了深藏的原始欲望,显示了原型意义;也体现了传统社会中人的爱情理想;但是,在审美理想的升华之下,这些原始欲望被净化,爱情理想被升华,成为一种自由的追求,从而转化为审美意义。

文学的审美意义是最高意义,它体现在两个方面:其一,审美意义是其他意义的指向和归宿。审美意义是文学的超验意义,也就是说,现实意义要超越为审美意义,原型意义要升华为审美意义,审美意义成为各个意义的最后转化物。在文学活动中,现实意义和原型意义虽然都具有一定的独立性,但又不是固定的存在,而是流动的、转化的,它们都指向审美意义。其二,审美意义是文学的最高层次,它对其他意义具有主导作用,也成为文学的最高内涵。审美意义作为最高层次,具有支配性,使文学具有审美导向,主导着作品的意义。所以文学虽然有原型意义,但不同于神话传说,不是白日梦;虽然有现实意义,但不是历史文献,不是新闻报道。审美意义使文学成为文学,具有了审美意义。审美意义与现实意义、原型意义的关系并不是平列的、互不相干的,审美意义使原型意义升华,使现实意义转化,最终都处于自己的光辉之下。

总的来说,文学的意义就是原型意义、现实意义和审美意义的复合。这种复合不是三种意义的平列和累加,而是系统的综合。文学的深层(原型)意义是生命欲求,表层(现实)意义是意识形态,本真的(审美)意义是生存意义。审美意义升华了原始意义,超越了现实意义,成为文学的最高意义。通俗文学的原型意义和消遣娱乐性突出,严肃文学的现实意义和意识形态性突出,纯文学的审美意义和本真性突出。

本章参考书目

1. [奥地利]西格蒙德·弗洛伊德:《论文学与艺术》,常宏等译,国际文化出版公司 2001 年版。

2. [英]特里·伊格尔顿:《美学意识形态》(修订版),王杰等译,中央编译出版社 2013 年版。

3. [法]杜夫海纳:《审美经验现象学》,韩树站译,文化艺术出版社 1992 年版。

第三章　文学的文化形态

文学是语言艺术的总称,它又分化为不同的类型。这些不同的文学类型具有不同的文化意义和社会作用,也就是特定的文化形态,简称文学形态。

第一节　文学形态划分的依据和文学形态分化的历史

文学形态的划分既有理论的依据,又有历史的形成过程,应该从这两个方面来进行考察。

一、文学形态划分的依据

确定文学的性质,内在的依据是文学的层次结构;外在的表现是其社会文化形态。对于不同的文学形态而言,其性质各有不同,有的侧重于意识形态,有的侧重于消遣娱乐,有的侧重于审美等。不区分文学的社会文化形态,笼统地谈论文学的本质和意义,是以往文学理论的一大弊病。“文革”前受苏联文学理论影响,认为文学是一种社会意识形态,形成了意识形态论的文学本质观。新时期反拨苏联文学理论,认为文学是一种审美活动,又形成了审美论的文学本质观。但是无论是意识形态本质论还是审美本质论,都不能全面地说明文学的属性，也不能涵盖各种文学形态：意识形态论抹杀了文学的审美属性，尤其是否定了纯文学的本质属性。审美论抹杀了文学的现实性，尤其是否定了严肃文学的本质属性。它们还有一个共同的弊病，就是都抹杀了文学的消遣娱乐性，尤其是否定了通俗文学的本质属性。因此，这种单一的文学本质观已经不适应文学的现代发展。我们根据文学阅读的经验。就可以知道文学形态的种种不同，有的文学是通俗的、大众化的、供消遣娱乐的，如通俗言情小说、武侠小说等；有的文学是严肃的、关注社会问题的、注重意识形态性的，如茅盾的《子夜》；有的文学突出了审美品格，揭示了生存意义，具有永恒的价值，如《红楼梦》。这些文学形态之间虽然也有某些共同之处，但又具有相当大的差异，它们不能用一个本质来界定，也不能用一个标准来衡量。如果用《红楼梦》的标准来界定和衡量《子夜》或通俗言情小说，就会完全否定后者；反过来也是一样。以往关于文学本质问题争论不休，一个重要原因就是企图用一个本质涵盖不同的文学形态，导致顾此失彼，莫衷一是。无论是把文学的本质归结为意识形态还是单一的审美，都否定了文学形态的多元化。现代社会，文学形态高度分化，特别是通俗文学摆脱了边缘地位，上升为文学的主流形态，因此，继续忽视通俗文学已经行不通了，传统的文学理论也不适应文学分化的现状了。我们必须改造旧的文学理论，建立新的文学本质观，使之适应不同的文学形态。不同的文学形态突出了不同的属性，有不同的意义，体现了文学的不同本质，因此，我们必须注重对文学的形态的研究。

一般把文学区分为通俗文学与高雅文学，或者通俗文学与严肃文学，或者通俗文学与纯文学。这种两分法并不严密，因为高雅文学实际上包括了严肃文学和纯文学；严肃文学与纯文学是有区别的，是不同的文学类型，严肃文学注重社会意义，而纯文学突出了审美品格。可以把文学划分为三种类型：通俗文学、严肃文学、纯文学。这种区分是有根据的。文学形态的划分是依据文学的多层次结构和多种意义。由于文学包括身体体验、现实体验和审美体验，因此文学也就具有了原型意义、现实意义和审美意义。而在不同类型的文学作品中,这些层次间的关系不同,分别突出了不同的意义,就形成了不同的文学形态,即突出原型意义的通俗文学,突出现实意义的严肃文学和突出审美意义的纯文学。

二、文学形态分化的历史

文学形态的划分既具有文学结构上的依据,同时又是一个历史的过程,是在现代性进程中发生分化的。

文学发生之初,还没有文学形态的分化,雅俗之分还不明显,文学保留着民间的质朴、单纯,比如中国古代的《诗经》就来自民间,后来又经过加工整理,进入士大夫的书斋,成为经典。在以后的文学发展过程中,出现了士大夫文学与民间文学的分野,这就是最初的雅俗之分。欧洲文学的源头是史诗,后来分化为贵族宫廷文学与民间文学两种形态。传统民间文学是现代通俗文学的前身,但与现代通俗文学不同,它是传统社会的产物,不具有现代性。民间文学的特点是,流行于民间大众(主要在农村),创作非专业化、非个体化,世代口传。民间故事、民谣等就是民间文学的主要形式,这是一种初级形态的文学,具有简单、质朴的风格和形式。民间文学歌咏和描写百姓的日常生活,"饥者歌其食,劳者歌其事",保留着民间大众的原始生命力和创造性,因此也成为雅文学的不断汲取的文学资源。中国古代文学中的诗经、楚辞、汉乐府、唐宋词、元曲以及话本小说都有民间文学的来源,经过文人加工、改造而成为雅文学的形式。传统社会的所谓雅文学是士大夫的文学或贵族宫廷的文学,它已经脱离了民间文学的初级形态。传统的雅文学有了专门的作者,并具有高雅的品格、深刻的思想、精致的形式,比如古典诗词讲求格律、形式精致化;题材多样化,触及社会生活和人的情感的各个领域;主题深化,不仅涉及社会问题,也涉及形而上的领域。同样,古典章回小说也比民间性的话本小说更富有艺术性。

现代性发生以后,文学形态发生分化。首先,市民阶层的出现和壮大以及市场经济的发展,使通俗文学从民间文学中转化生成。如文艺复兴时期《十日谈》等通俗文学的发生,体现了市民阶层的感性欲望和价值观念。其次是严肃文学与纯文学的分化。在欧洲 17 世纪新古典主义时期,严肃文学与纯文学的分化还没有发生,新古典主义文学虽然强调为建立现代民族国家的现实服务,同时又强调高雅的文学性,文学的社会功能和审美功能还没有明显分化,而消遣娱乐功能还仅仅体现在不登大雅之堂的民间文学上。在启蒙时代,以市民为主体的新文学参与了社会变革的斗争,发挥了积极的社会作用,于是,文学的现实性得到突出,严肃文学这一新的形态就出现了。欧洲 18 世纪的启蒙文学就是现代严肃文学的开端,而 19 世纪现实主义又发展了严肃文学。以后,随着现代性的发展,现代城市文明出现,工具理性的膨胀,引起了浪漫主义文学的反弹,以后又出现了带有唯美主义倾向的纯文学形态。19 世纪末 20 世纪初的现代主义文学进一步发展了纯文学形态。

中国古典文学有教化和美刺传统,同时又强调高雅的品位,文学的社会功能和审美功能也没有明显分化,而消遣娱乐功能也更多地体现在不登大雅之堂的民间文学上。只是在五四前后,在现代性的冲击下,才开始了严肃文学、纯文学以及通俗文学的分化。五四前的谴责小说已经具有严肃文学的雏形,而五四时期的启蒙主义文学揭露国民性、批判传统文化,形成了中国的严肃文学。五四以后的现实主义(如老舍的《骆驼祥子》)和革命文学继承了严肃文学的传统。同时,五四以后也发生了浪漫主义(如沈从文的作品)以及现代主义(如唯美主义的“纯诗运动”,李金发等人的现代主义诗歌、刘呐鸥等人的现代主义小说),出现了纯文学的形态。另外,清末民初也产生了如鸳鸯蝴蝶派以及新武侠小说等通俗文学。现代通俗文学是在现代文明产生后发生的,它以市民大众为主体,是一种现代形态的文学形式,它不同于传统的民间文学,而具有专业化写作、商业化传播等特征。

第二节　严肃文学

一、严肃文学的性质和特征

在文学的三个层次中，如果现实意义起了突出作用、理性成为主导价值，就形成了严肃文学。文学的现实意义体现为感性意象，但是如果这种感性意象没有更多地受到身体意识的支配，也没有充分地转化为审美意象，而更多地受到理性（意识形态）的支配，那么就形成了严肃文学。严肃文学虽然也有审美价值或者消遣娱乐性，但本质的特征是现实性。严肃文学往往是针对现实问题而作，触及了现实生活中的某些本质方面，表达了对现实问题的态度。严肃文学往往有鲜明的社会主题、强烈的意识形态性，表现出作者的政治、道德、宗教等思想倾向。严肃文学具有强烈的战斗精神，惩恶扬善、爱憎分明，发挥着较直接的社会作用。这样，严肃文学就成为人们认识现实、干预现实的手段。严肃文学既属于民间领域，教化民众，影响社会生活，同时又介入公共领域，抨击时政，干预政治生活。在文学史上，存在着大量的严肃文学作品，特别是一些具有教化、"美刺"作用的作品。唐代杜甫的"三吏"、"三别"再现了安史之乱中的历史面貌，反映了人民的痛苦；元稹、白居易多有讽喻之作，劝喻统治者关心民瘼，具有强烈的社会认识作用和批判作用。现代文学中更有许多作品属于严肃文学，如西方现实主义文学就有许多属于严肃文学；中国革命文学大都属于严肃文学，如茅盾的《子夜》就触及了中国社会发展的道路问题，具有强烈的政治意义。当然，严肃文学也可能有很高的审美价值或者很强的消遣娱乐性，在严肃文学与纯文学之间也没有绝对的界限，有的严肃文学也可以归入纯文学，如莎士比亚的许多作品，既具有现实性，又具有极高的审美价值；许多西方现实主义作品的审美价值就很高，甚至成为经典。严肃文学与纯文学、通俗文学的区别只有一种原则，严肃文学只是表明现实性相对突出而已。

严肃文学的第一个特征是强烈的思想性。由于突出了现实意义,严肃文学对感性有所抑制,而体现了鲜明的意识形态性。它提出自己的思想主张,试图解决最现实的社会人生问题。它的消遣娱乐性和审美价值可能不那么突出,但思想性强,这表现在作品选择的社会性题材、严肃的意识形态立场、鲜明的思想倾向和主题。正是强烈的思想性,才震撼了读者,给人以思想上的启迪。

严肃文学的第二个特征是深切的现实关怀。严肃文学面对的是社会问题,关注的是人的命运。严肃文学作家抱有人道主义的情怀,同情不幸者,抨击恶势力,通过写作匡正时弊,伸张正义。对人的现实关怀是严肃文学的生命力所在,严肃文学的感人之处就在于此。

严肃文学的第三个特征是理性精神和严肃的风格。一般来说,严肃文学面对社会现实,采取负责任的严肃态度,正视现实,体现了理性精神,而不是采取娱乐性的态度或者非理性的精神,如此才能发挥批判现实、改造现实的效果。当然,这并不排除严肃文学的风格多样性。有的严肃文学风格可能是诙谐的、调侃的,但其态度是严肃的,如塞万提斯的《堂吉诃德》、鲁迅的《阿Q正传》就是如此,它们是那种"带着眼泪的笑",因此以其严肃的批判精神成为文学的经典。

二、严肃文学的价值

严肃文学的长处在于它贴近现实、发挥社会作用,从而较直接地从生活中获取生命力。因此,只要人生活在社会中,还有社会矛盾,就需要文学的干预,严肃文学就会存在。特别是在社会变革过程中,严肃文学的作用更为突出,能够更充分地发挥其干预现实的长处。美国南北战争时期的小说《汤姆叔叔的小屋》,揭露和控诉了奴隶制度的黑暗,对解放黑奴的斗争起到了推动作用。中国的五四文学和新时期文学,揭露和控诉了封建主义和极"左"思潮的罪恶,成为启蒙运动的先锋。

严肃文学也可能有自己的短处。与纯文学相比,它可能由于执着于现实问题而削弱了审美价值，从而忽视了对生存意义问题的探索。这样，严肃文学虽然可能形成一时的社会热点，但随着社会的变迁，现实问题得到解决或发生变化，这些作品就可能被人们遗忘，从而失去社会意义。例如，中国20世纪70年代末80年代初发生的“伤痕文学”，揭露和控诉了“文革”对人的摧残，引起了广泛、强烈的社会反响，有力地推动了思想解放运动，发挥了重大的社会作用。但是，“伤痕文学”也存在着弱点，主要是艺术上较粗糙，思想比较肤浅，审美价值不高，所以风行一时而生命力不长。随着社会的发展，“文革”被否定和批判，它也就失去了人们的关注。严肃文学的意识形态性也可能具有某种偏执性，一旦社会意识形态发生变化，它就失去了合理性。例如中国20世纪50—60年代的一些作品，由于受到当时意识形态的影响，在改革开放以后就失去了社会价值。当然，一些严肃文学作品由于提出的社会问题具有深刻性和普遍性，或者具有较高的审美价值，因而会有长久的生命力，不会被历史淘汰。所以，严肃文学的价值和生命力不仅在于它所关注的社会问题的迫切性，更在于其深刻性和普遍性，以及它对审美价值的包容程度。

严肃文学与通俗文学相比，也有自己的不足。严肃文学可能由于注重思想性而过于严肃，理性倾向压抑了感性，导致缺乏可读性和趣味性，限制了接受的广泛性。一些对社会问题不那么关心的人就可能缺乏对严肃文学的兴趣。但是，那些既有现实意义又有可读性、趣味性的作品则获得了广泛的社会接受。

第三节　通俗文学

一、通俗文学的性质和特征

在文学中，如果原型意义突出，成为主导倾向，就形成了通俗文学。这就是说，文学的身体性支配着感性意象，从而较大程度上摆脱了理性（意识形态)的制约,具有极度的感性特征,那么就形成了通俗文学。通俗文学以身体性即极度感性化为基本特征,并具有趣味性、通俗性和大众化以及模式化、消费性和流行性、商品化等特征。

通俗文学的基本特征是极度的感性化。虽然通俗文学也有现实性和审美性,但由于原型意义起了突出的作用,因此极度感性化,而不以意识形态性、审美性见长。严肃文学也有现实意义,也体现为感性意象,但却更多地被理性(意识形态)所制约,而具有理性化的特征。一般来说,通俗文学的思想性往往不如严肃文学,审美价值往往不如纯文学,但更多地突出了感性特征。通俗文学的原型意义没有充分转化为现实意义和充分升华为审美意义,原始欲望更多地以感性化的形式得到宣泄。因此通俗文学往往涉及性与暴力题材,较健康的通俗文学多写爱情和武打、警匪、战争等内容;而不那么健康的通俗文学则多有色情和凶杀等描写。当然,通俗文学并不仅限于这些内容,而是通过对日常生活的感性描写,来宣泄人的生命欲求,从而达到消遣娱乐的目的。但是,不可否认,性和攻击性是人的最基本的原始欲望,因此,性爱和暴力是通俗文学的最普遍的题材,它所带来的消遣娱乐作用是最强烈的。一般来说,严肃文学和纯文学也要涉及性爱和攻击性,所以才有"爱和死是永恒的主题"之说。但是,区别在于,通俗文学对性和攻击性的表现虽然也要现实化、道德化、合法化,却是以消遣娱乐为目的的,因此是最低限度的,受理性的限制较少,也没有充分审美化,有极度感性化的倾向;而严肃文学和纯文学则把性和攻击性较充分地道德化或较充分地审美化,从而较少色情、暴力倾向。

通俗文学把感性需求转化为文学趣味,因此具有可读性。通俗文学往往贴近日常生活,以情节生动曲折、语言生动活泼、富于趣味性取胜。它给人以轻松愉快,达到消遣娱乐的目的。

通俗文学的另一基本特征是通俗化和大众化。通俗文学适应大众的消遣娱乐需要,因此思想内容较为浅显,形式较为通俗易懂,而又追求趣味性、可读性,容易被文化水平不高、文学修养不深的普通群众所接受。同时,它又贴近大众的日常生活,选取大众熟悉而又感兴趣的题材,很容易引起大众的共鸣。通俗文学社会作用和审美价值可能不高,很难具有永恒价值而成为经典,但较之严肃文学和纯文学却有更广泛深厚的社会基础和更广大的市场。如金庸的武侠小说流传之广、影响之大,非一般纯文学和严肃文学可比。在这个意义上,通俗文学是现代文学的主体。

通俗文学具有模式化的特征。由于通俗文学的主体——大众的文学趣味的雷同,也由于文学的原型结构对通俗文学的支配作用,因此,通俗文学往往遵从某些模式,并不像纯文学那样追求个性化。这些模式被通俗文学作家不断重复着,像中国传统文学的有情人终成眷属的"大团员"模式,忠奸斗争模式、善有善报恶有恶报模式等;现代通俗文学的英雄加美女模式、灰姑娘加白马王子模式、受难与复仇模式、行侠仗义与救苦救难模式等。这些模式围绕着性与攻击性这两个基本的原始冲动,也体现了现代大众的世俗的幻想。这些欲望是他们在现实中无法实现的,而只能在文学幻想中获得假想的满足。在这个意义上,通俗文学是现代大众的神话。

通俗文学还有一个重要特征是消费性和流行性。通俗文学与一切大众文化一样,具有消费性,成为一次性的精神快餐。人们可能不会像阅读严肃文学或纯文学那样反复阅读、经久不忘,而是在一时的感性满足之后就忘掉了,很难留下深刻的印象。通俗文学也与一切大众文化一样,具有时尚性、流行性,往往一部作品流行起来就风行一时,迅速占有市场,但为时不久就销声匿迹,被新的流行作品取代。

通俗文学被商品化,成为市场经济的宠儿。在现代社会,文学已经进入市场经济范围,有了商品性。但是通俗文学比严肃文学和纯文学更适应市场经济,更加商品化,因为它适应了最广大的人群的感性需要,有最广大的市场。通俗文学往往有很大的销量,占有市场的大部分份额。市场机制使通俗文学流通到生活的每一个角落。市场的宣传、广告也扩大了通俗文学的影响,甚至制造了通俗文学的观众。通俗文学作家也通过市场获得可观的报酬,进一步刺激了通俗文学的创作。通俗文学的繁荣,是借助市场经济的发展实现的。这样，通俗文学就成为一种"文化工业"的产品，从而消解了文学的高雅性和超越性。因此，法兰克福学派的阿多诺对大众文化和通俗文学艺术进行了深刻的批判："文化工业抛弃艺术原来那种粗鲁而又天真的特征，把艺术提升为一种商品类型。它变得越绝对，就越会无情地把所有不属于上述范围的事物逼入绝境，或者让它入伙，这样这些事物就变得更加优雅而高贵，最终将贝多芬和巴黎赌场结合起来。"①

二、通俗文学的价值

通俗文学的崛起，是文学现代性的一个重要表征。通俗文学具有双重价值，既有适应社会发展和广大群众需要的积极方面，也有过度感性化、低俗化等消极方面。

通俗文学的积极方面在于其民主性和自然性。在传统社会中，文学是上层社会的特权，普通民众无法享受；大众只能拥有低级的民间文学形式。在现代社会，通俗文学兴起，普及广大群众，文学不再是少数人的专利。通俗文学通俗易懂，贴近大众的日常生活，为大众所喜闻乐见，从而满足了群众的基本精神需要，缓解了现实生活的压力，增进了人的世俗的幸福。人民大众作为社会的主体有消遣娱乐的权利，联合国以颁布《消遣宪章》的形式肯定了这种权利。仅此而言，通俗文学具有民主性。

在现代社会中，政治、道德、法律等意识形态以及工具理性主宰社会，人的感性被压抑，产生了技术异化，导致人的主体地位丧失。而通俗文学具有突出的自然性，发挥着消遣娱乐功能，满足着人的感性需要，消解着片面的理性化，恢复着人的感性生命力，从而缓解了现代性（理性）的压力，使人的精神得以健康发展。在每天的劳作之后，人们在通俗文学中获得了一种解脱，暂时忘记了现实的烦恼和压力，从而有助于精神的放松、平衡。可以说，

---

① ［德］马克斯·霍克海默、［德］西奥多·阿道尔诺：《启蒙辩证法》，渠敬东、曹卫东译，上海人民出版社 2003 年版，第 151 页。

通俗文学成为一种精神领域的休闲方式。通俗文学以其自然性表达了大众的生活欲求和人生理想,一定程度上抵制、瓦解了社会的、意识形态的压迫。中国封建社会的民歌、民间故事就有反抗宗法礼教的内容,如《孔雀东南飞》就控诉了封建礼教扼杀青年人的爱情;欧洲文艺复兴时期的《十日谈》有反抗宗教禁欲主义的作用。

通俗文学的消极方面在于其低俗性。通俗文学内容极度感性化,满足人的低级的感性需要,它对理性的冲击、消解也具有消极作用。人虽然有身体性的一面,但毕竟有别于动物,还具有理性的一面。因此,过度的感性化可能导致低级庸俗,甚至渲染色情暴力,诲淫诲盗,从而产生有害的社会作用。身体性的放纵导致感性异化,同样是人的自由本性的丧失。因此,通俗文学也可能成为资本主义意识形态的载体,成为一种精神鸦片。低俗性的表现是品位低,以粗俗的形式、低级的趣味代替社会价值和审美价值,从而降低人的品格。有的通俗文学为了迎合大众的低级趣味,往往牺牲作品的社会价值和艺术价值,甚至具有反社会的有害倾向。

在现代社会,大众文化、大众艺术包括通俗文学的兴起,引起了思想界的争论。最有代表性的是阿多诺与本雅明关于大众艺术的争论。本雅明在其著名的《技术复制时代的艺术作品》中,肯定了大众艺术的进步性和民主性,认为现代生产方式与科学技术导致传统艺术无可挽回地衰落了,传统艺术作品贵族性的审美价值的"光晕"消失了,而现代大众艺术大量复制、批量生产,导致了划时代的革命,它满足大众的"社会消费"需求,为大众提供了"消遣"。他甚至乐观地认为,大众艺术可以增进人们的民主意识,促进社会革命。而阿多诺则站在精英艺术的立场,针锋相对地批判大众艺术,认为大众艺术即资本主义的"文化工业"以商品性和娱乐性消灭了艺术的审美价值和个性特征,使现代艺术成为"非艺术",成为资本主义意识形态对大众进行控制的工具。双方的争论实际上体现了精英艺术与大众艺术的对立,也体现了大众艺术的两面性、矛盾性。阿多诺站在精英艺术的立场,批判大众艺术。而本雅明则站在大众艺术的立场,否定精英艺术,完全肯定大众艺术。他们的观点各有合理的一面,也存在着各自的片面性。大众文化的兴起,也使传统的文学研究转向了文化研究,除了法兰克福学派以外,还产生了英国的文化研究学派。这一派认为,大众文化消费带来的快感,并非仅有消极意义,它还带有反抗意识形态压迫的积极意义。

通俗文学具有两重性,不仅有符合资本主义意识形态、消磨人的意志的消极一面,也有消解理性的压抑、缓解人的生存压力、增进人的感性享乐的合理性一面。如果只看到通俗文学的一个方面,就会产生片面性。必须全面地、具体地分析通俗文学,以便在实践中取其长处,避其短处。同时也应当看到,通俗文学与高雅文学(包括严肃文学和纯文学)之间不仅存在着巨大的差异甚至对立,同时也存在着相容互补关系。这是因为通俗文学与高雅文学都有助于人的价值的提高。通俗文学与感性现代性的契合,有利于增进人的现实幸福。雅俗文学与理性现代性的契合,有利于社会的稳定和发展。而纯文学对现代性的抗争,有利于恢复精神的自由。通俗文学与高雅文学的长处与短处可以互相弥补,通俗文学可以弥补严肃文学的理性化倾向以及纯文学的贵族化、远离现实生活的偏向;而高雅文学则可以弥补通俗文学的感性化、低俗化偏向。雅俗文学各有独立存在的合理性,同时也有所不足,必须相容互补,才是全面的文学生态。对待通俗文学要尽量发挥其民主性,克服其低俗性,努力提升其思想性和艺术价值,使其健康发展。

第四节　纯文学

一、纯文学的性质和特征

所谓纯文学,最初的意思是指从各种应用文体(如新闻报道、历史记载、论说文等)区别开来的独立的文学形式,后来又专指审美价值突出的文学类型。在本书中,纯文学指审美意义起突出作用、审美价值为主导的文学形态,它区别于严肃文学和通俗文学。纯文学与通俗文学不同,不是以消遣娱乐性见长;也与严肃文学不同,不以现实性取胜,而突出了审美品格。纯文学也有消遣娱乐性和现实性,但突出的特征是审美特性。仍然以《红楼梦》为例,它在中国古代小说史上独树一帜,前无古人,因为它突出了审美意义。它的长处不在消遣娱乐性,也不在现实性,而在于超越性:它提出了人的生活道路和生存意义问题。这一审美品格使《红楼梦》打破了传统的写法,具有深刻、感人的永恒魅力。

纯文学的基本性质是审美超越性。纯文学在关注现实问题、干预现实生活方面可能不如严肃文学,但它却可以超越现实意义,触及更为根本的生存意义问题。纯文学对社会人生的描写,主要不在于说明、干预社会问题,而在于通过对人的命运的探索和对人的内心世界的发掘,揭示生存的意义。纯文学因此具有了审美超越性。它克服了严肃文学局限于现实问题而在审美价值方面薄弱的缺陷,也克服了自身现实意义的局限,达到了形而上的高度,并且给人以美感享受。仍然以《红楼梦》为例:它描写的是贵族家庭生活,对封建社会的社会矛盾、阶级斗争的描写显然不如《水浒传》直接、集中,因此现实意义要逊于后者。但它却通过对贵族青年人生道路的描写,探索了人生意义问题,而这个问题是人类永远在追问,又难以最终解答的形而上的问题。在这个意义上,《红楼梦》的审美价值高于《水浒传》,它也因此成为中国古代纯文学的典范。

纯文学的第二个特性是高雅性。与通俗文学相比,纯文学可能不那么通俗化、大众化,但却克服了通俗文学的低俗性,以高雅性见长。它有贵族文学传统的渊源,保持了超凡脱俗的品格。西方现代社会的纯文学与通俗文学分流,也与严肃文学分流,极度地发展了其高雅性。如果说通俗文学主要是大众的文学的话,那么纯文学主要是知识分子的文学,他们有较高的思想水平和文学修养。纯文学满足他们的超越性要求和审美趣味,并成为知识分子对社会人生的探索和对自由的追求。因此,无论在文学形式的精致化上,还是在思想内容的深刻性、超越性上,纯文学都高于通俗文学和严肃文学。纯文学因此成为文学的最高形式,它以其审美的超越品格和高雅性引领着文学前进。

前面已经说过,纯文学和严肃文学以及通俗文学的区别只是相对的,虽然在理论上可以作出定性的划分,但在现实中往往界限模糊。有时,通俗文学也可能有很高的审美价值,成为雅俗共赏的精品。特别是在现代性发生前的传统社会,雅俗分流还没有彻底发生,难以进行截然的切分;而中国文化具有大传统与小传统未彻底分离的特性,因此雅俗界限更为模糊。如《水浒传》是由民间话本经文人加工而成,可以划入通俗文学一类;但它有很高的现实性,又可归为严肃文学;又由于它有较高的审美价值,又带有纯文学的属性。

二、纯文学的价值

纯文学的价值在于突出的审美价值。纯文学的长处不在现实性,也不在消遣娱乐性,在这些方面它不及严肃文学和通俗文学,而在于审美价值。所谓审美价值就是人的自由追求,就是生存意义的实现,这是最高的价值。纯文学以审美体验打动了我们,使我们的心灵为之震撼、思想得到升华。纯文学通过对人的命运的思考和对人的价值的追求,进入了自由的境界,领悟了生存的意义。纯文学因此具有了深刻的魅力,它给我们美妙的时刻,让我们久久不能忘怀。

纯文学的审美价值还体现在它对文学性的追求上。严肃文学注重思想性,通俗文学注重消遣娱乐性,它们都更注重文学以外的价值。只有纯文学更注重审美价值,追求文学性,特别是注重文学形式、语言、技巧,从而使文学克服了简单粗陋的初级形态,成为高雅精致的语言艺术品。文学史上的那些堪称经典的作品,都具有极高的文学性,为文学品质的提高作出了贡献。

纯文学突出的审美价值,使其成为各类文学的典范。通俗文学和严肃文学都以纯文学为典范,学习它的超越的思想内容、高雅的文学形式,从而一定程度上克服了自己的缺陷,增强了文学性,提高了审美价值。

突出的审美价值使纯文学突破了历史的局限,具有了永恒的价值。如果说严肃文学的价值会随着历史的发展而减少、通俗文学的价值会随着人们趣味的改变而失落的话,那么,纯文学的审美价值则不会因历史条件和流行风尚而改变,因为审美价值是自由本身,它永远超越现实,永远不会过时,永远打动我们。纯文学因此具有经典性,它成为文学的典范。从古代到现代的经典,至今还感动着我们,而且将来也仍然受到人们的欣赏、热爱、崇敬。

与通俗文学和严肃文学相比,纯文学也可能存在着弱点,主要是曲高和寡,脱离大众。由于纯文学以文化精英为主体,因此往往把社会大众排除在外。许多纯文学作品存在着思想内容过于艰深,以及过分追求叙事技巧,形式过于复杂,造成故事难懂等特点。有的纯文学作品一味追求形而上的意义,与现实生活距离太远。这些问题导致大众对纯文学敬而远之,只为少数人所欣赏。这些问题在现代主义文学中表现得比较突出,如《尤利西斯》的意识流的和时空倒错手法虽然有独到的贡献,但也造成了理解上的困难,从而影响了接受的广度。

本章参考书目

1.［波］罗曼·英加登:《对文学艺术作品的认识》,陈燕谷译,中国文联出版公司 1988 年版。

2.［美］本雅明:《机械复制时代的艺术》,王才勇译,生活·读书·新知三联书店 1988 年版。

3.［英］约翰·斯道雷:《文学理论与大众文化导论》,北京大学出版社 2010 年版。

第二编　文学的社会历史论

第四章　文学的起源

文学起源问题是一个有争议的问题,在历史上存在着不同的观点:有的主张文学起源于原始巫术(泰勒和弗雷泽),这是着眼于文学的原型。有的主张文学起源于游戏冲动(席勒和斯宾塞)或无意识欲望(弗洛伊德和荣格),这是着眼于文学发生的心理动因。有的主张文学起源于劳动(苏联文学理论),这是着眼于文学发生的社会基础。它们各有自己的合理性,同时又各有片面性。文学起源问题的内涵应该包括三个方面:文学的原型、文学发生的内在动因、文学发生的社会条件。此外,还要考察文学起源的历史过程。

第一节　文学的原型

文学不能凭空产生,它必有原型。所谓原型,是指文化的前身和原始结构。文学原型是指文学的前身和原始结构。"文学起源于劳动"说的失误之一就在于忽视了文学的原型,以为物质劳动能够直接创造文学艺术。文学的原型即原始文化,原始文化具有巫术性,文学发源于原始巫术,它是文学的母体、胚胎和前结构。人类学家弗莱认为神话和巫术仪式是文学的原型,文学是移位的神话;神话为文学提供了母题和基本意象,也提供了形式体裁样式。

一、原始文化的性质

原始人的生存活动带有巫术性，在生产、生活的各个领域，都配合以巫术仪式，一切文化都具有巫术意义。原始文化是巫术文化，它没有科学体系，也没有意识形态体系，而只有神话传说和巫术仪式两种基本形态。

神话传说以神话故事来表达原始人对世界、历史的认识，用巫术观念来解释世界起源、自然现象、人类的诞生、部族的历史。它是原始人的百科全书，是他们的知识系统，同时也体现了他们的情感愿望。对原始人而言，神话不是虚构，更不是一种文学活动，而是绝对真实的记述，不容怀疑。原始人依照它建立了统一的世界观。例如，中国神话有盘古开天地的故事，解释了宇宙的起源；有女娲抟土造人的故事，解释了人类的诞生；有共工怒触不周之山的故事，解释了天文地理现象；等等。神话传说不是用抽象的概念说理，而是用形象的故事说话，这与原始人的意象(形象)思维有关。

巫术仪式是原始人的价值系统，它用一套仪式来实施魔法，企图操纵世界，实现自己的愿望，并且用以调整人际关系，维系部族的信仰。如原始人在狩猎前跳狩猎舞、战斗前跳战争舞、在性爱活动前跳性爱舞、在收获前跳丰收舞，他们认为这种仪式会产生实际效果，如保佑狩猎成功、战争胜利、子孙昌盛、作物丰产等。巫术仪式包括一套巫术禁忌，巫术禁忌实际上是原始社会的行为规范，代替了文明人类的道德和法律，用以调节人际关系。原始巫术除了舞蹈、歌唱等以外，还有绘图、雕塑和音乐等形式，所有这些巫术仪式都是用形象来表达情感愿望，并且有强烈的动情性。

神话传说和巫术仪式因其具有形象性和动情性，与文明时代的艺术相似而被当作艺术的雏形，并且称其为原始艺术。但原始艺术不是艺术，也不是艺术的不成熟的、幼稚的、萌芽的形式，而是巫术、前艺术，是艺术的原型。艺术与巫术的根本区别在于，艺术具有审美意义，是美感体验，是非功利的精神活动；巫术没有审美意义，只是一种迷狂体验，是一种功利性的实际活动。原始人在巫术活动中体验到与神同在的激动，像神灵凭附一样丧失理智，这与自由的审美体验虽然相似但本质不同。他们从事巫术活动是为了获得实际效果，而不是为了审美或娱乐，这种直接的功利性表明巫术不是艺术。由于原始巫术的形式特征与艺术相似，当代人可以把它当作艺术来欣赏；对原始人来说，它们只是巫术，没有审美意义。但是，正是非审美的巫术文化，孕育了审美和艺术，成为艺术的发源地、原型，而原始时代成为前艺术、前文学的时代。

二、巫术文化作为文学原型的意义

原始巫术文化作为艺术（包括文学）的原型具有以下意义：

首先，原始巫术是文学艺术的母体。文学艺术不是凭空产生的，它是由前文学艺术演化来的，而前文学艺术就是原始巫术。文学以及一切艺术都是从原始巫术中脱胎而来，作为艺术的音乐、舞蹈、美术都从巫术仪式中产生：叙事文学从神话传说中产生，抒情文学从巫歌词中产生。马克思指出："大家知道，希腊神话不只是希腊艺术的武库，而且是它的土壤……希腊艺术的前提是希腊神话……"①文学以及一切艺术的原型是原始神话和巫术仪式，已经毋庸置疑了。

其次，原始巫术是文学以及一切艺术的前结构，也就是形式来源。音乐、舞蹈、美术都继承了巫术仪式的相应形式。叙事文学继承了神话传说的形式结构，后者的故事性、叙事方法、情节结构、人物描绘等都遗传给了叙事文学。虽然神话传说的叙事方法还相当简单，与文学的叙事方法不可同日而语，但基本结构相同，二者形式上的相似性和继承关系是显而易见的。古希腊神话的故事性很强，许多都可以当文学作品来读，而且事实上它们已成为文学的题材，如普罗米修斯的故事，就成为古代文学和现代文学的题材。巫术仪式的语言形式结构被抒情文学所继承。巫歌词（颂词、祝语、咒语等）的节奏、韵律等也成为诗歌的形式结构。此外，原始语言的形象性以及比喻、拟人、夸张等特性也成为文学的语言特征和修辞手法。试看一甲骨文

---

① 《马克思恩格斯选集》第2卷，人民出版社2012年版，第711页。

卜辞：

癸卯卜：

今日雨。

其自西来雨？

其自东来雨？

其自北来雨？

其自南来雨？

再比较一首民歌：

江南可采莲，

莲叶何田田，

鱼戏莲叶间：

鱼戏莲叶东？

鱼戏莲叶西？

鱼戏莲叶南？

鱼戏莲叶北？

（《江南》）

从形式上看，二者何其相似，形式的继承关系显而易见。

最后，原始巫术文化为文学提供了基本的母题和原始意象，并成为文学的深层结构——原型结构。人与自然的抗争、战争、死亡、灾祸等，还有亲情、母爱、性爱、乱伦等，它们是神话传说的基本主题，而后也成为文学的母题。例如，中国后羿射日的传说、大禹治水的传说都留下了人与自然抗争的母题；古希腊普罗米修斯盗火的神话、西西弗斯受罚的神话又留下了关于命运的母题。原始意象是原始文化中不断重复的一些形象，如父亲、母亲、女神、英雄、魔鬼、太阳、月亮、高山、大海……这些形象都带有巫术含义。原始意象后来转化为文明时代的文化和文学的深层文化——心理意象，文学形象成为这些原始意象的变体。这意味着文学的深层结构中继承了原始意象，并且积聚着巨大的原始心理能量。这种现象就是弗莱说的原始意象的

“移位”。许多文学形象之所以能震撼我们的心灵,就在于它与原始意象的对应关系:文学的原型即深层的原始意象被激活,它所蕴含的心理能量被释放出来。例如,文明人类的文学中的英雄形象,蕴含着原始神话的英雄原型,也蕴含着人类的“集体无意识”——英雄崇拜,因此,能产生超现实、超个体的情感力量。

第二节 文学起源的社会历史条件

原始巫术活动是文学的原型,但不是文学本身。原型如何转化为文学,必须有一定的社会历史条件。文学只能存在于文明时代,文明是文学产生的现实基础。而社会实践是原始社会进入文明社会的根本动力,也是文学发生的社会动因。

一、社会实践使人类获得了主体地位

社会实践是文明人类的集体性的社会生产劳动,它是由原始劳动演变而来的。原始劳动是自然活动,受巫术文化控制,是前实践而不是自觉的改造自然的社会实践活动。因此,原始劳动基础上不能产生文学和其他艺术活动。中国当代实践美学认为原始劳动属于社会实践,提出了实践创造美的命题,这混淆了原始劳动和文明时代的实践劳动,因此是没有道理的。但是,原始劳动对文学的起源也发挥了重大的历史作用。首先,它在猿变成人的历史进程中发挥了决定作用。原始劳动不仅造成了人的身体,而且造成了人的大脑和感觉,这是文明发生的主体条件。其次,原始巫术文化主要是原始劳动的产物,而巫术文化是文明的原型,文明是原始文化的转化形式。这就是说,原始劳动创造了文明的原型。最后,原始劳动是社会实践的前身,它孕育了社会实践。文明人类的社会劳动源于原始人的劳动,不过后者没有社会化,而前者社会化了。这就是说,原始劳动孕育了文明起源的社会

动力。

原始劳动的历史发展,最终演变为社会实践。原始劳动积累的经验知识逐渐突破了巫术观念,人们开始越来越多地依靠经验知识来从事生产,而巫术观念则逐步地退出了生产、生活领域。这样,依据经验知识(后来发展为科学知识)而非巫术观念从事的劳动就成为社会实践。社会实践是人类自觉的、集体的改造自然的活动。在原始劳动的条件下,人类是自然的奴隶,他仰仗自然的恩赐,还没有成为主体,自然还不是人的对象。社会实践开始征服自然,人才成为主体。社会实践的历史发展,改变了人与自然的关系,人从自然的奴隶变成了自然的主人。人类不再惧怕自然,自然失去了魔力,人类可以理智地对待自然。同时,实践也使自然人化,成为人的对象。社会实践把人的愿望、能力都物化为劳动产品,使"人的本质力量"对象化,自然人化了。这样,人不再惧怕自然,人与自然有了亲近感,可以人性地对待自然。还有,社会实践的发展,解决了人的物质生存条件问题,人就可能从自己的生物性需求中解放出来,成为超生物性的、精神性的存在。

人从自然中独立出来,获得了主体地位,这是文学发生的前提。一方面,文学是主体的创造活动,而实践则保证了人的主体性。社会实践的发展,提高了人的价值,才可能以世界主人的身份进行文学活动,把世界当成自己欣赏的对象,并且在对象创造中肯定自己;另一方面,文学是精神创造,它需要物质的基础,没有物质生产的保证,就不会有精神的需要和创造。社会实践保证了人的基本的物质需求的满足,人才有了超出生存需要的精神需要,才可以有条件和精力从事满足更高的精神需求的创造活动,如文学创造活动。文学的发生就是在物质生产有了一定发展后才有可能。

二、社会实践创造了人类文明

文学是一种文明的形式,而人类文明是社会实践的产物。文明是什么?从根本上说,文明就是人对自然和自身的控制。原始文化是蒙昧的文化,而不是文明,因为人类还不认识世界,也不认识自己。巫术文化只表明人对自然和自己的无知与愚昧。社会实践在改造自然的同时,也使巫术文化转化为现实文化即文明。社会实践产生了科学知识和意识形态,这就是物质文明基础上的精神文明。精神文明是人类的自我确证,在这个基础上,才可能有文学产生。

科学是实践经验的积累和概括,它使人认识了世界,也认识了自己。科学的世界观保证了人类知识的客观性,避免了对世界的歪曲。这种客观认识是文学体验的前提和基础。文学要再现生活,创造文学形象,首先要认识生活,尤其是认识人自己。如果仍然停留于原始思维,就只能用巫术观念歪曲生活,创造神话和巫术仪式,而无法表现现实生活,不能创造出有现实意义的作品,更不会创造出有审美意义的作品。历史事实是,人类有了对世界的理智的、科学的认识,才开始摆脱神话思维,创造文学作品。

意识形态是社会实践创造的价值体系,它包括政治、道德、法律观念等。社会实践造成人的利益分化,产生了社会关系,而意识形态则确立了价值规范,以调节人际关系。它使人能理智地对待自己的需要,理智地对待他人。意识形态取代巫术禁忌,成为社会规范,表明人开始发现了自己,有了自我意识,确立了自觉的价值。这是文学发生的必要条件。人类这时才能知道自己需要什么,有什么,还缺少什么;才会有理想,有追求,而文学正是人的现实需要和审美需要的创造。历史事实是,人类有了价值观念和意识形态,才开始摆脱巫术仪式,创造文学作品。

总之,人类文明的产生,奠定了文学的社会现实基础,社会实践是这个过程的基本动力。

第三节　文学起源的心理动因

社会实践是文学起源的外因,除此以外,文学起源还有内因,即心理动因。社会实践不会直接产生文学,文学也不会自动产生,人类需要文学,才会有文学。因此,我们应该继续分析人对文学的心理需求,以寻找文学起源的内因。人对文学的需求是多层次的,它与人的心理结构的多层次有关。我们也应该在不同的心理意义上分析人的文学需求。总的说来,在无意识意义上,人有解除心理压抑的需要;在现实意识意义上,人有传达思想感情的需要;在审美意识意义上,人有超越现实的需要,这些需要成为文学起源的内因。

一、解除心理压抑的需要和文学的满足

原始意识是混沌的意识,尚未发生意识与无意识的分化,人也没有出现心理压抑。进入文明社会以后,现实意识取代了原始意识,出现了意识与无意识的分化,无意识领域积聚的原始欲望与意识所代表的社会规范发生冲突。人的深层欲望不仅包括弗洛伊德所说的性欲,还有攻击性以及人的全部生命欲求。尽管在意识和社会规范允许的范围内,原始欲望可以得到一定程度的满足,但仍然存在着意识对无意识的压抑,它表现为现实生活中的无名的苦闷。无意识能动地反抗意识,要求解除压抑,有时会通过游戏、幻想、梦境等来宣泄原始欲望。文学艺术是更积极的解除心理压力的方式。文学解除心理压力的途径有两种,一是通过感性化的描写和幻想来宣泄原始欲望;二是把原始欲望转化为审美理想,通过想象创造来升华原始欲望。

文学最初的形式是民间文学,它比知识分子的高雅文学要早。民歌、民间故事、民间戏剧等保留着浓厚的感性色彩,宣泄人的感性欲求,特别是性爱内容最为广泛。《诗经》虽被删改过,但仍然保留了大量的爱情题材。“国风”中的许多民歌不加掩饰地描写性爱的情感和场面,表达了鲜活的生活欲求。孔子排斥郑卫之风,表明意识形态对社会无意识的压抑,也说明民歌有宣泄无意识的倾向。后来才有高雅文学的发生。高雅文学使原始欲望转化为审美理想,在满足人的审美需要的同时,间接地泄导原始欲望。

二、传达思想感情的需要和文学的满足

在现实意义上,文学发源于人的传达思想感情的需要。在原始社会,天人未分,个体与集体未发生分化,人与神、人与人之间的沟通、交流未发生障碍。在文明社会,天人分离,个体与集体对立,人际交流受到现实关系的障碍,这就产生了人的孤独感。当人类刚刚脱离神话世界,摆脱氏族血缘关系的时候,就陷入了孤立无援的境地,被孤独感所包围。人是群体动物,又有精神需求,有太多的苦恼和欢乐需要向别人倾诉,而苦于找不到对象,因此渴望恢复亲密无间的人际关系,理解和同情别人,也让别人理解和同情自己。在现实中,不可能充分实现这个愿望,因为人与人之间的交流建立在现实利益的基础上,不能达到充分的沟通。尽管仍然有友谊、有信任、有同情,但不一定能达到灵魂契合的境界。对这种异化现象,霍布斯说"人对人是狼";萨特说"他人便是地狱"。人需要找到沟通的途径,于是就进行文学活动和其他审美活动。通过文学形象的创造,来寻找交流的对象。在原始社会,通过巫术活动,包括神话传说、巫术仪式,人与人、人与神充分沟通。在文明时代,人们仍然习惯地从事这种活动,以解除孤独,即人们仍然通过唱歌、跳舞、讲故事来进行交流、沟通,只不过这种活动失去巫术性,保留了形式,转换了内容,从而已经是文学艺术活动了。文学是这样一种活动,它通过对故事中人物角色的理解,或者通过对作品中的情感意象的感受来进行人与人的思想感情的交流,读者与文学形象、读者与作者、读者与读者之间通过阅读进行对话,从而解除孤独感。人与文学作品之间的关系不是主体与客体的关系,而是主体与主体之间的关系,即所谓"主体间性"。文学是形象创造,主体可以自由地支配文学形象,二者之间没有隔阂。文学形象成为主体,主体成为文学形象。文学活动是自我主体与另一个主体即文学形象之间的对话,人可以感受、理解文学形象,也可以对文学形象倾诉自己的思想感情,甚至一切秘密。无论是高兴还是痛苦,人都需要向别人倾诉,从中获得慰藉。主体与文学形象交流没有任何障碍,可以充分沟通,文学形象成了最亲密的知己。孔子认为诗可以兴、观、群、怨,这四种功能中"群"就

是通过思想感情的交流来沟通人际关系，解除个体与社会的隔膜；而其他功能也包含着思想感情的交流。这样，文学就取代巫术成为人类交流思想感情的方式。古人说“饥者歌其食，劳者歌其事”，这就是最基本的交流活动，也是最初的文学活动。

三、超越现实的需要和文学的满足

在审美意义上，文学适应了人的超越现实的需要。人类走出原始社会，进入文明社会，由自然的生存方式转入现实的生存方式，这是历史的进步。但现实不完善，它不是理想的世界。现实生存的缺陷表现为：第一，天人分离，人失去了终极关怀。原始世界天人合一，人神一体，现实与理想不分，此岸即是彼岸，人得到神的眷顾，获得终极关怀。原始社会瓦解，人走出伊甸园，进入现实世界，天人分离，此岸与彼岸对立，人失去了神的终极关怀，陷于孤立无助的境地。他要独立地面对冷冰冰的现实世界，为生存而奋斗。而且人的生命有限，每个人都面临着死亡，于是生存的意义成了问题。尽管依靠集体实践，人类顽强地生存下来，但人仍然需要获得终极关怀，以便从现实的困境中解脱出来，获得生存的意义。第二，人与世界对立，主体性受到压制。原始社会人与自然、人与社会尚未发生对立，但主体性尚未确立。文明社会人与自然、社会分离对立，同时主体性也开始确立。但是，由于世界对人压迫仍然存在，人的主体地位受到限制。第三，个性受束缚，自我异化。由于个人与集体的对立，个性受到狭隘的社会关系的束缚，不能充分发展。又由于生存状况的紧迫性，物质利益成为人的第一需要，在私有制下，人追逐狭隘的私利，精神沦落。这就是人的片面发展，人成为异化的存在，即不是应该是的那个样子，不是自由的存在。

如果人安于现状，也就不会有文学。但人是超越性的动物，他有对理想世界的追求。人对现实不满足，感受到生存的苦恼。这种苦恼不是对具体事情的苦恼，而是对现实生存本身的苦恼，是追求理想世界时的不自觉表现。这种苦恼常常是无名的、无形的，而且是不被意识到的。人渴望解脱苦恼,而且必然要寻找超越现实的途径。人的超越性需要体现在:第一,追求终极价值,寻找彼岸世界。如果说宗教建立了一个信仰的彼岸世界的话,那么,文学艺术则建立了一个审美的彼岸世界。审美的世界超越了现实世界,恢复了天人合一,使人获得了终极关怀。第二,要求自由本性的充分实现,人渴求自由,消除与世界的对立,建立一种和谐的关系。人努力在实践中实现主体性,但却导致人与自然、社会的对抗。只有在精神创造中,人才真正实现了主体性,同时又保持了人与世界的和谐关系。这个秘密就是把主体性提升为主体间性,文学世界取代了现实世界,由客体变成了主体,审美个性取代现实个性,人与世界的关系变成了主体与主体之间的和谐共在并最终融合为一体的关系。这样,人才真正获得了自由。第三,个性充分发展的要求。人要求超越现实自我,发展自己的独特个性。而审美个性则成为人的自我实现,成为理想自我。

同时,人不但有超越性的需要,还有超越的能力,这使文学的发生成为可能。人的超越能力表现为以下几点:

首先,人有想象力。想象力是一种自由创造的能力,它能创造出现实中不存在的事物,能把理想变成想象中的现实。文学的审美活动就是想象力的充分发挥,它创造了一个超现实的世界。文学形象的创造,充分验证了人的超越现实的能力。其次,人有构造主体间性的能力。人能够通过直观理解和情感体验沟通自我与世界,使自我对象化,也使对象世界成为自己的化身。在文学活动中,审美意识消除了自我意识和对象意识的对立,产生艺术幻觉,使对象世界变成了一个有生命的主体,它与自我互相对话、沟通,达到了主客同一、物我两忘。因此,我们才能为作品中的主人公的命运而感动,才能把自我完全地投入虚构的文学故事中去。最后,人有自由的要求和自我升华的能力。人的自由要求和超越性需求能够转化为审美理想,审美理想是自我超越、自我升华的能力,它把现实世界和现实自我提升到理想的高度,满足人的超越性需求。正因为人类具有这种超越现实的能力,才能通过文学创造来实现自己的超越性需求,创造出一个超现实的自由世界。

第四节 文学起源的历史过程

文学起源是一个漫长的历史过程,他与文明的产生同步。在这个过程中,文学开始脱离了原始文化的母体,呱呱坠地,并且经过史诗的婴儿阶段,最后挣破原始文化的襁褓和对现实文化的依附,独立地成长起来。

一、原始世界的瓦解和现实世界的诞生

原始社会末期,由于实践能力的提高,原始巫术逐渐丧失了对人类生活的支配力,新的经验知识和价值观念产生,最后导致原始文化的瓦解。原始巫术曾经拥有绝对的支配力,成为包容一切的、非自觉性的价值和知识体系。当时自觉性的科学知识和价值观念尚未发生,原始活动积累的零星的经验知识只能整合于巫术文化之中。例如,春天种子萌发,夏天枝叶繁盛,秋天结出果实,冬天草木凋零,这种四季往复的自然现象被理解为神诞生、成长、生育和死而复生的过程,而人类的种植活动积累的经验只能在这个巫术文化体系中得到解释和积累。人类在实践中积累了越来越多的经验知识,原始文化体系终于无法充分整合,于是经验知识突破巫术文化的体系,获得了独立和发展。这种情形在农耕时代最为显著。在此前的狩猎时代,生产很少有规律性,带有很大的偶然性,人们更多地求助于巫术。而到了农耕时代,生产有较强的规律性,容易形成经验知识。在经验知识能够达到的领域,就无须求助于巫术。随着经验知识的扩展,就迫使巫术一步步退出生产和生活领域,最后被经验知识(以后又发展为科学)取代。

在知识系统获得独立的同时,自觉的价值观念也形成、发展,并获得独立。在巫术文化中,没有形成自觉的价值观念,人的价值被扭曲为神意,人无条件地听从神意,而巫术禁忌代替了人的价值规范。随着实践能力的提高,人也逐渐认识了自己的需要,主体意识发生,突破了巫术观念,知道可以

凭借自己的努力而不必依靠神的恩惠生活。在实践中，形成了一套价值规范，包括政治、道德、法律等意识形态观念，它们取代巫术禁忌，规范着人们的行为。

自觉的知识和价值体系的形成和独立、发展，使巫术文化逐步退出生产和生活领域，最后导致原始文化的解体。这时，巫术文化转化为原始宗教。宗教不同于巫术，巫术具有直接的功利性，是一种企图控制自然力的实际操作；而宗教则是一种精神的信仰，它脱离了实践领域。原始宗教是宗教的雏形，它脱离了巫术的直接功利性，成为一种信仰。这导致实践领域与巫术的分离，实践领域就摆脱了巫术，获得了独立，成为经验的领地。在实践开拓的领域，文明诞生了。原始文化的解体，产生了现实的世界。原始的自然生存方式演变为以社会实践为基础的现实生存方式。在现实生存的基础上，才有可能建立一个文学的审美世界。

二、巫术向文学艺术的转化

从逻辑上说，文学发生于原始文化瓦解、现实文化产生之后；但从历史上说，文学与现实文化同时发生。原始巫术文化瓦解之后，一方面产生现实文化，同时巫术也转化为文学艺术。原始文化瓦解、现实文化产生后，巫术文化丧失了对人的绝对支配力，它不再具有魔力。但是，巫术文化已经成为一种生活习惯，神话传说和巫术仪式的形式保留下来，而其巫术意义消失了。这样，巫术文化转化为一种娱乐形式，如中国的赛龙舟原本是娱神的仪式，后来变成了娱人的活动；还有民间的“傩戏”，原本是一种巫术仪式，流传下来，成为一种娱乐形式。特别是神话传说成为小说等叙事文学的形式来源；巫术仪式的语言部分成为诗歌等抒情文学的形式来源。这就是巫术与文学（以及一切艺术）的同形关系。

不仅如此，巫术与文学之间还有同构关系。原始意识变成现实意识时，原始意识结构并没有消失，而是转化为现实意识的深层结构——无意识结构。审美意识是无意识的升华，前者继承了后者的结构和心理能量。这就是说,原始意象转化为审美意象。这样,以无意识为中介,审美意识继承了原始意识的结构和能量,二者具有同构性。这也就是说,文学(以及一切艺术)与巫术具有同构关系。同构只是结构相同,而不是性质相同,文学与巫术的性质是截然不同的,前者具有审美意义,后者具有巫术意义。巫术与文学同形同构,意味着文明人类在继承巫术形式的同时,也使它的巫术内容转化为审美意义,从而创造了文学(以及一切艺术)。大量史实证明了这个过程。例如《九歌》原本是巫歌,后来逐渐有了现实和审美的内容,经过屈原的再创造,便成为文学作品。

三、巫术到文学的中间环节——史诗

原始巫术向文学的转化不是直接完成的,它经过一些中间环节,其中最主要的就是史诗。史诗产生于文明之初,其时原始文化与现实文化混杂,巫术意识与现实意识交织,于是融神话传说与历史纪实、文学创造为一体的史诗就产生了。

史诗脱胎于神话传说,具有某种非现实性,它描写和歌颂的是被神化的人。因此,史诗不是真实的历史,它有神话思维的成分。同时,史诗又不是神话传说,它叙述的人物和事件又有历史的根据,不完全是幻想和虚构。古希腊史诗《伊利亚特》叙述希腊联军攻占特洛伊城这一历史事件就被考古发掘证实。中国史诗《生民》歌颂周民族的祖先后稷的事迹也是真人真事。史诗创造了一个半神半人、人神混杂的世界。《伊利亚特》描写希腊人与特洛伊人的战争,但又有诸神的矛盾介入;而英雄阿喀琉斯是半神半人,有神的血统和超人的力量,但又是会死亡的凡人。《生民》的主人公后稷既是凡人,又有神奇的身世:受神灵感应而生(履大人迹而生),又受到神灵呵护,屡弃之而不死("诞寘之隘巷,牛羊腓字之。诞寘之平林,会伐平林。诞寘之寒冰,鸟覆翼之。"),而他率领先民"筚路蓝缕,以启山林"的描写又是史实的记叙。

更重要的是,史诗开始具有了文学的因素,成为文学的雏形。较之神话

传说，史诗离现实世界更近，与人更亲，原始崇拜意识淡化了，加之审美意识的萌发，就可能成为审美娱乐的对象。同时，史诗情节更具体生动，人物性格也更鲜明；而神话传说则情节简略，性格模糊，因此前者也更具有可欣赏性。《伊利亚特》和《奥德赛》的故事就非常曲折、吸引人，主人公阿喀琉斯勇猛，奥德修斯智慧，他们都具有鲜明的性格。黑格尔就称赞荷马史诗塑造了“这一个”典型性格。当然，史诗的文学性并不充分，它只是文学的雏形，还无法与文明时代的文学相提并论，如古希腊史诗的人物性格就比较简单。

史诗的文学性还体现于其思想倾向性上。神话传说受巫术观念影响，带有荒诞神秘的色彩，如印第安神话的荒诞不经，古希腊神话中诸神的任性胡为。史诗则有明显的思想倾向性，如《奥德修斯》产生较晚，故维护新生的私有制的复仇主题鲜明。史诗的现实倾向是审美的基础，而没有思想倾向的神话传说是不会产生审美价值的。史诗体现了初民社会人类对自身命运的思考，也包含着审美意识的因素。

史诗也具有了文学的基本形式。史诗是说唱相传的，分行、押韵、有音乐感，便于传诵，成为诗歌等抒情文学的雏形。史诗的叙事性部分，包括情节、人物和环境描写成为叙事文学的形式源头。

随着文明社会的发展，史诗就逐步摒弃神话因素，增加现实因素和审美因素。后来，历史从史诗中分离、独立，史诗的审美因素更加突出，逐步向文学过渡。古希腊悲剧多取材于史诗，如古希腊悲剧《安提戈涅》取材于史诗《伊利亚特》，但又赋予其人性主题。文学的发展摆脱了史诗题材的限制，转向现实生活，拥有了更广阔的天地。同时文学也摆脱了史诗形式的限制，沿着自己的道路发展，形成了抒情文学和叙事文学两大类型。

四、文学的独立

在文学产生之初，还依附于现实文化和宗教，未成为独立的文化形态，这表明文学的发展还处于初级阶段，文学还未获得自觉性。文学的独立，又经过了相当长的历史时期。

早期的叙事文学与历史文献未明显分家,历史文献本身也带有文学性。只是后来叙事文学才独立于历史文献。先秦、两汉纯文学与实用文体未分化,文史未分家,所谓文学者,泛指一切文体。晋代始有文笔之分,“有韵为‘文’,无韵为‘笔’”,文带有文学性,但仍然不是指纯文学,而是杂文学,它包括一切具有审美特征的语言作品,包括应用文体。近代章太炎还认为:“文学者,以有文字著于竹帛,故谓之文;论其法式,谓之文学。”①纯文学的概念直到五四时期才从西方引进并确立。但是在实践中,独立的文学还是早于文学观念而发生了。庄子散文、《左传》的历史事件描写和《史记》的人物传记,还不是纯文学。早期的抒情文学也未与现实文化相分离,它并非专门的艺术创作,而首先是实用的手段,甚至也没有专门的职业作家。《诗经》有风、雅(大雅、小雅)、颂三部分,其中的“国风”是民歌,是民间交往的手段,如情歌就是表达情感、吸引异性的手段;雅是士人的诗作,“颂”则是庙堂礼仪的一部分,具有政治、宗教的功能。周代有采风之制,也说明统治者重诗歌的政治、教化功能,并不把它当作纯粹的艺术品。

随着人们审美要求的日益增长,文学就逐步与实用性相分离,而突出其审美功能。经过六朝文学的唯美主义反叛,中国文学才真正走向独立。一方面,出现了以文学创作为主要活动的作家群,文学家与史学家、政论家、学者有了较明确的分工,这到了唐代已经很明显。当然,作家成为职业是资本主义生产关系确立以后的事。其次,文学体裁与实用文体分离,形成独立的文体。中国古典诗歌逐渐脱离实用性,成为一种审美的对象,这表现在六朝时期至隋唐经文人加工而形成了格律严整的体裁,从而严格地区别了应用性的韵文。中国小说由历史传记、文人笔记开端,经由唐代传奇、宋元话本诸形态,至明清定型为长篇的章回小说和短篇的笔记小说等体裁,特别是《三国演义》、《西游记》、《水浒传》、《红楼梦》等的出现,独立的叙事文学才发

① 章炳麟:《国故论衡·文学总略》,参见程千帆:《文论十笺》,武汉大学出版社 2008 年版,第 3 页。

生。再次,雅文学从民间文学中分离出来,使文学摆脱了初级形态。汉代的乐府就是由民间歌曲经文人加工而成为雅文学的实例,此外,词、曲都脱离了民间形态,成为雅文学的形式。同样,小说、戏剧也是由民间形式转化而来的。

西方的文学独立也经过了漫长的历史时期。一般的文学概念在古希腊尚没有形成,而只有具体的史诗、颂诗、演讲术、悲剧等分类。在18世纪以前,文学主要指广泛意义上的语言作品,而不是纯文学概念。随着现代性的出现,真善美分化,文学艺术也获得了独立,成为审美的领域。大约在16—18世纪期间形成了狭义的文学概念。在16世纪,诗的艺术性质开始得到承认。在1747年,巴多把诗与绘画、雕塑、音乐、艺术和修辞等纳入七种"美的艺术"(fine arts)之中,这标志着独立的文学开始被承认。① 在理论上,鲍姆加登确立了美学概念,康德为艺术划分出美学的领地。独立的文学概念和文学理论的产生,是与文学独立的实践相对应的。

文学的独立表现为文学从宗教或礼教的统治下解放出来。中国文学独立的途径主要是从礼教中分离出来,而西方则主要是从宗教中分离出来。古希腊戏剧就与宗教仪式有关,如喜剧就发源于酒神节的宗教活动。中世纪文学更成为宗教的婢女,成为表现宗教信仰的宣传工具。随着文明的进化,宗教的统治崩溃,文学才脱离宗教而独立。文艺复兴之后,出现了世俗文学,它们以强烈的人文精神反抗宗教的影响,成为独立的文化形态。中国文学的独立主要是从礼教中分离。周代形成了礼乐文化,其仪式部分是艺术的前身,是诗、乐、舞的一体化。后来,春秋时期礼崩乐坏,诗、乐、舞脱离礼教而独立,逐渐成为独立的艺术。其中,诗歌就成为文学形式。中国也有文学从宗教脱胎的情况,只是未成为文学发生、独立的主要途径,如佛教传入初期,出现了宣扬宗教观念的"佛本生"故事,后来演变为世俗性的"俗讲",并成为中国小说的渊源之一。

---

① 参见[波兰]塔塔尔凯维奇:《西方六大美学观念史》,刘文潭译,上海译文出版社2006年版,第23页。

本章参考书目

1. [德]格罗塞:《艺术的起源》,蔡慕晖译,商务印书馆 1987 年版。

2. [法]列维·布留尔:《原始思维》,丁由译,商务印书馆 1986 年版。

3. [俄]普列汉诺夫:《没有地址的信　艺术与社会生活》,周扬等译,人民文学出版社 1962 年版。

4. 李泽厚:《美学四讲》,生活·读书·新知三联书店 1999 年版。

第五章　文学的历史发展

第一节　文学史的特性

通常认为，文学在历史中的演进构成了文学的历史。但历史中的文学与文学的历史并不是一个概念，因为文学史具有不同于社会史的特殊性，由此产生了"文学史悖论"以及关于文学史的争论。

一、"文学史悖论"及其成因

文学有没有历史？作为一种习见，答案是肯定的，人们把文学在历史中的变化称为文学史。但是，如果深入思考，就会发现这种习见是成问题的。所谓历史，必须有内在的联系和延续性，而不是孤立的事件的集合；必须是发展的，体现着人的价值的提高，而不是无进步的变迁或循环；必须具有某种规律性，而不是纯粹偶然的变动。按照上述历史标准，文学的历史就成了问题。文学虽然在历史中变化，但并不符合历史的标准，而是构成了一种悖论：一方面，可以说文学有延续性，每一时代的文学都是依据前代的文学资料演变而成的；另一方面，又可以说文学没有延续性，文学是独立自足的、非连续性的，每一文学形态都是超历史的独特存在。一方面，可以说文学有发展，它由低级到高级、由简单到复杂的进步，并且体现着人的价值的提高；另一方面，又可以说文学无所谓发展，每一种文学形态都有自己的标准，互相间不可比较，它们在各自的时代达到了艺术的顶峰。一方面，可以说文学变革有规律可循，它受历史规律制约；另一方面，又可以说它无规律可循，它是自由的创造，只有偶然性。这三种矛盾，就构成了“文学史悖论”，即文学有历史和文学无历史的二律背反。

“文学史悖论”揭示了文学历史的特殊性。文学史不同于社会史，它是特殊意义上的历史。文学是人类历史活动的产物，有现实性，因而属于历史。文学又是超现实的审美活动，因而不属于历史。文学的现实性与超越性的双重属性是造成“文学史悖论”的根本原因。但是，“文学史悖论”并不是不可解决的悖谬，因为文学的现实性与超现实性并不在一个意义上，现实意义是基础意义，审美意义是主导意义。在现实意义上，文学有历史；在审美意义上，文学没有历史。这样，“文学史悖论”就可以在辩证思维和系统思维的基础上得到解决。具体地说，必须把文学史看作历时性与共时性的统一，发展与超越的统一，规律性与偶然性的统一，才能解决文学史悖论。

二、文学史是历时性与共时性的统一

社会事物都具有历时性和共时性两个维度。所谓历时性是指事物是处于时间之流中的历史性的存在物，是不断发展变化的，而不是静止的、固定不变的。文学无疑具有历时性，它在历史进程中变化，不能脱离时间之流，它镶嵌在历史的框架里，其思想内容和体裁形式都在历史中变化着。但是，文学还有共时性的一面。所谓共时性是事物超历史的稳定性，它是由深层结构的不变性决定的。文学不是一般性地具有共时性结构，它的共时性与审美结构相关，突出了与历时性的矛盾。文学的共时性表现为文学的形式结构和文学传统两个方面，它们是超历史的稳定的结构，文学的历史被它们打断和分割，也借这种结构的转换而延续。

文学的样式、体裁是相对稳定的形式结构，而文学的内容则流动多变。文学的发展只能在一定的样式、体裁框架中进行。在这个形式框架内，文学有发展、有历史。我们可以比较同一样式、体裁内的文学作品的进步、提高，因为它们有共同的形式标准。文学样式、体裁的变换打断、分割了文学的历史。不同的文学形式,有不同的审美规范和表现手段,各自独立自足,互相不可比较,不存在统一的标准。当一种样式、体裁换为另一种样式、体裁时,原来的历史就被打断了,新的历史开始了。例如,中国古典诗歌经由不严整的格律诗到严整的格律诗的发展,形成了自己的历史;而现代自由体诗则开始了另一种历史。两种诗歌之间的历史是非连续性的,它们之间无法比较,不能说自由体诗歌比格律诗更有审美价值、更高级。唐诗之美达到了格律诗的顶峰,而这种古典艺术之美是现代诗歌所不能取代也不能超越的,就像马克思评论古希腊史诗那样:"……它们……仍然能够给我们以艺术享受,而且就某方面说还是一种规范和高不可及的范本。"①

文学的共时性还体现为不同的文学传统和文学思潮对文学历史的分割、中断。每个民族的文学可能有不同的文学传统,这些文学传统由不同的文学模式构成。在同一个传统内,文学延续发展;而在不同的传统内,文学的连续性中断。例如,西方文学有古希腊文学传统和希伯来文学传统,二者转换互补。古希腊文学传统具有人文主义的、理性的、客观的、写实的倾向,它表现为古希腊罗马文学、文艺复兴文学、新古典主义文学、启蒙主义文学、现实主义文学等。希伯来文学传统具有超世俗的、非理性的、主观的、幻想的倾向,它表现为中世纪文学、浪漫主义文学、现代主义文学等。很明显,两种传统互相交替,不同思潮不断更迭,文学历史的连续性就因此中断。不能简单地说中世纪文学延续、发展了古希腊罗马文学;文艺复兴、新古典主义、启蒙主义文学延续、发展了中世纪文学;浪漫主义文学延续、发展了新古典主义文学;现实主义文学延续、发展了浪漫主义文学;现代主义延续、发展了现实主义文学等等,恰恰相反,各自属于不同文学传统的文学思潮互相对立,文学历史就表现为一个思潮对另一个思潮的反叛、取代的过程,如中世纪文学是对古希腊、罗马文学的反拨;文艺复兴、新古典主义、启蒙主义文学

① 《马克思恩格斯选集》第2卷,人民出版社1995年版,第29页。

是对中世纪文学的反拨；浪漫主义文学是对新古典主义、启蒙主义文学的反拨；现实主义文学是对浪漫主义文学的反拨；现代主义文学是对现实主义文学的反拨；它们之间的连续性、继承关系是跳跃式的。同样，中国文学也存在着两种文学传统的对立互补、交替转换，如由《诗经》开创而至汉唐确立的北方文学传统或平民文学传统，以及由《楚辞》开创而至六朝确立的南方文学传统或贵族文学传统，这两种文学传统之间各自有自己独立的发展线索，互相之间并不存在直接的承续关系，反而在转化之中打断了另一种传统。这就是说，中国文学的历史也不是连续发展的。

文学的历史就是连续性与非连续性的辩证统一。不同文学思潮之间的转换，在对立、反叛的同时，也有某种连续、继承，只是这种连续、继承是跳跃式的、非直线的。如欧洲文艺复兴、新古典主义、启蒙主义文学不是直接继承了中世纪文学，而是对古希腊、罗马文学传统的继承、发展；现实主义文学也不是直接继承了浪漫主义文学，而是对新古典主义、启蒙主义文学传统的继承、发展。同样，浪漫主义文学不是继承了古典主义文学，而是对中世纪文学传统的继承、发展；现代主义文学也不是继承了现实主义文学，而是对浪漫主义文学传统的继承、发展。这就是说，文学的发展是在特定的文学传统内发生的，而文学传统的变迁打断了文学的发展线索。

三、文学史是发展与永恒的统一

在文学的现实意义上，文学随历史而发展，它表现为文学思想价值的提高。历史的发展是人的价值的提高。由于生产力的提高，社会关系的改善，人的本身也得到了发展。而人的发展，导致文学的思想价值随之得到提高。古典时代，由于生产力不发达，社会关系狭隘，人的个性未获解放。古典文学体现了这个时代的社会理想，具有理性化、规范化的特点，它关注社会问题而非个体命运；表现理性精神而不是非理性体验；遵循统一规范而限制自由创造。现代社会生产力高度发达，社会关系改善，人的价值提高，个性获得解放。这个时代的审美理想不同于古典时代，它转向个性化，突破理性束缚;打破统一规范,追求自由的形式。现代主义体现了这种趋势,它通过非理性体验,表达了对资本主义异化的反抗和对自由的追求。在古典文学和现代文学之间,存在着过渡时期,即所谓近代文学。浪漫主义和现实主义文学属于这个过渡阶段。同时,文学的艺术性、技巧、表现能力也得到了提高和发展,现代文学一方面继承了古代文学的艺术性和技巧,同时也有新的创造,文学的表现能力不断提高。比如古代的中国小说,对人物的描写比较单纯,心理描写也比较简单,有类型化的倾向;而现代中国小说则对人物的复杂个性的塑造和矛盾心理的描写就非常丰富了,从而使文学的艺术性有了很大的提高。文学的艺术性、技巧和表现能力的提高和发展也是文学历史发展的一个方面。总之,在文学的现实意义上,由于文学思想价值的提高和艺术性的提高,存在着历史发展。

在审美意义上,文学就无所谓历史发展。因为文学虽然要受到现实的制约,但又必须超越现实,创造审美价值。审美价值是最高的价值,它本身无所谓发展。《诗经》的古朴之美也不逊于唐宋诗词的典雅之美。同样,古典文学的审美价值未必低于现代文学,《红楼梦》的艺术价值不会低于任何一部现代作品;《尤利西斯》也不一定高于《哈姆雷特》。古典文学体现了个性不发展时代的审美理想,现代文学体现了个性解放时代的审美理想,它们都在不同的历史水平上超越了现实,达到了美的极致。古典文学的偏于理性的、规范的美自有其价值,它不逊于现代文学的超理性的、自由的美,我们同样会得到最高的享受。不同时代的文学各有其美,无分高下,它们有永恒的价值,不随历史发展而削弱、丧失。

文学是在现实与审美两个意义上达到的发展与超越的统一。在现实意义上,文学随历史而发展;在审美意义上,文学没有一般意义的发展,它是超历史的,具有永恒性。综合起来,文学的发展应该这样表述:文学在历史进程中不断发展着自己的现实基础,同时不断改变着自己的超越现实的方式。不仅文学的现实内容的变化,而且文学超越方式的变化构成了文学的历史。新古典主义、启蒙主义、浪漫主义、现实主义、现代主义、后现代主义等文学思潮都有现实内容,是由现实向审美的超越方式,这些文学思潮的现实内容和超越方式具有历史性,而其审美价值则不能比较,没有发展,是超历史的,具有永恒性。

四、文学史是规律性与偶然性的统一

文学史受社会制约,而社会历史是有规律的,这个历史规律就是历史唯物主义揭示的社会发展规律,即由生产方式变化推动的从古代到现代的历史发展。因此,在现实意义上,文学的变化也有某种历史规律,它表现为文学的现实内容的历史性。文学的现实内容受到社会条件的制约,并随着历史发展。从社会历史中可以找到文学变化的某种线索,得到某种解释,如传统社会专制、黑暗和宗法礼教的压迫,就有写清官平反冤狱、写恋爱悲剧的题材;而资本主义社会贫富分化、人性堕落,就产生了同情小人物命运、抗议人的异化的主题。但这种规律是外部规律,只是社会作用于文学现实意义的结果。以社会规律来解释文学的变化只是在有限的范围内是合理的,这种解释并不充分,超出了这个限度就不合理了。这个限度就是文学的现实意义,文学只是在现实意义上有发展规律,在审美意义上没有发展规律可言。不能用社会发展规律代替文学变化规律,社会只能影响而不能决定文学的变化,只能解释文学的现实内容和现实意义的变化,而不能解释文学的审美内容和审美意义的变化。文学的内部规律是审美规律,这是更本质的规律,因为审美是文学的最高意义。

在文学的审美意义上,文学又是偶然的、无规律的。文学本质上是自由的精神生产,是审美个性的创造,它必须克服现实规律的制约,听从审美理想的驱使,而审美理想是对现实的超越。因此,文学与现实的关系是超因果、非决定的。社会规律只是文学的外部规律,它具有某种必然性;而文学的内部规律是自由的,它具有某种偶然性。文学天才、文学巨著是不可预测的,是偶然的,不能用社会历史规律来充分解释,不能说盛唐一定产生李白、杜甫;传统社会末期一定会有《红楼梦》。日本的《源氏物语》早于《三国演

义》和《十日谈》三百多年，在文学史上异峰突起，无法用某种规律解释。《红楼梦》也是前无古人，后无来者，所以鲁迅说它把一切传统写法都打破了。

文学的历史在宏观上有规律，在微观上无规律。从总体上看，文学受制于社会历史发展，有基本的规律，这就是由古典文学到现代文学的演变。文学是对现实的超越和审美批判，古典文学就是对前现代性的反思和批判，现代文学就是对现代性的反思和批判。前者是以理性的方式，后者是以非理性的方式。从微观上看，文学是充分的个性创造，是天才的创造，天才并不因循规律，而是打破规律、创造规律。每一种文学思潮的发生，都是因天才打破既有传统，创造了新的文学生命。19世纪末落后的俄国产生了天才陀思妥耶夫斯基，他超越了同时代的现实主义作家，开创了下一个世纪的文学思潮——现代主义，充分体现了天才对历史的超越。

第二节　文学发展的动因

一、社会发展是文学发展的外部条件

社会现实是文学的基础，社会发展是文学发展的外部条件和外部原因。根据马克思主义的历史唯物论，文学属于上层建筑的意识形态部分，受到经济基础的制约。社会实践的发展，生产方式的改变，必然引起上层建筑和意识形态的变革，文学也会随之发生变革。文学随社会发展而发展，文学发展要适应社会发展，这是文学发展的基本规律。刘勰提出“文变染乎世情，兴废系乎时序”，已经意识到了社会变化对文学发展的影响。每一时代都有每一时代的文学，社会发展推动着文学的发展。欧洲文学的发展建立在社会发展的基础上。古希腊、古罗马社会是发达的奴隶社会，在这个基础上，形成了繁荣的古希腊、罗马文学。古罗马衰亡，进入中世纪，宗教统治下，文学成为神学的婢女。资本主义生产关系的发展，产生了文艺复兴运动，文学

从宗教控制下独立，并且产生了宣扬人道主义的近代文学。20 世纪以来，资本主义高度发展，理性精神走向反面，文学开始走向非理性，以抗议人的异化。中国文学的发展也受到社会发展的推动，唐宋时期是传统社会的繁荣阶段，也形成了繁荣的唐宋文学。五四时期社会发生剧变，在现代性的推动下也产生了文学革命和现代文学。

社会发展对文学发展的推动，首先表现在社会发展为文学发展提供了物质基础。生产力的提高，物质生活条件的改善，使作家有更好的创作条件，也使广大群众受到更好的教育，有更多的财力和精力去购买、阅读文学作品。如果大众生活条件很差，甚至没有受教育的机会，就没有可能也没有兴趣从事文学活动。古代社会，生产力发展水平低，广大群众贫困，文学基本上是少数文人的事，文学的繁荣就受限制。现代市场经济的发展，不仅提高了人民的生活水平，而且使作家职业化，作品进入市场，产生了广大的读者群，促进了文学的繁荣；同时，科学技术的发展，也促进了文学的发展，如造纸、印刷术的发明以及现代传媒的出现，使作品的大量发行成为可能。

社会发展为文学发展提供了相对宽松的社会空间。马克思主义认为，经济基础决定上层建筑，社会存在决定社会意识。社会关系的狭隘紧张，限制了人的自由和文化的繁荣，而社会进步使社会关系有所缓和，人的自由度增加，文化获得繁荣。在这个社会条件下，文学也随之获得繁荣。例如，资本主义社会较之于封建社会是巨大的历史进步，这意味着社会关系的宽松和人的自由度的增加，从而导致文学的空前发展和繁荣。

社会发展也意味着意识形态的进步，从而提高了文学的思想水平。古代社会的意识形态落后，对文学的思想禁锢严重，影响了文学的思想价值。如欧洲中世纪的宗教禁欲主义对文学的禁锢，严重地限制了文学的发展。又如在中国古代文学作品中，受男尊女卑观念的影响，对妇女的歧视比较普遍，《水浒传》、《三国演义》都有“女人是祸水”的思想，使作品带有消极因素。现代社会的意识形态进步，人道主义确立，提高了文学的思想水平。经过五四新文学运动，中国现代文学中的女性形象体现了男女平等的思想，从而提高了作品的思想意义。一般地说,古代社会个性不发达,社会问题突出,因此古典文学选取社会斗争题材,关注集体命运;而现代社会个性发展,人的精神困境加深,因此现代文学则选取私人生活题材,关注个体命运和精神困扰。这表明人的价值的提高,文学对人的关怀更深切了,这是社会的进步,也是文学的进步。而且,在现代社会,文学也开始走向独立,摆脱了意识形态的直接控制,从而获得了更大的发展空间。

社会发展还为文学发展提供了传播的空间。前现代社会,公共社会没有形成,文学只是私人生活的一部分,文学的传播主要靠私人交往,发展的余地有限。现代公共社会的形成,使文学借助大众传播媒介,走出了狭小的私人生活领域,更广泛地参与了社会生活,更强烈地干预现实生活,并获得了迅猛发展。特别是市场经济的发展带动了通俗文学的繁荣,文学作品作为商品进入流通领域,使文学真正大众化。在现代社会,文学已经成为社会生活和每个人的精神生活的不可或缺的一部分。

二、人的发展是文学发展的根据

社会发展对文学发展的推动,不是直接的、决定论的,而是间接的、非决定论的,因为在社会与文学之间存在着中介——人。苏联文学理论平面强调社会对于文学的决定作用,而忽略了人这个主体,从而陷于客观决定论。人是文学的主体,社会对文学发生作用,要经过人——作家和读者的中介,即社会先对人的思想发生影响,然后才对文学发生影响。因此,社会发展推动了人的发展,而人的发展是文学发展的直接动力和原因;社会发展只是文学发展的间接动力和外因。

人的发展不仅表现为生活水平和文化教养的提高,更表现为思想境界的提高和个性的充分发展。马斯洛把人的需求分为由低到高五个层次:生存需求层次、安全需求层次、归属需求层次、尊重需求层次、自我实现需求层次。前三个属于实际需要,后两个属于精神需要,而自我实现需求是人的最高需要。文学是一种精神需求,而且是最高的精神需求,是自我实现的一种形式。人的发展在满足了基本的实际需要以后,必然导致更高的精神需求,直至自我实现需求。社会愈发展,人的精神需求就更强烈,人不满足于吃饱穿暖,还要求有精神生活,还要求超越现实,进行审美创造。正是社会发展推动了人的精神需要的发展,才使文学发展有了内在的动力。

社会发展程度愈高,社会关系就愈进步,就给人的个性发展提供了更宽松的条件。文学是个性化创造,个性发展意味着文学的发展。古代社会关系狭隘,人的个性不能充分发展,故文学的个性化水平不高,审美价值受到限制。古代小说人物类型化、形式程式化,艺术表现力受到限制。现代社会给人的个性发展以更广阔的空间,故文学高度个性化。现代小说人物个性更突出,精神世界更丰富,形式也更自由,艺术表现力更强。不仅现代小说这样,现代诗歌所表现的思想感情也比古代诗歌更复杂、深刻和独特。

审美意义是文学的最高意义,因此审美需要是文学发展的直接动力。审美需要是人的最高精神需求,是人的超越性的终极追求。在现实需要得到基本满足之后,人就会提出更高的需求,乃至终极的审美需要。人的现实发展必然导致审美需要的增长,从而推动文学的发展、繁荣。现代社会给人提供了日益丰富的物质生活条件,同时人的精神困扰也日渐加深,需要得到解脱。人不会因为社会物质生存条件问题得到解决就消除苦恼;相反,在现代社会,生存意义问题更尖锐地提出来,如何寻求生存价值,如何摆脱精神空虚,成为中心问题。文学就与其他审美文化一道,负担起解除人的精神负担的重任。现代文学已经不仅仅是"饥者歌其食,劳者歌其事"了,它必须面对现代人的精神渴求,提供丰富的精神食粮。因此,现代社会的发展给文学提供了更广阔的发展空间。

三、社会发展与文学发展的非对称性

社会发展是文学发展的基础和条件,因此二者有基本的一致性。从总体倾向上说,文学发展与社会发展是一致的,文学的发展要建筑在社会发展的基础上,文学要适应社会的发展变化。但是,文学发展与社会发展又不完

全一致,具有非对称性,也就是说二者并不同步,甚至发生矛盾。其原因在于,人是社会作用于文学的中介,而人是最大的变量;人的审美创造是超越性活动,因此文学发展与社会发展之间没有因果、决定关系。人的精神发展固然要受到社会发展的制约,但是,人又可以超越现实创造自己的自由意识和自由个性。这样,文学发展就可能与社会发展不一致。

首先,文学发展与社会发展之间具有非同步性。马克思曾说过:"关于艺术,大家知道,它的一定的繁盛时期决不是同社会的一般发展成比例的,因而也决不是同仿佛是社会组织的骨骼的物质基础的一般发展成比例的。"①生产力发达,社会发展,不一定导致文学繁荣,因为人的个性不一定得到发展。同样,生产力不发达,不一定导致文学落后,因为人的个性不一定不发展。历史上经常出现社会发展与文学发展不平衡的现象,原因即在于此。恩格斯曾谈到19世纪末落后的挪威与较先进的德国在文学发展上却处于相反的情势。他并没有从经济上找原因,而是把二者的个性发展相比较。德国小市民狭隘、束手无策、毫无首创能力,而挪威的农民和小资产者却"还有自己的性格以及首创和独立的精神"。因此挪威经济落后,但文学繁荣;德国经济发达,但文学落后。恩格斯指出,挪威工业虽然落后,但毕竟开始了新的起步,从而为文学的繁荣创造了条件。对文学的发展而言,更重要的不是社会发展水平,而是社会的变革。社会的变革推动了社会意识的变革,促使人们思考社会的前途和人类的命运,使文学获得了思想的动力。不仅挪威如此,19世纪末的俄国也是如此。它在经济、政治、文化上都相对落后,但资本主义生产关系的迅速发展,推动了社会意识的变革,也促进了文学的繁荣,并且走到了世界的前列:不仅出现了现实主义高潮,而且产生了像陀思妥耶夫斯基那样的现代主义奠基者。中国现代文学的高峰"五四"文学,也是发生在社会剧变时期,虽然社会经济还很落后,但思想启蒙运动和个性解放带来了文学的繁荣。

---

① 《马克思恩格斯选集》第2卷,人民出版社2012年版,第710页。

文学发展与社会发展之间的非对称性，不仅表现为非同步性，而且表现为矛盾性。这就是说，在某种历史条件下，社会的发展不仅没有推动文学的发展，反而可能阻碍文学的发展。这是因为，历史进步的直接原因是生产力的发展和生产关系的变化，并且体现为社会形态的演进；但文学发展的直接原因是人的个性的解放、精神的自由，并且体现为审美价值的充实，因此二者可能不相一致。在历史学上有一个理论，就是历史与道德的二律背反：历史进步往往不带来道德的进步，而是带来道德的退步。这是因为以往的历史是私有制的轮替，是以暴易暴，正如恩格斯所说的：人的私欲成为历史发展的杠杆。这样，历史发展往往是以某种道德的沦丧为代价的，如资本主义的兴起虽然推动了生产力的发展和社会的进步，但也造成了人欲横流、道德沦丧和人的异化。这样，在特定的历史阶段，社会的进步可能并没有促进个性的发展和精神的自由，反而压制了个性的发展和精神的自由，从而阻碍了文学的发展。例如，春秋战国时期，天下分裂，社会纷乱，但给人的个性发展和精神自由留下了空间，因此文学艺术进入了一个繁荣期。而在秦朝，虽然天下一统，社会安定，但严刑峻法、焚书坑儒，压制了个性发展和精神自由，所以文学艺术进入了一个萧条期。还有，某种历史变革虽然可能推动社会发展，但也可能造成一时的文学退步。由于历史的进步需要文学为其服务，从而使文学为历史作出牺牲。在近现代的革命时期，文学往往要为革命服务，成为其工具，这一方面推进了革命，同时也可能使文学性受到削弱。例如在法国大革命时期，革命党人利用文学艺术宣传革命思想，文学艺术的政治性得到突出加强，但艺术性被削弱，并且导致已经趋于衰亡的新古典主义文学传统得以延续，阻碍了新的文学思潮的发生。当然，历史发展与文学发展之间的矛盾只是二者关系的一个方面，不能把它绝对化。从宏观上看，历史的发展还是推动了文学的发展，因为前者毕竟为人的发展奠定了基础，从而为文学的发展提供了更广大的空间。

文学发展与社会发展的非对称性，说明文学发展的相对独立性。我们不能机械地用社会发展来解释文学发展，还必须注重文学自身的发展规律。

丹纳的文学决定于种族、时代、环境三要素的理论,缺陷就在于忽视了文学自身的规律。同样,苏联的机械反映论文学观把文学还原为社会现实,用社会发展来解释文学发展,其弊病也在于否认了文学发展的内因和特殊性。

第三节 文学传统与文学经典

一、文学传统的内涵及其形成

文学传统是文学的历史延续性,是文学发展过程中形成的模式和轨道。文学传统既是相对确定的,又是不断延伸和变化着的。这就是说,文学的发展不是完全偶然、无序的,而是遵循着一定的模式,沿着一定的轨道的,这个模式和轨道造成了文学的历史延续性,从而形成了文学的传统。例如,中国文学经历了几千年的变迁,发生了巨大的变化,但是其中仍然有某种联系、共同点和规律可循,使我们可以辨识出统一的中国文学,这就是文学传统的作用。文学传统包括文学的价值观以及风格的延续性,比如中国文学传统就有道德理想主义的倾向、乐观精神以及含蓄的风格等。

文学传统并不是单一的,在一个民族的文学传统中往往有内在的矛盾,有对立面,二者并存、互相交替、互相补充,构成复杂多变的文学史。一种文学模式和传统往往使文学变得僵化,使文学史单一化,使人们的文学选择简单化。文学作为人类精神的创造,必然不是单一化的、僵化的、简单化的,它需要多种模式、传统的互补,才能满足人类丰富的精神需要,才能使文学有生命力。而事实上,文学传统也是非单一化的,而是多元互补的。中国文学固然有受儒家思想影响的“文以载道”的主流文学传统,也有受道家影响的主张表现自然的非主流的文学传统。二者互相补充、交替,构成了中国文学史。欧洲文学也有“两希”文学传统,即古希腊文学传统和希伯来文学传统。古希腊文学传统承续古希腊文学精神,具有理性、客观、写实的倾向;希伯来文学传统继承中世纪文学精神,具有非理性、主观、幻想的倾向。这两种文学传统的互补、交替构成了欧洲文学史。

文学传统是如何形成的呢？首先，文学传统有其深层结构。文学原型造成了一定民族的深层文学模式，制约着文学的发展轨迹。比如，中国文化具有早熟的特点，它信仰维度薄弱，过早地理性化和历史化了。中国文学的原型——神话传说和巫术仪式也具有理性化和历史化的特点。中国神话过早地变成了历史，神话人物变成了人间的帝王，形成了三皇五帝的世系。同时，神话的历史化也意味着理性化，神话人物都是有德行的帝王，如女娲补天，后羿射日，黄帝教人民种植五谷，嫘祖教人民养蚕，大禹治水；等等。中国的巫术仪式也较早地礼仪化了，成为宗法礼教的仪式。这就形成了中国的理性化的文化模式和文学模式。中国文化和文学自古就有尊崇理智、坚守道德、惩恶扬善、关注现实的传统，而缺乏神秘主义、荒诞不经、感性主义和超越现实的特质，这与中国文化、文学原型的特点有关。相比之下，欧洲文化、文学的原型则有不同的特点，形成了欧洲的文化、文学模式。古希腊神话没有理性化和历史化，它保留着神话的彼岸性和感性特征，如诸神不是生活在人间，而是住在高高的奥林匹斯山上；大神宙斯好色、凶暴，天后赫拉嫉妒、残忍，诸神自私自利等。这就形成了欧洲的文化、文学原型，使欧洲文化、文学在现实性中有超越性、在理性制约中偏于感性等。后来希伯来文学精神的进入，给欧洲文学传统带来了非理性的、信仰的、彼岸的因素。

其次，文学传统有其现实基础。文学传统的形成还基于社会生活中形成基本的价值观和审美理想。在文明发生发展的历史过程中，形成了一个民族的基本的价值观和审美理想，它作为文学的核心主导着文学的历史。中华民族在自己的历史发展中形成了以家族伦理为核心的集体理性的价值观和天人合一的中和的审美理想，体现在文学中就是对社会伦理的维护以及中和、风雅的美学风格。中国文学多表现社会伦理题材，如忠奸斗争、善恶斗争等；审美理想是以理节情，追求“中和之美”，即所谓“怨而不怒”、“哀而不伤”、“好色不淫”、“谑而不虐”等。因此中国没有西方那样的悲剧和喜剧，而流行乐观主义的“大团圆”模式。

最后,文学传统还有其历史成因,即由于文学的历史继承性特别是文学经典的作用。文学是历史的产物,每一个时代都有自己的文学,但文学历史并不是孤立的作品的累加,而是有历史继承性的。每一个时代的文学都必须参照、学习、继承前代的文学遗产,而不能凭空创造出来。特别是前代文学的优秀作品形成了经典,成为后代学习的对象。通过对前代作品的阅读和学习,才能获得文学创造的能力,同时也受到了前代文学的影响,继承了前代文学的思想和风格,从而使文学的历史具有了连续性,形成了文学传统。

二、文学传统的功能

文学传统是自然形成的,但是,它一旦形成就积极地发挥着自己的功能,制约和影响着文学的发展。首先,文学传统使文学经验得到积累和提高。文学传统作为一种文学资源,为文学发展提供了经验的积累。每一代的文学都延续着前一代的文学,学习前一代的文学经验,同时也创造着新的经验。在文学传统的延伸过程中,文学经验就得到积累,文学就获得发展和提高。如果没有文学传统提供的资源,每一个时代的文学现象就互不相干、彼此隔绝,就谈不上学习、继承,只能从零开始,从而也就谈不上发展和提高。以中国古典诗歌为例,唐代诗歌承续六朝诗歌的传统,包括学习、继承六朝诗歌在声韵、格律方面的经验而有所发展,形成了格律诗。如果无视六朝文学传统,就不会有唐诗的繁荣。

其次,文学传统使民族风格成为可能。每一民族的文学传统都是一种规范,在这种规范中文学获得了独特性,形成了自己的风格。我们谈论一个民族的文学风格,实际上是在谈论文学传统。因为正是一个民族的文学传统,才构成了民族的风格。风格是在历史中变化的,但是,在变中有不变,风格有稳定性,这就是传统的作用。如果没有文学传统的规范作用,文学就会在历史变迁中失去自己的特色,丧失自己的风格。同时,在外来文学的冲击中,文学传统也保守着民族的特性,使文学的传播和接受不会导致民族文学特性的丧失。中华民族的文学传统,不仅在历史变迁中保持和延续着中华民族的文学风格，而且在现代西方文学的冲击中也保持着民族文学的风格。五四以来，西方现代文学的引进，使中国文学发生了天翻地覆的变化，新的文学观念得到传播，新的文学形式被引进，新的文学思潮被接受，但是，中国文学并没有变成西方文学，根本原因就是中国文学传统的规范作用。它在接受外来文学风格的同时，也使外来文学传统同化于中国文学传统，使民族风格在发展中得到延续。

最后，文学传统对文学史具有构成作用。一方面可以说，文学史造成了文学传统；另一方面也可以说，文学传统构成了文学史，这是一件事的两个方面。文学传统一旦形成，就对文学的历史产生制约作用，使文学沿着文学传统发展变化，从而构成文学史。作家要尊重文学传统，继承文学经验，使新的文学创作不会脱离传统，从而使文学史得到延续。读者尊重文学传统，继承阅读经验，使新的文学接受不脱离传统，读者的选择构成了文学史，从而使文学史得到延续。

文学传统对于文学的发展是必要的，具有积极作用；但是，这只是一个方面，还有另一个方面，即文学传统还有保守作用，从而可能成为文学发展的障碍。在历史的变迁中，文学传统有时会抵制新的文学风格、流派、思潮，阻碍文学的发展。这时，就需要对传统进行革新，通过变革来保持传统、发展传统。比如中国在明清时期形成了新的文学形式——长篇小说，这标志着中国文学进入后古典时代。但是，这对于中国文学的诗文传统是一个冲击，而一些人拘泥于诗文传统而对小说不屑一顾，甚至加以排斥攻击。对于诗文传统而言，就必须有所变革，而不能盲目地保守传统。因此，在晚清，梁启超就发动“小说界革命”，大力提倡小说，把它提高到最重要的文学形式的地位。还有，外来文学的传播也可能构成对文学传统的冲击，而文学传统也可能构成接受外来文学的阻力，这也要求变革文学传统。例如，五四时期大力引进西方文学思潮和文学形式，形成了新文学的潮流，而一些保守主义者则坚守旧文学，反对新文学。这时候，就应当改革传统，使之容纳新文学思潮和形式。

三、文学传统的变迁

文学传统是变化的，不是僵死的，这意味着文学传统有变迁的可能。传统与变迁是对立统一的，在变迁中才有传统的延续，同时在传统中才有文学的变迁。文学传统的变迁有两种形式，一种是传统的内部转换导致传统的延续，一种是传统的外部转换导致传统的断裂。

传统的内部转换是指传统内部的对立方面由非主导方面变成主导方面，从而使传统得到更新。我们已经说过，一个民族文学传统内部往往有对立互补的两个方面，在一个时期，某一个方面可能居于主导地位，决定着文学传统，文学就在这个传统内发展。当这个传统已经变得陈旧，为文学发展提供的发展空间已经不够了，就可能发生传统内部的变革。这时，文学传统内非主导的方面就可能转化为主导的方面，从而为文学发展提供了新的空间。中国文学传统内部有两个对立互补的方面，一个是发源于《诗经》，成熟于汉唐的理性的、写实的、社会功利的传统，这是北方风格的、儒家思想的、平民精神的传统；一个是发源于《楚辞》，成熟于六朝的感性自然的、抒情的、个体的传统，这是南方风格的、道家思想的、贵族精神的传统。周作人称之为“载道派”与“言志派”的对立。在大部分时间里，理性传统占主导地位，感性传统占次要地位。比如唐代以杜甫、白居易、元稹等为代表的诗歌就体现了这个主导传统，而以李白、李商隐、李贺等为代表的诗歌则体现了非主导的传统。但是，在宋代和五代时期，文学传统则发生了变化，感性主义占了主导地位，理性主义占了非主导地位。这时诗歌风格为之一变，“词主婉约”，苏东坡、柳永、李清照等代表了感性、个体、抒情的传统，五代的“花间派”更以感性描写和形式的艳丽把这个传统引到极端；而以辛弃疾等代表的理性、社会、功利的传统则居于非主导地位。中国文学历史上两种传统的冲突一直延续不断，多次反对六朝余绪的古文运动，实际上就是这种冲突的体现。欧洲文学传统的变迁也发生在内部，古希腊文学传统在古希腊罗马文学以及新古典主义、启蒙主义、现实主义中得到体现，而希伯来文学传统则在中世纪文学、浪漫主义、现代主义中得到体现。

文学传统变迁的另一种形式是旧的文学传统断裂,新的文学传统产生。当旧的文学传统已经没有更新和自我调节的可能的时候,在外来文学传统的冲击下就可能产生文学传统的断裂,新文学传统取代旧文学传统。欧洲历史上希伯来文学传统就是外来的,它打断和取代了古罗马文学体现的古希腊文学传统,形成了长达千年的中世纪文学。中国五四文学也是在欧洲文学的冲击下,发生了传统的断裂,产生了新的文学传统。这个新文学传统不同于古典的理性主义或者感性主义传统。但是,这并不意味着旧的传统就消失了,而是作为思想资源和隐性的传统存在,并发挥着作用。比如欧洲的古希腊文学传统在中世纪中断了,但是作为思想资源仍然存在,直到文艺复兴时期才得到恢复,成为主导的传统。中国五四时期中断的古典文学传统也没有消失,它作为思想资源和隐性传统存在,影响着新文学的发展。五四以后的革命文学实际上改造和继承了理性主义的文学传统,形成了革命古典主义文学思潮。

四、文学经典

在文学的历史发展中,形成了文学经典。经典既是在文学传统中形成的,又构造着文学传统。文学经典对文学传统的形成起到了重要的作用。所谓经典,就是在文学的历史中形成的公认的伟大著作,它具有代表性,体现着一定时代的文学发展最高水平;它具有典范性、权威性,是人们学习的榜样;它能够经受住历史的选择,获得传承而具有经久性;它影响着后来的文学发展,形成了文学传统。意大利作家卡尔维诺(Italo Calwinuo)认为:"经典是这样一些书,它们带有先前解释的气息走向我们,背后拖着它们经过文化或多种文化(或多种语言和风俗)时留下的足迹。""一部经典作品是这样一部作品,它不断在它周围制造批评话语的尘云,却也总是把那些微粒抖掉。"①

① [意大利]伊塔洛·卡尔维诺:《为什么读经典》,黄灿然、李桂蜜译,译林出版社2006年版,第4—5页。

前面一段话是说文学经典有承上启下的历史传承作用,后一段话是说文学经典的经久性。例如,《诗经》在春秋时期就成为学习的经典,“不学诗,无以言。”在以后更是成为风雅传统的渊源。

文学传统的形成,要靠经典的传承。一方面,文学经典是在文学传统的框架内形成的,人们对经典的认定是以文学传统作为选择标准的,只有符合文学传统的、具有代表性的文学作品才能成为经典;不符合文学传统的作品往往被淘汰而不能得到传承,也不能成为经典。而成为经典的作品就得到普遍的承认,从而进入文学传统,成为文学传承的对象。通过经典的传承,前代的文学的思想和风格就影响后代文学,为后代文学所继承、延续。文学的世代传承就产生了一种惯性,形成了文学传统。

文学传统一旦形成,就作为一种习惯力量制约着文学的历史,特别是经典的权威影响着人们的接受和作家的创作,使文学传统得以延续。另一方面,经典又不是传统的复制,它也构成着传统,推进着传统,变革着传统。经典总是具有巨大审美价值,因此必然富于创造性而打破成规。于是,经典就往往会给传统注入新的因素,给传统以新的生命力。例如《红楼梦》的出现,把“一切旧的写法都打破了”(鲁迅语),它以其巨大的审美价值征服了读者,打破传统,进入经典的行列,从而更新了文学传统。现代社会文学思潮的变革,产生了新的经典,它们突破了传统文学思潮,体现了经典对传统的变革作用。

经典的形成并不是一时就盖棺论定的,而是要经受历史的考验,经过不断的淘汰而保留下来的才可能成为经典。有这样的情况,被时人推崇的作品,虽然红极一时,但经不住历史的考验,被后人淘汰;而一些具有巨大审美价值的作品,尽管不被时人理解,但在后来获得社会的承认,而且经得起历史的考验,被世代传诵。

文学经典具有新的解释的可能,意义常新,从而具有永久的生命。例如《堂吉诃德》在它产生的那个时代,被当作一部喜剧性的讽刺作品,是讽刺骑士小说的。而到了现代,这部经典获得了新的解释,那就是在现代性发生的历史“进步”中，道德沦丧，理想的丧失，而堂吉诃德则成为坚守人类道德理想，反抗异化的悲剧英雄。这样，《堂吉诃德》就具有了现代意义。文学作品的长久生命力就在于其意义的丰富性、开放性，可以不断得到新的解释，从而总是走在时代精神的前列。总之，在经典的历史传承中，意义不断更新，也推动着文学传统的革新。

第四节　文学的继承与革新

文学发展是对传统的继承，同时也是对传统的革新，是继承与革新的统一。因此，要繁荣文学、发展文学，就必须正确处理好继承与革新的关系。

一、文学的继承问题

文学发展的前提是对文学遗产的继承，必须正确对待文学遗产，爱护和保存好文学遗产。文学发展首先是文学的积累即作品量的增加，这不仅要有当代文学的发展，而且要有文学遗产作为基础。文学的可积累性在于，文学不是一般的知识或意识形态，知识和意识形态要进行革命性的更新，在历史发展中不可避免地丧失了现实价值，只具有历史文献的价值；而文学有审美价值，审美价值是超现实、超历史的，它不会在历史发展中丧失，具有永恒的魅力。文学接受中，后人会赋予历史上的作品以新的意义、新的生命。因此，文学遗产有永久的保存价值和超历史的审美价值，它成为后代的鉴赏对象，与当代文学共同丰富着我们的精神生活。中华民族有重视文学遗产的好传统，几千年来积累了丰富的文学遗产，这是任何一个民族所无法比拟的。丰富的文学遗产使中国文学的发展有了取之不尽的资源和厚实的基础。

继承文学遗产，还必须认真学习历史上遗留的文学作品。文学遗产中凝聚着前人的创作经验、写作技巧和思想感情、审美意识，它们是当代文学的起点。当代文学不能在空白中建立,而必须在前人经验的基础上创造。因此,学习和借鉴前人的作品,是文学发展的必要条件。历史上的文学高峰都是在继承了前代文学经验的基础上出现的。唐诗的繁荣,在于吸收了前代特别是六朝文学的成果,诗人们自觉地学习六朝文学,把它当作典范。盛唐文学是中国文学的繁荣时期,杜甫是盛唐时代的文学大师,他的诗作达到了中国诗歌的顶峰,但他非常尊重初唐前辈。针对贬低前人的狂妄者,杜甫写诗道:“王杨卢骆当时体,轻薄为文哂未休。尔曹身与名俱灭,不废江河万古流。”(《戏为六绝句》之二)韩愈又针对贬低李白、杜甫的现象,作诗道:“李杜文章在,光焰万丈长。不知群儿愚,那用故谤伤。蚍蜉撼大树,可笑不自量……”(《调张籍》)这充分体现了古代文学家们尊重前贤、认真学习文学遗产的风范。正因为有了这个传统,中国文学才不断发展。

对文学遗产的继承是全面的,既包括文学的思想内容方面,又包括形式技巧方面。文学遗产中保存了许多进步思想,这是人类的思想财富,它们将永远传承下去。我们学习、发扬这些好思想,就会使文学保有丰富的养料,健康成长。外国文学的人道主义精神、中国文学的关心人民疾苦、关注国家命运的情怀都值得我们学习、继承,应该在当代文学中使其发扬光大。文学遗产还体现了前人的审美理想,这是人类的自由追求,也是文学的生命。我们应该最大限度地接受文学遗产的审美陶冶,达到其崇高精神境界,并且把它转化为当代的审美理想,成为文学创造的灵魂。例如,中国高雅文学的天人合一、人与自然和谐的审美意识,就可以转化为现代的生命意识,变成当代文学的审美追求。

历史上的文学作品在形式、技巧方面也值得学习、借鉴。历史上的文学作品的语言运用、叙事方法、人物塑造等都有丰富的经验,对当代文学有很好的借鉴作用。文学史上的形式、技巧方面的继承、借鉴是非常明显的,没有这种学习、继承,就没有古代文学的发达和现代文学的发展。例如,中国古代诗歌的格律、修辞手法是历代传承、发展的结果,没有南北朝时期对于音韵的研究和实践,就不会有唐诗的成熟、完善和繁荣。对于个人而言,善于学习前人的创作经验，才能占有历史积累的成果，站在历史的顶峰，成为一个优秀作家。

继承文学遗产的根本意义是延续和发展民族文学传统，每一个民族都有自己的文学传统，这是对文学遗产学习、继承的结果。文学史上形成一批经典作品，它们具有示范作用，后人通过对经典的学习、借鉴，就形成了传统。文学传统是一个民族的文学资源，每一个时代的人都可以从中获取历史的经验；文学传统又是民族的文学规范，它规定了文学发展的方向；文学传统也是民族的文学风格和个性，它把本民族文学与其他民族文学区别开来。文学传统连接了历史与当代、过去与未来、个人与整体，每个人、每部作品无不被纳入传统之中，文学只能在传统中发展。这样，文学遗产的继承就成为延续文学传统的关键，并成为关乎文学生命的问题。

对文学遗产的继承，必须是批判地继承。文学遗产中有时代的精华，也有历史的渣滓；有永恒的价值，也有过时的东西。特别是在文学的现实意义，更要区别精华和糟粕。文学作品是历史的产物，不可避免地打上了历史的烙印，带有时代的局限。历史上的作家大都是传统士人，他们的作品也不可避免地流露出旧意识。即使优秀的作品，也难免有这些糟粕。如《三国演义》的正统思想和天命观，《水浒传》的忠义观念，《西游记》的宗教意识，《红楼梦》的色空观念等，都有封建主义糟粕。又如，19 世纪现实主义作品虽然有人道主义思想，同情下层人民，但也难免阶级偏见，他们笔下的小人物往往是愚昧、弱小、可怜的形象，而不是历史的主体；他们只能靠上层人物的天良发现才能得救，而不能掌握自己的命运。对于这些内容，不能一概吸收，必须加以清理、批判，取其精华，盲目地继承是有害无益的。

对于文学遗产中的形式技巧方面，也不能全盘继承、照搬照抄，而必须加以改造、发展。有的形式技巧即使在当时是好的，也不一定适用于现代文学，过时的东西必须抛弃。如古代格律诗和章回体小说的形式规范就不适用于现代自由体诗和现代小说，不能简单搬用。

二、文学的革新问题

继承文学遗产是文学发展的前提之一，但这并不是文学发展的充分条件，文学的发展还要求对文学传统进行变革，这就是文学革新。所谓文学革新，就是在继承文学遗产的基础上进行创新、变革和发展传统。

继承传统是必要的，但又不能模仿前人，因循守旧，无所创造，这样只会使文学停止发展。文学不能复制、重复，要求创新。文学发展不是保守传统，而是对传统进行改造、变革。没有革新就没有传统的延续，传统是在革新中延续的。没有革新就没有文学的发展，革新是文学发展的动力。文学是新鲜的事业，只有不断创新，文学才有生命力。古今中外的文学，都是在革新中发展的，文学史就是发展史、创新史。欧洲近现代文学的历史是由不断变化的文学思潮构成的，每一个文学思潮都是一次创新，都是对传统的再创造，启蒙主义对古典主义，浪漫主义对启蒙主义，现实主义对浪漫主义，现代主义对现实主义，都是一次反叛，同时也是对传统的发展。中国文学的历史，也是由不断的变革构成的。

文学革新是历史发展的要求和产物。社会不断发展变化，社会意识也不断发展变化，而文学是时代精神的反映，它也必然随之发展变化。这种发展变化不仅是量的积累，而且是质的飞跃。特别是当社会发生深刻的变革时，就会出现新文学思潮。新的文学思潮反映了时代的要求，也推动了文学的发展。历史的发展对文学发展的要求是通过人的文学需求的变化实现的。社会历史的变化导致人的文学观念和文学兴趣的变化，文学必须跟上时代的变迁，适应新的文学需求，进行文学革新。历史上的文学革新都是人的文学需求的变化推动的。如果文学脱离时代，在时代发生变革时，凝固不变，就会被历史抛弃，也会被人们抛弃，从而丧失存在的根据。

文学革新也是文学自身的规律。文学的历史是不断变革的历史，只有不断创新，文学才有生命力。每一种文学风格、样式、思潮都形成了一个框架，给文学规定了有限的发展空间，一旦这个风格、样式、思潮达到顶峰，潜力用尽，文学发展就会受阻而停滞不前。这时，就要求变革文学风格、样式、思潮,打破规范,创造文学发展的新空间。如欧洲古典主义到了 19 世纪已经走过了自己的成熟期,并且开始僵化,成为文学发展的桎梏。这时,浪漫主义就反叛古典主义,打破其规范,给文学发展创造了新的天地。中国古代诗歌至唐宋已臻完善,甚至达到顶峰,后代很难超越。明清诗歌不仅在语言上、技巧上很少有创新余地,甚至题材、主题、意境几乎也被写尽,故多有重复,难有新意。因此,现代自由体诗歌的产生就势在必然,它使中国诗歌破除了思想和形式的禁锢,有了新的发展空间。

文学革新也是全面的变革、创新。思想内容方面,不能因循守旧,要不断提出新的主题、新的审美理想,深化对社会人生的思考,提高文学的社会意义和审美价值。比如,新古典主义提出了人的崇高的理性本质的主题,而浪漫主义则提出了人的自由的自然本性的主题,现实主义又提出了人的现实命运的主题,现代主义更提出了人的异化的主题。文学思潮的变化,反映了文学思想的发展、提高。形式风格方面,也要不断创新,包括文学体裁、语言修辞、描写手法的创新。形式风格的创新是适应思想内容的变化,也是自身发展的要求。古往今来的文学作品,形式风格千姿百态,文体越来越复杂,技巧越来越高超、纯熟,表现力越来越强,这都是在文学历史的发展中不断创新的结果。

文学革新总体上说就是文学传统的更新。文学传统一旦形成,就有了惰性,到了一定时候,就成为文学发展的束缚。因此,就需要不断对传统进行更新,即突破传统,创造新的流派、思潮,形成新规范,从而给传统注入新的生命。这样,传统就发展了。这种发展不是量的增加,而是质的变化。中华民族有悠久的文学史,形成了优良的文学传统,但是,我们不能固守传统,而应在现代条件下变革传统,创造现代的新文学传统,使中华民族优良的传统不断焕发新的生命力。

三、文学的继承与革新的关系

文学发展是继承与革新的辩证统一。继承与革新不可偏废,只有继承没有革新或者只有革新没有继承,文学都不可能顺利发展。文学的继承与革新都是文学发展的必要条件,我们必须处理好二者的关系,以促进文学的发展。

首先,文学的继承是革新的基础,必须在继承的前提下革新。革新是对传统的革新,没有传统也就谈不上革新,因此也必须以继承传统作为革新的基础和前提。对文学遗产,必须先认真学习、借鉴,吸取艺术经验,继承优良传统,剔除消极因素,然后才能谈得上变革传统和进行创新。了解传统、掌握传统才能创新,才能发展传统。如果对传统不学习、不掌握,甚至加以鄙薄、毁弃,人为地使传统中断,就会使文学革新变成无源之水、无本之木,甚至成为否定一切的历史虚无主义。在"文化大革命"中,"四人帮"把一切文学遗产都打成"封、资、修"毒草,只批判不继承,造成百花凋残的惨祸。他们搞的所谓革新实质上是毁灭文学。历史上最有创造的文学大师,也是最重视继承传统的。杜甫广泛阅读,学习前人的作品,打下了坚实的基础,才能开创一代诗风。"读书破万卷,下笔如有神"便是对这种态度的写照。

其次,继承是为了革新,革新是继承的目的。继承文学传统不是最终目的,而只是创新的基础和手段。从根本上说,继承文学传统是为了更好地发展当代文学(当然也有保存历史文献的目的),为文学发展提供历史的经验。只有以革新为出发点,才能正确地、有效地继承文学遗产。如果离开了革新的目标,继承传统就会变成泥古、守旧,就没有创造、发展。具体地说,就是在学习文学遗产的时候,既要吸取其好经验,又要按照新的审美理想进行创新;要学习古人,又要超越古人。历史上有成就的大师,都善于把文学遗产转化为自己的创造。曹雪芹从《西厢记》和《金瓶梅》等遗产中吸取了经验,但又没有停留于一般的爱情和家庭生活描写,而是加以创新,揭示了封建社会中人的命运和人生道路问题,写出了千古绝唱《红楼梦》。鲁迅评价说,自从《红楼梦》一出来,传统的思想和写法都打破了,这是对曹雪芹创新精神的高度肯定。

文学的继承与革新的关系,实际上是如何看待文学传统的问题。文学继承要延续传统,文学革新要打破传统,如何把二者统一起来呢?如果固定地理解传统,把传统当作静止的、凝固的规范,就会把继承和革新对立起来,无法解决二者的矛盾。事实上,传统是动态的、发展变化的,是指向未来的,它是在变革中存在的、延伸的。如果没有创新,因循守旧,传统就会僵化、死亡。只有对传统进行创新,传统才能保存、延伸。中国文学的两千年历史,形成了自己的传统,但它不是固定不变的,而是在变革中保持和发展了传统。中国文学形成了自己的理性精神和古典主义传统,但它是不断被改变和丰富的,如两汉文学的理性精神,被六朝文学的唯美主义所改造、被补充,从而形成了唐代文学的新理性精神;继而又被五代文学的感性主义所冲击,演变为宋代文学的后理性精神,再蜕变为明清文学的感伤主义,其间虽然不断对传统进行冲击,但没有中断传统,而是在变革中发展了传统,使中国文学传统更丰富、更有生命力。

第五节　古代文学与现代文学

文学史的划分与社会史的划分相关,而社会史的基本划分就是古代社会和现代社会,那么文学史的基本划分也是古代文学与现代文学。无论是社会史还是文学史,划分古代与现代的标准只有一个,那就是现代性。

一、现代性与文学

何谓现代性?简单地说,就是以启蒙理性为核心的精神力量,包括科学精神和人文精神。哈贝马斯说:“哲学,作为理性的守护者,则认为现代性是启蒙的产物。”①现代性是启蒙运动的产物。中世纪神学在禁锢人的感性

---

① [德]哈贝马斯:《现代性的概念——两条传统的回顾》,见汪民安等编:《现代性基本读本》(上),河南大学出版社 2005 年版,第 122 页。

欲望的同时，也以盲目的信仰否定人类理性，因而在文艺复兴的感性解放之后，启蒙运动又以理性取代了神性的权威。理性包括科学精神和人文精神，科学精神促进了生产力的发展；人文精神（以个体价值为核心）促进了民主制度的建立，理性精神推动着西方走向现代社会。康德确立了以理性为根据的主体性，即人为自然立法和道德的绝对命令。黑格尔以理念为历史的本质和进步的动力，而理念不过是人的自我意识的觉醒。理性权威取代了上帝的权威，在推动社会现代化的同时也造成了理性异化：科学主义导致技术对人的统治和生存环境的恶化。世俗化的自由导致精神的空虚和生存意义的虚无化。世俗化导致宗教统治的瓦解，也造成了人的沦落，“上帝死了”，人沦落为感性或理性的存在物，失去了神性，也失去了存在的终极根据。而人是一种超越性的存在，具有神性，它在追求现代性的同时，也在进行自我反省和自我批判，并追求终极的价值和意义，于是就有超越层面的现代性即反思现代性。

现代性不仅有社会现代性即感性层面和理性（知性）层面的现代性，还存在着自我批判、自我超越的层面，即反思现代性，包括哲学现代性、审美现代性和艺术现代性等。之所以要反思社会现代性，是因为它并不是自由本身；而且，现代性往往要以牺牲人的自由为代价：科学主义把人变成技术奴隶，民主制度把人平均化、组织化，消费主义把人变成消费动物，而自由却像浮士德的灵魂一样被出让了。哲学、审美和艺术承担了反思社会现代性、为现代人恢复自我意识的任务，它对现代化带来的异化，包括感性层面的异化和理性层面的异化进行了批判。尼采对理性异化进行了抗争；而存在主义则否定现实存在并诉诸超越性的存在；法兰克福学派对整个现代社会进行了全面的批判。现代艺术则负起了在现代性重压下恢复人的自由的责任，它批判现实、超越现实，恢复了人的神性。

由此可知，现代性成为划分古代与现代的标准，即现代性发生前属于古代社会；现代性发生后属于现代社会。文学现代性也成为划分文学历史的标准：在现代性发生之后，文学就具有反思现代性，从而就进入了现代文学；

而现代性发生前,文学没有反思现代性的品格,因此不属于现代文学。

二、古代文学

古代文学是前现代性的文学,社会现代性还没有发生,文学现代性也没有发生。这一时期的文学依据的是传统意识形态,它对现实的批判还限于传统理性范围。欧洲的古希腊文学和古罗马文学以及中世纪文学,都属于古代文学,虽然它们之间也有所不同。中国先秦至19世纪中后期的文学也属于古代文学,直至西方现代文化和文学传入后才终结。简单地说,虽然古代文学也体现着文学的一般性质,有对于人的命运和人的价值的思考、追求,但受到传统意识形态的制约,还没有实现充分的独立。古代文学有四个基本特征,第一,受到宗法观念(中国)或宗教观念(欧洲)的制约,其现实意义还限于传统伦理范围内,而很少有违背传统伦理观念的情形。如古希腊文学的命运观念,古罗马文学的国家责任,中世纪骑士文学的道义,以及中国古代文学的道德理性,都成为文学的基本理念。第二,文学对于人的命运和价值的思考、追求,也限于集体的人,而没有在根本上立足于个体价值。如中国古代文学都把个人命运和价值归属于国家的命运和价值,从而产生了如屈原、杜甫那样的忧国忧民的伟大诗人。古希腊、罗马文学以及中世纪文学的主角也是大写的人,体现了集体性的文学个性。第三,古代文学还没有发生雅文学与俗文学的分化,虽然有宫廷、贵族文学(欧洲)或士大夫文学(中国)与民间文学的分野,但民间文学是集体创作的口传文学,只是文学的初级形态,还不是现代意义上的通俗文学。中国文学更是大小传统不相隔绝,雅俗之间互相交流。第四,由于以上三点,决定了古代文学在审美层面上的特征,那就是其审美意义受到传统理性的限制,对现实的超越性和批判性没有得到充分实现。它们虽然也有审美超越性,不自觉地突破了传统道德或宗教意识,但由于现代理性还没有觉醒,因此缺乏审美超越的自觉性,即不能主动地反抗意识形态,从而也未能发生各种文学思潮。这构成了对其审美价值的限制。例如,中国文学的"文以载道"传统,以及古典戏剧、小说的“大团圆”模式等，都体现了这一局限。

三、现代文学

现代性发生以后，就进入了现代社会，如欧洲的文艺复兴和启蒙运动，成为古代与现代的分水岭；中国的洋务运动、戊戌变法和辛亥革命至五四运动，也成为进入现代社会的过渡阶段。现代社会又划分为前早现代社会和后期现代社会：早期现代社会指现代性发生和确立但还没有走向成熟的历史阶段，一般称为近代社会，如欧洲文艺复兴运动到19世纪末这一段；中国从鸦片战争开始进入早期现代社会，而由于现代性发展的迟缓，现代社会尚在建设中。在现代社会，文学具有了现代性，这表现为两种形式，一是争取现代性，二是反思现代性，由此又划分了早期现代文学即近代文学和后期现代文学即区别于近代文学的现代文学。欧洲文学以文艺复兴为进入早期现代（近代）文学的标志，而20世纪文学则进入后期现代文学阶段，其间夹杂着过渡性的19世纪文学。19世纪文学虽然已经开始批判现代社会，但并没有彻底反理性，而20世纪文学开始彻底反理性，也就是彻底反现代性。中国以晚清文学为早期现代文学，而以五四运动为进入后期现代文学的标志。

现代文学是对于现代性的反映，无论是争取现代性还是反思现代性，都具有了文学现代性，但反思现代性是现代文学的基本性质，而争取现代性不过是一种过渡性的特征。以后期现代文学为代表，现代文学具有以下特征：第一，文学与意识形态分道扬镳，开始自觉地对抗意识形态，如果说早期现代文学（近代文学）还是与传统意识形态对抗的话，那么后期现代文学则开始反叛现代意识形态即启蒙理性，而直接诉诸自由。浪漫主义开始批判工具理性和世俗价值，现实主义开始以人道主义批判现代社会，而从现代主义开始，文学就以非理性对抗现代意识形态，这标志着文学的充分独立。第二，文学更充分地个性化，与现代社会个性独立相应，文学个性也充分发展，文学的主题不再是社会问题，而是个体生存问题，内心冲突取代了社会矛盾;文学的角色也不再是大写的人,而是个体的人,小写的人。第三,文学抛弃了社会理想,不再相信理性,不再相信传统的人生意义,不再塑造理想化的人,不再企望社会进步,而表达人的孤独、绝望、无聊等情绪。第四,文学的表现手段也偏离了传统规范,充分个性化、自由化,而且日益更新,没有止境。第五,由于现代性标志着时间性的开始,产生了文学思潮,而文学思潮的更迭构成了文学的历史。一般来说,早期现代社会的文学思潮是争取现代性的,如新古典主义、启蒙主义,而后期现代社会的文学思潮是反思现代性的,如现代主义、后现代主义,其间夹杂着过渡性的浪漫主义和现实主义,它们对现代性有所批判,但这种批判是有限的、不彻底的。第六,现代性还标志着空间性的发现,于是文学就打破了地域的局限而形成了民族文学和世界文学。关于文学思潮以及民族文学和世界文学,将在后面的两章中讲解。

本章参考书目

1. [美]哈罗德·布鲁姆:《论经典》,见《西方正典》,江宁康译,译林出版社 2005 年版。

2. 李泽厚:《美的历程》,生活·读书·新知三联书店 2014 年版。

3. 杨春时主编:《中国现代文学思潮史》,南京大学出版社 2011 年版。

第六章　文学思潮

在文学的历史中出现了一种大规模的文学运动即文学思潮，文学思潮的更替构成了文学史。因此，要深入理解文学的历史发展，就必须考察文学思潮。

第一节　文学思潮的性质

一、文学思潮的内涵

文学思潮作为大规模的文学运动，是一定时代产生的共同的审美理想在文学上的体现，是在历史中不断变化着的文学潮流。文学思潮概念实际上包括两个方面，一个是思想倾向，一个是文学风格。思想倾向方面是指一定文学流派对现实的态度，特别是审美倾向。作家对现实的态度可能不同，但由于审美超越现实，只要有共同的审美倾向，也可能产生共同的文学思潮。例如浪漫主义者的政治立场是非常不同的，有的是支持王权的保守主义者，有的是主张革命的自由主义者，但他们都反对理性的统治，以情感、想象抵制现代性对人的压迫，而且都倡导主观化的美学风格，因此属于共同的文学思潮。共同的文学风格也是文学思潮的一个特征。由于对现实的共同的审美反应，就可能产生共同的文学风格。无论是共同的思想倾向还是文学风格，都是共同的审美理想的组成部分。文学思潮既体现在文学创作和文学接受方面,也体现在文学理论、文学批评方面,文学思潮形成了自己的文学主张,这是对文学思潮的自觉把握。总之,文学思潮是一个包括文学创作、文学接受和文学理论、文学批评在内的整体化的文学潮流。

文学思潮具有历史性。这就是说,文学思潮是一定历史条件的产物,是在历史中不断变化着的文学潮流,而不是超历史的文学手法。韦勒克这样强调文学思潮的历史性:它“不是一个理想类型或一个抽象模式或一个种类概念的系列,而是一个时间上的横断面,这一横断面被一个整体的规范体系所支配,从来没有任何一件艺术作品能够从整体上显现它”①。在这方面,必须抛弃从苏联引进的“创作方法”概念。在苏联文艺理论体系中,诸如“现实主义”、“浪漫主义”等被称作“创作方法”,而文学思潮又是由“创作方法”决定的,是“创作方法”的表现形式。“创作方法”概念来自苏联“拉普派”的“辩证唯物主义创作方法”,这是生搬硬套哲学方法论于文学的产物。在“拉普派”解散后,“辩证唯物主义创作方法”受到了批判,但“创作方法”概念保留了下来,并演变为“社会主义现实主义创作方法”。按照苏联文学理论,创作方法是“作家反映现实的基本原则”,文学思潮是它的具体体现。于是,文学思潮成为超历史的循环,诸如浪漫主义、现实主义就被描述为在文学历史上反复出现的文学现象和基本的创作方法,甚至把文学历史描述为现实主义与浪漫主义交替的历史,或者是现实主义与反现实主义斗争的历史。而实际上,没有所谓现成的“创作方法”,文学创作是“无法而法”(石涛语);也不存在超历史的“创作方法”,只存在历史地形成的文学思潮;文学思潮也不是“创作方法”的表现形式,更不能把文学思潮归结为现实主义和浪漫主义。文学思潮是特定的历史现象,是现代性的产物。诸如浪漫主义、现实主义等都不是自古就有、永恒不变的“创作方法”,而是在特定时期产生的、不可重复的文学思潮。实际上,历史上存在着多种文学思

① [美]勒内·韦勒克、[美]奥斯丁·沃伦:《文学理论》(修订版),刘象愚等译,江苏教育出版社 2005 年版,第 319 页。

潮，包括新古典主义、启蒙主义、浪漫主义、现实主义、现代主义、后现代主义，等等。

各种文学思潮，都体现了不同时期的审美理想，都有各自的美学价值，都有历史的合理性，都对文学的发展起到了推动作用。过去的苏联文学理论从反映论和意识形态论出发，只肯定现实主义和部分浪漫主义（所谓积极的浪漫主义），而对其他文学思潮采取不承认（如新古典主义、启蒙主义）或者否定（如消极浪漫主义、现代主义、后现代主义等），这是不正确的。应该以审美的立场来看待各种文学思潮，发掘其审美价值，以推动文学的发展。

二、文学思潮是现代性的产物

文学思潮并不是自古就有的，而是现代性的产物。文学思潮的形成是文学高度发展的标志，也是文学史走向现代的标志。苏联文学理论影响下的中国文学理论认为文学思潮是自古就有的历史循环，如《诗经》是现实主义，《楚辞》是浪漫主义；杜甫是现实主义，李白是浪漫主义；《水浒传》是现实主义，《西游记》是浪漫主义，等等。这种不正确的观点历时很久、流传很广，必须纠正。现代性是关于现代社会的基本理念，是使现代社会成为可能的内在动因，其核心是启蒙理性，包括科学精神和人文精神。现代性使传统社会瓦解、现代社会产生，也使文学思潮发生。文学思潮是文学对现代性的态度和回应方式，对现代性的不同态度和回应方式产生了不同的文学思潮。只有从现代性的角度考察文学思潮，才能揭示文学思潮的本质。

首先，文学独立是形成文学思潮的自身条件。现代性瓦解了传统意识形态，使文学与意识形态、宗教等发生分离，从而使文学独立成为可能。在现代性产生之前的古代社会，文学还没有获得独立，它还处于宗教（西方）或礼教（中国）的桎梏之下，文学的自觉还没有形成，因此也没有可能形成文学思潮。现代性发生之后，在启蒙运动中，宗教或礼教统治瓦解，文学获得独立，于是才可能产生文学思潮。欧洲的文学思潮就发生在文艺复兴之后，由于理性精神兴起，取代宗教迷信而成为推动社会转化的主导力量，文学也开始摆脱了神学的控制而获得独立，从而使现代文学思潮的发生成为可能。中国文学思潮的发生是在五四前后，这时从西方引进的现代理性精神（科学与民主）使文学摆脱礼教的控制，获得了独立。

其次，文学的社会化是文学思潮产生的社会条件。传统社会，文学是少数贵族或者士大夫的事业，没有成为普遍的社会现象；作家和批评家也没有职业化，文学市场也没有形成。随着市场经济确立、市民社会的形成，文学进入市场，职业作家和批评家产生，形成了一个为数众多的独立群体。他们获得了独立的经济地位和社会地位，摆脱了对贵族的人身依附，有了独立的文学主张，形成了独立的创作个性。而且，读者阶层扩大，广大的市民加入文学阅读的行列，从而使文学成为一种公共领域的社会现象。加之印刷术的发展和现代传媒的出现，使文学的广泛传播成为可能。在这个社会基础上，才有可能发生文学思潮。

再次，传统社会向现代社会的剧烈变革是文学思潮发生的历史条件。现代性导致传统社会向现代社会的转变，这是生活方式的根本变革，这种变革使文学思潮成为可能。现代性发生之前的传统社会，还没有形成文学思潮，这是由于没有产生社会变革的自觉意识，也没有形成反传统的审美理想。现代性产生前的文学基本上限制在传统意识形态的范围内，审美理想也没有自觉地与现实发生冲突，因而也没有产生自觉的文学思潮。而在现代性发生以后，面对传统社会向现代社会的剧烈转变，人的生活方式发生根本变化，个体独立，生存方式发生了根本的变化，迫使文学对现代性作出明确的反应，于是就形成了各种文学主张、风格、流派，也就是形成了特定的文学思潮。欧洲文艺复兴之后，面对现代性的崛起，文学自觉地介入现实，对现代性作出审美反应，于是，形成了旗帜鲜明的文学主张、风格、流派，也就形成了新的文学思潮。当然，在现代性发生之前，无论是欧洲还是中国，都产生了一些文学流派，也有不同的文学主张，如中国的前后七子、古文运动、宋诗运动等，但是，它们还没有对固有的文学传统构成反叛，也没有提出新的文学思想和主张。这也就意味着，这些历史现象还没有达到形成文学思潮的深度和广度，也没有形成文学思潮的自它觉；而只是在现代性发生之后，才产生了文学思潮。事实上，即使在文艺复兴时期，由于大规模的社会变革还没有来临，文学还没有获得独立，文学思想基本上融合于人文思潮之中，没有成为独立的文学思潮。这体现为文艺复兴时期的文学还没有形成文学的自觉，没有提出鲜明的文学主张，没有形成共同的文学风格。但此时的文学潮流已经成为现代文学思潮的滥觞、雏形，因为现代性毕竟已经开始发生，而且引起了文学的审美反应。文艺复兴之后，随着现代性的发展以及文学独立，新古典主义、启蒙主义、浪漫主义、现实主义、现代主义、后现代主义等相继发生。这就是说，文学思潮是现代性的产物，是文学对现代性的自觉回应。

文学思潮具有可传播性和世界性。现代性具有全球性，文学思潮作为现代性的产物，也是一种世界现象。文学思潮一旦产生，就越过地域、民族、国家的界限，迅速传播，遍及全世界。如新古典主义首先在法国产生，以后就传播到整个欧洲。浪漫主义、现实主义、现代主义等也都由一个国家的文学思潮，传播为世界性的文学思潮。中国是一个长期封闭的传统社会，没有形成文学思潮，也没有接受西方文学思潮。五四前后，在接受西方传来的现代性的同时，也开始引进西方现代文学思潮，如五四时期引进了启蒙主义文学，产生了五四启蒙主义文学思潮；五四以后引进了苏联的革命古典主义文学，形成了左翼文学、革命文学、社会主义文学等革命古典主义文学思潮，这两种文学思潮分别成为五四时期和革命运动时期的主流文学思潮。在中国的现代性发生、发展过程中，其他文学思潮也得到传播，产生了浪漫主义、现实主义、现代主义、后现代主义等非主流文学思潮，从而使中国现代文学发生，并且纳入世界文学的总体格局之中。可以说，文学思潮的传播打破了封闭的民族界限，形成了世界文学。

三、文学思潮的变迁构成了文学史

文学史不是文学的编年史,不是把作家、作品按照年代或朝代排列起来加以叙述,就是文学史。文学的历史叙述必须揭示出文学演变的内在规律,才构成文学史。那么,文学史的基本构成单位是什么呢?是文学思潮。文学思潮的发生标志着现代文学史的开端,文学思潮的变迁造就了现代文学的历史。那么,在现代性发生前,还没有文学思潮出现,这时文学是否具有历史性呢?严格地说,这只能算是"史前史",是文学的量的积累和空间性的展开,而真正的历史还没有展开。现代性发生后,产生了文学思潮,而且发生了文学思潮的更替,真正的文学史才展开。

文学思潮的发生、发展和更替构成了文学史的主干。文学的历史往往是一个文学思潮在经历了发生、发展、兴盛、衰退之后,另一种文学思潮异军突起,取而代之。当然,文学思潮的更替并不是一朝一夕自然完成的,而往往要经过两种思潮间的长期斗争,甚至发生论战,才能最终分出胜负。浪漫主义取代新古典主义以及现实主义取代浪漫主义、现代主义取代现实主义,都经过了论战,最后新的文学思潮获得了胜利,旧的文学思潮退出历史舞台。一方面,社会的变革,尤其是现代性的发展要求文学的回应,从而造成了文学思潮的更替;另一方面,审美作为充分的个性化活动,最忌重复不变,而要求新求变,特别是一种文学思潮流行很长时间之后,它的发展潜力已经耗尽,人们也对之厌倦,希望有新的风格出现。这种情况下,就要求新的文学思潮。总之,现代性的发展和人们的审美趣味的根本性改变就创造了新的文学思潮,也造就了文学的现代历史。

文学思潮是对现代性的审美反应,而现代性是不断发展的,文学对于它的态度也随着发生变化,从而产生不同的文学思潮。这就是说,在不同历史阶段,对现代性的审美反应有所不同,这就构成了文学的历史。文学思潮围绕现代性展开,鲜明地体现了文学的历史性和超越性。因此,文学思潮就成为文学史的基本单位,它的变迁就构成了文学史。我们通过对文学思潮变迁的叙述,可以揭示文学的历史走向和演变规律,从而构成了文学史。接下来，我们就可以抓住对现代性的态度这个根本，来考察历史上的文学思潮。

第二节　文学思潮的形态（上）

一、新古典主义

欧洲最早发生的文学思潮是新古典主义。区别于古希腊和古罗马的古典主义，把17世纪发生的文学思潮定名为新古典主义。17世纪新古典主义是独立的文学思潮，它是对现代性的第一次审美反应，形成了自觉的文学主张和鲜明的文学风格。新古典主义不是对现代性的直接的反应，因为17世纪还没有直接实现现代性的条件，而是对现代性的一个相关部分——现代民族国家的反应。欧洲17世纪面临的历史任务是建立现代民族国家，而现代民族国家是现代性的政治载体。那么什么是现代民族国家呢？吉登斯的定义是："民族—国家存在于由他民族—国家所组成的联合体之中，它是统治的一系列制度模式，它对业已划定边界（国界）的领土实施行政垄断，它的统治靠法律以及对内外暴力工具的直接控制而得以维护。"①民族国家是现代性的相关物，是现代性催生的和赖以存在的政治实体，它相对于朝代国家而言。传统国家是王朝国家，其合法性在于神意，君主不是以民族代表的身份而是以神的名义进行统治。王朝国家也缺少现代国家的基本品格，如主权、法制、行政管理、公民权利等。现代民族国家的合法性在于民意，国家以民族利益代表的身份进行统治，这是理性精神在政治领域的实现。因此，现代民族国家具有诸如主权、法制、行政管理、公民权利等品格。现代民族国家的充分形式是资产阶级民主共和国，而其前身或初级形式是被吉登斯称为"绝对主义国家"的中央集权的王朝国家。吉登斯认为："在绝对主

---

① ［英］安东尼·吉登斯：《民族—国家与暴力》，胡宗泽、赵力涛译，生活·读书·新知三联书店1998年版，第147页。

义(absolutism)国家中,我们发现了与传统国家这一形态的断裂,这预示着继之而来的民族—国家的发展。自绝对主义(absolutism)时代始,与非个人的行政权力观念相联系的主权观念以及一系列与之相关的政治理念,就已逐步成为现代国家的组成部分。"①法国路易十四王朝就是典型的"绝对主义时期"的现代民族国家,它一方面联合新兴的市民阶级压制封建贵族,一定程度上代表了民族利益;另一方面它并不是资产阶级民主共和国,而是封建王朝,因此只是现代民族国家的初级形式而不是高级形式。马克思指出,在法国,君主专制是"作为文明的中心、作为民族统一的奠基者"②而出现的。新古典主义就是在这个时期形成的。欧洲建立现代民族国家的运动是与争取实现现代性的运动相始终的,建立现代民族国家成为实现现代性的任务之一。法国是新古典主义的发源地,以后又传播到欧洲各国。新古典主义的代表人物有戏剧作家高乃依、莫里哀、拉辛,文艺理论家布瓦洛等。

法国大革命也是建立现代民族国家的运动,这个时期的主流文学继承了新古典主义传统,宣传革命的意识形态,主张文艺为革命的政治服务,从而使新古典主义转化为革命古典主义。苏联十月革命的历史任务也是建立现代民族国家,而不是实现现代性。苏联建立后形成的"社会主义现实主义"是高度发展的革命古典主义,它体现了高度的政治理性主义,同时也建立了革命古典主义的规范,如具体地、历史地反映现实以及塑造典型环境中的典型性格等。中国具有特殊的历史条件,就是实现现代性与建立现代民族国家双重历史任务纠缠在一起,而且二者之间存在着冲突。由于现代性来自西方,西方列强是侵略者和压迫者,这样,中国的社会转型就陷入了两难处境:要实现现代性就必须学习现代西方文明;而要建立现代民族国家就必须批判现代西方文明。五四时期引进和实现现代性的任务居于主导,于是形成面向西方的启蒙主义文学思潮;而五四以后建立现代民族国家(反

---

① [英]安东尼·吉登斯:《民族—国家与暴力》,胡宗泽、赵力涛译,生活·读书·新知三联书店 1998 年版,第 4—5 页。

② 《马克思恩格斯全集》(俄文第一版)第 10 卷,第 721 页。

帝、救亡)的任务更为迫切,于是产生了面向苏联的中国的新古典主义——革命古典主义,并取代了五四启蒙主义。从苏联引进的“革命现实主义”和“社会主义现实主义”以及后来的中国式的“革命现实主义与革命浪漫主义相结合”的文学思潮,虽然吸收了某些现实主义的因素(如革命文学对官僚资本主义的揭露和批判),但本质上属于新古典主义。它服从于建立现代民族国家的历史任务,其主导倾向是政治理性主义,同时也建立了一套革命古典主义的规范。

新古典主义的哲学基础是笛卡尔代表的法国理性主义哲学。笛卡尔以思维来证实存在,树立了理性的权威地位。世界、社会和人都具有理性本质,理性成为评判一切的准则,文艺也是理性的产物,也要服从理性。新古典主义的主要特征有:

第一,理性精神和崇高的审美理想是新古典主义的基本特征。新古典主义高扬理性,认为理性是人的本质,也是文学的本质;认为理性就是真实,就是自然。新古典主义的理性是对建立现代民族国家的正面回应,它符合国家意识形态,是本于古罗马的国家理性,而非启蒙主义的本于古希腊的人文理性。它强调个体情感、欲望必须服从国家、民族的责任,为理性牺牲感性,为国家、民族牺牲个体。新古典主义悲剧凸显了个体对社会责任的牺牲而显示的崇高精神,崇高就成为新古典主义的审美理想和主导风格。苏联和中国的革命古典主义强调政治理性(中国提出“文艺从属于政治”、“文艺为政治服务”),提倡崇高的战斗风格和革命乐观主义精神。

第二,新古典主义重视普遍性而忽视个别性,认为文学形象应当体现某种普遍人性,也就是理性,从而形成人物形象的“类型”说。法国 17 世纪新古典主义理论家瓦洛就说:“写阿伽门农就只能写它的自私和骄傲,写阿喀琉斯则必须写他的粗暴和急躁……人物要处处符合他自己,从开始直到终场表现得始终如一。”①苏联和中国的革命古典主义也强调“典型性的本质

① 《欧美古典作家论现实主义和浪漫主义》,中国社会科学出版社 1981 年版,第 15—16 页。

是阶级性”，人物形象成为阶级的代表。

第三，自上而下地发生、由国家力量推动是新古典主义的另一个特征。为了建立现代民族国家，必须动员一切政治的、文化的力量。特别是在现代民族国家的形成阶段——“绝对主义国家”时期，更需要包括文学在内的文化的支持，以造就民族国家这个“想象的共同体”。支持绝对主义国家的文化力量是政治理性。由于在这个时期国家与社会的分离还没有充分完成，国家具有绝对的统治力量，国家意识形态支配一切。因此，新古典主义的文学思潮必然是由国家推动的，文学成为国家神话的一种表现形式。法国路易十四时期，适应加强中央集权的需要，宰相黎塞留大力提倡新古典主义，推动了新古典主义的形成和发展。在英国的王政复辟时期也产生了新古典主义。法国大革命以及苏联、中国的革命古典主义也是为建立现代民族国家的想象服务的，它的基本原则与革命意识形态相一致，并成为革命政党和社会主义国家的基本政策。

第四，新古典主义尊崇古代文学典范，强调服从权威，认为“模仿自然就是模仿古代准则”（蒲泊）。它虽然强调“真实”和“自然”，但这种真实和自然是受理性统辖的，实际上有脱离具体、鲜活的生活体验的倾向。它尊崇古希腊、罗马文学的典范，奉亚里士多德的《诗学》和贺拉斯的《论诗艺》等古典理论为圭臬，忽视文学的创造性。苏联和中国的革命古典主义也强调反映现实，但这个现实是被革命意识形态解释的现实；它同样强调革命领袖和经典作家、理论家论述的权威性。

第五，新古典主义讲求艺术规范，认为共同规范比个性创造更为重要。尤其是新古典主义的“三一律”，给戏剧制定了不容违反的形式规则。所谓“三一律”，一是地点一致，指场景要固定，不许改变故事发生的地点；二是情节一致，只能围绕一个故事展开；三是时间一致，故事必须在 24 小时内完成。这是理性主义在文学形式上的表现。苏联和中国的革命古典主义也建立了“本质的真实”、“典型环境中的典型性格”、“表现光明”、“以歌颂为主”、“选取重大政治题材”等规范。“文革”中的“革命样板戏创作经验”更提出了“根本任务论”（塑造高大完美的无产阶级英雄形象是革命文艺的根本任务）、“三突出原则”（在所有人物中要突出正面人物，在正面人物中要突出英雄人物，在英雄人物中要突出主要英雄人物）等戒条。

第六，新古典主义具有贵族文学的精神气质和高雅的风格。新古典主义属于宫廷、贵族艺术，而不是平民的艺术。它认为悲剧反映上层社会生活，是高级题材；而喜剧反映下层社会生活，是低级题材（布瓦洛）。古典主义往往选取古希腊、古罗马的题材，描写宫廷贵族的生活。它的语言高雅、气质高贵、风格典雅，表现人性的高尚。一方面，苏联和中国的革命古典主义有所不同，它强调文学的大众化，反映工农兵的生活，表现革命的题材；另一方面，革命古典主义也对大众通俗文学持批判态度，以严肃的政治性否定消遣娱乐性，从而有别于现代市民文学。

新古典主义不仅推动了建立现代民族国家的任务的实现，而且也高扬了理性精神，创造了崇高、典雅的美学风格，建立了艺术规范，有助于克服文艺复兴以来文艺过分感性化、平民化和散漫自由的弊端，从而对文学的现代发展作出了贡献。当然，它的历史局限和艺术缺陷也是突出的，这为以后启蒙主义、浪漫主义的反拨提供了契机。

二、启蒙主义

新古典主义衰落之后，启蒙主义兴起。启蒙主义是欧洲 18 世纪的人文思潮，它是争取现代性的思想运动。启蒙主义文学思潮与启蒙主义人文思潮同时发生，因此往往被启蒙主义人文思潮所包容，在文学史上往往被忽略。实际上启蒙主义是独立的文学思潮，有重要的历史地位。启蒙主义是争取现代性时代的文学思潮，启蒙理性成为其主导思想。启蒙理性与新古典主义宣扬的理性既有相通之处，又有所不同。新古典主义的理性是现代民族国家的初级形式“绝对主义国家”的意识形态，它不是以个体的人为本位，而是以国家为本位，强调道德和社会责任。而启蒙理性以个体的人为本位，宣扬天赋人权、自由平等的思想观念。启蒙主义确立的理性和主体性原则,成为现代性的核心。法国的孟德斯鸠、伏尔泰、狄德罗、卢梭等启蒙思想家同时也是启蒙文学家,他们宣传的启蒙理性成为启蒙文学的指导思想。在德国,有莱辛以及歌德、席勒等为代表的“狂飙运动”。在俄国,有从罗蒙诺索夫到普希金(普希金曾经被认为是浪漫主义作家,其实应为启蒙主义作家),再到车尔尼雪夫斯基的启蒙主义文学。还有意大利的启蒙文学等。启蒙主义文学是鼓吹、争取现代性的文学,而不是反思、批判现代性的文学或支持“绝对主义国家”的文学,这一点是它与现实主义和浪漫主义以及新古典主义根本上的不同之处。启蒙主义文学具有反封建的思想内容。18世纪欧洲封建主义统治尚没有被推翻,启蒙主义开展对封建主义的批判,为建立资产阶级民主共和国奠定了思想理论基础。这与现实主义和浪漫主义把资本主义作为主要批判对象不同。中国五四时期的文学思潮是启蒙主义的,20世纪80年代的“新时期文学”也是启蒙主义的,而不是通常所说的现实主义的或浪漫主义的,因为它们是争取现代性的,而不是反思、批判现代性的。启蒙主义有以下特征:

第一,启蒙主义文学坚持理性,主要是人文理性,宣传自由、平等、博爱思想,相信人的崇高和伟大,体现着理性主义的乐观的战斗精神。例如“狂飙突进”时期的席勒创作的剧本《强盗》、《阴谋与爱情》,就旗帜鲜明地反对封建专制,体现了强烈的战斗精神;而歌德的《浮士德》则表达了对自由和人生意义的永恒的追求以及对科学的景仰、对人类前途的乐观精神。中国五四时期的启蒙主义文学高举科学、民主的旗帜,反对封建主义,推动了中国社会的现代转型。

第二,启蒙主义文学既是对古典主义文学的反拨,又是前浪漫主义的文学,它还没有发生主观性与客观性的分离和对立,因此客观的描写和主观的抒情、说理融为一体。这与以后浪漫主义偏向主观性而现实主义偏向客观性不同。不独欧洲的启蒙主义文学如此,中国五四时期的启蒙主义也是如此,比如鲁迅先生既有像《狂人日记》那样的主观性很强的作品,又有像《阿Q正传》、《祝福》那样偏于写实的作品。

第三，启蒙主义文学具有平民性，是新生的市民阶级及其知识分子的文学，体现着平民精神和气质，与贵族化的新古典主义和继承贵族精神的浪漫主义文学有本质的不同。启蒙主义文学中最有代表性的作家有英国的笛福、斯威夫特、菲尔丁等，他们的作品体现出鲜明的平民主义倾向，适应了新兴市民阶层的需要。他们的小说描写的不是贵族而是普通人，他们关心社会问题，体现新兴的资产阶级的思想主张。笛福的《鲁滨逊漂流记》就体现了新兴资产阶级的奋斗精神和发财致富的人生理想。许多启蒙主义作家喜欢采用民间故事题材以及民间语言，打破了新古典主义的贵族化的语言形式规范。中国五四时期的启蒙主义文学主体也不同于传统文学的主体，不是士大夫的文学，而是城市平民知识分子的文学。因此，五四文学从白话文运动开始，并且打出了“平民文学”的旗号。

启蒙主义文学思潮发挥了反对封建主义、对人民大众进行启蒙教育的社会作用，同时也开创了现代平民主义的文学传统。

三、浪漫主义

浪漫主义是在现代性开始确立时代的文学思潮，是文学对现代性的第一次反抗。浪漫主义作为一种文学思潮是欧洲 19 世纪上半叶的产物。其时近代工业已经蓬勃地发展起来，城市文明逐步取代传统社会的农业文明。资本主义现代化虽然是历史的进步，但却使人类付出了代价，城市毁灭了田园生活，工业破坏了自然，理性束缚了人的自由，科学排斥了人的灵性，平民精神取代了高贵的气质，世俗性取代了信仰。文学作为超越现实的“自由的精神生产”开始反抗早期现代性的压迫。它讴歌田园生活，回归自然，反抗城市文明；以想象、激情甚至神秘主义和病态的颓废情绪来对抗理性的现实；以宗教信仰来对抗世俗的生活。欧洲中世纪的希伯来文化传统和贵族精神成为浪漫主义文学的思想资源。正如浪漫主义思想家马丁·亨克尔对浪漫主义的说明：“浪漫派那一代人实在无法忍受不断加剧的整个世界对神的亵渎，无法忍受越来越多的机械式的说明，无法忍受生活的诗的丧失……所以，我们可以把浪漫主义概括为'现代性(modernity)的第一次自我批判。'"①浪漫主义的代表有英国的拜伦、雪莱、济慈，德国以布伦塔诺、格林兄弟为首的海德堡派和以荷尔德林、克莱斯特、霍夫曼为首的后期浪漫派，以及浪漫派理论家许莱格尔等；法国有夏多布里昂、斯塔尔夫人、拉马丁、雨果、戈蒂耶、缪塞、乔治·桑等。中国现代性的发展滞后，加之理性主义传统的强固，所以没有产生强大的浪漫主义主潮。但在五四以后也发生了具有浪漫主义倾向的文学流派，典型的是沈从文的小说。它在现代城市文明入侵中国社会的历史时刻，留恋和讴歌传统的农业文明，描写农民的质朴、善良，农村生活的和谐、安宁，而对现代城市文明的不可抵挡的入侵，低吟出一曲无奈的挽歌。他在《长河题记》中敏锐地揭示："'现代'二字已到了湘西"，"试注意注意，便见出在变化中堕落趋势。最明显的事，即农村社会所保有的那点正直朴素人情美，几乎快要消失无余，代替而来的却是近二十年实际社会培养成功的一种唯实唯利庸俗人生观。"②同时，五四以后的乡土文学中还有一些带有浪漫主义倾向的作品。20 世纪 90 年代，也有以张承志、张炜为代表的浪漫主义，他们抵抗市场经济带来的世俗性和现代城市文明，要在乡村和宗教中寻找"清洁的精神"。当然，由于不同的文学传统，中国的浪漫主义带有自己的特点，由于传统理性主义的影响，它缺少欧洲浪漫主义的反叛性、神秘主义和颓废精神，而更像一幅散发着淡淡哀愁的山水田园风景画。

浪漫主义受到法国的卢梭以及德国的费希特、谢林的哲学思想的影响，他们反对资本主义工业文明，向往封建时代田园牧歌式的生活；批判工具理性对人的禁锢，维护人的自由。卢梭虽然是启蒙主义的理论家，但他却超前地看到了科学和理性的弊端，提出了自然人的理想，肯定感情作为人的行为的源泉，控诉科学、理性的压迫，指出："随着科学艺术的日益进步，人就变

① 转引自刘小枫：《诗化哲学》，山东文艺出版社 1986 年版，第 5—6 页。

② 《沈从文批评文集》，珠海出版社 1998 年版，第 248 页。

得愈来愈坏了”,“辨别善恶的树长大了,可是生命之树枯萎了。”①因此,卢梭被看作浪漫主义的鼻祖。

欧洲各国的浪漫派有不同的特点,如法国与德国的浪漫派就有许多差异。不同的政治立场上也有进步与反动之分,如雨果的进步立场和许莱格尔兄弟的反动立场完全不同,因此从苏联传入的文学理论和文学史区别了积极浪漫主义和消极浪漫主义。但对现代工具理性和工业文明的反叛是浪漫主义的本质属性,或者说是它的精神气质,这种审美理想超越了政治立场的对立,因此它们同归于浪漫主义文学思潮。所谓消极浪漫主义实际上是浪漫主义的主体,而所谓积极浪漫主义虽然带有浪漫主义因素,但更多地体现了启蒙主义精神。浪漫主义文学思潮有如下特征:

第一,浪漫主义高扬主体性,认为个体心灵的自由高于一切。它主张的自由与启蒙主义的自由不同,不是社会的自由,而是心灵的自由。它认为工具理性压制了心灵的自由,所以要以心灵反抗现实。浪漫主义把情感当作人的自然本性,拒绝理性的桎梏,以主观的激情和想象对抗理智和客观性。欧洲19世纪的著名文学评论家勃兰兑斯指出,浪漫主义“把情感从社会风尚中解放出来,心灵无礼地坚持有权把它的法典视作新的道德法典”②。在浪漫主义文学作品中,充溢着强烈的激情、想象力和反叛精神,创造出一个主观化的文学世界。

第二,浪漫主义反对现代城市文明和科学的统治,向往自然的生活,因此往往描写非现实的理想化的世界,如中世纪、乡村以及异国情调的东方,对抗机械的、冷冰冰的现实。他们企图在远离现代化、远离城市的世外桃源回归人性之初,对抗现代文明的污染。浪漫主义发现了自然美,对大自然顶礼膜拜,以反衬现代工业文明的丑恶。中国浪漫主义的代表是沈从文,他对传统

---

① 转引自蒋承勇:《世界文学史纲》,复旦大学出版社2000年版,第107页。

② [丹麦]勃兰兑斯:《十九世纪文学主潮》第一分册,张道真译,人民文学出版社1980年版,第28页。

农村生活的理想化的眷恋和讴歌，表达了对现代城市文明的反感和批判。

第三，浪漫主义继承中世纪的贵族文学传统，具有高贵的精神气质。它反抗平民化的世俗现代性，反拨平民精神的启蒙主义。由于对现实的厌倦，许多浪漫主义作品带有颓废的倾向。浪漫主义是精神贵族的文学，它不关心社会问题，而只关心心灵的问题。它不屑于正视现实，而耽于幻想的世界。正如勃兰兑斯所说："浪漫主义是和大众隔绝的，它不为大众服务，眼里只有它所挑选的少数人。"①

第四，浪漫主义继承中世纪神秘主义文学传统，大量使用夸张、对比、象征、隐喻等手法，追求炽烈、奇诡、神秘的风格，富于传奇色彩。

浪漫主义文学思潮作为对现代性的第一次批判，高扬了心灵自由的旗帜，同时也为克服古典主义的理性僵化和启蒙主义对心灵的忽视，为文学园地贡献了一朵奇葩。当然，它的消极方面也必须予以警惕和批判。

在浪漫主义后期，产生了唯美主义思潮。唯美主义可以看作浪漫主义的变体，也可以看作现代主义的先声。

第三节　文学思潮的形态（下）

一、现实主义

现实主义是现代性巩固并获得迅速发展时代的文学思潮，是对现代性的第二次反抗和自我批判。欧洲 19 世纪下半叶，资本主义已经巩固地确立、迅速地发展，同时其黑暗面也日益显露：金钱关系带来人性的堕落，私有制度导致贫富两极分化，启蒙时期的人道主义理想落空。浪漫主义对现代性的反抗只限于心灵的逃避，不能有效地干预社会现实。面对严重的社会

---

① ［丹麦］波兰兑斯：《十九世纪文学主潮》第一分册，张道真译，人民文学出版社 1980 年版，第 28 页。

灾难,需要文学进行揭露和批判。于是,现实主义以人道主义为武器、以写实为手段来揭露资本主义带来的社会灾难和人性的堕落,从而成为继浪漫主义之后又一次对现代性的批判。巴尔扎克、狄更斯、托尔斯泰等现实主义大师对资本主义造成的苦难和堕落进行了揭露、控诉、抨击,并提出了以爱为核心的社会理想,企图对资本主义进行救治。由于现代性的滞后,中国的现实主义也没有发展成为强大的潮流。但是在五四以后,由于官僚资本主义的建立,也出现了批判畸形的现代性的现实主义倾向,其代表是老舍。老舍的《骆驼祥子》通过对一个老实淳朴的青年农民进城后毁灭、堕落的过程的描写,揭露了腐朽的城市生活、金钱关系对小人物的压迫和毒害。在20世纪80年代后期,也产生了像"新写实小说"这样的带有现实主义倾向的思潮,它通过对平庸、苍白的现实生活的客观描写,表达了对市场经济条件下普通人的命运的同情。90年代后期,随着市场经济的建立和发展,产生了"新现实主义"(又被称为"现实主义冲击波")文学思潮,它反思市场经济中欲望的膨胀和道德的瓦解,展现了历史进步与道德滑坡的二律背反。此外,一些农民工也书写了自己的艰辛生涯,被称为"打工文学",也具有现实主义的性质。

实证主义哲学成为现实主义的理论基础。19世纪,孔德的实证哲学以及丹纳的实证主义历史学流行。实证主义追求现实性,认为一切知识以观察到的为准;追求确实性、精确性,反对不着边际的空论,要求高度的准确性。实证主义以及自然科学的客观精神都影响了现实主义的产生。现实主义有以下特征:

第一,现实主义与浪漫主义的非现实化不同,表现了强烈的现实关怀和社会批判精神。现实主义出自对人道主义的信仰和对资本主义的失望,无情地揭露和批判现实,表达对人的现实关怀。它展示现实的黑暗,同情小人物的命运,如狄更斯对社会底层苦难生活的描写。它表现人性的堕落,控诉金钱关系的荼毒,如巴尔扎克的《欧也妮·葛朗台》、《高老头》中对亲情丧尽、人欲横流的揭露。

第二,现实主义与浪漫主义的贵族精神不同,具有平民精神,体现了平民的价值观和思想感情。它关注底层民众,同情小人物的苦难,为他们的命运大声疾呼。它积极干预现实,注重文学的政治、道德性和社会效果。

第三,现实主义与浪漫主义的主观性不同,主张客观性,具有写实风格。现实主义尽量不表现作者的主观态度,而把它隐藏在客观的描写中。巴尔扎克宣称:"法国社会将要做历史家,我只能当它的书记,编制恶习和德行的清单,搜集情欲的主要事实、刻画性格、选择社会上主要事件、结合几个性质相同的性格的特点糅成典型人物,这样我也许可以写出许多历史家忘记了写的那部历史,就是说风俗史。"①现实主义在文学风格上注重真实感,追求描写的精确细致,人物性格的生动具体。现实主义在人物塑造上突破了古典主义的类型化和浪漫主义的理想化,塑造出立体、复杂、多侧面的具有真实感的人物性格。

现实主义作为第二次对现代性的批判,是现代性的自我反思。它对社会的干预,达到了严肃文学的高峰。它对社会问题的关注以及客观性和写实风格,弥补了浪漫主义的不足,为文学园地增添了魅力。

19 世纪末流行的自然主义,可以看作现实主义的末流,但其现实主义的批判精神衰落了,社会批判变成了对人的生物性的解剖。

二、现代主义

现代主义是现代性走向成熟时期的文学思潮,是对现代性的彻底抗议、对理性的全面反叛。现代主义产生于 19 世纪末到 20 世纪初,其时资本主义发展到成熟阶段,现代性的黑暗面突出显现,社会生活已经全面异化。启蒙运动建立的理性神话破产,非理性思潮蔓延。浪漫主义对现代性的反叛,仅仅限于对工具理性和城市工业文明的批判,并没有完全丧失对理性精神

---

① [法]巴尔扎克:《人间喜剧·前言》,《巴尔扎克全集》第一卷,丁世中译,人民文学出版社 1984 年版,第 8 页。

(如自由)的信任。现实主义文学对现代性的批判,也只限于对其带来的社会灾难的揭露,而没有丧失对理性的信心,比如对人道主义的信仰。它还期望通过对现实的干预,改造现实,实现启蒙理性的理想。而现代主义已经完全丧失了对现代性和理性的信任,开始全面反叛现代性和理性。它认为世界和人都不具有理性的本质,非理性才是存在的本质。它抗议人的异化,揭露现实存在的虚假和无意义。现代主义形成了多种流派,如象征主义、未来主义、意象主义、表现主义、超现实主义、存在主义、意识流小说、荒诞派戏剧、新小说派、黑色幽默等。由于中国现代性的弱小、滞后,现代主义没有成为主导的文学思潮。但是,现代性毕竟发生了,因此就有对现代性的反叛,产生了现代主义文学的微弱思潮。在五四以后,产生了像李金发、刘呐鸥以及穆旦等人的带有现代主义倾向的作品。在 20 世纪 80 年代后期,先锋文学突破启蒙主义的襁褓,走向现代主义,同时也产生了后朦胧诗等带有现代主义倾向的诗歌。这些作品表达了对理性的绝望和对现代文明弊端的排斥。

尼采、叔本华的唯意志论,柏格森的生命哲学,弗洛伊德的精神分析学说,以及克尔恺郭尔、雅斯贝尔斯、海德格尔、萨特的存在主义哲学成为现代主义的理论基础。现代主义就是在这些理论基础上,对存在意义进行质疑、叩问和探寻。现代主义的基本特征如下:

第一,现代主义表现了对生存意义的执着追求。启蒙运动建立的理性精神取代上帝,为人类建立了生存意义。而现代主义揭穿理性的虚伪、世界的荒诞,反抗世界的异己性、非人性,揭示生存的无意义。现代主义表现了现代人的孤独、苦恼和绝望。在这种绝望的反抗之中,体现了人类对生存意义的顽强的追求。

第二,现代主义关注个体精神世界,展示人的非理性的心理体验,建立了主观的、非理性的艺术世界。现代主义摒弃了现实主义的客观性描写,继承了中世纪文学和浪漫主义文学的主观性传统,把人物和世界抽象、变形,塑造一个非现实、非理性的世界。比如荒诞派戏剧中的人物就是非现实的、抽象化的,《等待戈多》中的主人公就没有社会身份、没有性格,社会背景也是抽象化的,不知道是什么时代,人和背景都具有隐喻、象征意义。

第三,基于非理性主义,现代主义颠覆了传统的文学规范,对文学形式和叙述方式进行了空前的探索和创造,它运用意识流、内心独白、时空倒错、心理时空等手法,建立了全新的叙述方式。它摆脱了传统的写实手法,特别注重文学形象的象征、隐喻意义,美国当代著名学者杰姆逊宣称:"现代主义的必然趋势是象征性。"①

现代主义超越了社会问题的限度,深入存在意义的意义,从而深化了文学的内涵,把纯文学发展到一个新的高度。它对文学形式的革命,扩大了文学的表现力。同时,它也存在着形式晦涩难懂、思想消极绝望的弊病,应该引起注意。

三、后现代主义

后现代主义既是一种哲学思潮,也是一种文学艺术思潮。它发生于 20 世纪下半叶,是对现代性理念的彻底颠覆和对现代主义的反拨。后现代主义哲学主要有德里达的解构主义,以语言意义的"延异"消解了本质主义;福柯的话语权力理论,它颠覆了主体性,认为无所不在的权力,规约着人,因此,主体死了;还有身体性理论,反对意识哲学,强调身体体验。后现代美学消解了现代性的理性精神、主体性原则被彻底解构,而感性现代性得到膨胀。它摒弃了精英主义,认同大众文化;消解理性,解放身体性,趋向消费性;抹平文学艺术的深度,消除文学艺术与现实的差异。这种文学艺术思潮否定了审美的超越性。现代主义是以审美理想批判现代性,而后现代主义抛弃了审美理想,把审美等同于身体享乐,把文学艺术等同于大众文化,因此带有反美学的倾向。伊格尔顿指出:"后现代思想的典型特征是小心避开绝对价值、坚实的认识论基础、总体政治眼光、关于历史的宏大理论和

---

① [美]弗·杰姆逊:《后现代主义与文化理论》,唐小兵译,北京大学出版社 2005 年版,第 152 页。

‘封闭的’概念体系。它是怀疑论的、开放的、相对主义的和多元论的，赞美分裂而不是协调，破碎而不是整体，异质而不是单一。它把自我看作是多面的、流动的、临时的和没有任何实质整一的。后现代主义的倡导者把这一切看作是对大一统的政治信条和专制权力的激进批判。”①

西方后现代主义文学思潮在20世纪60年代以来得到发展，产生了一些小说、诗歌等代表性作品。这些作品消解文学与生活的边界；取消了高雅文学与通俗文学的边界；以身体性解构了理性；以小叙事解构了大叙事。后现代小说的人物塑造具有“反英雄化”、“无个性”的倾向，标志着在后现代社会“主体死了”。此外，后现代主义文学还采用了“并置”、“非连续性”、“随意性”以及拼贴等手法，打破了传统的文学规范。在中国后新时期也发生了后现代主义思潮，它以欲望叙事解构理性、以个体遭遇解构大历史。中国后现代主义文学的代表有“个体欲望化写作”和新历史小说以及后现代诗歌等。“个体欲望化”写作书写人的情欲，解构理性。“新历史小说”把历史变迁的动因叙述为个体之间的恩怨，解构了大叙事。后现代诗歌白描了机械的日常生活，消解了理想和激情。

本章参考书目

1.［美］R.韦勒克：《文学思潮和文学运动的概念》，刘象愚选编，中国社会科学出版社1989年版。

2.［丹麦］勃兰兑斯：《十九世纪文学主潮》，张道真译，人民文学出版社1982年版。

3.［美］本雅明：《发达资本主义时代的抒情诗人》，王才勇译，江苏人民出版社2005年版。

4.杨春时：《现代性与中国文学思潮》，生活·读书·新知三联书店2009年版。

① ［英］伊格尔顿：《后现代主义的幻象》，华明译，商务印书馆2000年版，第1—2页。

第七章　民族文学与世界文学

文学是一种民族文化的形态，同时又是全人类的精神财富。在现代社会中，形成了民族文学与世界文学，二者依存共生。

第一节　民族文学

一、文学的民族性

文学作为一种文化形态，具有民族性，也就是说，文学是作为一种民族文化而存在的。什么是民族呢？民族是一个人类共同体，它可以从体质、语言、文化和地域、民族国家等意义上加以界定，其中共同的文化是最基本的要素。一个民族必然在历史存在中形成共同的生活方式和共同的文化，也必然形成民族的文学，或者说文学具有民族性。民族文学产生于一个民族的特殊的生活方式，一个民族的生活方式形成了他们特殊的生存体验和表达形式，于是就产生了民族的文学或者文学的民族性。文学的民族性是与文化的民族性一致、并由文化的民族性决定的。一个民族的文化传统，包含着一种民族精神，包括一个民族的气质、个性、价值观念、理想追求等。这种民族精神通过文化的影响、传承，渗透到每个民族成员的心理、观念之中，制约着他们的社会行为。民族文化也对文学产生影响，从而形成民族的文学。民族文化首先对作家产生影响，使他们在自己的作品中有意无意地表达一定的文化观念，从而使他的作品具有民族的精神和特色。同时，民族文化也对读者大众产生影响，使他们的文学兴趣与民族文化保持一致。读者的文学兴趣必然对作家产生影响，制约着作家的创作。很明显，读者的阅读习惯是与民族的思想感情相适应的，如果一个作家的作品适合了读者的阅读习惯，就可能受到读者的喜爱；如果不适合读者的阅读习惯，就可能被读者冷落。作家是为读者写作的，作家的创作不可避免地要适应读者的阅读习惯。这样，民族文化就作为社会的习惯力量制约了文学，从而形成了民族的文学。

文学的民族性也有原始文化的源头，它孕育了民族的文学。不同的民族有不同的原始文化形态，在文明社会，原始文化（特别是神话传说和巫术仪式）转化为文学的原型意义，成为民族文学的深层结构，形成了文学的原型，而这个深层结构即原型制约着民族文学的发展轨迹。如中国神话传说和巫术仪式带有理性早熟的性质，即神话传说变成了三皇五帝的功德史，巫术仪式变成了礼乐教化，从而造成了中国文学的理性化、道德化特性。

文学的民族性也决定于语言的民族性，并且体现于文学语言之中。文学是语言艺术，而语言不仅仅是表达的工具，而且是意义体系。语言是词语的关系体系，词语之间的关系决定了词语的意义。因此，语言成为一个民族文化的密码和世界观的深层结构。文学语言给文学打上了深刻的民族精神的烙印。作家使用了特定民族的语言，就不知不觉地被该民族语言所同化，他的思维方式、思想感情、价值观念、精神气质都被民族化了。读者接受文学作品，首先也是接受了一种民族的思想观念，并以这种思想观念来理解、评价文学作品。不同民族的语言体现了不同的风格，也造成了特殊的文学风格。因此，从语言的角度来说，民族的文学性不是可有可无的，而是必然的，是文学的根本属性。优秀的民族文学作品，必然是民族语言的最优美的创造者和表达者。果戈理在评价普希金的作品时指出："一提起普希金的名字，立刻就会想起俄国民族诗人。……他像一部词典一样，包括着我们语言的一切富藏、力量和柔韧性。他比任何人都更加广远地扩大了俄国语言的界限,更加显示出了它的全部幅度……在他身上,俄国大自然、俄国精神、俄国语言、俄国性格反映得这样明朗,这样洁净,正像风景反映在光学玻璃的凸面上一样。"①中国文学使用汉语,汉语是特殊的表意文字,不同于其他民族的表音文字,因此,汉语赋予中国文学更为特殊的民族风格,特别是中国诗歌讲求格律的特征。此外,中国语言也体现了中华民族的世界观,从而影响到中国文学的思想风貌。

文学的民族性首先体现于文学的现实意义。在文学的现实意义上,文学具有现实意义,也就是体现了一个民族的气质个性、思想感情、价值观念等。在客观方面,文学描写的对象主要是本民族的社会生活,它必然具有民族的特色。但这并不是民族性的本质方面,民族性的本质方面不在文学的题材,因为作家也可以描写其他民族的生活而不失其民族性;文学的民族性体现在民族精神。果戈理评价普希金说:"他一开始就是民族的,因为真正的民族性不在于描写农妇穿的无袖长衫,而在表现民族精神本身。"②文学表达着作者的思想感情,而这种思想感情也必然是民族性的,体现着民族精神。比如中国文学,不论是古代的还是现代的,都体现了中华民族的思想感情,其核心是重理智、重道德的民族精神。

文学的民族性也体现在审美意义上,它体现着一个民族的最高的精神追求。民族文学不仅体现了一个民族的现实的价值观念、思想感情,也体现了一个民族的审美文化传统,而这个审美传统的核心就是审美理想。文学的审美理想也是民族化的,是一个民族的自由追求和创造。文学的审美意义以现实意义为基础,也就是以一般文化为基础,在这个基础上的审美超越,也必然打上民族的烙印。审美理想是一个民族的灵魂的追求,它不能为理智所把握,而是一种看不见摸不着的最高的精神追求。《离骚》体现了中

① [俄]果戈理:《关于普希金的几句话》,见《文学的战斗传统》,满涛译,新文艺出版社 1953 年版,第 1—3 页。

② [俄]果戈理:《关于普希金的几句话》,见《文学的战斗传统》,满涛译,新文艺出版社 1953 年版,第 3 页。

华民族的精神追求,抒情主人公对正义的九死不悔的执着,体现了中华民族的道德理性精神。歌德的《浮士德》体现了德意志民族的超越性追求。浮士德永远不停止地追寻生存的意义,而最后在对自我和世俗的超越中找到了归宿。

审美的民族性既体现于文学的审美理想之中,也体现于文学作品的风格特征之中。每个民族都有自己的文学表达习惯,有自己的文学风格,这也构成了民族文学的特征。如中华民族的理性乐观精神,也产生了"大团圆"的小说、戏剧模式。还有,由于天人合一的世界观,中国诗歌、散文具有善于写景抒情的特点。从形式上说,中国诗歌的主流是格律诗,中国小说有长于叙事、以情节取胜的特点,形成了章回体的小说形式;而西方诗歌的主流是自由体,小说则有注重人物命运描写、以性格塑造取胜的特点。

总而言之,文学的民族性体现于文学的现实意义与审美意义统一、内容和形式统一的总体风格之中。

二、民族文学的形成

民族和民族文学都是现代性的产物,而在现代性发生前,还没有自觉的、现代意义的民族和民族文学。在传统社会,民族还只是一个自然的族类,还没有成为自觉的人类共同体,没有形成民族国家。传统的国家是朝代国家,而不是民族国家,它不是以民族为主体,也不是作为民族利益的代表获得合法性,而是以所谓神意来获得合法性。这个时期还没有形成民族意识,民族的"想象"还没有发生。在欧洲文艺复兴以后,现代性发生,民族意识觉醒,开始了对民族国家的"想象",从而导致现代民族国家产生。中国的传统国家是一人一姓之"天下",也不是民族国家。它的夷夏之别也不是民族的区分,而是文明教化与野蛮的区分。欧洲的现代民族国家最初是以中央集权的封建王朝即"绝对主义国家"形式出现的,它一定程度上代表了新生的资产阶级的利益,也代表了那个时代的民族的利益。以后,才发展为现代资产阶级民主共和国。中国现代民族国家是在鸦片战争以后,在"天朝”衰落、瓦解以后,进行了长期的反对帝国主义的斗争中形成的。这个时候,现代意义的中华民族和民族国家才真正形成了。在现代性发生的历史过程中,现代意义的民族文学也发生了。传统社会文学的民族性还没有真正确立,虽然它也在一定程度上体现了“民族”的特点,但这不是现代意义上的民族性,也没有形成现代意义上的民族文学。欧洲在文艺复兴之后,在反对封建主义和教皇统治的斗争中,民族意识觉醒,民族语言取代了拉丁文,涌现出具有民族特性的文学。民族和民族国家被称为“想象的共同体”,实际上是说它是一种文化的共同体,是一种身份认同的产物。文学在民族国家的发生中也发挥了“想象”的功能,促进了民族国家的形成,同时,也在这个过程中成为民族的文学。欧洲的英国、法国、德国、意大利等国家的文学,都是在建立现代民族国家的历程中形成的。在文艺复兴的早期,但丁在《飨宴》和《论俗语》中就提倡以民族语言(俗语)取代拉丁文,为民族文学奠基。启蒙时期的文学家们如伏尔泰、莱辛、赫尔德、歌德等都大力倡导民族文学,并通过自己的创作为民族文学建立了典范。法国著名文艺理论家丹纳在《艺术哲学》等著作中提出,艺术的发展取决于种族、时代、环境三种因素,其中种族包括先天的人种气质和后天的民族特性两个方面,而环境除了自然环境以外,还包括社会环境,这也与民族特性相关。丹麦的勃兰克斯则在他的名著《十九世纪文学主潮》中具体论述了 19 世纪欧洲各国的文学发展,分析了不同民族间文学思潮的特点。

与发达国家的民族文学不同,发展中国家的民族文学虽然也是在建立现代民族国家的历程中形成的,但是它不仅仅拥有反对封建主义的内涵,而且具有反对帝国主义的内涵。发展中国家不但面临着争取现代性即反对封建主义、建立现代社会的历史任务,而且面临着建立现代民族国家即反对帝国主义、争取民族独立的历史任务。因此,发展中国家的现代民族文学具有双重品格,一是现代性的品格,二是民族主义的品格。现代性品格是与发达国家的民族文学相同的,就是要走向世界化,走出古典文学,建立现代文学。而第二个品格则是与发达国家的现代文学不同的,它要争取民族独立、保存民族特性，这一点，被杰姆逊称为“民族寓言”。中国现代民族文学就是在现代性和民族主义的双重变奏中诞生的。在五四文学革命之前，梁启超等人就鼓吹“文界革命”、“诗界革命”、“小说界革命”，引进欧洲现代文学观念，目的在于“新民”、启蒙，以建立“新国家”。梁启超大声疾呼：“欲新一国之民，不可不先新一国之小说。故欲新道德，必新小说；欲新宗教，必新小说；欲新政治，必新小说；欲新风俗，必新小说；欲新学艺，必新小说；乃至欲新人心、欲新人格，必新小说。何以故？小说有不可思议之力支配人道故。”①这时，“国民文学”的概念出现，实际上是民族文学的另一种称呼。此时的民族文学同时肩负着争取现代性和现代民族国家的双重任务，同时体现着现代性和民族主义的双重品格。五四文学革命则把中心转向现代性和世界主义，民族主义的诉求被抑制；它批判国民性和传统文化（包括传统文学），颂扬科学、民主，鼓吹世界主义（包括世界文学）。五四文学革命中，陈独秀倡导建立“国民文学”、“社会文学”；鲁迅倡导启蒙主义的文学，都在完成现代性的使命。同时，五四文学革命也是走向世界文学的运动：胡适倡导“全盘西化”，要学习“西洋的文学方法”；钱玄同主张文字西洋化；傅斯年主张“欧化的文学”；鲁迅反对“保存国粹”，主张不读中国书。五四以后，以“革命文学”论争为转机，民族文学的重心转向民族主义，现代性和世界主义的诉求受到抑制；它开始宣传反对帝国主义、批判自由主义的西方文化，强调中国作风和中国气派。这种趋势在抗日战争中得到极大的加强，最终形成了革命旗帜下的民族寓言。抗战前夕，左翼文学就提出了“民族革命战争的大众文学”的口号。抗战以后，民族文学成为共同的旗帜。革命文学阵营批判了五四开启的面向西方的自由主义和世界主义，提倡民族文化。历史似乎真的验证了黑格尔的辩证法，中国现代民族文学经历了否定之否定的过程。20 世纪 80 年代的思想解放运动又接续了五四文学革命的路

① 原载《新小说》1902 年第 1 期，陈平原、夏晓虹编：《二十世纪中国小说理论资料》第 1 卷，北京大学出版社 1997 年版，第 33 页。

线,转向文学现代性和世界主义;而在90年代的"后新时期",在争取现代性和世界主义的同时,民族主义的诉求重新高涨,全面的现代民族文学正在实现。从中国民族文学的历程可以看出,现代性和现代民族国家的双重历史任务预示着加入世界文学和保持民族文学特性的双重历史任务,可以说,中国的民族文学既是在争取现代民族国家、保持民族传统的斗争中,也是在建立现代性、加入世界文学的过程中形成的。

第二节 世界文学

一、文学的全人类性

文学不仅是民族的,而且是属于全人类的。民族文学与世界文学是共同发生的,在启蒙运动时期,许多文学理论家已经意识到文学的全人类性。在启蒙运动中,文学理论家们从人性论的角度来论证文学的全人类性,认为文学表现共同人性,因此也为全人类所共同享有。伏尔泰说:"任何有意义的东西都属于世界上所有的民族。"为什么这样说呢?他依据的是人类共同的鉴赏趣味:"但是你要问,难道没有为所有民族共同接受的关于鉴赏趣味的准则吗?毫无疑问,这样的准则是很多的。自文艺复兴以来(当时古代作家被公认为创作的典范),荷马、德谟斯梯尼、维吉尔、西塞罗等在某种程度上已将所有的欧洲人联合起来置于他们的支配之下,并为所有各民族创造了一个统一的文艺共和国。"①歌德说:"我愈来愈深信,诗是人类共同的财富……民族文学在现代算不了很大的一回事。"②为什么这样说呢?歌德认为现代社会的人类普遍交往必然打破民族界限,形成世界文学。他说:"这样一种世界文学在不久的未来将会形成,这在人类交往日益加快的情

① [法]伏尔泰:《论史诗》,引自伍蠡甫主编:《西方文论选》,上海文艺出版社1963年版,第322页。

② [德]爱克曼辑录:《歌德谈话录》,朱光潜译,人民文学出版社1978年版,第113页。

况下已属必然。”①当然，在歌德看来，从根本上说，世界文学的依据是普遍人性。当爱克曼谈到希腊悲剧表现道德美时，歌德补充说：“与其说是道德，不如说是整个纯真的人性……”②与歌德同时代的席勒也说：“现在，让我们谈一下诗的观念，那无非是尽可能完善地表现人性。”③俄国的别林斯基认为文学“除了是民族的之外，他还得同时是世界的”。为什么这么说呢？他依据的是人类的共同精神：“就是说，他的作品的民族性必须是人类思想之无形的精神世界的形式、骨干、肉体、面貌和个性。”④现代文艺理论家则扬弃了抽象的人性论，从人的共同的社会存在中寻找文学的全人类性的根据。人们在社会性的生产、生活中，互相交往、交流，形成了共同的意识、观念，也形成了共同的文学趣味和文学观念。当然，这种共同性不是无差别的同一，而是在个性的基础上的交往所达到的互相理解，是一种可沟通性，也是一种由此达成的共识。如果说，现实生活中的交往、交流产生了共同的意识观念和文化，并以此成为文学的基础的话，那么，文学的交往、交流则直接产生了共同的文学，形成了文学的全人类性。特别是现代性的发生和发展，使人类打破地域、民族的界限，造就了全人类的社会意识和审美意识，也造就了文学的全人类性。因此，文学的全人类性的根据不在于先天的人性，而在于人类的共同存在。

文学的全人类性首先体现于各民族文学的基本内涵的相通性。各民族文学虽然表现不同的主题、故事，运用不同的文学形式，表达不同的思想感情和审美理想，但是，这些主题、故事、形式、思想感情和审美理想又有基本的一致性。各个民族文学的主题大体上都是惩恶扬善；描写的故事也都源于日常生活；文学形式也不出叙事类和抒情类，表达的思想感情不外是喜怒

---

① ［俄］彼得·伯尔纳：《歌德》，关惠文等译，人民文学出版社1986年版，第119页。

② ［俄］彼得·伯尔纳：《歌德》，关惠文等译，人民文学出版社1986年版，第128页。

③ ［德］席勒：《素朴的诗和感伤的诗》，引自伍蠡甫主编：《西方文论选》，上海文艺出版社1963年版，第490页。

④ ［俄］别列金娜选辑：《别林斯基论文学》，梁真译，新文艺出版社1958年版，第93页。

哀乐;审美理想都是追求自由……因此,各个民族文学之间的差异并不能抹杀它们之间的相似性、共同性。在19世纪初,中国和西方还没有开展大规模的文化和文学的交流,中西文学可以说是隔绝的,西方对中国文学的了解只是一星半点,中国对西方文学的了解几近于无,互相之间的影响微乎其微。在这种情况下,歌德在阅读他所能看到的中国传奇时,仍然感慨于它与欧洲文学的相似性。他说:“并不像人们所猜想的那样奇怪。中国人在思想、行为和情感方面几乎和我们一样,使我们很快就感到他们是我们的同类人,只是在他们那里一切都比我们这里更明朗、更纯洁,也更合乎道德。在他们那里,一切都是可以理解的,平易近人的,没有强烈的情欲和飞腾动荡的诗兴,因此和我写的《赫尔曼与窦绿苔》以及英国理查生写的小说有很多类似的地方。”①中国在晚清也译介了一些欧美文学作品,这些作品同样获得了中国读者的认同和喜爱。这两个例子雄辩地说明,各个民族文学具有相通性,文学具有超越民族界限的全人类性。各民族文学的基本内涵的相通性既由于人类基本价值的共同性,也由于审美价值的共同性,而后者更为重要,它弥合了各个民族文化的差异,沟通了人类心灵。无论是哪个民族的文学,都体现了自己的审美理想,具有审美价值,而这些审美理想和审美价值虽然表现形式不同,具有民族的特色,但本质上又是同一的,都是人类的自由追求的形式,因此既是民族的,也是全人类的。在世界各个民族特别是东方与西方开始了大规模的交流以后,文学成为世界性的现象,互相影响日益增强,这时文学的全人类性也得到极大的加强。

文学的全人类性还体现在各个民族文学之间的可交流性上。不同民族的文学,虽然是以不同民族的语言写出的,而且表达不同的思想内容,采用不同的表达方式,但是它们之间并不是不能交流的。借助于翻译,这个民族可以阅读另一个民族的作品,而且可以欣赏、理解、评论、学习。他民族的文学所具有的社会意义和审美魅力,并不亚于本民族文学,甚至可以成为本民

---

①　[德]爱克曼辑录:《歌德谈话录》,朱光潜译,人民文学出版社1978年版,第112页。

族文学的学习范例，成为本民族的文学经典。以中国为例，自五四以来，西方的经典名著译介到中国来，引起了一股西方文学的旋风，中国读者以极大的热情接受莎士比亚、歌德、席勒、拜伦、巴尔扎克、普希金、托尔斯泰等西方文学大师的著作，并从中吸取了精神力量，也引发了中国的现代文学革命。这个过程，直到今天仍然没有终止。同样，中国文学也被译介到西方，被西方人所欣赏，也影响了西方文学。这些事实说明，文学是全人类的精神财富，为全人类所拥有。

二、世界文学的形成

世界文学与民族文学一样是现代性的产物。现代性作为一种推动社会变革的力量，打破了狭隘的地域和民族的界限，迅速传播到世界的各个角落，形成了统一的人类生活世界。这种世界化的趋势首先是在经济领域发生的。现代性的经济基础是市场经济，它率先在欧洲发生，在获得胜利之后，又以殖民主义的形式向全世界扩张，最终取代了传统的经济体制。与此同时，在市场经济扩张的基础上，现代性也作为一种文化力量向全世界扩张，引发了发展中国家的社会、文化的变革。文学也加入了这种变革。在文艺复兴以后，已经开始形成了统一的欧洲文学。而伴随着殖民主义的扩张，欧洲、北美文学也开始向发展中国家传播。这种传播不仅仅是译介、接受，而且引发了发展中国家文学的变革。发展中国家的文学接受了现代文学思潮和文学观念，发生了现代性的文学革新，由传统文学形态转化为现代文学形态。同时，发展中国家的文学也被译介到欧美发达国家，影响了发达国家的文学发展。如西方对中国古典诗歌的译介和接受，影响了西方的诗歌观念，产生了以庞德为代表的意象派诗歌流派。西方文学与东方文学的交流、融合，意味着各民族文学的同步发展，并形成了统一的世界文学。德国“狂飙突进”运动的精神领袖赫尔德在倡导民族文学的同时，还提出了“世界文学”的概念，他指出：“我们应该排除狭隘的民族局限性框框，和全球各民族建立精神商品的自由交换，把历史发展各个阶段由各民族创造的最珍贵的作品，都包容到自己的组成部分中来，使我们的文学成为包罗万象的全世界文学史。"①歌德也指出："民族文学在现代算不得很大的一回事，世界文学的时代已快来临了。现在每个人都应该出力促使它早日来临。"②如果说他们还是从文学本身的交流来展望世界文学的话，那么马克思、恩格斯则从世界经济的角度上来为世界文学观念奠基。他们在《共产党宣言》中指出："资产阶级，由于开拓了世界市场，使一切国家的生产和消费都成为世界性的了。……过去那种地方的和民族的自给自足和闭关自守状态，被各民族的各方面的互相往来和各方面的互相依赖所代替了。物质的生产是如此，精神的生产也是如此。各民族的精神产品成了公共的财产。民族的片面性和局限性日益成为不可能，于是由许多种民族的和地方的文学形成了一种世界的文学。"③

在传统社会，中国文学与世界上其他民族文学的交流是极其有限的，基本上处于封闭状态。总体上说，中国文学受外国民族文学的影响很小，与欧美等国家的文学交流更是微不足道。在历史上，虽然通过佛教的传播，有了一点对印度文化的接受，但其范围有限。但是，中国文学对朝鲜、越南、日本等民族文学的影响很大，鸦片战争之后，西方列强以武力打破中国的大门，强行输入西方文化。中国在抵抗西方列强和西方文化失败之后，转而学习、吸收西方文化，以求富国强兵、新民救国。首先是发起洋务运动，吸收西方现代工业文明，但甲午战争证明单纯的技术变革不成功。继之又搞变法、革命，吸收西方现代政治文明，而辛亥革命后的政治实践又证明单纯的政治革命不成功。于是，又发起五四新文化运动，吸收西方现代精神文明，批判中国传统文化。五四文学革命是五四新文化运动的重要一翼，它译介、传播西方现代文学思想和文学作品，改革中国传统文学。在这个历史背景下，中国

① 原文见《赫尔德全集》第17卷，斯普林出版社1893年德文版，第163—164页；转引自王列生：《世界文学背景下的民族文学道路》，安徽教育出版社2000年版，第1—2页。

② ［德］爱克曼辑录：《歌德谈话录》，朱光潜译，人民文学出版社1978年版，第113页。

③ 《马克思恩格斯选集》第1卷，人民出版社1995年版，第276页。

文学走出古典，现代新文学发生。新文学吸收了现代西方文学思潮，形成了以鲁迅和文学研究会以及郭沫若和创造社为代表的启蒙主义文学思潮，以争取现代性、完成启蒙任务。五四以后，在西方现代文学思潮的影响下，又发生了以沈从文为代表的浪漫主义文学思潮、以老舍为代表的现实主义文学思潮以及微弱的现代主义文学思潮。同时，在苏联文学思潮的影响下，又发生了以左翼文学为主体的、带有革命古典主义性质的革命现实主义文学主潮。在改革开放以后的新时期，发生了新启蒙主义文学思潮；新时期后期和后新时期发生了新写实小说为代表的新现实主义文学思潮和各种先锋派组成的现代主义文学思潮以及后现代主义文学思潮，这些文学思潮都从西方现代文学中吸取了思想资源。在中国新文学的漫长历史进程中，中国文学由古典走向了现代，同时也走向了世界，汇入了世界文学的潮流之中，成为世界文学大家庭的一个成员。

世界文学形成有几个重要的标志。第一，大规模的文学翻译、出版、流通，使外国文学作品成为本国文学市场的重要部分。例如，在五四前后，中国已经形成了译介、出版西方文学著作的热潮，主要的文学思潮、流派、作家的作品大都被译介过来，与本民族文学作品一样，成为人们的重要精神食粮。这表明中外文学进入了一个统一的世界文学市场。第二，形成世界性的文学思潮。在文学的历史上，一个国家的文学思潮，很快就传播到其他国家，形成跨越民族界限的文学思潮。例如，新古典主义、启蒙主义、浪漫主义、现实主义、现代主义、后现代主义等文学思潮都是由一个国家传播到其他国家，成为全欧洲的文学思潮，然后又传播到发展中国家，成为世界性的文学思潮。在外国文学思潮的影响下，中国在五四时期发生了启蒙主义文学思潮；五四以后发生了浪漫主义、现实主义、现代主义以及新古典主义的变体——革命古典主义等文学思潮，逐渐与世界文学思潮趋向同步。这表明，中国现代文学与世界文学获得了同步发展。第三，形成了世界上各民族共同的文学接受和文学评价。在现代世界，文学已经不是孤立的单一民族的现象，而成为全人类的精神活动。形成了世界上公认的经典名著，如古希腊史诗《伊利亚特》、《奥德修斯》和一系列古希腊悲剧，但丁的《神曲》，莎士比亚的戏剧，塞万提斯的《堂吉诃德》，歌德的《浮士德》，巴尔扎克的《人间喜剧》，托尔斯泰的《战争与和平》、《复活》、《安娜·卡列尼娜》以及众多的现代主义文学名著。这些名著不仅进入了大学课堂和教科书，而且摆在各个民族的图书馆和家庭的书架上，成为全世界人们共同享用的精神财富。这表明，形成了全世界共同的文学趣味。而且，许多国家还举办世界性的文学评奖活动，评选出世界公认的名作和优秀作家，最著名的有瑞典举办的诺贝尔文学奖、法国的龚古尔文学奖等，它们都成为评价世界文学经典的权威。这表明，形成了全世界共同的文学接受和文学批评标准。

第三节　民族文学与世界文学的关系

一、民族文学与世界文学互相依存

民族文学与世界文学的关系是互相依存的关系。这种依存关系首先体现在二者的共生性。什么是民族文学与世界文学的共生性呢？在逻辑上，民族文学与世界文学是互为前提的，民族文学是相对于世界文学而言，世界文学也是相对于民族文学而言。没有民族文学就没有世界文学，没有世界文学也就没有民族文学。民族文学在世界文学中才能显示出自己的特性，世界文学由不同的民族文学组成，也在与民族文学的对比中显示自己的共性。这是共生性的一个方面。另一个方面，在历史上，民族文学与世界文学是共同发生的，它们都是现代性的产物。在现代性产生之前，民族文学没有真正发生，它不是现代意义上的民族文学，文学也没有获得对自我身份的认同，因此只能算作前现代意义上的民族文学。而且，在现代性产生之前，也没有形成世界文学，各个地区、“民族”（在前现代意义上）的文学也没有充分地交流、融合。民族文学的自我认同必须以对他民族文学的认同为前提，也就是说以世界文学为前提。现代性产生了民族意识,也使文学获得了民族的自觉,同时,现代性也带来了世界化,各个民族组成了新的世界大家庭。在新的世界化格局中,各个民族文学也构成了世界文学。只有进入世界文学之中,才会产生民族文学的自觉。中国传统文学还没有获得自觉,它自以为是“天下”的文学,不知道和不承认还有其他民族的文学。只是在鸦片战争之后,闭关自守被打破,中国才了解了世界和世界文学,从而也形成了现代民族文学和对民族文学的自觉。

民族文学与世界文学的依存关系还体现在这一点,即民族特性是构成世界性的必要条件。有一句话说得好:“只有民族的才是世界的”,这就是说,愈具有民族特性,愈是优秀的民族文学作品,才愈具有世界意义,愈为世界上其他民族所欣赏、承认和肯定。为什么会是这样呢?因为文学是个性化的创造,愈具有个性就愈有魅力。文学的个性也体现为民族特性。每个民族文学都创造了不同的风格和审美理想,它们都各有不可替代的价值,都以自己的独特贡献丰富了人类文学的宝库。因此,民族特性是文学魅力的根源。世界文学不是单一的风格,而是由各个民族的不同风格构成的。建设世界文学,首先就是发展民族文学的特性。每个民族除了喜欢本民族的文学作品以外,还喜欢其他民族的有特色的文学作品,而不喜欢没有民族特性、模仿其他民族的文学作品。这样,如果是体现了一个民族特性的优秀文学作品,就会具有世界性的价值,从而超越本民族的界限,加入世界文学行列。相反,那些缺乏民族特性的文学作品,就不会为其他民族所欢迎,从而被排除出世界文学的行列。别林斯基认为:“对于一个诗人来说,如果他希望自己的天才到处被一切人所承认,而不仅被他的本国人所承认,民族性应该是首要的、但不是唯一的条件:除了是民族的之外,他还得同时是世界的。就是说,他的作品的民族性必须是人类思想的无形的精神世界的形式、骨干、肉体、面貌和个性。换句话说,一个民族的诗人不仅必须对本国具有伟大的历史意义,他的出现还必须具有世界性的历史意义。这样的诗人只能注定出现在对人类命运起世界性历史作用的民族里面,也就是能以其民族生活影响全人类发展过程的国家里面，才出现得了。”①沈从文的作品以其对古老湘西农村生活和农民淳朴人性的描写，展示了中华民族文化的深厚底蕴，表达了在现代性侵袭的背景下对民族文化的眷恋和对它的命运的忧思。这个作品是非常具有民族特性的，它的内容、思想和语言、风格都是如此。同时，它又非常具有世界意义，因为它提出的问题正是全人类在现代化进程中面临的共同问题。欧洲在19世纪前半叶已经经历了这个问题，而现在这个问题又以不同的形式在中国出现了。它具有浪漫主义文学的特色，同时又是中国式的浪漫主义，不是欧洲浪漫主义的翻版。它没有欧洲浪漫主义文学的神秘主义、消极颓废、回避现实的倾向，而保留了中国文学的明朗、理性、人性和对现实的关注，具有浓厚的乡土特色。正因为如此，它才被世界所承认。沈从文几乎获得诺贝尔文学奖的提名，只是因为他的逝世，才失去了这个机会。

民族文学与世界文学的关系，还体现为另一点，即世界性也是保留、发展民族性的必要条件。还有一句话说得好：“只有世界的才是民族的”，这就是说，愈具有世界性，为世界上各个民族所承认，也就愈可能具有民族性。为什么这样说呢？因为民族文学不是孤立的现象，而是在与世界上各个民族文学交流中存在的，那么它的价值就不仅在本民族，也在全世界的各个民族。每个民族的文学都有自己的长处，也有自己的短处。因此，在各个民族文学的竞争中，必须学习其他民族文学的长处，弥补自己的短处，融入世界文学的潮流之中，才能不断更新民族文学，被世界所承认。只有被世界所承认的文学，才有生命力，才能保存和发展。否则，孤立于世界文学之外，自我封闭、抱残守缺，这样的民族文学就必然丧失生命力，就必然被历史抛弃。特别是发展中国家的文学，由于历史的原因，往往停留于前现代性的阶段，也就是古典文学的阶段。它只有与世界文学同步，进入现代文学阶段，才能走出古典，获得新的生命力。这意味着发展中国家的民族文学现代化与世

① ［俄］别列金娜选辑：《别林斯基论文学》，梁真译，新文艺出版社1958年版，第93页。

界化是同一的，它必须向世界文学开放，学习现代文学，引进现代文学思潮，才能使民族文学获得新生。否则，就可能走向停滞、衰落。以中国文学为例，它在鸦片战争之前已经陷于停滞，要求走出古典阶段，进入现代发展阶段才能获得新生。五四前后，西方文学思潮的冲击，给中国文学带来了新的生命力，引发了新文学革命，“西化”成为现代化的同义词。从此，中国文学加入了现代文学的行列，从世界文学中汲取了思想营养。文学的世界化并没有取消民族特性，相反，不仅保存了民族文学的特性，而且发展了民族文学的特性。以老舍为例，面对现代性和西方文学的冲击，他站在民族主义和平民的立场，批判中国半殖民地的扭曲的现代性给中华民族带来的灾难。但同时，他本人曾经留学西方，广泛地吸取了西方文学的思想营养，特别是西方现实主义文学思潮对他的创作影响更大，因此才能写出具有现实主义倾向的、具有民族特性的作品。他的《骆驼祥子》完全是中国风格、中国思想的，他的语言更是地道的北京话，但这篇小说又是非常现代的，是中国特色现实主义的杰作。它提出了全人类面临的共同问题，即现代化、城市化造成的社会灾难、文化破坏和精神毁灭。而且这个问题在中国具有特殊性，它是半殖民地、半封建社会的畸形城市化所带来的问题。因此，这部小说具有世界意义，同时也是民族文学的不朽之作。

总之，民族文学与西方文学的依存关系，要求我们一方面继承、保存民族文学的传统和特性；另一方面，又必须向世界文学开放，向其他民族的文学学习，吸收世界最新的文学思潮，加入世界文学的行列。做到这两方面，文学才能既是民族的，又是世界的。

二、民族文学与世界化的冲突

前面谈到，发展中国家民族文学具有双重品格，一是现代性的品格，二是民族主义的品格。这两种品格之间存在着矛盾，导致民族文学与世界文学之间的冲突。

发展中国家的现代化面临着双重任务，一是实现现代性的任务，二是建立现代民族国家的任务。在西方国家的现代化进程中,实现现代性与建立现代民族国家的任务是一致的,它们都要反对封建贵族和教会的统治。因此,西方启蒙时代的民族主义推动了现代性而不是抵制了现代性。而在发展中国家,特别是在中国,实现现代性的任务与建立现代民族国家的任务发生了冲突。由于现代性发生于西方,而发展中国家包括中国传统文化中没有发生现代性的土壤(儒、释、道都没有的现代科学精神和人文精神的思想资源),因此,发展中国家包括中国的现代性只能从西方引进。这就是说,发展中国家包括中国的现代性具有外源性。中国的现代性是从西方引进的,中国的现代文学也是从西方引进的。鸦片战争之后,伴随着西方文化的传入,现代文学也进入中国,激发了中国的文学革新浪潮,至五四时期蔚为大观,形成了中国现代文学的开端。中国的各种现代文学样式包括现代小说、自由体诗、现代戏剧等都从西方传入;现代文学思潮包括启蒙主义、现实主义、浪漫主义、现代主义等都次第进入中国,成为中国的现代文学思潮。可以说,西方的现代文学打断了中国古代文学传统,形成了中国现代文学传统。

由于西方资本主义的世界化扩张,使发展中国家包括中国沦为殖民地、半殖民地,因此,建立现代民族国家就必须反对西方帝国主义、反对世界化。由于现代性的传播与殖民化是同一历史进程,因此,向西方学习,引进现代性的世界化与反对西方帝国主义,建立现代民族国家的民族性之间发生了矛盾。由于建立现代民族国家的任务更为迫切,于是实现现代性的任务只能让位于建立现代民族国家的任务。不仅如此,建立现代民族国家还必须以反对西方现代性的方式进行,以取得民族思想的支援意识。于是,发展中国家的民族主义就取代了西方的自由主义,产生了民族化抵御世界化的倾向。这就是杰姆逊所谓的"民族寓言"。发展中国家文学的"民族寓言"一方面表现为致力于建立现代民族国家的任务,这往往表现为介入反对帝国主义的民族革命;同时作为其副产品,也表现为抵制世界化倾向,从而导致与世界文学的对抗和疏离。在中国,五四引进的西方自由主义被苏联传入的以阶级意识为核心的革命意识形态所取代，世界化—西化被民族化—苏化（俄国属于东方文化范畴）取代。这个历史过程被杰姆逊解读为发达国家文化与发展中国家文化之间的冲突。他认为发展中国家知识分子总是“执着地希望回到自己的民族环境之中。他们反复地提到自己国家的名称，注意到‘我们’这一集合名词：我们应该做些什么、我们应该怎样做、我们不应该做些什么，我们如何能够比这个民族或那个民族做得更好、我们具备自己独有的特性。总之，他们把问题提到了‘人民’的高度上。”①事实上，发展中国家并不总是反对现代性，因为现代民族国家的建立为现代性奠定了基础。在现代民族国家建立之后，实现现代性的任务就提到历史的日程上来。中国在改革开放以后，开始重新致力于实现现代性，世界化的趋势重新启动，民族主义与世界化的矛盾虽然依然存在，但已经由对抗走向缓和。

在现代性与现代民族国家、世界化与民族特性之间冲突的背景下，发展中国家的文学也面临着与发达国家代表的世界文学之间的冲突。这种冲突往往是在革命文学的形式下发生的。中国文学在五四新文学运动中走上了世界化的道路。五四以后，经过“革命文学”论争和 30 年代左翼文学阶段，走上了反对西化的苏化—民族化的道路。革命文学反对帝国主义以及西方文化，并批判五四文学的世界化（欧化）道路，五四启蒙主义蜕变为革命古典主义。在“延安整风”以后，建立了中国式的革命文学体系，进一步强化了这个倾向；它强调意识形态性和民族文学传统，走上了与五四不同的非世界化的道路。不仅中共领导的革命文学如此，国民党控制下的右翼文学也走上了民族主义的道路，打出了“民族主义文学”的旗号，批判五四的现代性和世界化道路。只是在改革开放以后，中国文学才重新走上了向世界文学开放、融入世界文学的道路。

---

① ［美］杰姆逊：《处于跨国资本主义时代中的发展中国家文学》，张京媛编：《新历史主义与文学批评》，北京大学出版社 1993 年版，第 230 页。

三、全球化背景下的民族文学

从20世纪后期开始，发达国家已经进入后工业社会，这个时期，以高科技为先导，国际资本向全世界的扩张形成了新的势头，世界化的步伐急剧加速，全球化的时代来临。按照杰姆逊的说法，全球化不仅体现在经济领域的一体化，而且造就了一个新的全球文化空间，即人们的经验超越了传统的本地社区生活的界限，具有了全球的视野和眼光。

全球化向发展中国家的民族文学发出了挑战。全球化极大地加速和扩展了世界性的文化交流，打破了传统的民族界限，产生了文化趋同化的倾向，而这种趋同化是以发达国家的强势文化冲击、淘汰发展中国家的弱势文化为代价的。这样，发展中国家民族文化就面临着生存危机，它们有失去民族特性的危险。这种状况被赛义德称为"后殖民主义"。赛义德的后殖民主义理论认为，传统的殖民主义主要是发达国家在政治、经济领域对发展中国家的统治，而后殖民主义主要是在文化领域的统治，是一种文化霸权和"文化帝国主义"。后殖民主义理论认为，西方文化霸权表现为西方中心主义，它建立了一套话语体系，使西方文化处于主导地位，而发展中国家或东方传统则被排挤到边缘地带，成为西方文化的被动接受者。同时，西方也以自己的视角想象出一个落后的"东方"形象，这个东方神话渗透着西方的文化霸权。西方文化霸权对发展中国家文化的挤压，也表现在文学领域。西方文学作为强势文化向发展中国家的传播，冲击着发展中国家的文学，危及民族文学的特性。这种情况特别表现在西方大众文化和通俗文学的强势传播上。大众文化包括通俗文学作为感性意义的现代性的产物，具有可复制性、低俗性和消费性特征，因此适应了市场经济的法则，在全球化中向发展中国家迅速而广泛地扩张。西方的大众文化和通俗文学，由于文化市场的成熟和发达、传播手段和技术手段的先进以及具有现代观念等原因，对于发展中国家具有强大的优势。因此，它向发展中国家的扩张是极其猛烈的、难以抵挡的。西方的大众文化和通俗文学的全球化扩张，意味着文化和文学的同质化趋势，或者是西方文化、文学产品在发展中国家大量复制，或者是发展中国家文化、文学产品模仿西方，无论是哪一种，都使发展中国家的民族文化和民族文学面临着生存危机：一方面是高雅文化、文学受到致命冲击，另一方面是民族文化、文学丧失了生存空间。在这种情况下，文化保守主义兴起，它旨在回归传统文化，抵制现代性和全球化，如中国后新时期产生的新保守主义思潮和新儒学思潮就是对全球化和文化殖民主义的回应。

但是，全球化是不可避免的历史潮流，拒绝全球化，消极地保守民族传统并不是民族文化、文学的生存之道。后殖民主义理论虽然有一定的合理性和积极意义，但这个理论也具有片面性，它把东西方文化对立起来，变成一种权力关系。事实上，东西方文化之分并不是绝对的，还具有统一性；不仅有对立的一面，还有可以对话、沟通和互补、融合的一面，而不只是一方压倒一方的关系。在全球化时代，后一种倾向更为突出。积极的态度是在向世界文化、文学开放，同时开展本民族文化与西方文化的平等对话，吸取西方文化、文学的优秀部分，发展本民族文化、文学中的有生命力因素，创造现代的民族文化、文学。文学作为指向自由的生存方式，具有民族性，也具有世界性。各民族文学之间的关系是非对立的，应该充分交流的，而不会导致文学殖民主义。拉美的“魔幻现实主义”文学的兴起，指明了在全球化背景下发展中国家文学的发展道路。拉美国家的作家一方面吸收了西方文学的现实主义、现代主义思潮，同时又结合了拉美的神话传统，创造了自己的“魔幻现实主义”思潮。魔幻现实主义文学取得了伟大的成功，获得了世界文学界的承认，与西方发达国家的文学并驾齐驱，进入了世界文学经典的行列。其中危地马拉作家阿斯图里亚斯和哥伦比亚作家加西亚·马尔克斯都获得了诺贝尔文学奖。这证明在全球化条件下，发展中国家文学完全可以在坚持向世界文学开放、融入世界文学的同时，保持和发展自己的民族特性，在新的历史条件下走向伟大的辉煌。

本章参考书目

1. [德]爱克曼辑录:《歌德谈话录》,朱光潜译,人民文学出版社 1980 年版。

2. [美]詹明信:《晚期资本主义的文化逻辑》,张旭东编,陈清侨等译,生活·读书·新知三联书店 2003 年版。

3. [美]杰姆逊:《处于跨国资本主义时代中的发展中国家文学》,张京媛编:《新历史主义与文学批评》,北京大学出版社 1993 年版。

第八章　文学的功能

文学作为一种指向自由的生存方式，对人和社会必然产生影响、发挥作用，从而改变人和社会，这就是文学的功能。文学有多种层次、多种类型，因此发挥的功能也是多方面的。与文学的现实意义相对应，文学具有现实作用，它突出地体现于严肃文学。与文学的审美意义相对应，文学具有审美超越作用，它突出地体现于纯文学。与文学的原型意义相对应，文学具有消遣娱乐作用，它突出地体现于通俗文学。同时，在审美意义方面，文学也有美感娱悦作用，它突出地体现于纯文学。我们应该在不同层次、不同角度上综合地考察文学的社会作用。

第一节　文学的现实作用

文学有现实意义，发挥现实作用。所谓现实作用，是文学因其现实性而发挥的认识功能、教化功能和干预现实的功能。纯文学和通俗文学都有现实作用，但严肃文学的现实属性突出，故现实作用也突出。

一、文学的社会认识功能

文学的现实作用，包括社会认识功能。文学可以看作对社会生活的特殊认识，也就是用感性体验、形象思维再现现实、认识现实，成为人类把握现实的一种形式。文学的认识功能主要体现在叙事文学中。

首先,文学具有知识性,发挥着传播知识的作用。文学描写各个时期、各个民族、各个领域的社会生活,成为社会生活的形象的百科全书,是人们获取和增长知识的一种途径。人类获取知识有多种途径,除了直接的经验知识和间接的科学知识外,还有文学的途径。孔子在谈到读《诗经》的作用时,除了讲"兴、观、群、怨"以外,还谈到"多识于鸟兽草木之名",这就是文学的知识性,文学有增长知识的作用。在人类童年,神话传说曾经是知识的主要传播形式,原始人从中学习自然和历史的奥秘。以后,科学取代了神话传说的认识功能,而神话传说也蜕变为文学,文学继承了神话传说的认识功能。儿童对世界的最初了解不是从科学中来的,而是从童话故事中来的;尽管这种知识掺杂着幻想和虚构,但毕竟是人的初级的知识形式。成年人面对的文学作品,展开了广阔的知识海洋:从历史题材的作品中,我们了解了历史知识;从现实题材的作品中,我们了解了社会的知识;从科幻题材的作品中,我们了解了许多科学知识……当然,文学提供的知识是不精确的,甚至还有幻想和虚构,不能全部信以为真。你不必相信曹操真那么坏、诸葛亮真那么神,也不必相信真有孙悟空、猪八戒或者太空人,但从文学作品中总会得到许多真实的知识,如风土人情、生活经验、历史事件、社会常识等,它补充了经验知识和书本知识的不足,丰富了我们的知识宝库。

其次,文学的认识作用不限于感性的生活经验,更重要的是对社会现实的本质认识。文学描写以人为中心的社会生活,但不是有事必录,而是透过典型化的方式来认识社会。具体地说,它通过对人的命运的展示,来认识社会人生。就此而言,文学与科学一样,都是认识世界的手段,只不过科学以概念的方式、文学以形象的方式。亚里士多德说:"诗人的职责不在于描述已发生的事,而在于描述可能发生的事,即按照可然律或必然律可能发生的事。……因此,写诗这种活动比写历史更富于哲学意味,更被严肃地对待,因为诗歌所描述的事带有普遍性,历史则叙述个别的事。"①孔子说诗的作

① [古希腊]亚里士多德:《诗学》,郝久新译,中国社会科学出版社 2009 年版,第 25 页。

用有“兴、观、群、怨”，其中“观”就是“观民风”，也就是了解社会民情的认识作用。好的文学作品，特别是严肃文学的作品，能够揭示现实的某些本质特征，帮助人们认识现实。有时，文学对社会现实的认识比科学还深刻、还超前。作家对社会生活的直觉感受，往往能把握住现实的本质特征。在19世纪初，资本主义还刚刚确立阶段，社会科学还未认识到资本主义的弊病，而浪漫主义文学却超前地反抗资本主义现代文明，帮助人们认识社会现实；现实主义在资本主义上升阶段就揭露了其黑暗、残酷的一面。

最后，文学不仅帮助人们认识社会，还帮助人们认识人自身。文学表现的对象是人，对社会的认识是通过对人的了解而达到的。科学对人的认识是外在的考察，它难以打开人的心理这个黑箱，因而是受限制的、不充分的，而文学对人的了解是内在的、充分的。叙事文学全面展示社会生活，而社会生活的核心是人，因此就可以了解人性。文学对人的认识不是外在的考察，而是通过艺术同情，使文学现象成为自我的化身，并把对象认识变成自我认识，把外在认知变为内在体验，从而充分地理解文学形象，也充分地理解自己。人在这时不是作为物而是作为人被把握的，这种对人的理解是最深刻的。在文学活动中，我们认识了他人，也认识了自我。例如，陀思妥耶夫斯基的《卡拉玛佐夫兄弟》深刻地揭示了人性中的罪恶成分；鲁迅的《阿Q正传》深刻地揭示了国民性的卑劣成分，它们使我们深刻地反省自己的灵魂，我们会觉得自己心中也有罪恶、也有“精神胜利法”，从而有所警惕，并通过自我批判获得救治。抒情文学不是描写社会生活，而是抒发自我的思想感情，这也是人的自我展示，也是自我审视。我们对抒情文学的阅读，也是一种情感的同化过程，也把自己的心灵展示出来，并且进行自我审视，我们心灵中的善良与罪恶，都在审美的光照下呈现。于是，我们就了解了自己，也了解了他人。

二、文学的教化功能

文学不仅是一种社会认识形式，还有意识形态的属性，因此也具有意识形态的教化功能。所谓教化功能,就是以道德、政治、法律等观念来进行灌输,传播意识形态,使人成为符合社会需要的社会角色。孔子说诗经有“兴、观、群、怨”的作用,其中“群”就是增进伦理的教化作用。

在现实意义上,文学传达了人的思想感情,也体现了一定的世界观。无论作家还是读者都是现实中的人,他们的思想感情和世界观都是在社会意识形态的教化中形成的,是意识形态的具体表现,这种意识形态也体现在文学作品中。这就是说,作家是带着意识形态观念来进行创作,读者也带着意识形态观念来鉴赏文学作品,从而使文学有了意识形态的属性。叙事文学通过对人物命运的描写,来传达意识形态;抒情文学通过主观情感的表达,来传达意识形态。由于文学形象打上了社会意识形态的烙印,人们为文学形象所感染,也不知不觉地认同了它的思想倾向,从而被教化了。

文学一开始就被当作一种教化手段,中国古代理论家主张“文以载道”,相信文学可以“美教化,厚人伦”;古希腊理论家认为文学可以净化人心,亚里士多德认为悲剧可以通过恐惧而净化情欲。而文学确实发挥了强大的教化作用。中国老百姓的道德观念,很少来自正规教育,很多来自文学作品,像岳飞、杨家将、包公以及秦桧、陈世美、潘金莲等文学形象家喻户晓,使他们接受了爱国、清廉、忠贞等伦理教育。近代以来,小说的地位大大提高,成为文学的主样式。梁启超提倡“小说革命”,认为小说是“新民”的最好手段。五四新文学强调文学的思想启蒙作用,鲁迅就是抱着“改造人的灵魂”的宗旨弃医从文的。在革命战争时期,文学更成为教育人民、团结人民,打击敌人、战胜敌人的有力武器。许多青年就是在读了革命文学作品后走上革命道路的。

应当指出,文学的教化作用不能被无限夸大,它只是一种教育手段,却不是万能的。人的思想主要还是在社会实践中形成的,文学的作用虽然重要,但也很有限。如果把文学的作用夸大到可以使人脱胎换骨、立地成佛,可以兴邦丧邦,就不适当了。夸大文学的作用,并非文学之福,“文革”当中,“四人帮”就是借口重视文学的社会作用毁灭文学的,这个历史经验必须记取。

三、文学干预现实的功能

文学的认识作用和教化作用是对人而言,这些作用又必须通过人而及于社会,发挥干预现实的作用。

作家写作,往往是受到社会生活的触动有感而发,他通过作品来表示自己对现实的态度,并企图影响群众,发挥干预现实的社会作用。特别是一些严肃文学作家,干预现实的动机更为明确。唐代大诗人杜甫、白居易、元稹等自觉地以诗歌来针砭时弊,“以时事入诗,自杜少陵始”,他的“三吏”、“三别”强烈地控诉了统治者对人民的压榨;元、白的讽喻诗更把诗歌功能定位于劝谏君主实行仁政的目的上,“致君尧舜上,再使风俗淳”(杜甫);“惟歌生民病,愿得天子知”(白居易)。启蒙主义文学家和理论家主张文学具有开发民智,改造现实的作用。梁启超更极端夸大了文学改造现实的作用,他甚至说:“欲新一国之民,不可不新一国之小说。故欲新道德,必新小说;欲新政治,必新小说;欲新风俗,必新小说;欲新学艺,必新小说;乃至欲新人心,欲新人格,必新小说。”①革命作家和理论家更把文学作为革命的工具、战斗的武器,以文学作品揭露旧社会,引导人民投入革命斗争,在中国现代历史上形成了革命文学传统。存在主义哲学家兼作家萨特认为,文学是介入现实的特殊形式,是实现自由的方式。他认为现实世界是一个还在“生成的世界”,因此作家可以通过写作改造世界即“以自由的情感描绘创造一个体现自由本质的世界”②。他的作品对资本主义的冲击是非常强烈的,尤其在法国的“五月风暴”中,成为战斗的号角。文学对现实的干预作用不是就社会上发生的具体事件发表意见,而是通过对社会现实的本质的揭示,激发人们改造现实的自觉。有的作家并不自觉地干预现实,甚至写的是非现

---

① 梁启超:《论小说与群治之关系》,参见陈平原、夏晓虹编:《二十世纪中国小说理论资料》第一卷,北京大学出版社1997年版,第50页。

② 柳鸣九选编:《萨特研究》,中国社会科学出版社1981年版,第22页。

实题材作品，也可能对现实发生作用。因为作家不可能脱离现实，他在写作中一定会触及某些现实问题，从而发生社会影响。像歌德写作《少年维特之烦恼》旨在抒发个人的情感，但却产生了巨大的社会影响，甚至许多青年仿效主人公维特，穿着同样的衣服，以同样的方式自杀。严肃文学的价值主要就在其干预现实的作用。许多作品轰动一时，并不在其审美价值，而在其现实作用。如“文革”结束后的“伤痕文学”，尽管艺术上还不成熟，但由于触及了人们最关切的问题，引起了巨大的轰动，对否定“文革”、批判极左思潮起到了重大作用。

文学干预现实的作用是非常巨大的，因为文学比一般的宣传更容易深入人心、更容易普及。在美国南北战争期间，斯托夫人的《汤姆叔叔的小屋》起到了巨大的宣传动员作用，以至林肯称她为“发动了南北战争的小夫人”。但是，必须明确，文学毕竟不是新闻报道，不是一般的意识形态宣传，它对现实的干预是比较间接的，必须通过人的心灵这个中介。因此，对文学的干预现实的作用不能强调过分，更不能以此来判定文学的成败。有的文学可能不对现实产生重大影响，但仍然不失为好作品，特别是一些纯文学作品和通俗文学作品。对现实发生较直接作用的主要是严肃文学作品。而且，严肃文学作品与现实也要有一定距离，这是文学的审美本质决定的，否则，直接介入现实，缺乏审美的升华，就会产生公式化、概念化弊病。过去，在极左思潮影响下，曾经提出过“写中心”、“写政策”的错误口号，妨碍了文学的健康发展，这是一个严重的教训。

第二节　文学的审美作用

文学具有审美意义，也具有审美作用。总体上说，审美作用就是精神的超越作用，它使人由现实生存进入自由的生存、由现实体验进入本真的体验，从而满足了人的自由追求和超越现实的需要。文学的审美作用是普遍的，每一种文学类型都具有审美作用，严肃文学、通俗文学、纯文学都具有审美超越作用。但是，纯文学的审美作用相对突出，是其主要功能。审美超越作用的内涵比较广泛，它包括审美批判功能、终极关怀功能、审美教育功能等。

一、文学的审美批判功能

由于人的现实生存的局限性，我们对世界的把握是有局限的。现实体验包括经验的认识和价值态度（感性），它只能把握现象；至于科学和意识形态，只能把握具体的对象的本质和价值（知性），而不能在总体上把握社会人生，不能揭示生存的意义。所谓现实，是一个哲学概念，它不是通常意义上的相对于过去、未来的现实概念，而是指人的现实生存，包括感性的和知性的生活；它相对于非现实的（自然的生存）和超现实的（自由的生存）而言。现实生存有局限性，它不是人的自由本质的实现，而是人的异化形式。现实意识作为现实的体验是现实存在的产物，从根本上说是肯定现实的意识，它肯定现实的合法性，而不能超越现实、揭示现实的局限。在现实生活中，人常常被现实蒙蔽，流行的观念、世俗的价值成为人对社会人生的有限把握，使人意识不到社会和人的命运的不合理，忘记了自己的自由本性。人作为马克思所说的"自由自觉"的生物，要求从根本上把握现实，以超越性的体验揭示现实的不合理性。文学是一种审美体验活动，是对社会人生的超越性把握，它克服了现实体验的局限，达到了生存的自觉。文学作为一种本真的体验，是一种批判的意识，它在自由的高度批判现实。文学描写人不应有的命运，对其充满同情，进行深刻思考，并且暴露和抨击不合理的社会。文学对现实的批判不仅仅是意识形态的批判，意识形态的批判是有限的，它是以现实观念来对某一种现实进行批判，同时又肯定着另一种现实；文学批判的最高形式是审美的批判，这是彻底的批判，它深入生存层次，达到了哲学的高度，以自由的意识来对现实总体进行批判。文学如晨钟暮鼓，惊醒人生迷梦，它促使我们反思整个社会人生，寻找真正的人生意义。从这个意义上说，文学不是肯定现实的，它为我们提供了批判现实的武器。例如，现代主义的荒诞派戏剧《等待戈多》，揭示了现实存在的虚妄、无意义，从反面启发了人们对存在意义的思考。

文学的审美批判作用是社会生活中不可缺少的。我们既需要现实生活和现实意识，因为我们毕竟是现实的生物；又需要超越的、批判的意识，因为我们更是自由自觉的生物。在社会历史实践中，如果我们丧失批判意识，就可能盲目认同现实而沦落下去。歌德说过："只有在他感到欢喜和痛苦的时候，人才认识到自己；人也只有通过欢喜和痛苦，才学会什么应该追求和什么应该避免。除此以外，人是一个蒙昧物，不知道自己从哪里来，向哪里去，他对世界知道得很少，对自己知道得更少。我就不认识我自己，但愿上帝不让我认识自己。"①文学是超越的欢喜和痛苦的体验，它帮助我们认识世界、认识自己。在中国古代社会，人受到宗法礼教的束缚，文学就负起批判职责。《诗经》、《孔雀东南飞》、《西厢记》、《红楼梦》等讴歌爱情、控诉封建主义对爱情的扼杀。特别是在现代社会，更需要包括文学在内的批判意识。现代性作为一种理性精神，曾经有力地推动人和社会的发展。但是，现代性又有负面性，科学主义造成技术异化，并且破坏了生存环境；人文主义也发生危机，导致人与社会对立，人丧失了生存的目标，陷于孤独和空虚。文学在现代性发生之初，就负起了审美批判的功能。浪漫主义以反叛现实回归自然来逃离现代性，现实主义以人道主义来揭露现代性，现代主义展示人的异化来抗议现代性。文学的审美批判功能使社会意识多了一个反思的维度，它使人对现实保持着清醒的批判意识，在历史进程中不至于丧失自我，有了克服异化的武器。

二、文学的终极关怀功能

文学具有审美价值，审美价值是最高的价值，它是对人的终极关怀。所

---

① ［德］爱克曼辑录：《歌德谈话录》，朱光潜译，人民文学出版社 1978 年版，第 193 页。

谓终极关怀,原本是一种宗教概念,指的是对上帝的信仰带来的最高价值的实现和灵魂的归宿。在文学理论上引入这个概念,意在说明文学所具有的审美价值是最高的价值,文学使人领会了生存意义,获得了心灵的自由,从而有了人生的归宿。人是一种精神生物,他除了有现实生存需要外,还有超越的追求,即渴望实现自己的最高价值,寻找生存的意义。没有终极关怀,精神就会陷入空虚,生存就会缺失意义。正是出于这个需要,才有艺术、宗教、哲学等形而上的活动。宗教通过设立一个彼岸世界和一个全能的上帝,通过对天堂的向往和对上帝的信仰来施予终极关怀,给人以永生的安慰。哲学通过形而上的思辨施予终极关怀,给人以大彻大悟。文学通过审美理想的创造,建立一个审美乌托邦,在审美体验中施予终极关怀,给人以精神的归宿。

在现实生活中,人渴望找到生存的价值、获得终极关怀。在"上帝死了"的现代社会,人的生存意义成了问题,对终极关怀的渴求更加强烈。他要摆脱孤独、空虚,解除人生的烦恼,得到心灵的慰藉,而文学就负起了这个职能。文学创造了一种新的人生体验,使主体变成了自由人。无论是悲还是喜,他都感受到了一种最人性的关怀。在审美体验中,他与自己的人物形象生活在一起,摆脱了孤独和空虚,得到了净化和升华。法国著名作家、批评家斯达尔夫人说:

> 不管我们处于怎样的境遇,这些书总能令我们热泪纵横,把我们的心导向那排遣个人痛苦的沉思,并为我们创造机会,来同古今作家,同跟我们兴味相投的读者欢聚一堂,交流思想。在流放的沙漠、在牢房的深处、在就义的前夕,感情丰富的作家的这样一页作品也许就能使一颗沮丧的心重新涌现希望;……但人们却不明白,在困厄之中,某些震撼心灵的思想和情感是怎样在你静思的历史中具有划时代的意义。①

文学是一种理想的生活方式,许多人,包括作家,也包括读者都把文学

---

① [法]斯达尔夫人:《论文学》,徐继曾译,人民文学出版社 1986 年版,第 29—30 页。

爱好当作自己的最大幸福,他们的现实生活可能并不顺利,甚至可能是痛苦的,但由于对文学的热爱,他们可以获得终极关怀,体验到另一种幸福。人类走过了漫长的黑暗时代,没有绝望、没有精神失常,离不开文学的审美关怀作用。文学消除了现实生活的功利、庸俗、冷漠、无意义,给人以诗意、温暖和希望。陀思妥耶夫斯基通过以自己为原型的主人公之口说道:

如果说过去我什么时候有过幸福的话,那么,这也并不是我因成就而陶醉的最初瞬间,而是当我还没有把我的手稿读给任何人听,拿给任何人看的时候:在那漫漫长夜里,我沉湎于兴奋的希望和幻想以及对创作的热爱之中;我同我的想象,同亲手塑造的人物共同生活着,好像他们是我的亲人,是实际活着的人;我热爱他们,与他们同欢乐,共悲愁,有时甚至为我的心地单纯的主人公洒下最真诚的眼泪。①

无论对于作家还是读者,文学都是一种最高的精神需要和终极关怀,它使我们找到了精神的归宿。我们需要文学,需要这个审美乌托邦。教育家蔡元培先生在五四时期主张"以美育代宗教",就是认识到了文学艺术的终极关怀功能,并且认为审美关怀可以取代宗教关怀,为现代人树立终极价值,使人的精神健全发展。

三、文学的审美教育功能

文学的审美教育功能是文学对现实的人的完善和提高。文学通过审美体验,使人的片面的现实个性升华为全面的审美个性。虽然这只是暂时的,文学活动结束后,人还要回到现实中来,恢复现实个性,但是这不等于说文学对人不起作用。当人回到现实中来后,他的现实个性已经发生了不知不觉的变化,因受到审美个性的提升,变得更美好了。狄德罗说:

只有在戏院的池座里,好人和坏人的眼泪才融会在一起。在这里,

---

① 引自中国社会科学院外国文学研究所外国文学研究资料丛刊编委会编:《外国理论家作家论形象思维》,中国社会科学出版社 1979 年版,第 110—111 页。

坏人会对自己可能犯过的恶行感到不安,会对自己曾经给别人造成的痛苦产生同情,会对一个正是具有他那种品行的人表示气愤。当我们有所感的时候,不管我们愿意不愿意,这个感触总是会铭记在我们心头的;那个坏人走出包厢,已经比较不那么倾向于作恶了,这比被一个严厉而生硬的说教者痛斥一顿要有效得多。①

审美教育是人的全面发展的直接手段。现实的人往往被狭隘的社会关系塑造成为片面发展的人,成为工具性的存在物,而丧失了人的本性的丰富性。现实的教育包括知识的学习,还包括道德等意识形态灌输。现实教育是人的发展的必要手段,它使人成为合格的社会成员(社会角色)。但是,现实教育仍然是有限的教育手段,它只能使人在特殊的方面获得发展,不能使人获得直接的全面发展;它可以使人成为有知识、有道德的人,但不一定能成为全面发展的人。常有这样的人,他是好学生、好职工、好公民,但缺少魅力,没有个性、没有爱好、情感不丰富,没有更高的追求,这不是全面发展的人。所谓全面发展的人,不仅是德、智、体全面发展,而且是个性、情感、风范等的健全发展,是人的所有秉性都得到实现的理想人格。蒋子龙有一个短篇小说《赤橙黄绿青蓝紫》,就提出了这样一个主题:人不应该只有一种颜色,哪怕是红颜色;而应该是全颜色。除了思想好、工作好以外,还要有个性、有情调、有爱好,风花雪月、棋琴书画,这才是健全完美的人。这实际上提出了人的全面发展问题。文学不是对人的某一方面进行教育,而是对人格整体进行教育。在文学的熏陶下,人可以重新体验人生,对文学角色充满同情,而不再是现实中机械、冷漠的人;对自我的独特性有了发现,从而摆脱了同质化的社会关系的束缚。总之,文学使人的个性全面改善、思想境界全面提高、情感世界全面丰富,成为更理想的人。我们可以设想一下,把一个从小就饱受文学熏陶的人与没有文学艺术修养的人加以比较,前者应该更可爱、更有魅力。

① 《狄德罗美学文选》,张冠尧、桂裕芳译,人民文学出版社 1984 年版,第 137 页。

审美教育使人具有道德的自觉性。美与善是相通的，因此文学审美教育的结果，是人变得有内在的道德要求，自觉地去做好人、做好事。他做好人好事，不是抱有其他目的，而是因为觉得那样很美。他不做坏人坏事，也不是因为别的，而是因为觉得那样很丑。

审美教育也可以开发人的智力。美与真也是相通的，因此文学审美教育的结果，是人的智力得到培育。科学研究表明，人的左脑分管逻辑思维，右脑分管形象思维。文学是形象思维，它能开发右脑，从而使人的想象力、直觉能力和创造能力得到发展。

文学的审美教育是不可取代的，不能用其他教育手段代替，德育和智育都不能取代美育。文学的审美教育是一种形象教育，它不像意识形态教育用抽象的道理进行灌输，因此更生动、更容易被接受。审美教育是一种情感熏陶，它不同于意识形态的理智的说教，它不以利害关系来进行开导，而是打动人的感情，激动你、感化你，让你不自觉地接受某种思想，因此更有效力。而且，知识的学习和意识形态教育是共性的教育，它培养人的共同的理性思维、共同的社会意识和社会规范，使人成为社会化的角色。文学的审美教育是个性的教育，它发展人的独特性和创造力，使人成为完美的个性。人虽然是社会生物，但本质上是个性化的。因此，共性的现实教育虽然必要，但个性的审美教育更根本，它使人的个性全面发展。文学的审美教育是长期的熏陶，而不是一朝一夕所能奏效的，因此更需要坚持。

对于儿童、少年来说，文学的审美教育具有更特殊的意义。儿童、少年心理结构不同于成年人，它还处于“形象思维”阶段，与审美意识同构。这就意味着文学的美育对儿童、少年有天然的亲和性，它很容易被接受。而且文学的美育有助于儿童、少年心理结构的成熟发育，进而有助于情感和想象力的发展，对他们将来的人格有重要作用。因此，培养儿童、少年对文学的爱好是非常必要的。

第三节　文学的心理愉悦作用

文学具有身体性，因此，文学就宣泄了原始欲望，产生了消除心理压力的快感，这就是文学的消遣娱乐作用。同时，文学又具有审美性，因此，文学就升华了原始欲望，实现了审美理想，从而具有了美感愉悦功能。这就是说，通俗文学突出了感性娱乐功能，纯文学突出了美感愉悦功能。

一、文学的消遣娱乐功能

文学具有原型意义，它与人的无意识相对应。无意识积聚着原始欲望，它与人的理智相冲突，造成心理压抑。必须有合理的方式来宣泄原始欲望，才能维持心理平衡。在现实生活中，由于人与社会、理性与非理性之间的冲突未能解决，生命欲求不能充分满足，这就产生了人的苦恼。人有时会感到空虚、无聊、苦闷，特别是在闲暇时，更需要某种方式加以排遣。这就产生了宣泄原始欲望的消遣娱乐的需要。感性化的文学描写往往突破理性规范而直接表达人的生命欲求，使无意识中的原始欲望得以宣泄，这就会产生感性娱乐作用。特别是通俗文学，感性化的倾向更明显，消遣娱乐作用更突出。人的原始欲望虽然包括一切生命欲求，但其核心是性欲和攻击性。文学，特别是通俗文学，对人的生活的感性描写，往往集中于爱情、打斗（武侠、警匪、战争等题材）；严肃文学和纯文学也有“爱与死是永恒的主题”的说法，这些都印证了文学与原始欲望的关系。文学对生活的感性描写，往往要符合社会规范，使感性欲望道德化、合法化，如性的欲念变成了爱情的追求；暴力倾向变成了正义的复仇。即使如此，文学的感性描写仍然会使人的生命欲求得到某种假想的满足，从而产生一种快感。这时，人的心理压力得到缓解，文学就发挥了感性娱乐功能。文明的发展。特别是现代理性的强化，导致了对感性的压抑。这就需要以适当的方式释放原始欲望，文学艺术就是这种方式之一。所以,弗洛伊德认为艺术是原始欲望的升华,具有释放力比多的功能。他说:“作家通过改变和伪装而软化了他的利己主义的白日梦的性质,他通过纯形式的——亦即美学的——乐趣取悦于我们……向我们提供这种快乐是为了使产生于更深层精神源泉中的快乐的更大的释放成为可能。”①这一学说虽然仅仅从无意识角度谈论艺术,而忽视了从审美的角度考察艺术,但艺术的泄导原欲的功能是确实存在的。巴赫金提出了“狂欢化”理论,认为发源于民间狂欢文化的某些文学形式具有颠覆理性化的主流文化秩序的功能,体现了原始的生命力。马尔库塞则认为资本主义现实是对爱欲的压抑,而艺术反抗现实,使爱欲获得解放,从而创造了“新感性”。在文学特别是通俗文学活动中,人的感性欲望冲破了理性的防线,理性的防线后移,感性获得合法性,并且通过想象而得到代偿性的满足。这样,人的心理就获得某种平衡,避免了理性的过度压抑导致的灾难性后果。

文学的消遣娱乐功能是正当的。一方面,广大人民需要消遣娱乐。在艰苦的工作之余,完全有权利获得正当的享乐。而现代社会的发展,使闲暇时间大大增多,对消遣娱乐的需要也大大加强。文学是为人民服务的,不仅包括给人民以思想教育,也包括给人民以健康的娱乐。另一方面,文学的感性描写也被控制在合理的限度内,不至于毁灭理性;而且这种想象又不同于实际行为,因此不会造成实际危害。相反,适度的感性宣泄可以使人的原始欲望得到想象的满足,原始内驱力(力比多)得到释放,反而有利于心理的平衡,减少对社会的实际危害。封建主义和极左思潮否定文学的感性娱乐功能,实行文化禁锢,把通俗文学看作“诲淫诲盗”或“资产阶级腐朽文化”,剥夺了广大人民消遣娱乐的权利,也造成了一代人的心灵创伤。今天,应该恢复这个权利,防止这种弊病。

二、文学的美感愉悦功能

文学的最高层次是审美,审美意象是原始意象的升华。这就是说,在文

① [奥]弗洛伊德:《论文学与艺术》,常宏等译,国际文化出版公司 2001 年版,第 108 页。

学活动中,原始欲望转化为审美冲动,人的生命欲求以升华的方式得到实现,无意识与意识的对立不复存在,从而解决了内心世界的冲突。这时,就产生了一种美感,即身心和谐的愉悦感。美感愉悦不同于感性的宣泄,它是心灵的净化和升华,更富于精神性,因此更高尚、更纯洁。特别是纯文学就突出了这种美感愉悦功能,如《罗密欧与朱丽叶》以及《红楼梦》的爱情描写,就不涉欲念,一切杂念都被净化,使人解脱了心理压力,感受到爱情的纯洁、高尚。同样,文学,特别是纯文学的暴力描写也有美感愉悦功能,如《奥赛罗》中,主人公受到蒙骗,掐死了自己忠贞的爱妻,这种描写并没有导向攻击性,相反,攻击性被消解,产生了强烈的悲剧感。文学的审美描写使生活带有诗意,使人超脱了现实的沉重,在美感愉悦中得到休息、得到享受。

文学的美感愉悦功能是“寓教于乐”,使人在娱乐中得到教育和升华;可以丰富人的精神生活,使人生更有情趣,因此是一种理想的消遣娱乐活动。文学的魅力,也多在于此。纯文学更加突出了美感愉悦功能,它的审美价值更高。特别是一些经典作品,会给我们带来很美的精神享受。在闲暇时,阅读那些小说名著能令人流连于想象的世界,忘却了时间的流逝;吟颂那些脍炙人口的诗句,令人陶醉于诗情画意中而乐不知返。文学拥有广大的文学爱好者,文学成为他们最大的爱好和最好的娱乐方式。

三、文学消极作用的防范

文学的消遣娱乐功能对人和社会都有积极作用。但是,文学的感性描写,特别是通俗文学的感性化倾向在宣泄生命欲求的同时,又可能煽动人的低级欲望,产生消极作用,必须加以防范。

文学的感性描写,有双重作用,一方面会宣泄原始欲望,同时也会煽动情欲。对后一点,古希腊哲学家柏拉图早有认识,他认为诗人煽动情欲,有伤风化,主张将其逐出理想国。当然,这种认识有片面性,抹杀了文学的积极作用。但是,柏拉图毕竟最先认识到了文学的消极作用。同样,中国的道学家认为“文以害道”,也是对文学的消极作用的夸大。文学的感性描写,特别是涉及性爱和暴力的描写,如果不加节制,可能起到刺激性欲和攻击性的不良后果。尤其是一些通俗文学作品,为了吸引读者,获得市场价值,可能会渲染色情、暴力,对性爱和暴力场面的描写不加控制,突破道德界限,从而产生诲淫诲盗的消极作用。对于缺乏社会人生经验的少年儿童,后果尤其严重,甚至可能诱发犯罪行为,因此必须加以抵制。

既要发挥文学的消遣娱乐作用,又要防范文学的消极作用,就必须掌握文学描写的度。防范文学的消极作用,要把握住两个标准,一个是道德的标准,即根据社会习俗来确定文学描写的界限,对那些不合习俗、有伤风化的场面要避免过分渲染,以免产生不良后果。当然,也要注意文学的特性,把文学描写与现实行为区别开来,对于艺术创造需要的描写,即使涉及性和暴力,也不要横加干涉,更不要随意加上不道德的帽子。另一个是美的标准,对一些性爱或暴力场面的描写要加以美化,避免过于直露,防止自然主义倾向。中国古代文学有很好的传统,对性爱的描写优美、文雅、含蓄,如《西厢记》中对张生与崔莺莺的性爱场面的描写就很有诗情画意而不流于猥亵。中国古代文学对暴力场面的描写,也讲求美感,如《三国演义》中对战争场面的描写,就没有血淋淋的感觉,只有壮观的景象,它给人以美感,而不是残忍、恐怖的刺激。相反的例子也有,如《金瓶梅》、《肉蒲团》对性的赤裸裸的描写,不仅有违中国人的道德习俗,而且不美,甚至令人厌恶。这些描写也游离于文学形象的塑造,不符合艺术需要,因此是失败的。从总体上说,文学描写的恰当与否,既要用社会道德标准加以约束,又要放在总的文学形象塑造中来加以衡量,看是否有利于文学形象的塑造、是否符合于审美标准而加以取舍。

第四节　文学发生作用的特点

一、文学的功利性和超功利性

文学是否有功利性,一直是个有争议的问题。坚持文学的审美本质的一派认为,文学是非功利的,文学有自律性,提倡“为艺术而艺术”。坚持文学的意识形态本性的人则认为,文学有功利性,它发挥政治的、道德的社会作用,为现实服务。其实,这个问题不能一概而论,要具体分析。文学有不同的层次、不同的形态,因此有不同的功能。必须在不同的意义上、就不同的文学形态做具体分析。

从文学活动的出发点看,文学有没有实际功利目的呢?一般地说,文学没有直接的实际功利目的。文学的直接目的是满足文学需要,包括审美需要和其他文学兴趣而非获取实际利益。当然不否认文学可能有实际目的,特别是严肃文学往往有实际目的,但即使有实际功利目的,其表现也是间接的。作家可能有干预现实的目的,但在写作时必须忘记这个目的,甚至忘记现实,而以审美理想和文学形象代替之。在文学创作中坚持实际目的,固守现实,不能转化为审美理想,不能进入审美世界,就难以创造出生动的文学形象,而只会写出新闻报道那样的东西来。文学虽然没有直接的功利目的,但是却有间接的功利作用。文学可以教育人,并且通过人而改造世界。由此,我们可以提出结论:文学有“无目的的合目的性”(康德),或者说文学有“不用之用”(鲁迅提倡此说)。

文学的作用也是功利性与超功利性的统一。文学的现实意义,特别是严肃文学的现实意义,具有意识形态属性,要干预现实、教化人群,有突出的现实功利性。一些严肃文学作家,有明确的写作目的,他们的文学创作宣传某种思想观念,影响现实。如文学大师托尔斯泰就有意识地用自己的作品来宣传人道主义。一般读者也往往带着某种社会观念来评判作品,并且从中受到教益。而且,文学确实对现实发生影响和作用,这种作用有时甚至是重大的。因此,可以说,文学的现实意义,有现实功利性,特别是严肃文学有突出的现实功利性。

文学的审美意义,具有审美价值,它没有现实目的,它以自身为目的。特别是纯文学的审美价值和审美作用突出,而现实作用不强。许多纯文学作家写作并无直接的现实目的,只出自审美感受。歌德说“这些诗原来在我头脑里已酝酿多年了。它们占据了我的心灵,像一些悦人的形象或一种美梦,飘忽来往。我任凭想象围绕它们徜徉游戏,给我一种乐趣。我不愿下定决心,让这些多年眷恋的光辉形象体现于不相称的贫乏文字,因为我舍不得和这样的形象告别。等到把它们写成白纸黑字,我就不免感到某种怅惘,好像和一位挚友永别了"①。即使严肃文学作家在写作过程中,也不能直接抱着现实功利目的,只有忘记现实目的,才能进入创作情境。德国无产阶级艺术家柯勒惠支说:"在一开始的时候吸引我去表现无产者的那种同情心只起了很小的作用,我主要单纯地认为他们的生活很美,就像左拉,或者另一位谁曾经说过的:'美的就是丑的'。"②读者也往往以非功利的态度,抱着纯粹的文学兴趣(审美的或消遣娱乐的)欣赏文学作品。文学的审美作用是纯粹的精神需要——审美需要的满足,它不会带来任何实际利益,在这个意义上,文学没有现实功利性。

文学的审美作用不是现实作用,但不等于说文学就没有任何作用,因为审美作用也是一种作用,是庄子所谓的"不用之用",这是更大的作用。审美使人获得了解放,满足了人的超越性精神需求,它比现实作用更重要。因此,文学不是无功利性,而是超功利性。由此我们可以作出结论:文学既有现实作用,又有超现实作用;既有功利性,又有超功利性,文学是功利性与超功利性的统一。

二、文学对人的作用的直接性

文学的目的是人的全面发展,文学是人学,人是文学的最高目的。因此,文学的作用直接就是改变人的心灵,文学对人的作用具有直接性。所谓直接性,首先就是文学不具有外在性,而具有内在性,它直接指向人的心灵。科学和意识形态具有外在性,它们是改造世界的工具。而文学不是工具,它直接

① [德]爱克曼辑录:《歌德谈话录》,朱光潜译,人民文学出版社 1978 年版,第 207 页。
② [德]柯勒惠支:《我的回忆》,《世界美术》1979 年第 2 期。

服务于人的心灵,直接作用于人的精神世界,直接满足人的全面发展的需要。

文学对人的作用具有非自觉性。文学对人的影响和改变是以非自觉的方式实现的。所谓非自觉性,是说文学不是诉诸人的理智,不是改变人的某种具体观念,而是诉诸人的非自觉意识(内在体验),改变人的整个心灵。这与科学和意识形态发生社会作用的方式不同。科学提供客观的知识,改变人的具体认识。意识形态提供价值规范,改变人的具体观念。它对人的影响是通过自觉意识意义实现的,是通过思想灌输而改变人的具体观念,因此是外在的。而文学对人的影响是内在的,是深层次的心理影响。人们在不知不觉间就受到了文学的影响,思想感情就发生了改变。

文学对人的作用还体现为一种潜移默化性。文学发生社会作用是长期的、潜移默化的。科学和意识形态诉诸理智,改变人的具体思想观念,因而对人的影响是直接的,发生社会作用也是立竿见影的。科学可以很快转化为生产力,意识形态可以很快规范人的行为。文学诉诸非理智的内在体验,改变人的整个心灵,因此对人的具体思想行为的改变是间接的,也是缓慢的,发生社会作用的方式也是间接的、缓慢的。心灵的改变、人格的改造不是一朝一夕的,不能一蹴而就,而是一个长期的过程。文学对人发生一个潜移默化的影响,通过长期的文学修养的积累,涵养性情,美化心灵,不知不觉地发生人格和世界观的改变,从而影响人的社会实践,发挥社会作用。企图通过某一种文学作品直接地、立竿见影地改造人是不现实的,而且往往欲速不达。

文学对人的作用还具有不可抗拒性。人有强烈的交流思想感情的需要和审美需要,这是不可消解的精神需要。文学满足了人的心灵的渴求,俘获了人的灵魂。它对人的非理智意义发生影响,打动人的情感,启迪人的智慧,因而能够突破理智的防线,顽强地改变人的思想。有时人们的观念很顽固,难以改变,而文学却能瓦解它。当人被文学形象所感动时,旧的自觉意识被突破,新的思想开始萌发,从而不知不觉地成了它的俘虏。所以文学能够打破社会偏见,克服阶级的、民族的、文化的差异而感动人。法国作家阿兰讲过这样一件事:

在战争期间，我曾遇到过一个人，他是属于那种头脑敏锐、脾气乖戾的一类人。在战场上或在战地医院里，那种最令人悲痛的景象一点也没有使他激动，我甚至可以说，他根本不注意周围发生的一切。有一次，在我们驻扎的一个小城市里，未经事先通知，我就去拜访他，我见到了一种令人惊奇的景象：他双手抱着头，正伏在书上哭泣，而这本书所叙述的苦难正是他曾经用十分冷漠的目光，日复一日地看了不止一年的苦难。要知道这本书不过是生活的拷贝，而大家知道，拷贝总是比原本苍白的。①

阿兰的疑惑是可以解决的，因为文学不是生活的拷贝，它作为审美活动具有动人的魔力，它征服了那个人，打破了他的冷漠，把他积聚在无意识中的自由要求和心理能量激发出来，补充巨大的情感力量，这正是文学魅力的根源和不可抗拒性之所在。

三、文学社会作用的间接性

文学的社会作用就是影响和改造现实，但这种社会作用具有间接性。这是因为，文学以人的整体发展为目的，并且直接作用于人，而并不直接对社会现实发生作用。因此，文学要改变社会，首先要通过人这个中介。它必须先改变人的思想意识，然后才能通过人的实践改变世界。文学与历史记叙或者新闻报道不同，它不是直接针对现实问题发言，直接改造现实，而是直接针对人的思想感情发言，直接改造人的内心世界，通过人的内心世界的改变而间接地改造现实世界。

纯文学主要以审美方式影响人的心理。它把现实个性提升为审美个性，把现实意识提升为审美意识。当文学活动结束后，人又回归现实个性和现实意识。表面上看，人又回到原来的起点，人并没有被改变；但实际情况是，此时的现实个性和现实意识已经被审美个性和审美意识不知不觉地改

① 《法国作家论文学》，王忠琪译，生活·读书·新知三联书店 1984 年版，第 104 页。

造了，或多或少地发生了改变，变得更美好了。这种改变不那么明显，但是日积月累就会产生明显的效果，于是文学接受者会作为新人出现，更积极地生活，更善良地待人，更努力地改造世界，从而发挥了文学的社会作用。严肃文学除审美方式外，主要以打动人的情感的方式来改变人的思想，它虽然传达了一定的现实观念，但也必须先打动人的整个心灵，改变人的整个世界观，才能间接地通过人来改变世界。通俗文学也有审美作用和现实作用，但主要以感情娱乐方式来恢复人的精力，调节人的情绪，从而使人能更好地工作、学习、生活。由此可见，文学对社会的作用是间接的，而文学对人的心灵的作用是直接的。

文学社会作用的间接性，要求我们尊重文学规律，注重文学自身的价值，避免急功近利。文学是“不用之用”，你越是想发挥它的社会作用，可能就越达不到目的；你不去想发挥它的社会作用，只要注重文学形象本身，反而会发挥社会作用。正如哈代说的：“对道德利益上最有贡献的小说可能是那些写作时没有道德目的的小说。”①

本章参考书目

1. [德]席勒：《审美教育书简》，冯至、范大灿译，上海人民出版社 2003 年版。

2. [奥地利]弗洛伊德：《精神分析引论》，高觉敷译，商务印书馆 1984 年版。

3. [法]罗贝尔·埃斯卡皮：《文学社会学》，于沛选编，浙江人民出版社 1987 年版。

4. 梁启超：《论小说与群治的关系》，王钟陵主编：《二十世纪中国文学史文论精华·小说卷》，河北教育出版社 2000 年版。

① 中国社会科学院外国文学研究所外国文学研究资料丛刊编委会编：《欧美古典作家论现实主义和浪漫主义》（一），中国社会科学出版社 1980 年版，第 315 页。

第三编　文学活动论

文学作为一种指向自由的生存方式，意味着文学是一种活动，它包括文学创作、文学接受活动，也包含文学主体、文学对象、文学作品等要素。艾布拉姆斯提出了文学四要素的著名观点，他认为文学作为一种活动，是由作品、作家、世界、读者四个要素组成的。① 其中作家和读者都是文学主体。本编仅考察文学主体以及文学创作和文学接受等方面，而把文学作品单列一章考察。

① 参见［美］M.H.艾布拉姆斯：《镜与灯——浪漫主义文论及批评传统》，郦稚牛等译，北京大学出版社2004年版，第5—6页。

第九章　文学主体

文学的主体就是从事文学活动的人，包括作者和读者。主体概念包含着个性和意识两个方面，前者是从存在论的角度来确定的主体，后者是从认识论的角度来确定的主体，它们内在地联系在一起。因此，文学主体要从文学个性和文学意识两个方面来说明。

第一节　文学个性

人以个性形式存在，个性是个体区别于他人的基本特征。文学个性是文学主体的独特性，既区别于现实主体（个性），也区别于其他文学主体（个性）。文学个性具有多个层次，应该具体分析。

一、人格层次

人格是稳定的心理结构，决定并且体现为人的个性。弗洛伊德把人格划分为本我、自我、超我三个层次。本我是原始的我，积聚着原始欲望，是人格的本能层次。自我是现实化的人格层次，与现实相适应，有压制本我的功能。超我是社会化的人格层次，对自我构成一种规范。三种人格之间互相制约，构成了完整的个性。弗洛伊德的人格学说有其合理性，也有其不足。其合理性主要体现为，他在现实人格之外发现了深层人格（本我），也发现了现实人格中的社会因素(超我)。其不足主要体现在两个方面:一是自我和超我之间的划分不合理,超我作为社会性人格,实际上与自我是分不开的,它体现为自我,而不能独立存在;二是缺少了一个超越性的人格层次即自由人格,如此人就失去了自由的追求,成为现实的附着物。因此,我们可以对其加以改造,形成新的人格理论。

个性可以划分为三种人格层次,即原型人格、现实人格和理想(自由)人格。如果把它与弗洛伊德的本我、自我、超我三种人格层次的学说相比较,就会发现二者的异同。原型人格是深层人格,是自我的潜在形式。原型人格相当于弗洛伊德的本我,但又有所不同,本我只强调原始欲望,而原型人格除了原始欲望以外,还包括原始的认知模式。现实人格是现实环境造就的人格形式,它适应现实,并抑制原型人格。现实人格大体上相当于弗洛伊德的自我,它一从原始人格中脱胎而来,就被社会关系同化,成为现实的人格。弗洛伊德的超我被确定为社会规范的内化形式,是自我的压迫者。而实际上,不存在与现实人格分离的超我,社会规范一旦内化,就已经与"本我"相化合,成为现实人格。自由(理想)人格是个性的超越层次。弗洛伊德人格学说缺少一个自由人格的层次。如果人仅仅有原型的和现实的人格层次,而没有自由(理想)人格的层次,那么人就成为现实的附生物以及原始欲望与现实关系冲突的牺牲品,没有了自由要求和全面发展的可能。而人确实有超越现实人格的要求和能力,并通过审美创造实现这种要求。理想(自由)人格不是人格的实际的、确定的形式,而是人格的超越性、可能性;也不是有意为之的道德的人,而是无意识的潜在的自我实现的追求。总之,理想(自由)人格是人的自由的可能性,它超越现实人格,塑造着自由的自我。如果说"本我"只是深层结构,并不实际存在,也不可能还原的话,那么,理想(自由)人格却具有实现的可能性,这就是作为审美个性的创造。

三种人格层次构成了个性的不同层次。原型人格是个性的原型层次,构成了个性的深层结构,与无意识领域对应。现实人格是个性的现实形式,构成了个性的表层结构,与现实意识相对应,并且与社会存在相适应。理想

(自由)人格是个性的超越层次,构成了个性的可能结构,与内在的自由要求相对应。理想(自由)人格作为一种内在的要求,成为审美创造的动力,并且转化为审美个性。

二、文学主体的原型人格

个性的深层结构是原型人格,而作为文学主体的文学个性,也包含着原型人格的显现形式。原型人格蕴含着人的原始欲望,但只作为无意识存在。人的个性的原型是在人类集体和童年时期形成的,它转化为深层人格结构。现实个性是人化自然的产物,受到社会关系的规范,原型人格被社会化,也受到抑制。于是在人的心理中,就存在着回归原型人格的冲动,原型人格就有了呈现的可能。但原型人格在现实主体身上还是潜在的,受到现实人格的抑制而没有现身。在文学活动中,原型人格获得解放,它一方面与现实人格融合并且升华为审美个性,同时还有另外一种取向,就是现身为独立的原型人格,成为文学的主体。在文学特别是通俗文学的充分的感性化描写中,理性规范被解除,现实个性身体化,返回到原型人格,或者说原型人格借助身体性而现身。原型人格一旦现身为文学的主体,它所面对和创造的世界就自然化了,不再是理性主宰的世界,而是非理性的世界。在这个世界中,原型人格与自然化的世界融合为一体。文学特别是通俗文学中往往表现了文学主体的(作者的或者读者的)原始欲望,包括性欲和攻击性;它虽然被做了道德的包装,但有时又赤裸裸地表现出来,在一个非理性的世界中自由宣泄,而这正是原型人格的现身。如在中国的武侠小说中,侠客生活的世界不是现实的王法世界,而是凭借武功可以横行天下的快意恩仇的世界,而侠客的个性虽然有道德的包装,但本质上是自然化的原型人格。

原型人格从集体角度说,是原始人类性格的转化物;从个体角度上说,是童年人格的转化物。这就意味着,除了一般的原始欲望之外,原型人格又具有了特殊性。集体性的原型人格生成于原始文化包括神话传说和巫术仪式中,后来转化为文明人类个性的深层结构,因此打上了原始文化的烙印。

各个民族的原型人格是不同的，例如中国神话传说中的主角都是神化的帝王，他们富有德性，造福人类，这种文化塑造着中华民族特殊的原型人格。所以中国文学主体的原型人格不同于西方，它虽然也包含着原始欲望，但又具有早熟的道德理性倾向。西方神话传说中的主角是具有自然人性的神，如古希腊神话中的宙斯，具有人性的缺点，如好色、自私、残暴等。因此，西方文学的原型人格没有道德化，而是更富于自然天性。

从个体角度说，原型人格是童年人格的转化物。一方面，童年人格还没有被文化所规训，原始欲望和原始体验都没有被驯化，具有自然天真的性质；另一方面，童年时期的经历，给原型人格打上特殊的印记。在以后的成人性格养成中，童年人格会转化为成人性格的深层结构。在文学活动中，这种打上特殊印记的童年人格就会体现出来，成为独立的原型人格。在文学描写中，往往不经意间表达了深层的自然欲望和童年人格，形成了身体性的文学主体。弗洛伊德说《蒙娜丽莎》表现了达·芬奇幼年失母的恋母情结，可为一例。而且，原型人格又经常与现实个性、审美个性互相作用，结合在一起，造成复杂的文学形象。卡夫卡作品中的无名恐惧感，就是童年时期形成的原型人格的体现。卡夫卡作品中反复出现陌生的、强大的、异己的形象，这一方面是对资本主义异化的真实体验，同时又源于作家童年的经历：他对威严而缺少温情的父亲的惧怕和反感。于是这种童年经历就塑造了他的原型人格，恐惧感就成为其基本特征；而父亲的形象成为他的文学形象的原型。这种原型与他的后天经验——对资本主义的反感结合在一起，就形成了他的文学个性，产生了他笔下的文学形象。

三、文学主体的现实个性

在现实生存方式中，主体独立，个性形成，但是，由于人与世界的对立以及社会关系的限制，人成为片面的现实个性，这是人的异化形式。同样，现实世界也作为客体与人对立，成为片面的人的对象。现实个性具有现实性、不自由性、一般性、片面性四种特性。

现实个性具有现实性。人不同于动物，在于人的本质具有超越性。但是，人又是在现实生存中形成的，因他必须适应现实环境，否则就无法生存。于是，人的自由本质在历史中遭遇异化，成为现实个性。现实条件、社会关系以及社会意识形态塑造了现实人格，人成为马克思所说的“社会关系的总和”，也是福柯所说的被无所不在的社会权力所“规训”的对象。

现实个性丧失了自由的品质。人不同于动物，在于人的本性是自由的。但是在现实领域，世界（自然、社会）成为自我的对立物，因此，社会关系具有异己性，现实个性被世界所压迫，被社会关系所束缚。人的行动没有自由，要受到自然规律和社会法则的制约。人的思想没有自由，要受到意识形态（政治观念、道德规范等）的制约。于是，人的自由被剥夺，天性被扭曲，成为不自由的存在物。

现实的人是一般化的人，个性受到束缚。人不同于动物，在于有个性，人是个性的存在物，具有不同于他人的自我特性。但是，环境压抑了人，人的个性不能充分发展。在社会关系的束缚下，在意识形态的教化下，人的特性被抹平，成为一般化的存在物。这就是海德格尔所说的“非本真的共在”。丧失个性的人就成为没有自我的群氓，是异化的人。

现实的人是片面发展的人。人不同于动物，在于人的本性的丰富性，人应该是全面发展的。但是在现实生存中，由于片面的社会分工以及片面的社会关系，人的本质被抽象化了，分裂了。社会分工把人区分为脑力劳动者和体力劳动者，造成了体力和智力的分离，使人的发展片面化。另一方面，商品生产把人塑造成为消费动物，意识形态把人塑造成为理性工具，于是造成感性与理性的分离。在现实社会中，人的丰富本质丧失，人未获得全面发展，而成为片面发展的现实个性，这就是马尔库塞所谓的“单面的人”。

无论是作家还是读者，首先是作为现实的人参与文学活动的，他们要带着现实的思想感情，看待文学描写的社会的、情感的生活，从而表达自己的人生追求。而每个人的个性是不同的，他们是独特的生存活动的产物。这样，文学活动和文学形象的创造就打上了文学主体的个性印记。中国文论说:“文如其人”,就是讲文学作品与作者的个性之间具有统一性。中国古代美学中把个性称为“性情”,认为性情是独特的,决定着文学的特性。刘勰说:“各师成心,其异如面。”“……吐纳英华,莫非情性。是以贾生俊发,故文洁而体清;长卿傲诞,故理侈而辞溢;子云沈寂,故志隐而味深……”(刘勰《文心雕龙·体性》)就是说独特的个性创造了独特的艺术风格。

在文学主体的人格结构中,现实人格成为基础。作家和读者首先是现实个性,延后才有原型人格和审美个性。现实个性一方面压抑原型人格,另一方面也是审美个性的基础。由于现实个性包含自我超越性即自由的要求,因此就可能转化为审美个性。

四、文学主体的审美个性

以上论述了现实个性的异化性质。但是,生存具有两重,一是适应现实的现实性,二是指向存在的超越性,即具有超越自身的自由要求。人不仅仅是被动、消极的存在物,而且还是能动的主体,可以改变现实、改变自我,从而超越现实个性,成为自由的个性。因此,现实个性蕴含着自我否定、自我超越的动因。审美活动作为一种自由的生存方式,也创造了自由的审美主体,这就是区别于现实个性的审美个性。

在日常生存中,现实人格居主导地位,自由(理想)人格被抑制,于是现实的人就成为片面发展的个性。但现实个性中存在着矛盾,原型人格与现实人格、现实人格与自由(理想)人格之间存在着冲突,这是人与现实冲突的内在形式。这种冲突的解决,是进入自由的生存方式,使现实个性转化为审美个性。在审美活动中,潜在的自由要求转化为审美理想,它成为强大的个性重建的动力。在审美理想的推动下,自由(理想)人格从潜在状态中显现出来,并且突破现实人格的压制,转化为审美个性。审美个性是理想人格的实现形式,是对现实人格的超越,也是原型人格的升华。审美个性具有超现实性、自由性、独特性和全面发展的品格。

审美个性具有超现实性,这是因为它是自由的生存方式的产物。审美活动使现实生存升华为自由的生存，审美主体也因之成为自由的主体。审美个性作为自由的主体，并不存在于现实之中，他不是实际的自我，而是审美理想的创造，是自我的理想形式。他只存在于审美体验中，通过对象化的审美意象而呈现。一旦离开审美体验，审美意象消失，审美个性就不复存在，对象回归现实世界，自我回归现实个性。因此，审美个性是超越现实个性的理想的个性。在审美活动中，我们会体验到自我的升华，不再是现实中那个异化的自我了，而是变得更加美好了、更加高尚了、更加纯洁了、更加有同情心了。

审美个性超越了现实，从而就获得了解放，成为自由的个性。审美中人与世界的对立消失了，社会关系的束缚被解除了，我与世界之间进入了一种“诗意地安居”的主体间性状态。同时，自我也解除了意识形态所加于自己的束缚，在自由的要求——审美理想的驱使下，成为本真的自我，自由的个性。在审美中可以体验到，自我摆脱了现实的压抑，变得更加丰富了，更加有创造性了。所以，南北朝时期的萧纲云：“立身先须谨重，文章且须放荡。”（《诫当阳公大心书》）说的就是现实个性被现实关系约束，必须适应现实，所以要谨重；审美使个性获得了解放，所以要冲破现实束缚而“放荡”。黑格尔说“审美带有令人解放的性质”，也是这个意思。

审美个性是全面发展的个性形式。审美克服了现实生存的片面性，作为自由的生存方式创造了全面的人格。所谓全面发展，是指人的全部潜能都得到实现，一切天性都得到发挥，从而消除片面的存在，得到自由的发展。席勒和马克思都肯定了审美主体是全面发展的自由人格，人的特殊性和精神的丰富性都在审美个性中得到体现。无论是文学家还是文学接受者，都变成了最丰富、最全面的个性。审美使人的理解能力、直觉想象能力得到充分发展，创造力得到充分发挥，情感世界获得丰富和充实，而且克服了理性与感性的分裂，恢复了精神性和身体性的同一，而这就意味着人的全面发展。

审美个性是最独特的个性。审美发挥了人的创造性，既是对世界的创造,也是对自我的创造。在审美中,由于隔绝了现实世界,人的天性不受束缚地得到发挥,每个人都最充分地实现了自己的独特性,这是人的最理想的存在形式。艺术最充分地体现了审美创造的独特性,从而就创造了最独特的艺术个性。艺术个性的表现形式是风格,风格就是艺术作品的内在统一性和独特性。

审美个性使文学主体获得了全面发展,成为自由的个性。无论是作家还是读者,在文学活动中都超越了自我,克服了自我的局限性,而获得了自由的品格。审美个性是最具有创造性的主体,它以强大的想象力创造出奇妙的文学形象。审美个性是最富于情感的主体,它以丰富的内心世界拥抱整个世界。审美个性是最高尚的人格,它以最纯洁的心灵融化现实人生。

五、文学个性诸成分的关系

文学主体拥有原型人格,也拥有现实个性和审美个性,是三者的贯通形式。但文学个性的三种成分,不是并列的,而是处于不同的层次结构中。原型人格是最低层次,由潜在的转化为显在的,体现着人的身体性。现实人格是基础层次,是直接显在的,与人的理智性相通。审美个性是最高层次,是生成性的,与人的自由本质相通。在不同的文学形态中,文学主体的主导成分也有所不同:在通俗文学中,文学主体的主导成分是原型人格,现实个性和审美个性是次要成分。在严肃文学中,文学主体的主导成分是现实个性,原型人格和审美个性是次要成分。在纯文学中,文学主体的主导成分是审美个性,原型人格和现实个性是次要成分。

在文学活动中,原型人格虽然现身为身体性的主体,但这种现身仍然是受到限制的,现实个性和审美个性都对其有所制约。同时,原型人格也会转化为现实个性并升华为审美个性。

除了原型人格之外,文学主体还拥有现实个性与审美个性两重人格,这构成了文学主体内在的紧张关系。许多作家和理论家都发现了文学主体的两重人格现象,并且给以各种不同的解说。乔治·普莱认为在文学活动中,产生了“第二个我”，他说：“每当我阅读时，我总是在心里说出一个我，而我说出的这个我又不是我自己。……于是我忘记自己，与自己相异了。”“当我全神贯注地阅读时，第二个我代替了我，这个我替我思想和感觉。”①这里所说的“第一个我”是现实主体、现实个性，“第二个我”是审美主体、审美个性。他们分属于现实生存领域与自由的生存领域，具有质的不同。因此，二者虽然共存于一体，表面上看融合无间，但实际上存在着深层的矛盾。这种矛盾存在于作家或读者的创作、接受过程中，也体现于文学形象内部。在作家创作和读者接受过程中，主体既作为现实个性，表达自己的思想感情，也作为审美个性企图否定自我，实现自由人格。如白居易的《长生殿》，书写了唐明皇与杨贵妃的故事。这个作品有双重主题，一个是政治的主题，谴责君主荒淫误国，导致国破家亡；二是人性的主题，讴歌唐明皇与杨贵妃之间的至死不渝的悲剧性爱情，表达了作者的同情。这两个主题是矛盾的，原因就在于作者的双重人格。作为现实个性，白居易抱持儒家的观念，认为国家第一，君主必须修身自好，不能儿女情长。因此，他在作品中谴责了二人情感的放纵，放弃了君主的责任。同时，作者作为审美个性，又同情二人的遭遇，憧憬美好的爱情。于是，他把他们的爱情理想化，给以同情和讴歌。读者的接受也同样经历了双重人格的冲突。在双重人格的搏斗中，审美个性战胜了现实个性，对爱情的讴歌最终压倒了政治理念，成为作品的主旋律。

不管什么形态的文学作品的主体，都拥有原型人格、现实个性和审美个性，是三种个性形式的贯通。而所谓贯通，就是由低到高，由潜在到显在的运动，最终达到对立统一。因此，文学展开的世界不仅仅是原始世界，也不仅仅是现实世界，还是审美个性创造的世界。

---

① ［美］乔治·普莱：《批评与内在性体验》，转引自拉曼·塞尔登编：《文学批评理论》，刘象愚等译，北京大学出版社 2003 年版，第 198、199 页。

第二节 文学意识

文学是特殊的生存体验方式，而体验就是带有身体性的意识活动。文学主体除了以个性的形式存在外，还以意识的形式存在。与自然的、现实的、本真的三种体验方式对应，人类有三种意识，就是原始意识、现实意识和自由的意识（包括审美意识）。而文学意识既包含着原始意识的转化形式，还包含着现实意识和审美意识。

一、人类意识结构

我们把意识系统区分为三个层次即无意识、非自觉意识和自觉意识；三种水平即感性、知性和超越性和两个方面即认知和情意。

无意识是原始意识的转化形式，形成了意识的深层结构。关于无意识，这里暂不考察，在下一小节做专门论述。

非自觉意识包括认知方面即知觉想象活动，也包括情意方面即情感意志活动。非自觉意识的基本单位是意象，因此非自觉意识是意象意识。人有形象思维与逻辑思维两种思维形式的观点已被普遍接受，实际上形象思维就是意象意识即非自觉意识，逻辑思维就是自觉意识，但二者的关系需要搞清楚。流行的观点把二者当作平行并互相作用的思维形式，而实际上，非自觉意识是直接的、未经反省的意识，具有意象性，不使用符号概念，它是人类意识活动的基础；自觉意识是对非自觉意识反思的产物，具有抽象性，使用符号概念。在自觉意识的活动过程中始终伴随着非自觉意识活动。同样，非自觉意识活动也始终在自觉意识制约下进行。因此，二者不是平行的关系，而是不同层次的意识，是直觉、理解、情感、欲望与反思的关系。非自觉意识是自觉意识的内涵，自觉意识不过是其反思形式和逻辑外壳，如果离开非自觉意识，自觉意识就将丧失内容，成为空洞无物的计算机程序。

从情意方面说,一切直接的内部体验活动(情绪欲望、情感意志和审美意识)都属于非自觉意识,一切价值判断(价值态度、价值观念和价值论范畴体系)都属于自觉意识,后者是对前者的反思形式。内部体验活动在价值判断的制约下体现着人的自我需要,是能动的价值创造力。价值判断面向现实,并使内部体验符号化,成为可以把握的规范形式。价值判断以抽象符号和思维活动来负载,内部体验则以意象和直觉、想象活动来负载。

自觉意识是非自觉意识的反思形式,它使用语言符号,具有自觉性,适应现实环境,并规范、制导非自觉意识;同时它又能够积累、推广知识,建立价值体系。人类能够创造和使用语言符号,就因为具有自觉意识,而动物则因为不具有自觉意识,不能使用语言符号。

与自觉意识相比,非自觉意识是原初的意识,它摆脱了抽象性和形式逻辑的限制,直接地发挥着人的自由能动的天性,创造性地掌握主体和对象;摆脱了思想观念的局限,直接体现着人的内在要求。因此,非自觉意识成为意识中具有创造性的、指向自由的意识形式。但是,在现实意识领域,也就是说在感性和知性水平上,非自觉意识还不具有独立性,它要受到自觉意识的控制,因此其本性不能得到充分发挥,也就是说其自由性受到限制。只有审美意识才成为非自觉意识的充分的形式,非自觉意识才得到解放,从而获得了自由性。

感性意识、知性意识、超越性意识的划分属于意识水平,它体现在非自觉意识和自觉意识两个层次上。非自觉意识的感性形式是直观、联想活动。感性意象是对现象的直接把握,但不是照镜子般的反映,而是能动地从整体上构造对象,从情意方面说,感性意象是情绪欲望的表现形式,这是无意识内驱力的现实体现。自觉意识的感性形式是表象,作为对感性意象的反思,它已经是初步的抽象。表象是对对象的外在特征的抽象概括,而与具体的意象不同。

非自觉意识的知性意象是感性意象的升华,感性意象是对表象的直观把握,知性意象是对本质的直观把握。人类能够在思维活动的指导下运用直觉、想象能力创造知识，这已被科学实践所证实。如普通人看到苹果落地，这是感性意象，而牛顿看到苹果落地，悟到了万有引力，此意象即脱离了感性形式而成为知性意象。知性意象较感性意象要更具有概括性，它不是具体对象的表面现象的感知，而是一种深刻、具体、丰富的理解，概念只是它抽象化的符号。从情意方面看，知性意象的内容即情感意志，它较之感性意象即情绪欲望具有更深刻的内涵，如对母亲的爱，是情意的感性形式；而对祖国的爱，就是情意的知性形式。对知性意象（情感意志）的反思，就成为表达一定价值观念的知性概念，这是价值态度的理论形式，是情感意志的抽象化、规范化，形成社会的价值观念体系即意识形态。

这样，就构造出复杂而又有序的现实意识系统的结构模型。

<table>
<tr><th>意识水平
心理层次</th><th>感　性</th><th>知　性</th><th>超越性</th></tr>
<tr><td>自觉意识</td><td>表象
（经验认识/价值态度）</td><td>概念
（科学认识/价值观念）</td><td>范畴
（哲学思维）</td></tr>
<tr><td rowspan="2">非自觉意识</td><td>意象
（直观联想/情绪欲望）</td><td rowspan="2">意象
（直觉想象/情感意志）</td><td rowspan="2">意象
（审美意识）</td></tr>
<tr><td>身体意识</td></tr>
<tr><td>无意识</td><td colspan="3">原始意象
（原始欲望/原始逻辑）</td></tr>
</table>

二、文学主体的身体意识

无意识理论是弗洛伊德创立的。他认为在意识的深层潜伏着无意识，它是由被压抑的原始欲望构成的，而原始欲望主要是性欲，后来又补充了攻击性（死本能）。在无意识与意识之间存在着中间地带——前意识。弗洛伊德对无意识的发现和阐发具有重要意义，但也存在着局限。他主要还是从个体角度考察无意识，认为无意识是个体童年原始欲望的转化形式。针对这一缺陷，荣格提出了“集体无意识”学说，认为无意识是人类童年形成的集体表象的转化形式。此外，弗洛伊德主要还是从欲望角度考察无意识，而忽视了从认知角度考察无意识。瑞士心理学家皮亚杰批评弗洛伊德只强调情感(欲望)无意识,而遗漏了认知无意识。皮亚杰针对这一问题建立了发生认识论。他认为儿童到成年的认知结构经历了不同的发展阶段,典型的儿童意识如前运算阶段,以直觉思维为基本特征,具有与原始意识相同的结构,成年后转化为无意识。这样,无意识就包括欲望(情感)无意识,也包括认知无意识。由弗洛伊德创立,经过荣格和皮亚杰的补充,无意识理论就大体完备了。

无意识是以原始意象形式存在的,它既是原始人类的"集体表象",又是个体童年时期形成的个体意象。无意识既包含原始欲望,积聚着巨大的心理能量,又包含原始思维逻辑,是非分析的(形式)逻辑即综合(内涵)逻辑,直觉想象和创造性思维就是依据这种逻辑。无意识是人类意识的深层动力和依据,人的情意活动和认知活动都以无意识为最终根据。但无意识又并不直接表现出来,而是通过身体意识影响非自觉意识而发生作用。

无意识是文学活动的潜在动力,它作为内在的自由要求转化为审美理想,推动着审美意识的发生和创造。但无意识并不是直接呈现,而是通过身体意识现身。在文学活动中,由于审美理想的作用,意识对无意识的控制被解除,无意识获得了解放。一方面,原始意象升华为审美意象;另一方面,无意识也挣脱理性控制,化身为独立的身体意识。这里要说明一下关于身体意识的问题。在第二章,已经论述了身体体验,身体意识就是身体体验中的主体意识。何谓身体意识呢?在感性非自觉意识(感性意象)与无意识之间,有一个身体性的领域,这就是身体意识。身体意识直接受到无意识驱动,体现着原始欲望和身体经验,同时也受到感性非自觉意识(感性意象)的控制,与其结合在一起,不具有独立性。感性非自觉意识(感性意象)已经发生了意识与身体的初步分离,并且受到感性自觉意识(表象)和知性非自觉意识(知性意象)的制约,故与无意识没有直接关系,而直接与身体意识相关联,并且通过身体意识与无意识发生关系。身体意识还限制在身体领域，意识没有与身体分离。它直接与无意识发生关联，体现着欲望冲动和动作思维，同时也受到感性非自觉意识的控制。仅此而言，它与弗洛伊德的“前意识”有相同之处。身体意识不是单纯的意识，而是身体性的体验。它包括动作思维，体现为身体技能。在劳动、运动、游戏、表演艺术等活动中，意识不能直接控制行动，要靠身体的感觉来控制，意识以身体意识为中介间接地支配身体。如学骑自行车，意识的把握是间接的，动作思维即在骑行中的身体体验是直接的。另外，身体意识还包括原始欲望的体验，即生理冲动被感知到而形成身体意识，并且以此感知世界。在现实领域，身体意识被意识限制和遮蔽，不能独立呈现。动作思维和欲望体验被感性意识支配，成为附属于感性意识的身体层次。

在文学活动中，身体意识得到解放，成为独立、显在的意识。文学的身体意识的发生具有双向性。一方面，意识对无意识的压制被解除，无意识充分转化为身体意识，使身体意识得到充实；另一方面，感性意识对身体意识的限制也被解除，感性意识被身体意识充实。这样，充实的身体意识可以借助充实的感性意象（感性非自觉意识）而现身，并且获得独立。这就是说，身体意识既是无意识的转化物，也是感性意识挣脱理性而获得充分发展的产物。原始意象在文学活动中获得解放，充实了身体意识，并且与感性意象融合，进而冲破感性意识的框架，成为一种显在的身体意识。这就意味着，身体意识不是直接呈现，而是与感性意识融合，使感性意识充分发展，从而使感性意象成为身体意识的现身形式。

具体地说，某些文学形象就成为身体意识的对象和现身形式。在文学主体（作家和读者）的极度感性化诉求中，感性意识摆脱了理性的制约，滑向身体意识，而身体意识也被解放了的无意识所充实，充分地表现了原始欲望。此时，文学主体化身为自然人，不再受到社会关系的压制，自由地表达了原始欲望。这种解放了的原始欲望是在现实中使被压抑的、非法的，不能成为主体的显在意识，而在文学中有了表达的权利和可能，成为文学主体的显在意识，而且对象化为文学形象。总之，文学主体除了拥有现实意识、审美意识之外,还拥有身体意识,它是无意识的现身形式。

三、文学主体的现实意识

文学意识的基础是现实意识。何谓现实意识呢？感性和知性水平上的自觉意识和非自觉意识构成现实意识。因此,现实意识具有了两个基本特性,一是自觉性,二是现实性。

自觉性是文明人类意识的基本特征。原始意识不具有自觉性,没有自觉意识,只有非自觉意识。现实意识以自觉意识为主导,非自觉意识受制于自觉意识。自觉意识是抽象意识,使用抽象语言符号,遵循逻辑规律。现实意识以自觉意识为主导,因此它也具有抽象性、逻辑性。现实意识的抽象性形成表象和概念,使人类可以积累知识和进行逻辑推理。现实意识的逻辑性可以形成理论系统,推广知识和价值,形成科学和意识形态。同时,现实意识也存在着非自觉意识层面,它受到自觉意识的制导,因此非自觉意识(直觉想象、情感意志)的意象性和创造性受到概念和逻辑思维规范的限制,不能得到充分发挥。现实意识中自觉意识与非自觉意识的分化与对立,使意识的具体性和完整性不复存在。

现实意识止于感性和知性,也就是具有经验性,从而具有现实性。无论是感性意识还是知性意识,都是基于经验,而不是先于经验或超越经验,由此区别于无意识和审美意识。现实意识只能把握现实世界,不能把握存在整体。感性意识只能认识现象界,属于日常意识。知性意识只能认识具体对象的属性(科学),不能把握整个世界;只能把握有限的价值(意识形态),不能把握最高的价值(生存价值)。

现实意识发生了认知与情意的分化。由于主体与客体的分离,主观与客观也发生分化,一方面是对客体固有属性的认识,它具有客观性;另一方面是对世界的价值态度和判断,它具有主观性。这种分化体现为知识与价值的分离,其典型形式是科学与意识形态的分立,这实际上是人与世界对立的表现。

现实意识也发生了意识与无意识的对立，自觉意识通过非自觉意识抑制无意识，无意识通过非自觉意识反抗自觉意识。意识与无意识的冲突，实际上是社会与个人冲突的表现。虽然可以对精神冲突进行调节，但不会根本上消除，它仍然造成人的心理压抑。弗洛伊德的精神分析学说的合理内涵就在于揭示了意识与无意识的冲突及其社会心理根源。

现实意识发生了个体意识与集体意识的对立。原始意识瓦解后，个体从集体的襁褓中独立，个体意识发生，并与集体意识发生冲突，表现为个体与社会意识形态的对立。虽然可以加以调节，缓和冲突，但二者的矛盾不能完全消除。

总之，现实意识是文明人类的意识，它相对于原始意识是历史性的进步；同时，现实意识又不是真正自由的意识，不是人的自由本质的实现。

作为现实意识活动，文学属于非自觉意识，区别于自觉意识；还是其感性形式，而非其知性形式，因此具有形象性（文学意象）和非自觉性。文学是感性意象的活动，它不是概念的推演。雪莱说：

> 诗与推理不同，推理是一种意志可以决定的力量，但是不能说“我要写一首诗”。连最伟大的诗人也不能说这样的话，因为在创作时，心灵就像渐渐熄灭的炭火，某种看不见的力量，如骤然来风，会吹起瞬间的光亮。这一力量来自内部，就像花的颜色，在生长中褪色变化。我们本性中的意识部分既不能预言它的到来，也不能预言它的离去。①

文学意识的现实性意味着，它与人的生活经验相关，后者是前者的源泉，而且体现于前者中。文学展现人物形象和人的命运，它具体而生动，使现实经验得以再现。如《水浒传》，就形象地展开了北宋时期的社会图景，上至宫廷斗争，下至市井生活、江湖世界，无不真实呈现。文学中表现的情感，也是具体生动的，是人的真情实感的流露。如孟郊写母爱：“临行密密

---

① ［英］雪莱：《诗辩》，转引自拉曼·塞尔登编：《文学批评理论》，刘象愚等译，北京大学出版社2003年版，第23页。

缝，意恐迟迟归。”情真意切，创造了一个真实的情感意象。但是，文学意识的现实形式虽然是感性意识也就是感性意象，但也受到知性意识的制约，包括科学思想和意识形态的制约，因此带有理性的因素。

在文学意识中，现实意识是基础性的，它是文学主体的生存经验的直接表达。无论是作家还是读者，首先是现实的人，是带着现实意识从事文学活动的。由此，文学作品就表达了现实观念，具有了现实性。但是，现实意识并不是文学主体的全部意识，欲望现实意识还有缺陷，不是自由的意识，由此就指向自由的意识——审美意识。

四、文学主体的审美意识

文学主体意识的最高层次是审美意识。审美意识属于非自觉意识，而且是非自觉意识的最高水平。审美意识不是非自觉意识的感性水平，也不是知性水平，而是超越性水平。在超越性水平上，非自觉意识摆脱了自觉意识的控制，获得了解放，成为非自觉意识的充分形式。这就是说，审美意识具有充分的非自觉意识特征，如意象性、非逻辑性、知情合一性等，从而成为自由的意识。审美意识具有充分的创造性，并且使人从社会抑制和自我抑制中解脱出来，成为自由的人。

审美意识还属于超越性意识，是非自觉意识的充分形式。超越性意识是对现实意识的超越，包括哲学意识和审美意识，前者是后者的反思形式。感性意识和知性意识都属于现实意识，现实意识是有限的、不自由的意识。审美意识超越感性、知性水平，达到了超越性水平。审美意识是对生存意义的直接体验，达到哲学意识的高度，使人成为自由的人。因此，审美不仅仅是悦耳悦目，更在于使人超越现实意识的局限，拥有自由的意识。关于审美意识的性质，马克思并没有把它归入一般意识形态，而是把它归结为“自由的意识”，认为它超越了意识形态。而伊格尔顿则把审美意识归结为一种“审美意识形态”，认为“文学生产是意识形态的再生产”，这虽然强调了文学的意识形态性，也降低了审美意识的自由性。所谓“审美意识形态”的概念是矛盾的，意识形态是统治形态的价值观念，而审美意识不是一种观念，更不代表统治阶级利益。

审美理想是审美意识的核心，是审美意识活动的动力。审美理想发源于无意识，是深藏于其中的人的自由要求。人生活在世界上，不仅仅有现实生存的需要，还有超越现实、实现自由的要求，只不过这种要求受到压抑，潜藏于无意识之中。在平时我们无法直接感觉到它的存在，但可以间接地体验到，体现为对现实生存的内在的不满足感，成为潜在的自由要求。在审美对象的刺激下，这种潜在的自由要求被激活，升华为审美理想。审美理想是审美意象的种子，包含着对审美意象的期待，审美意象是按照审美理想塑造的。审美理想也是审美意识创造的动力，它支配审美意识的其他要素，把现实意识（感性意象）改造成为审美意象。

直觉想象是审美意识的创造力。在审美理想的支配下，它把感性意象材料加工、改造成为审美意象。直觉就是不经过符号性的反思和逻辑判断、推理而通过意象运动直接把握事物。想象也是直觉活动，是意象的运动（转化、融合、联结等）。在现实意识活动中，直觉想象受到概念、逻辑的限制，而在审美活动中，审美理想解放了直觉想象力，它能够把现实事物转化为审美对象。比如一首吟咏梅花的诗，读者通过直觉想象，就可以穿透语言的间隔，摒除概念的抽象，直接面对具体、生动的梅花形象。而且，它已经不仅仅是现实意义的梅花了，而是审美理想创造的梅花，它具有了审美的品格，体现了高洁、孤傲的人格追求。

审美情感即常说的美感，它是审美意识的自我体验。我们如何知道自己是在审美意识活动中，凭借的就是美感体验。审美情感不同于日常体验，它是一种高峰体验。审美情感是人的自由要求得到满足而产生的情感，因此是自由的情感。由于无意识中受到压抑的原始心理能量以升华的形式得到释放，因此审美情感体验是异常强烈、非常愉悦的，我们能够鲜明地感觉出来这种超常的情感。审美情感体验也是审美判断的产物，审美意象要呈现于审美理想之前接受检验，产生美感。通过美感体验可以知道审美创造是否成功以及审美意义的内涵。

总之,文学意识不仅仅是感性经验,也不仅体现着意识形态,而且体现着审美意识。审美意识是超越性的自由意识,它超越了感性的和知性的现实意识。文学通过对人的命运的描写和对自我情感的抒发,表达了对人类命运的思考和对人类价值的追求,也就是体现了自由的意识。

五、文学意识诸成分的关系

文学意识包含着身体意识、现实意识和审美意识,是三者的贯通形式。身体意识是最原始的意识,是文学意识的底层。现实意识是经验的意识,是文学意识的基础层面。而审美意识是超验的意识,是文学意识的最高层次。与此相应,原始意象与现实意象、审美意象之间的流动、转化,就构成了完整的文学形象。

身体意识在文学中不仅是一个独立的层次,而且影响着其他意识层次。由于身体意识的作用,现实意识(感性意象)才疏离了理性,而使文学形象具有比现实生活更生动鲜明的特色,更富于人性,具有了立体性。同时,身体意识也与审美意识结合,使得文学意识更加丰富,也使得文学形象成为全身心体验的对象。例如,文学描写的美人形象作为审美对象,同时也是欲望对象,二者相得益彰,互相补充。

文学的现实意识是感性意象,再现了现实认识和表达了现实情感,但由于受到审美意识的作用,又偏离了现实经验,发生了变异。这种变异有两个方面。其一,由于审美意识(以及身体意识)的介入,感性意象一定程度上摆脱了自觉意识的束缚,得到解放,因此,变得更加鲜明、生动,而且具有了身体体验(如触觉、味觉、嗅觉)的质感,从而产生了"陌生化"的效果。所以文学描写比现实生活更生动、更吸引人。其二,由于审美意识是自由的意识,它对现实意识有所提升,所以文学中的现实意识往往具有良善的性质,而不是一般的现实意识。美总是与善相邻,虽然善不等于美,但却是美的基础。所以荀子说"美善相乐";雪莱说:"诗是对最快乐和最善良心灵的最美好最快乐时刻的记录。……由此产生的心灵境界，与任何卑下的欲望都是水火不容的。美德、爱情、爱国精神以及友谊等情感本质上都与这样的情怀相关。"①

文学主体作为审美意识，又受到现实意识的制约，与现实意识处于即分又合的状态。文学意识总是游荡于现实与审美之间，审美意识要超越现实意识，而现实意识要制约审美意识，这样就产生了文学意识的内部冲突。两种不同的意识彼此冲撞，构成了文学作品的双声部。其结果往往是审美意识突破了现实意识的局限，使文学作品具有了超越现实的深度。因此，文学作品就往往有不同的思想倾向，一个体现意识形态观念的保守性，一个体现审美意识的超越性。《红楼梦》就是如此，它一方面体现了现实意识，对贾府的主流人物如贾政、贾母、凤姐、薛宝钗等有所肯定，有所褒扬，对贵族大家庭的生活有所留恋；另一方面体现了审美意识，对他们的虚假、冷酷、自私有所暴露、有所谴责，对大家族的生活有所厌弃。正是这种矛盾的心理，才构造了丰富而矛盾的文学形象。

本章参考书目

1.［美］埃伦·迪萨纳亚克：《审美的人》，户晓辉译，商务印书馆 2004 年版。

2.［法］萨特：《想象心理学》，褚朔维译，光明日报出版社 1987 年版。

3. 刘勰：《文心雕龙·体性》。

4. 杨春时：《审美意识系统》，花城出版社 1985 年版。

① ［英］雪莱：《诗辩》，转引自拉曼·塞尔登编：《文学批评理论》，刘象愚等译，北京大学出版社 2003 年版，第 23 页。

第十章　文学创作

第一节　作　　家

文学创作的主体是作家，但作家具有两重主体，一是现实主体即日常生活中的人；二是创作主体即作为创作个性的人，作家就是这两重主体的结合。现实主体能够成为创作主体，一定有异于常人之处。因此，要考察作家的特性，必须把现实主体与创作主体结合起来进行考察。

一、文学天赋

作家必须具有主观的条件，包括先天的禀赋和后天的能力，而具有这种主观条件的人就被称为天才。天赋就是先天具有的并且在后天获得发展的某种禀赋，这是潜在的才能。文学创作不是一般的技艺，不能仅仅通过学习而成就。文学创作是灵感、想象、激情和创造，需要天赋。这就是说，不是任何人都可以成为好的作家的，只有具有某些天赋的人才有可能成为好的作家。古代社会对主体能力的认识还没有达到自觉，因此对文学创造的神秘性往往归结为客观的神秘力量所致。柏拉图就认为诗人有神灵凭附的魔力，才创造出迷人的诗句。欧洲社会在近代才开始认识到文学创作中主体的力量，特别是意识到文学创作的个体独特性，并把它归结为天才。康德最早在美学上为天才找到理论根据。他认为科学技术的发明不是天才，而与灵感相关的艺术创造才是天才;审美作为理解力与想象力的协调,是天才的自由创造。所以,他认为“美的艺术是天才的艺术”。他给天才下的定义是:“天才是天生的心灵禀赋,通过它自然给艺术制定法规。”“天才就是,一个主体在他的认识诸机能的自由运用里表现着他的天赋才能的典范式的独创性。”①康德以后,在浪漫主义文学理论和美学中,天才的概念发展成为一个普遍价值的概念,它与无意识、独创性结合在一起,形成了一种天才崇拜。其实,天才不是天生的人才,而只是一种先天的禀赋和潜在的能力。虽然天赋作为一种生理、心理现象现在还不能完全给以科学的解释,但它并不是什么神秘莫测、不可理解的事情。天才既有后天的条件,也有先天的遗传因素。这种先天的遗传因素成为一种潜在的能力,只要在后天得到适当的挖掘和培养,就会成为某种天才。文学特别需要天赋,因为文学是自由的创造,包括丰富的想象力、充沛的情感、敏锐的感受观察能力、强大的语言表达能力等,这一切都不仅仅是后天学习的产物,而具有先天性。另外,天赋除了先天的遗传因素以外,也需要后天的挖掘、培养,特别是童年时期的成长环境尤其重要。童年是人的天赋显露、形成的关键时期,因此,发掘、培养天赋是至关重要的。应该通过各种游戏活动以及讲故事活动等培养儿童的想象力、情感的丰富性和语言表达能力。通过这些活动,使先天的禀赋成为后天的才能。如果儿童时期不注意对天赋的发掘和培养,就可能使萌芽状态的天赋被压抑、埋没。这样,天赋再好,也会“江郎才尽”,不可能成为天才。刘勰说:“文章由学,能在天资。才自内发,学以外成。有学饱而才馁,有才富而学贫。……是以属意立文,心与笔谋,才为盟主,学为辅佐,主佐合德,文采必霸。”(刘勰《文心雕龙·事类》)他比较全面地论述了天资与学习的相辅相成的辩证关系,指出二者缺一不可,必须互相配合,才能有文学成就。总之,仅仅把天才看作后天的学习,不承认其先天性,这不是科学的态度。同样,仅仅承认天赋的先天性,不承认后天形成的条件,也不是科学的态度。

---

① [德]康德:《判断力批判》,宗白华译,商务印书馆1987年版,第164页。

只有把先天因素与后天条件结合起来，天赋才能成为现实，天才才能够产生。

文学天赋作为作家的基本条件，都包括哪些主要内容呢？首先，文学的天赋包括独创性，这是作家最重要的禀赋。天才与技能的区别就在于，技能可以习得，而且不一定要有独创性，而天才不能习得，而且要求有独创性。如此，文学创作才能不落窠臼，才能创造出前无古人、后无来者的、富有魅力的文学形象。康德说："天才和模仿的精神完全对立着的。"[①]威廉·赫兹列特说："才能与天才有所不同。才能可以描述为与知识量有关，且不管知识是如何获得的；而天才则与知识的质量以及获得方式有关。才能是一种驾驭已知的观念或观念组合的能力；而天才则是驾驭未知的、尚不能为其制定明显的或准确的规则的观念的能力。或者说，才能是任何一种能力；而天才是与已显现出的能力不同的一种能力。"[②]作家具有独创性的天赋，这是一种综合性的能力。也是根本性的能力。有了独创性，才能整合其他天赋，如想象力、同情能力、观察能力、语言能力等，成为文学创造的能力。

文学天赋包括丰富的想象力和意象思维（即所谓形象思维）的能力。想象力和意象思维能力是文学创造的基本能力，也是人的具有先天性的能力。在人类童年和个体童年时期，想象力和意象思维能力是基本的认识能力，逻辑思维能力还没有形成。那个时候，神话或童话成为他们的思维形式和成果。只是在人类文明时代和个体成人时期，想象力和意象思维能力才被逻辑思维能力所压制。文学创作是想象力和意象思维的解放，是作家的天赋能力的充分实现。能够超越现实的可能性，通过自由的想象，创造出非现实的世界，这就是想象力。文学创造就是灵感和虚构，没有想象力也就没有灵感，不能进行虚构，因此也就无法进行文学创作。作家的想象力是最强大的，它没有被概念和逻辑所扼杀，而得到了比较充分的保留和发展。作家

---

① ［德］康德：《判断力批判》，宗白华译，商务印书馆 1987 年版，第 154 页。

② ［英］威廉·赫兹列特：《论天才与常识》，转引自拉曼·塞尔登编：《文学批评理论》，刘象愚等译，北京大学出版社 2003 年版，第 159 页。

必须在现实经验和素材的基础上,通过灵感和虚构,创造文学形象。而且,这种文学形象是越独特、越新鲜越好;相反,如果文学形象只是现实的翻版或拙劣的模仿,缺乏想象力的创造,就丧失了文学性和艺术魅力。想象也是一种意象思维的能力。文学是形象创造,需要突破概念(逻辑)思维的限制,把感性意象创造成为审美意象。作家的意象思维也是最发达的。他们更加注意具体、形象的事物,并且不经过概念的抽象而把握住事物的本质特征。例如,托尔斯泰晚年曾经在田野中看到一枝枝条坚韧、多刺的牛蒡花,这朵小花即使被车轮碾过以后,身溅污泥,枝叶被折断,也仍然歪着身子勇敢地生长。这使他产生了联想和创作冲动。他在日记中写道:"这时候,我回忆起哈泽·穆拉特来。于是产生了写作愿望。把生命坚持到最后一息,虽然整个田野里就剩下它孤单单的一个,但它还是坚持住了生命。"①他从牛蒡花联想到英雄哈泽·穆拉特,经过材料的收集与构思,他用8年的时间创作出了《哈泽·穆拉特》。

文学天赋还包括情感的丰富性、敏感性,也就是所谓的"情商"。文学作为社会生活的体验,包括情感体验。文学是激情的创造,而作家的情感是最丰富、最敏感的。情感的丰富性是指作家对事物特别是对人的情感态度的深度和广度。只有充满对人的同情、对生活的热爱,才能在创作中迸发出激情,使文学形象打动人心。如果情感淡漠、肤浅、狭窄,对社会现象无动于衷或者停留于浅薄的世俗态度,那么就不可能创造出有生命力、感染力的作品。作家与常人不同之处在于,常人对社会生活的情感态度往往是一般化的,受到实用功利立场的遏制,可能不那么丰富、深厚;而作家则情感丰富、深厚,充满了同情心和爱心。情感的敏感性是指作家对社会生活现象的感知、反应的灵敏度。常人对于社会生活现象的反应不那么敏感,特别是对于日常生活现象往往平淡处之,甚至置之不理,即使有所反应也丧失了激情;而作家则反应敏锐,能够被平常的生活现象所感动,并迸发出创作的冲动和

---

① [俄]康·洛穆诺夫:《托尔斯泰传》,李桅译,天津人民出版社1981年版,第334页。

激情。在19世纪末的墨尔本,澳大利亚年轻的作家亨利·劳森在街头看见一位衣衫破旧的妇女在摆摊卖报,怀里还抱着熟睡的婴儿,嗓子都喊哑了。正当作家准备掏钱买报时,又跑来一个卖报的小孩,那稚气的卖报声令人心碎。该买谁的报呢?小孩告诉他,他们是母子,买谁的都一样。这个场面,特别是这街头的"两张脸庞"使他心潮翻腾。于是,在极短的时间内,他把自己的情感倾泻而出,写出了著名的诗作《街头的脸庞》。对作家而言,世界不是死寂的、无情的,而是充满生命的、激情的,没有什么事物是不值得和不能为之动情的。不仅对于社会现象,甚至对于大自然,作家也抱有充沛的情感。宋代张孝祥《念奴娇·过洞庭》中写道:"尽挹西江,细斟北斗,万象为宾客。扣舷独啸,不知今夕何夕!""万象为宾客",就是千姿百态的大自然是诗人的朋友,诗人与自然之间充满了情感的交流。有的作家性格是外向型的,激情外露,如郭沫若;有的作家是内向型的,感情深藏不露,如鲁迅。不管是哪一种作家,感情必定是丰富的、敏感的。鲁迅说:"诗歌不能凭仗了哲学和智力来认识,所以感情已经冰结的思想家,即对于诗人往往有谬误的判断和隔膜的揶揄。"①②这种丰富的、敏感的感情成为创作的动力和源泉。

文学天赋还包括敏锐的观察、感受能力。文学作为对社会生活的体验,包括直觉的认识。作家通过对具体生活现象的观察、感受,产生创作的灵感,积累创作的素材。作家与常人不同之处在于,常人对日常生活现象往往视而不见、麻木不仁,或者见到了也仅仅留下了一般的印象,而忽略了事物的生动的特征;而作家则善于注意生活现象的细节、特征,善于捕捉典型的印象,这就是什克洛夫斯基所说的"陌生化"。这些细节、特征和典型的印象就成为文学创作的素材、文学形象的原料。例如,有一次,屠格涅夫和托尔斯泰一起散步,在一个牧场上看到一匹瘦弱可怜的骟马。于是,托尔斯泰

①　鲁迅:《诗歌之敌》,《鲁迅全集·集外集拾遗》,人民文学出版社2005年版,第246页。

②　[俄]康·洛穆诺夫:《托尔斯泰传》,李桅译,天津人民出版社1981年版,第276页。

根据自己的观察来描述这匹马。他的细致、传神的观察和描述,使屠格涅夫听得入了迷,简直把他带入这个不幸的生物的凄凉处境中去了。屠格涅夫情不自禁地对他说:“也许,列夫·尼科拉耶维奇,你过去什么时候真的是一匹马吧。”

文学天赋还包括强大的语言运用、表达能力。文学是语言艺术,而语言对于文学不仅仅是形式,而是文学的一切。因此,就要求作家必须具有强大的语言运用和表达能力。语言能力是后天习得的,但也具有先天的因素。作家的语言能力与常人有所不同,常人的语言运用往往限于一般经验的表达,缺乏生动性和个性化;而作家的语言运用则不仅仅限于一般经验的表达,它生动,富有个性,能够传神地描绘生活现象和情感体验。作家的语言运用不是理性的选择,而是无意识的自然的涌现,正如杜甫所说的“下笔如有神”。作家不仅仅能够掌握语言的意义意义,而且能够掌握语言的涵义意义,甚至掌握语言的原型意义。他善于领悟语言的意义和逻辑外壳包藏着的意象,并善于打破意义意义对涵义意义的限制以及逻辑语法对内涵语法的限制,充分运用语言的涵义和内涵语法,创造文学意象(形象)。因此,他们讲述事情绘声绘色。抒发感情总是能够触动人心。中国文学史上,产生许多“一字师”的故事,就是作家语言天赋的实例。据《五代史补》记载,唐代有个叫齐已的和尚写了一首《早梅》诗,其中有这样两句:“前村深雪里,昨夜数梅开。”郑谷认为“数”字用得不好,不如改为“昨夜一枝开”,这样更能够突现梅开之“早”。和尚深以为然,连忙叩拜称谢。还有一个“一字师”的故事:宋代戴埴《鼠璞》记载,《陈辅之诗话》中讲述了一个故事:张咏作诗有“独恨太平无一事,江南闲杀老尚书”句。萧楚才建议改“恨”为“幸”,这样就更合乎情理,也更委婉含蓄。张咏认为改得好,称萧为“一字师”。一字之别,境界大不相同,也分出了作家语言天赋的高低。

二、文学忠诚

作家不仅有别于常人的天赋,还必须具有对文学的忠诚。所谓文学忠诚，是指作家对文学事业的绝对热爱和献身精神。文学不是一种日常生活活动，不是生存的手段，而是最高境界的创造、最高价值的实现，是灵魂的升华，它需要作家全身心地投入。如果作家仅仅像从事一般工作那样对待文学，就不可能超越现实，进入审美境界，不能有所成就。因此，作家不应当仅仅把文学当作一种职业、一种谋生的手段，而应当把文学当作最大的爱好、最大的享受，并为之贡献毕生的精力。

首先，作家必须热爱文学。作家不是一般意义上的文学爱好者，他必须热爱文学到了痴迷的程度，甚至把文学当作生活的意义所在。人的一生有许多价值，有许多追求，如家庭、爱情、财富、地位、名誉，等等。对于作家而言，这些可能都不是最高的价值、最高的追求。作家把文学创作当作最高的价值、最高的追求、最大的快乐，为了文学甚至可以牺牲世俗的幸福。从事文学创作，在商业社会里，意味着清贫、劳苦，付出的辛劳与收入的金钱远不能与其他职业相比。但是，仍然有许多人义无反顾地投身于文学事业中去。这是为什么，因为他们热爱文学，他们在文学中获得了精神的解放和自由，找到了生存的意义。法国 17 世纪喜剧大师莫里哀出身贵族家庭，但却痴迷戏剧。他放弃了自己继承的“王室侍从”的称号和贵族优裕的生活，不顾父亲和家族的强烈反对，投身到戏剧事业中去。在他的戏剧生涯中，经历了贫困、流浪，甚至为债务坐牢，最后积劳成疾，死在刚刚演出之后。但是，他一生中对自己的选择从来没有后悔和动摇过，他在戏剧事业中找到了人生的意义。法国作家福楼拜在写作《包法利夫人》的时候，给友人的信中谈到自己的劳动：“如今我连颈项都沉湎在少女的梦里。……整整十五年以来，我和驴一样地工作着。我一生就顽石似地过着，我把我的热情全关在笼子里面，除非为了解闷，有时候我出去瞻望瞻望。啊！只要写成一部美丽的作品，我这一生也不算白活。”①中国现代诗人臧克家在《我的诗生活》中就称自己为“诗囚”：“我破命地写诗，追诗，我的生命就是诗。我真像东坡眼中

① 转引自龙协涛编著：《艺苑趣谈录》，北京大学出版社 1984 年版，第 372 页。

的孟郊一样,成了天地间的一个'诗囚'了。推开了人生的庸俗,把一个理想投得很远,拒绝了世俗的快乐(其实就是无聊残忍的口腹耳目之欲),我宁愿吃苦,看破世事人情,我才更觉得事业是唯一'不空'的东西,它是一支精神的火炬,虽在千万年后也可以发热发光。一切皆朽,唯真理与事业永存。诗,就是我以生命力去倾注的唯一事业。"①

作家对文学的热爱,固然付出了牺牲世俗的幸福的代价,但并非没有回报。相反,他们在文学创作中获得了超越世俗价值的享受,找到了人生的最大的乐趣。这是为什么呢?因为文学作为自由的生存方式,使作家超越了现实,获得了精神的解放。因此,即使在世俗生活中他们缺少幸福和快乐,但是却在文学创作中得到了更大的补偿。这是一种精神的享受,一种灵魂的净化。这就是说,作家并不是把文学创作当作一种必须忍受的痛苦,而是一种巨大的乐趣。谁要是没有在创作中感受到这种乐趣,谁就没有资格当作家。

其次,作家必须献身于文学。任何职业都需要敬业精神,但文学创作要求更高,不仅是一般的敬业,而是献身,是付出整个生命。这是因为,文学创作不是简单的技艺,而是生活经验、社会知识以及精神修养等多方面的综合;不是现实的工作,而是灵魂的塑造,因此需要全部用生命和毕生精力倾注。作家没有工作时间与休息时间的分别,他除了写作之外,几乎一切时间都不属于自己,他必须要时时地体验、观察和思考、阅读以及没日没夜地写作。这就是说,对于作家来说,全部生活都是直接地或间接地为了写作。作家必须牺牲许多人生的乐趣,付出常人不能忍受的代价,才能收获文学的果实。文学大师巴尔扎克的写作生涯就是为文学献身的一生。他每天深夜12点钟开始写作,一直工作到第二天早晨8点。在这个时间用早点,再洗个热水澡,然后是应付报馆、出版社的人。9点种开始工作,修改、校对书稿。3—4个小时后吃午饭。午饭后没有片刻的休息,就接着修改、校对书

① 转引自龙协涛编著:《艺苑趣谈录》,北京大学出版社1984年版,第368页。

稿，摘记备忘录，写一两篇东西或是写信。直至下午 5 点才搁笔，开始读报，接待客人，与出版商洽谈业务，思考问题。到晚上 8 点上床睡觉。只睡 3—4 个小时，仆人就准时叫醒他，又投入第二天的工作。要知道他这样工作不是一天两天、一月两月、一年两年，而是毕生都这样。仅仅 1830 年和 1831 年两年里，他就写了短篇小说、长篇小说、评论、小品文以及政治记事等共计 145 种，平均每天生产 16 页书。由于长期的超负荷劳作，巴尔扎克于 51 岁盛年逝世。作家的工作，正如鲁迅对自己的评价那样：吃的是草，挤出来的是奶和血。正是作家付出了整个生命，文学之花才能盛开得那么灿烂。

最后，文学的忠诚还意味着忠实于文学的真实性和审美理想，要依据自己的审美体验来创作，哪怕它违背自己的政治、道德、宗教观念，而绝不盲从于流行的观念；哪怕它与主流社会对抗，会给自己带来危险，也绝不顺从、屈服权势。作家区别于常人，就是他用自己的心灵来体验人生，用“第三只眼睛”来观察社会生活，而不停留于现实观念，这就是审美体验。所以作家才能发现常人所没有发现的人生秘密，才能解答没有现成答案的人生问题。恩格斯指出，巴尔扎克虽然同情贵族，但是却嘲笑了他们，而歌颂了他们的死敌——资产阶级革命者，这是因为巴尔扎克忠实于文学的真实性。他说：巴尔扎克在政治上是一个正统派；他的伟大的作品是对上流社会必然崩溃的一曲无尽的挽歌；他的全部同情都在注定要灭亡的那个阶级方面。但是，尽管如此，当他让他所深切同情的那些贵族男女行动的时候，他的嘲笑是空前尖刻的，他的讽刺是空前辛辣的。而他经常毫不掩饰地加以赞赏的人物，却正是他政治上的死对头……这样，巴尔扎克就不得不违反自己的阶级同情和政治偏见；他看到了他心爱的贵族们灭亡的必然性，从而把他们描写成不配有更好命运的人；他在当时唯一能找到未来的真正的人的地方看到了这样的人——这一切我认为是现实主义的最伟大的胜利之一，是老巴尔扎克最重大的特点之一。①

---

① 《马克思恩格斯全集》第 37 卷，人民出版社 1971 年版，第 42 页。

三、人道情怀

在前面关于作家的天赋的论述中，已经涉及作家的情感世界的丰富性问题，但这还主要是从天赋的角度上说的。从后天的角度上说，必须具有人道主义的情怀，才能成为真正的作家。所谓人道主义情怀，就是对于人类命运的深切关怀，对于他人的遭遇的真挚同情，就是对人的爱。因此，文学是人学，是一种人道主义的事业。作家以写作为职业，而写作既是为了自我实现，也是出于对他人的爱，这二者是同一的。有的作家书写的是自己的身世和遭遇，但已经把它与人类的命运结合起来，所以才会有深刻的思想。有的作家书写他人的身世和遭遇，但也把它与自己的生存体验结合起来，所以才会有真实的情感。正是这种人道之爱，才使得作家能够突破社会关系的束缚，走出狭隘自我的小天地而成为自由的人。作家不能生活于自我封闭的小圈子，不是只关心自己而不关心天下苍生的人。他应该有一种大爱，爱一切人。作家同情那些被不合理的社会所抛弃、所贱视的人，为他们的不幸而写作。作家也有恨，对坏人坏事的恨，但这不是基本的感情，爱才是基本的感情，恨从属于爱，而且要升华为爱，才能成为文学创作的动力。作家在创作中，对于那些坏人、堕落的人，除了愤恨、鄙视之外，也应该给予人道的同情，因为人不应该如此，这是不合理的社会造成的。所以，作家应该像上帝一样，爱人类，包括宽恕他们的罪恶；像佛陀一样，慈悲为怀，怜悯苦难的众生。所以王国维说词人李煜像耶稣一样，负担着人类的罪恶。我们看到，莎士比亚对于主人公麦克白斯的野心和罪恶不只是谴责，还有理解和同情；鲁迅对浑浑噩噩的阿Q既“怒其不争”，也“哀其不幸”；老舍对于祥子的堕落，也充满了痛惜，正是这种大爱，才使得作品的主题更加深刻。古往今来的优秀作家都具有人道情怀，这成为他们的写作宗旨和动力。屈原自己遭受贬斥、流放，依然眷恋故国故民，“哀民生之多艰”；杜甫在颠沛流离、穷困潦倒之中，还在吟唱：“安得广厦千万间，大庇天下寒士俱欢颜，风雨不动安如山！呜呼，何时眼前突兀见此屋，吾庐独破受冻死亦足。”陆游在仕途坎坷之时，仍然吟唱：“身为野老已无责，路有流民终动心。”托尔斯泰身为贵族，却对人民贫困而自己锦衣玉食愧疚不已，最后在垂暮之年离家出走，死在一个小火车站上。这就是大作家的人道情怀。

四、文学志趣

创作不是一般的职业活动，而是一种爱好。作家通过文学创作实现自己的梦想，完成自己在现实中无法实现的人生选择，而这就体现了作家的文学志趣。所谓文学志趣，就是对自己的文学创作所要达到的目的的设计，是作家的文学追求。作家具有不同的文学志趣，也由此产生了不同的文学观念和创作目标，从而导致了文学创作的不同取向。大体上说，作家的文学志趣有以下三种，兹分别述之：

一种文学志趣是获得感性的解放，注重消遣娱乐性，从而导致通俗文学的创作。由于理性与感性的矛盾，理性对感性具有压抑性，于是一部分作家就采取疏离理性，倾向感性的立场，而感性化的结果，就导致了身体性。文学的消遣娱乐就是身体性的快感。这类作家在生活中往往不愿意做循规蹈矩的正人君子，而愿意过比较轻松的生活。他们的文学观念是，文学是获得精神快乐的活动，如果有所教益，也是寓教于乐，快乐是文学的本质。他们的志向不在道德教化、政治宣传，也不在审美的超越，而是使大众获得快乐。因此，这类作家就往往成为通俗文学作家。中国早期通俗文学的代表"礼拜六派"就鲜明地提出了自己的文学志趣。王钝根起草的《〈礼拜六〉出版赘言》就明确地宣布其宗旨是消遣娱乐："买笑耗金钱，觅醉碍卫生，顾曲苦喧嚣，不若读小说之省俭安乐也……晴曦照窗，花香入座，一编在手，万虑都忘，劳瘁一周，安闲此日，不亦快哉！故有人不爱买笑，不爱觅醉，不爱顾曲，而未有不爱读小说者。况小说之轻便，更有趣如《礼拜六》者乎？"①

另一种文学志趣是获得理性的实现，关注社会问题，从而导向严肃文学的创作。由于社会失序，社会问题突出，导致一部分作家注重社会问题，关

① 引自陈平原：《20世纪中国小说史》第一卷，北京大学出版社1989年版，第74页。

心人民的疾苦。他们具有理性精神,认为意识形态是文学的本质,因此其志向不在于消遣娱乐性,也不在于审美的超越,而是以文学作为武器来干预现实,改造社会。因此,这类作家就往往成为严肃文学作家。中国五四时期严肃文学的代表之一是“文学研究会”。《文学研究会宣言》中提出自己的宗旨就是:“将文学看作高兴时的游戏或失意时的消遣的时候,现在已经过去了。我们相信文学是一种工作,而且是于人生很重要的一种工作。”①

还有一种文学志趣是实现审美超越,关注人的灵魂,从而导致纯文学的创作。由于现实生存的异化,一部分作家关注心灵的自由,追问生存的意义。他们的文学观念是审美主义的,认为审美是文学的本质。这类作家的文学志趣不在娱乐性,也不在社会思想性,而是以文学探索生存意义问题,并且获得心灵的归宿。因此,这类作家的创作具有形而上的意义,往往成为纯文学作家。作家米兰·昆德拉说:“小说审视的不是现实,而是存在。而存在并非已经发生的,存在属于人类可能性的领域,所有人类做得出来的。小说家画出存在地图,从而发现这样或那样一种人类可能性。”“小说家既非历史学家,又非预言家,他是存在的探索者。”②法国作家埃莱娜·西苏说:“因此,写作乃是一个生命与拯救的问题。写作像影子一样追随着生命、延伸着生命、倾听着生命、铭记着生命。写作是一个终人之一生一刻也不放弃对生命的观照的问题。这是一项无边无际的工作。”③

作家的文学志趣除了以上三种基本形式外,还体现为一些具体的形态,如对主题、风格等的喜好和追求。作家对某种社会问题的关注,对某种题材、主题的熟悉和喜好,都会产生特殊的文学志趣,并写作不同类型的文学作品。有的关注社会道德,就会写作关于伦理问题的作品。有的关注社会政治,就会写作关于政治问题的作品。有的关注农村生活,就会写作乡土文

① 《文学研究会宣言》,《小说月报》第12卷第1号,1921年10月1日。

② [捷克]米兰·昆德拉:《小说的艺术》,董强译,上海译文出版社2008年版,第54、56页。

③ [法]埃莱娜·西苏:《从潜意识场景到历史场景》,见张京媛主编:《当代女性主义文学批评》,北京大学出版社1992年版,第219页。

学。有的关注恋爱和婚姻家庭问题，就会写作关于爱情的或家庭问题的作品。还有诸如科幻小说、历史小说、探案小说等不同形态，也体现着作家的不同文学志趣。此外，作家选择不同的文学风格，也体现着不同的人生态度和文学志趣，如有的喜好写作悲剧，有的喜好写作喜剧，有的喜好严肃的风格，等等。

五、生活经验

作家除了要有文学天赋、文学忠诚、人道情怀以及文学志趣之外，还必须有深厚的生活经验。文学是一种本真的生存体验方式，作家创作就是把自己的人生体验加以升华并表诸文字。他必须告诉人们人生的意义，而且应该比读者了解得更多。这就意味着作家必须有深厚的人生经验，这是文学创作的基础和原材料。所谓生活经验，一方面是人生经历，另一方面是人生体验。人生经历是指生活过程的丰富性，人生体验则是对生活认识的深度。对于文学创作来说，二者缺一不可。如果没有丰富的人生经历，就不可能有深刻的人生体验，也就不可能写出有深度、广度的作品。如果没有深刻的人生体验，即使有丰富的人生经验，也仍然可能是浑浑噩噩地度过一生，而不可能成为作家。必须在丰富的人生经历的基础上，对人生进行深刻的体验和反思，才能理解生活的意义，才能进入文学创作。作家与普通人一样，同样是社会中的人。但是，有成就的作家往往有更复杂丰富的人生经历，更多地了解了社会人生，更深刻地体验了悲欢离合。因此，他们才能有写作的资本。从主观上说要有深刻的思想感情，从客观上说要有广博的生活见识，这样才能写出感天地、泣鬼神的作品。如果作家生活阅历单薄，人生体验肤浅，缺乏思想的源泉和写作的资料，文学创作必然苍白无力。因此，中国古代文人才以“行万里路，读万卷书”的说法，强调人生阅历与读书修养同样重要。对于作家而言，生活中的灾难、痛苦未必是坏事，这意味着人生经历的丰富、人生感受的深刻，它可能成为精神的财富、创作的资本。所以，才会有“国家不幸诗人幸”和“诗人是痛苦的夜莺”等说法。古往今来许多大作家都是在经历了大灾大难之后,走出了狭小的生活圈子,见识了广阔的社会,领略了人世的沧桑,创作才成熟起来。屈原在被罢黜、流放以后,才写出了不朽的《离骚》;杜甫在经历了"安史之乱"之后,诗作才变得"沉郁顿挫";李后主在国破家亡,经历了屈辱的俘虏生涯之后,词风才一洗铅华,境界深沉;李清照在经历了南渡的乱离和守寡的凄凉之后,词作才有高深的意境;曹雪芹在贵族家庭败落,体验了人生冷暖、世态炎凉之后,才写出了感人肺腑的《红楼梦》。高尔基的经历可能最典型地说明了生活经验对于作家的重要性。高尔基童年就失去了正常的家庭生活,给人当学徒,12 岁起就开始流浪,在轮船上、码头上做各种又苦、又累的活,接触了各种各样的人,厨师、装卸工人、流浪汉、无赖,还有大学生、革命者等。这些经历使他深刻地认识了社会人生,特别是对人和人的命运有了深刻的了解。他回忆说:"生活在装卸工人、流浪者、无赖汉中间,我觉得自己像似塞进灼热炭火中去的铁块——每天都在给我增添许多剧烈的、炽热的印象。"①这些经历、印象都生动地在他的著作中展现出来,化作了生动、深刻的文学形象。中国 20 世纪 80 年代文学创作的繁荣,也得益于新老两代作家的苦难经历:老作家从"反右"到"文革",新作家从"红卫兵"到"下乡知青",丰富的人生经历成就了新时期新老两代作家。当然,这并不是说,作家必须经受苦难才能有所成就,而是说,必须有丰富、深刻的人生经验。在正常的和平时代,作家也必须有广阔、深厚的人生经历,接触各个阶层、职业的人,经受各种生活的磨炼,了解社会人生,体味冷暖艰辛。这样,才能从平常中见深刻,写出有意义的作品。中国 20 世纪 80 年代兴起的"新写实"文学,就是平常生活的写照。这些作家并没有经历什么苦难、动荡,他们与那个时代的人们一样,过着平平常常的生活。但是,他们能够沉入平民百姓的日常生活,在平淡的生活中体味出人生的庸碌和无奈。于是,他们在自己的作品中,通过凡人小事的描写,表达出对人生意义匮乏的思考。

---

① [俄]格鲁兹杰夫:《高尔基》,力冈等译,江西人民出版社 1981 年版,第 25—26 页。

六、作家修养

作家除了要具备文学天赋、文学忠诚、人道情怀、文学志趣和生活经验外，还必须进行自身修养。所谓作家的修养，就是通过后天的努力，自觉地提高文学创作所必须具备的素质。为什么作家要加强修养呢？首先是因为作家并不是天生的，而是进行自我修养的结果。文学创作虽然需要天赋，但是文学创作的能力又是后天得来的，这就包括进行作家的修养。其次，文学创作是精神生产，作家修养是从事精神生产的必要条件。作家必须具备充足的精神财富，才能奉献出更多更好的产品。否则，内心世界的贫乏，必然造成文学创作的贫乏。当代美学家宗白华说：文学的审美“境界的实现，端赖艺术家平素的精神涵养”①。

作家修养的内容包括思想修养、文化修养和文学修养三个方面，文学创作的特点要求作家必须进行思想修养、文化修养和文学修养。

作家的思想修养包括认识水平的提高，还包括精神境界的提高。文学创作是对社会人生的审美认识，作家应该更深刻地认识社会人生，这样，作品才能有深度，才能揭示人的命运。如果作家的认识水平不高，他也不能从生活现象中发现深刻的社会意义，作品就缺乏思想价值，仅仅是生活表面的描述。而且，他也不能很好地组织生活材料。尽管他可能拥有丰富的生活经验，积累了大量的素材，但是，他的作品就很可能没有鲜明的主题，显得杂乱无章，没有头绪。当代作家高晓声说：“……在大量熟悉的生活面前，如果写作的人缺乏应有的见解，也会像一个不会烧饭的人躺在米囤上饿死。而一个努力提高自己思想水平的人，却能够在熟悉的生活中发掘出自己原本没有认识到的东西。”②因此，为了提高作家的认识水平，必须进行思想修养。同时，文学创造还是作家灵魂的搏斗与升华，他必须把世俗的我提高到自由的我，这就需要拷问自己的灵魂，进行自我净化，提高精神境界，从而找

① 宗白华：《美学散步》，上海人民出版社 2005 年版，第 126 页。

② 高晓声：《生活和“天堂”》，见彭华生、钱光培编：《新时期作家创作艺术新探》，人民文学出版社 1991 年版，第 12 页。

到生存的意义。文学作品除了表现一般思想意义外,还表达审美意义,这是对存在意义的领悟。要达到这个水平,作家必须进行灵魂的修炼。作家并不是纯洁无瑕的圣人,他们也是普通人,有普通人的一切优点和缺点。但作家必须能够通过思想修养,达到灵魂的升华,从而超越普通人。当然,作家的思想修养并不是塑造完人,而是通过灵魂的拷问,使作家有清醒的自我认识,超越现实之我,达到自由的境界。能够达到这个境界,也就具有了进行文学创造的能力。因此,为了提高作家的精神境界,必须进行灵魂的修炼。古今中外的大作家几乎无一例外地对社会人生有深刻的认识,对自己的灵魂有深刻的剖析,像曹雪芹对封建社会以及人生意义的认识超越了那个时代的水平;鲁迅对传统文化和"国民性"的深刻认识触及了每个人的灵魂;巴尔扎克对资本主义社会的认识超过了那个时代的许多思想家;托尔斯泰的道德忏悔升华了自我的精神境界;陀思妥耶夫斯基对灵魂的拷问揭示了人性的阴暗面……这一切,都是与他们长期的思想修养分不开的。

作家的修养还包括文化修养,即文化知识水平的提高。文学是一种文化活动,要求作家拥有高度的文化修养和广泛的知识面。在古代民间文学形态中,口传文学的作者往往不识字,但他们仍然拥有广义的文化知识,如熟悉历史知识、了解社会风土人情等。而在发达的文学形态中,作家必须受过相当的文化教育,拥有广博的文化知识。即使没有受过正规教育,也一定有自学成才的经历,如高尔基就是通过刻苦的自学,在社会中上完了"我的大学"。除了受教育以外,作家必须进行文化修养,包括了解社会历史知识,也包括掌握一定的科学知识,总之就是尽力掌握一切知识。在文学作品中,展现着多少社会历史知识和文化科学知识呀！例如巴尔扎克的《人间喜剧》,展开了广阔的社会生活画面,这需要作家拥有社会学、经济学、心理学等多方面的知识。难怪恩格斯说,巴尔扎克在经济学方面的知识比许多经济学家还多。又如《红楼梦》展现出丰富的古代社会生活场景,不仅涉及社会、历史方面的知识,而且涉及服饰、建筑、园林、医药、烹饪、养生、品茶、古玩、家具、戏曲、绘画、音乐、书法等方面的知识,这说明曹雪芹拥有多方面的文化修养。在一些特殊的文学类型中，更要求专门的文化知识修养，例如科学幻想小说就要求作家拥有较为专门的自然科学知识。儒勒·凡尔纳创作了《海底两万里》等系列科幻小说，他的许多科学预想如潜水艇、飞机等大多数已经在今天成为现实，这说明他的科学知识已经超出了那个时代的水平。这与他的科学知识修养是分不开的：他订阅了20多种报纸，在图书馆里阅读了大量书籍、报纸、杂志、公报和科学团体的报告，做了两万多张卡片。他还经常与科学家、发明家、工程师、旅行家接触，向他们请教，及时了解世界上最新的知识。历史小说也要求作家拥有专门的历史知识修养，例如《三国演义》是"七分史实，三分虚构"，简直就是生动的历史教科书，作者的历史知识甚至可以与历史学家媲美。其他如侦探小说、推理小说等也需要作家有刑侦、逻辑推理等方面的知识修养。

作家的修养还包括文学修养，也就是直接提高文学创造的能力。思想修养和文化修养虽然也可以间接地提高文学创作的能力，但直接的文学创作能力的提高，只能通过文学修养实现。文学修养包括文学观念、文学感受能力、文学想象能力、文学技巧、语言运用能力以及写作能力的提高等诸多方面。文学能力是文学创作的基础，没有文学创作的能力，即使有了深刻的思想认识和广博的文化知识，也不能创造出文学作品。文学能力虽然有天赋的因素，但更需要后天的修养，是进行文学修养的结果。只有努力进行文学修养，才能成为天才的作家。古今中外的大作家无一例外地都具有深厚的文学修养，拥有巨大的文学创造能力。因此，他们才能创造出令人赞叹、难忘的文学作品。另外，文学修养也应当扩展到更广泛的艺术修养，因为文学属于艺术，是艺术的特殊门类，文学的品格、能力与艺术的品格、能力相通，其他艺术如美术、音乐、戏剧、舞蹈、书法等，与文学一样，都是审美创造力的体现，都具有审美的品格。因此，艺术修养可以促进甚至转化为文学修养。作家如果能够有广泛的艺术爱好，通晓一种或几种艺术，就可以陶冶自己的性情、丰富自己的情趣、提高自己的艺术能力，从而触类旁通，对文学创作有所启发和提高。许多大作家都有广泛的艺术爱好，有的就同时是某种艺术的专家，如歌德精通色彩学的知识，罗曼·罗兰精通音乐，嵇康是音乐家，王羲之是书法家，王维、苏东坡是画家，等等。这些艺术修养，无疑促进了文学能力的提高。例如，王维有"诗中有画，画中有诗"之誉，他的文学成就是与其绘画修养分不开的。

作家的修养有三种途径：一是学习的途径，二是内省的途径，三是文学实践的途径。所谓学习的途径，主要是大量读书，包括文学作品的阅读以及广博社会知识的学习；也包括拜师学艺，向有成就的作家学习创作经验。作家创作不能闭门造车，要学习前人的创作经验，继承优良的文学传统。作家通过大量阅读古今中外的文学作品，在优秀的文学作品的长期熏陶下，来获得文学能力和文学经验。杜甫的"读书破万卷，下笔如有神"就道出了文学修养的主要方式——读书。读书不仅仅局限于阅读文学作品，还要有广泛爱好，博览群书，学习一切社会知识。由于文学是与一切文化知识相通的，因此，加强文化知识的学习可以间接地加强文学修养。同时，读书也是加强思想修养的重要途径。博览群书，可以开阔心胸、眼界，提高思想认识，特别是学习哲学著作，对于作家的世界观和思想境界的提高有重要作用。许多作家同时也是哲学家，如卢梭、席勒、萨特等。还有许多大作家都有自己的哲学思想，如歌德、托尔斯泰、陀思妥耶夫斯基等。中国的作家大都熟悉老庄哲学，并且受到其影响，表现在自己的作品中。他们的哲学修养使文学作品富有深刻的思想内涵。

作家修养还有一种内省的途径。所谓内省，就是对自我的内心反省。内省对于加强文学修养和思想修养都很重要。文学创作能力不仅仅是读书得来的，还需要思索、反省，通过经常地思考，才能总结创作经验，有心得体会，从而提高创作能力。而内省对于作家的思想修养尤其重要。思想境界的提高，一方面需要学习，但更需要内心的反省。孟子说"吾日三省吾身"，就是通过对自我的反思，来加强道德修养。作家的内省应该不限于道德的反省，而是灵魂的反省，即对于生存体验的反省。通过内省，获得对生活的深刻认识以及灵魂的升华。托尔斯泰在自己的日记中剖析了自己的内心世界，反省了自己的寄生虫般的贵族生活，忏悔了自己道德上的过错，从而提高了自己的思想境界，创作出了像《复活》这样的作品。陀思妥耶夫斯基在经历了坐牢和假死刑的炼狱煎熬之后，严厉地拷问了自己的灵魂，发现了其中的罪恶。这种灵魂的净化和思想的深化使其创作发生了质的变化，产生了超越时代的、拥有现代主义品格的《卡拉玛佐夫兄弟》、《罪与罚》等作品。

作家修养还有一种文学实践的途径。所谓文学实践，主要是写作练习，通过文学创作的训练，直接提高文学创作的能力。作家的写作本身既是文学生产，也是重要的文学修养方式。文学能力归根结底要在写作实践中实现和提高；如果仅仅停留于学习而不付诸实践，没有写作的实战训练，就会成为纸上谈兵，文学能力的提高就无从谈起。作家的创作固然有一举成名的，但大多数是从失败开始的，许多作家都有初学写作不成功的经历，但这也无须“悔其少作”，因为这是文学实践的过程，是文学修养的形式。只有经过一段写作尝试，积累了经验、锻炼了能力、总结了经验，才能摆脱幼稚、走向成熟，最终成为真正的作家。但这还是不自觉的文学实践修养方式，自觉的文学实践修养方式是作家有意的练笔。作为文学修养的写作，不一定以发表为目的，有的就是为了练笔，就是习作。作家有时为了训练自己某方面的能力，把自己的片段的感想、观察、体验写下来，如对自然的观察、对人物的刻画、对场景的描绘、对心理的展示等；有时候会写一些短小的作品，主要也是为了练笔。通过这些习作、训练，作家的写作能力就会得到提高，从而为正式的文学创作打下基础。

作家的修养不是一时一事的需要，而是终生的需要，因为时代在发展，社会在变化，作家不能一辈子吃老本，否则必然挖空生活积累，最后江郎才尽，创作生命力枯竭。作家必须在一生中不断地进行思想修养、文化修养和文学修养，不断地“充电”，不断地提高，这样才能攀登一个又一个新的文学创作的高峰。

七、创作个性

文学是个性的创造，文学主体就是文学个性。对作家而言，文学个性就是创作个性，后者是前者的一种实际形式。我们已经知道，文学风格是文学作品的特征的总和，是文学区别于非文学的标志，也是创作成熟的标志。文学风格是创作个性的体现，因此，创作个性的形成，既是作家区别于常人的标志，也是作家成熟的标志。

创作个性是什么？创作个性是作家人格的升华。创作个性的基础是作家的现实人格。作家作为社会中的人，与普通人一样，具有一定的现实人格。现实人格是作家先天气质与后天形成的思想意识的总和。因此，文学创作首先与作家的现实个性相关。此外，作家创作个性的深层结构是原型人格，原型人格在文学活动中体现为身体性的原型人格，成为创作个性的一种。而审美个性是创作个性的最高形式，它是原型人格的转化形式和现实个性的升华形式。三种个性形态共同构成作家的创作个性。

作家与普通人不同之处在于，他的个性特征更为鲜明，与现实的冲突更为尖锐。作家的原型人格与常人不同，它更加有活力，与现实个性的冲突也更加强烈。作家一般有更加强烈的欲望，与现实秩序更加不相容。他们要求实现原型人格的强烈愿望，也成为文学创作的动因之一。此外，作家现实个性发展要求更突出，更敏锐地感受到人格分裂和社会压抑的痛苦，他们不甘心平庸和沉沦，自我实现和获得解放的意愿也就极为强烈。由于原型人格和现实个性的发展要求更加强烈，作家的心理往往是失衡的，个性是非常规化的，甚至表现出某种敏感、偏执的倾向。这种超出常人的强烈的个性发展的要求在作家身上就可能转化、升华为一种审美理想，成为文学创作的动力。在审美理想的引导下，原型人格和现实人格转化为自由的人格即审美个性，于是创作个性形成。古今中外的作家往往是卓然不群、特立独行之士，甚至因此惊世骇俗，不见容于社会。中国作家从屈原、竹林七贤、李白到现代的鲁迅、张爱玲等无不是极富个性的人物。欧洲现代作家的个性同样突出，如王尔德、波德莱尔、卡夫卡等。这些作家与社会的冲突都异于常人。

有的作家的个性表面上看并不突出,甚至与普通人无异。但这不意味着这些作家已经完全适应了现实,磨灭了个性,恰恰相反,他们把对现实的反抗积聚在心中,内心世界极为独特,精神世界的冲突也极为强烈。可以这样说,在某种意义上,作家不是“正常”人格,而是一定程度上偏离了“正常”人格的“反常”人格。所以,作家与普通人相比,人格分裂更严重,内心痛苦更加深重,发疯、自杀的比例也远远高于普通人。

创作个性的最高形式就是审美个性,也就是自由人格。作家在现实生存中个性受到压制,他们比普通人更难以忍受这种状况,更强烈地要求超越现实,具有更强大的自我超越能力。因此,他们能够在文学创作中充分发挥个性特征,并且努力实现自我、超越自我,达到审美的境界,创造自由的个性,这就最终形成了创作个性。可以说,审美个性是创作个性形成的标志。文学创作使作家变成了一个新人,这个新人又创造了一个新世界。这个新人就是创作个性展开的自我,这个新世界就是文学形象展开的世界。

创作个性有两个最基本的特征,一是本真性,二是独特性。

创作个性的第一个特征是本真性。作家在创作中已经不是现实的自我,现实的自我不是真我,而是异化的自我。在创作中,主体经历了蜕变的过程,变成另一个自我,一个自然的我、自由的我。这种由现实个性到原型人格和审美个性的展开就是创作个性的形成过程。创作个性并不直接呈现出来,而是显现为文学形象,是通过文学形象的展开呈现出来的。任何文学作品,都不仅仅是作家现实人格的展现,尽管它必然打上了作家现实人格的烙印;它之所以是文学而不是其他什么文献,就在于它超越了作家现实人格,体现了创作个性。如果说作家的现实个性具有虚假的一面的话,那么创作个性就恢复了真实的自我。创作个性不仅仅是作家自我中所拥有的、现实的成分,而且是作家自我中所匮乏的、被压抑的成分,它在文学创作中得到了发展、实现。作家区别于普通人,就在于他通过创作个性的生成找到了自然的自我和本真的自我。文学创作就是寻找、创造、展现自我独特性的过程。在这里,我们可以知道,作家是性格最纯真的人,他不甘心带着人格的假面,而强烈地追求真实的自我。这种人格追求与社会相冲突，于是，他们只能在文学创作中实现自我的真实性。苏轼意识到自我的异化，他的《临江仙》云："常恨此身非我有，何时忘却营营。"清人周亮工认为做官是伪人、做戏是真人：

世间极认真事曰做官，极虚幻事曰做戏。而弟窃愚甚，每于场中见歌哭笑骂打诨插科，便确认为真。不在所打扮古人，而在此扮古人之戏子，一一俱有父母妻儿，一一俱要养家活口，一一俱以哭笑打诨，养父母、活妻儿，此戏子乃真古人也。又每自于顶冠束带，装模作样之际，确然自道一真官，天下亦无提人疑我为戏子也。正不知打恭看座，欢容笑口，与夫作色正容，凛莫敢犯之官人，实即此养家活口作哭作笑之古人耳；乃拿定一场戏具戏本戏腔，至五脏六腑，全为戏用，而自亦不觉为真戏子。悲夫！①

李贽痛感童心之失，而在文学中寻找失去的童心。他认为："天下之至文，未有不出于童心者也。"②

创作个性的第二个特征是独特性。每一个人都是独特的存在，独特性是人的本质。但是，在现实生活中个性受到社会关系的束缚，独特性受到抑制，人成为特定的社会角色。在文学创作中，作家的个性得到解放，独特性得到充分发展，这就形成了独特的创作个性。因此，文学形象才那么新奇、那么独一无二、那么丰富多彩。只有拥有了独特的个性，作家才区别于普通人，成为作家。文学创作就是寻找、创造、展现自我的独特性的过程。在这里，我们可以知道，作家是最富有个性的人，他不甘心做普通的社会角色，而强烈地追求独特的自我。而这种个性追求往往与社会冲突，于是，他只能在文学创作中实现自我的独特性。李白个性独立不羁、傲岸不群，在朝廷做侍从文人，得罪权贵，于是离开官场，周游四方。这时，他的独特个性才获得充分的解放，转化为卓越的创作个性。他放歌道："我本楚狂人，凤歌笑孔

① 叶朗主编：《中国美学史资料选编》（下），中华书局 1980 年版，第 248 页。
② 叶朗主编：《中国美学史资料选编》（下），中华书局 1980 年版，第 126 页。

丘。”“安能摧眉折腰事权贵，使我不得开心颜。”李白的狂放、自由的个性获得了充分的展现。

作家的创作个性是如何形成的呢？一方面个体的先天条件，包括气质、秉性等遗传因素，会对后天个性形成产生重要作用。另一方面，童年时期形成的早期人格和幼儿心理，在转化为成人人格、心理之后，还作为深层结构制约着现实人格、心理。而文学个性与深层人格结构之间具有同构性，或者说，文学个性是其升华、转化形式。例如，鲁迅儿童时期家道中落，小小年纪就感受到了世态炎凉。这种儿童时期形成的心理特征，对他的创作个性形成有重要影响，所以鲁迅的写作风格是阴冷的、低沉的、孤傲的甚至是绝望的。再就是现实生活中人的个性养成。人是社会关系的产物，人的社会存在决定着他的个性和心理，而现实人格、心理是文学个性的基础。但是，这些都不是创作个性本身，而只是其原型和基础。创作个性是在文学创作中形成的，其关键是形成自己的审美理想。创作个性的核心是审美理想。审美理想是人的自由要求在审美活动中的实现，文学活动也是审美理想的创造。审美理想在创造了文学形象的同时，也创造了本真的、独特的自我——创作个性。审美理想的养成既是长期人格修养的产物，也是长期文学实践的摸索。从现实个性到创作个性，从现实追求到审美理想，动力就是自由，途径就是超越。作家必须在文学创作中善于超越现实、超越自我，追求自由，形成自己的审美理想。如果执着于现实、执着于自我，泯灭了自由追求，就陷于沉沦，丧失了审美理想。这意味着失去了创作个性，失去了作家的资格。养成审美理想和审美个性的过程是非常微妙、不可言传的，需要作家自己去体验、去寻找。

第二节　文学创作的对象

文学创作除了包括文学主体即作家外，还包括文学创作的对象，即构成文学形象的材料。文学分为叙事文学和抒情文学，它们的创作对象是不同的。叙事文学的创作对象是外在的经验世界，抒情文学的创作对象是内在的情感世界，而文学创作把经验世界和内心世界转化为文学形象。

一、叙事文学的创作对象——经验世界

叙事文学描写人的命运，是作家对世界的再认识和再创造，因此文学创作的对象就是作家生活于其中的世界，也就是晚年胡塞尔所说的生活世界。这个生活世界作为表象呈现于主体之前，作家要对它进行新的解释和创造，才能变成文学形象。

作家面对的世界不是与主体无关的世界，而是主体生活于其中并且被主体解释的世界，因此是经验世界。苏联文学理论主张文学反映现实世界，这个现实世界是客观的。其实，没有纯粹客观的世界，世界总是作为生存的对象打上了主体的烙印。文学的世界与科学的世界不同。科学家面对的世界是理性化、抽象化的世界，主体必须与其切割，摒除主观态度，使其成为纯粹的客体。科学家以理性、客观的态度进行观察和分析，得出普遍的科学的知识。而文学面对的世界是经验世界，也就是作为感性意象的世界，这是渗透着主体的原初认识和情感态度的世界，而没有被理性化、抽象化。每个人都有自己的经验世界，它有自己的特点，从而不同于其他人的经验世界。对这个经验世界，必须保持其原貌，而不能把它理性化、抽象化，也就是不能用科学的或意识形态的观念去阐释这个世界。如此，它才能成为文学创作的对象。过去曾经流行公式化、概念化的写作，其要害就是把个体的经验世界理性化、抽象化，用意识形态的观念来阐释生活世界，使其失去了感性特征和个体性，成为一般化的世界。作家的创作使命就是保持这个鲜活的经验世界，并且改造为文学形象。

作家的经验世界是作家生活于其中的整体世界，因此是丰富的、全面的世界。世界对于人来说，总是具体的，每个人都生活于自己的世界中，用自己的眼睛观察世界，用自己的实践改造世界，用自己的经历扩展世界。作家从童年到成年的整个生活经历,所接触的各种环境以及交往的各色人等,都构成了其经验世界。这个世界像万花筒一样丰富多彩、富有魅力,但其中心是人的命运。人的社会活动及其遭遇,构成了人的命运。人的命运展开了整个世界,体现了历史的规律。因此,叙事文学的创作对象是以人的命运为中心的世界。作家有感于人的命运,通过它认识了世界,也产生了审美理想。经验世界让作家充满怀念,也留有遗憾,渴望把它再现出来。这个世界像一座丰富的矿藏,有待于作家的挖掘和提炼,好奉献于读者。它的许多细节、人物和印象都保存在作家的脑海里,烙印在心灵中,成为日后创作的素材。

但是,作家的经验世界是有矛盾的。这个矛盾在于,经验世界作为感性意象是与经验表象纠缠在一起的,而经验表象是理智化的、符号化的、类的抽象。因此,作家的感性经验存在着鲜活的意象与抽象的表象之间的冲突,并且面临着被表象化、抽象化的危险。对常人来说,经验世界也确实在一定程度上被表象化、抽象化了,这就是什克洛夫斯基所谓的认识的“自动化”,它使对象世界丧失了具体性、生动性。例如,常人看到阿 Q 这样的人物,就会不经意间把它归入讨厌的群氓一类人,而不加以留意和关注,更不会对其持有深刻的批判和同情。面对经验世界的这种矛盾,要求作家努力抵抗被表象化、抽象化的倾向,保存鲜活的感性意象。鲁迅把这个感性意象连同旧中国的整个社会生活鲜活地保存在自己的记忆中,没有使其变成一般化的表象,从而成为日后文学创作的对象。也许正是为了不使经验世界在记忆中流逝或变成一般的表象,作家就努力在文学创作中把它再现出来。而这种再现就是通过审美理想,去除表象而保留意象,也就是成为审美意象和文学形象。

作家的经验世界也是有缺陷的,它属于现实生存领域,局限于感性水平,它不符合人的理想,与主体疏远,人不能充分地认识这个世界。因此,这个经验世界伴随着疑问、苦恼、痛苦和希望。常人往往习惯于这个世界,对其缺陷熟视无睹,或者以现成的意识形态来阐释,从而掩盖了这个世界的缺陷。作家的使命就是解答这个世界的疑问,弥补这个世界的缺陷,并且使其成为理想的人的世界。为此,作家就要清醒地意识到这个世界的缺陷,保留对这个世界的缺失体验,不去遗忘和掩盖它,并且质疑其合法性,寻找真实的世界。这样,在创作中才能以审美理想来拯救和完善经验世界。于是,这就变成了一种文学形象的创造。例如,曹雪芹面对的经验世界,就是以大观园为中心的世界,这个世界在外人看来是温柔富贵之乡,但是,在作家看来,这个世界仅仅表面如此,本质上是另一种世界:其生活方式极其腐朽、残酷,其人际关系极其虚伪、势力,其政治环境极其黑暗、残酷、危险,而一切美好的东西都将被毁灭。在他看来,这个世界不是真实的世界,呈现出来的不是真相。因此,作家就把这个充满疑问的世界作为创作对象,展开了自己的探索。

经验世界不是死寂的世界,不是作为被动的材料存入记忆之中的;它是有生命的、鲜活的对象,是作为潜在的主体存在于记忆中的,一旦进入创作,它就苏醒过来,与主体对话,形成主体间性。作为创作对象,经验世界在记忆中并不安分,它蠢蠢欲动,时刻企图复活。那些人物、事件、情节都是鲜活的生命体,它们不断地触动着作家,勾起作家的创作冲动。而作家也钟情于这个经验世界,不断地关注它、理解它,充满同情,像母亲关注腹中的胎儿,殷切地等待他的成熟和诞生。

二、抒情文学的创作对象——情感世界

抒情文学与叙事文学不同,它不是再现社会生活,而是表现主体的内心世界,而它主要是一种情感体验。因此,抒情文学的创作对象就是内在的情感世界。抒情文学通过审美理想的创造,把内在的情感体验升华并且表达出来,从而成为文学形象。

作为抒情文学创作对象的情感世界不是主体固有的,而是主体与世界交往的产物,因此,它也是作家经验世界的内在形式。它表现为情感意象,而不同于叙事文学创作对象的认知意象,虽然后者同样具有情感特征。作

家在生活中经历的事件，必然引起一种情感反应，成为情感意象。这个情感意象储藏于记忆中，它不能观察到，要通过内省才可以知道它的存在。情感意象可以成为文学创作的材料，对它的加工和创造，可以转化为抒情文学的形象。

作为文学创作的对象，内在的情感世界是丰富的、鲜活的，它包括全部人生体验：对世界人生意义的追求、对国家民族命运的关怀、对爱情的憧憬和执着、对友谊的真诚和珍重、对自然的热爱和赞美等，都呈现为喜怒哀乐等全部情感状态。情感意象不是抽象的一般观念，而是伴随着具体的情境，是不可重复的微妙体验，它没有被理性化、抽象化，保持着鲜活生动的形态。所以抒情文学作家要善于感受和捕捉这种具体微妙的情感意象，把它保留于记忆中，成为日后创作的原材料。这种原初的情感体验越是具体鲜明、丰富多彩，就越有文学价值。作家与常人不同之处，不仅在于其经验世界之丰富，也在于其情感世界之丰富。情感世界越是丰富，集聚的感性意象越是饱满，就为文学创作提供了越多的创作材料。

与叙事文学一样，作为抒情文学创作对象的情感世界也是有矛盾和缺陷的。情感世界也是以感性意象存在的，但是它也伴随着表象世界的纠缠，也就是说情感意象不是纯粹的，而是掺杂以相应的价值观念。这样，内心世界就存在着矛盾，即情感意象和价值观念之间的冲突。价值观念受到意识形态的统摄，使得内心体验具有理性化、抽象化的倾向。它可以把情感意象理性化、抽象化，成为一般化的情感表象，从而失去了鲜活的特性。普通人或者已经习惯于把情感体验一般化，变成了类型化的表象，从而丧失了个体经验的丰富性。作家应该抵制这种倾向，拒绝观念化，把这些情感意象原汁原味地保存下来，这样才能成为文学创作的原材料。文学创作是使得这些原初印象得以保存并且升华的最佳方式。例如，对于春天的短促，人们往往只是一般性地感叹而已，而诗人却能把这种生动而微妙的感觉捕捉住，从而写作出这样的诗句："只恐夜深花睡去，故烧高烛照红妆。"（苏轼《海棠》）于是，这种惜春的感情就鲜活地呈现出来。为什么诗人总是把自己生活中最深切的体验写出来，就是为了避免情感的遗忘和观念化，而且能充分地表达出来。

还有，内在的情感世界虽然保留着感性意象的丰富性，但仍然有缺陷。这种情感世界局限于现实生存领域，是实际需要的满足或缺失，从而掩盖了更为根本的生存需要，显得不够深刻。它留有情感的空白、缺口，体现为某种不满足的状态，从而引导着作家去填充这个空白和弥补这个缺口。普通人往往意识不到这个缺陷，心安理得地停留于感性领域，不去探求更深邃的内心世界。而作家意识到了这个内心世界的缺陷，而且要克服这种缺陷，探求情感世界的奥秘，从而导致了创作的冲动，去创造美满的内心世界。例如，屈原的内心世界是去国怀乡的哀怨和绝望，这种现实情怀导致他结束了自己的生命。但作为诗人的他，却把这种情感体验升华为文学意象，创作了《离骚》。在诗人看来，真实的内心世界不仅仅是去国怀乡，还包括更多的追求和思考，那就是对天道人心的拷问。所以他上天入地，追问古今，寻求真实的情感世界。于是，情感世界在文学创作中审美化，得到丰富、深化和扩展，成为完美的文学形象。总之，抒情文学作家的使命就是充实和提高内心世界，使情感意象升华为审美意象。

与叙事文学的创作对象一样，抒情文学的创作对象也不是死寂的、被动的材料，而是潜在的主体。这个潜在的主体就是另一个自我，是情感化的自我。作为情感世界，它不是被动地躺在那里，而是时刻涌动着、刺激着作家，等待着与他对话，并且得以复活。作家不能忘怀这个情感世界，珍藏着它、孕育着它，等待着它降生之日，那就是文学创作的开始。

三、文学创作的题材

文学创作的对象是作家的经验世界和情感世界，但具体的创作对象则是生活中的事件包括情感印象，作家要把这些具体的事件和情感印象转化成为文学形象，也就是改造成为文学的故事和意境。这就涉及题材的选择问题。什么样的事件可以成为文学题材呢？一般地说，任何生活事件都可能成为文学的题材,只要你对它熟悉并且使其成为审美对象。因此,文学题材涉及社会生活的全部领域,这里没有禁区。在传统社会,文学创作的题材是有禁区的,比如贵族文学(包括新古典主义文学)就不能选取平民生活的题材;中世纪文学也不能选取世俗化的题材;在中国“左”的思潮肆虐的时期,许多题材都成为禁区,如爱情、家庭伦理、友谊等表现人性的题材等都被打成封建主义、资本主义、修正主义。题材与生活素材不同,它是具体化的,与特定的生活领域对应。文学题材可以分为不同的类型,如爱情题材、伦理题材、政治题材、战争题材等。

题材不同于主题,它还没有提炼出主要的思想,只是某种事件。而同样的题材可以表达不同的主题,比如同样是战争题材,既可以表达爱国主义的主题,也可以表达人道主义的主题。关于题材,必须说明,它本身并不能决定文学价值的高低,文学价值的高低要看作者对题材的内涵体验和挖掘的深度。同样是爱情题材,《红楼梦》就比《西厢记》的审美价值高,因为前者对这一题材内涵的挖掘要深刻得多。有一个时期,中国文学被“左”的思潮统治,提出了“题材决定论”,一定要写重大题材、革命题材、阶级斗争题材等,反之就要受到批判,所谓“修正主义黑八论”中就包括“反题材决定论”。实际上,一些所谓的“小题材”同样可以表达深刻的社会、美学的思想。例如《阿Q正传》选取的就是小题材,阿Q是一个小人物,他的故事极为平凡,但小中见大,鲁迅对阿Q生平和灵魂的描写,揭示了中国人的劣根性,提出了改造国民性的重大主题,具有深刻的社会意义。

那么,什么样的事件可以成为创作题材呢?从主观方面说,应该选取自己熟悉的并且有深刻体验的事件作为创作题材,而那些自己不熟悉的事件就难以成为创作题材。例如,鲁迅的创作题材多为乡土社会中的小人物的生活,如阿Q、祥林嫂、孔乙己等,这些人物都是他熟悉的,并且有深刻感触的,这是其创作成功的重要因素。有一度他曾经被红军长征的故事所感动,产生了写红军革命斗争的想法,但由于不熟悉红军的生活,最终还是放弃了这个题材。从客观方面说,创作题材应该以人的命运(叙事文学)和人的追求(抒情文学)为中心,也就是说,是以人为中心的,而不是以事为中心的。这一点,使得文学题材区别于历史记叙或者新闻报道题材。那些仅仅具有某种社会意义但无关人的命运和价值的事件,也不能成为文学题材。例如,在20世纪五六十年代,曾经提出过"写中心"的口号,要求文学围绕政策选择题材进行写作,于是就出现了写增产节约、爱国卫生、技术革新、计划生育等题材,由于这些题材不能表达人的命运和价值,所以导致文学创作成为简单的宣传鼓动材料,丧失文学性。改革开放以后,文学创作走上了正轨,作家选取创作题材开始重视其人性内涵,而不仅仅歌颂改革开放。如小说《陈焕生进城》,写农民陈焕生进城这个平凡的题材:为了发展乡镇企业受命联络曾经有过交往的官员,发生了许多令人啼笑皆非的故事。就是这个平凡的题材,却蕴含着深刻主题。它揭示了中国社会发生的历史性的变化,也挖掘了积淀着传统观念的人的内心世界,令人对中国人的命运产生了深刻的思索。

第三节 创作环境

一、环境对文学创作的影响

文学创作不仅关涉作为创作主体的作家以及作为创作对象的感性世界,而且关涉客观的创作环境。创作环境包括作家生活的历史条件即大环境,如国内外的经济、政治、文化状况;也包括作家生活的具体条件即小环境,如作家的家庭生活、工作、社会交往、文化接受等状况。一般来说,小环境受制于大环境,但是,由于环境对文学创作的影响是通过对作家的影响实现的,因此大环境对文学创作的影响比较间接,是宏观的;而小环境对文学创作的影响比较直接,是微观的。大环境与小环境融为一体,共同形成文学创作环境。创作环境与创作对象都是作家的生活世界,二者有重合之处。但是,二者又有所不同,主要是与作家的关系不同以及我们观察它们的角度不同。创作对象包括经验世界和内心世界,而创作环境仅仅指的是外在的世界,不包括内心世界。此外,创作对象是作家经验过的世界,它直接进入作家视野和记忆之中并且成为创作材料的感性世界,而创作环境具有外在性和非自觉性,它不一定是作家自觉经验过的世界,也不一定直接进入作家的视野和记忆之中并成为创作材料,而仅仅作为现实生存的条件与作家发生关系。

创作环境还可以划分为社会环境、一般文化环境以及文学环境三个意义。社会环境是作家的物质生存环境,包括经济关系和社会关系、作家的生活方式等。文化环境是作家所处的社会文化氛围、文化思潮,包括社会心理、政治思想、伦理思想、宗教思想、哲学思想等。文学环境包括影响作家的文学思潮、社会审美心理等方面。在社会环境、文化环境和文学环境中,由于文学创作是精神生产,因此,社会环境是较为基础的意义,对文学创作的影响也比较间接;而文学环境则是更高的意义,对文学创作的影响更为直接;文化环境则处于中间层次,对文学创作的影响介于社会环境和文学环境之间。

创作环境影响、制约着文学创作。这种影响、制约表现在客观方面和主观方面。无论是客观方面还是主观方面,创作环境对文学创作的影响都要经过作家的中介,也就是说创作环境要转化为作家的生活经验。从客观方面说,文学作品总要以某种方式表现或再现现实生活,而这个现实生活是作家的生活,是作家所处的社会、文化、文学环境。经过作家的中介、选择,创作环境可以成为作家文学创作的资料、素材、题材,体现在文学作品中,转化为文学的思想内容。这就是说,创作环境影响了文学创作的题材、内容,使文学作品打上了特定时代的社会生活的烙印。这样,创作环境就从客观方面影响了文学创作。比如,现实主义作家生活于 19 世纪后半叶,当时资本主义发展带来了严重的社会灾难,这个环境影响了文学的题材和内容,因此现实主义作家就选择了社会题材,现实主义作品揭露了社会黑暗、贫富悬殊、道德堕落等社会问题。从主观方面说,创作环境影响了作家的世界观、思想感情,并且进一步影响了作家的创作动机、作品主题、审美理想和创作个性的形成,从而影响了整个文学创作的思想倾向。社会环境主要影响作家对生活的感性态度,形成作家的生活经验;而文化环境则主要影响作家对生活的理性认识,形成作家的世界观;文学环境则直接影响作家的文学思想、审美理想、创作个性。同样以现实主义为例,那个时代的作家大都生活在社会的下层,他们亲身感受到资本主义社会的压迫,并且受到那个时代的人道主义思潮的影响,从而产生了批判资本主义的思想主张,在他们的文学作品中就表达了对小人物的同情、对人性堕落的痛恨、对黑暗社会的谴责。而现实主义文学思潮一旦发生,也就形成了一种文学环境,它对那个时代的作家发生影响,使他们加入现实主义的潮流中去,从而促成了现实主义文学创作的延续。

创作环境在很大程度上影响甚至决定了文学天才的产生,每一个文学天才的出现固然是自己的天赋和后天努力的结果,同时也是社会、文化、文学环境的产物。离开了合适的环境,天才也会被埋没。因此,作家的创作成就在很大程度上也要归结于社会、文化、文学环境的作用。歌德就曾经很公允地认为莎士比亚的创作成就在很大程度上要归功于他所处的时代的那股强有力的创作风气。

创作环境还包括作家进行文学创作时的具体境遇,它直接影响了文学创作的心境,从而也直接影响了文学创作。一些短小的文学作品如诗歌、散文等更直接地与具体的创作环境相关,体现了具体的创作心境。如杜甫《闻官军收河南河北》一诗就受到具体的创作环境(在长期的避乱生涯中听到了平定叛乱的喜讯)的影响,体现了欣喜若狂的具体的创作心境。

二、文学创作对环境的回应

创作环境影响、制约文学创作,但是,这并不应该导致环境决定论。文学创作不是服从环境,而是能动地回应环境。这是因为,创作环境对文学创作的影响要经过作家的中介,而作家不是被动的工具,而是创作的主体,他要依据自己的价值观念和审美理想来回应环境。文学创作对环境的回应是选择性的,包括对环境的顺向回应和逆向回应两种取向。

文学创作对环境的顺向回应是作家对环境的自觉与不自觉的适应、认同。由于生存环境对作家思想、性格的潜移默化的影响,作家作为社会的人必须在一定程度上适应现实环境,接受环境对自己的规范,这就是对环境的顺应。这种顺应体现在文学的现实意义上,作品就通过对作家的现实的思想感情的表现,体现了那个时代的意识形态,包括政治、道德、宗教等方面的思想。这样,通对社会文化环境的考察就可以在一定程度上解释文学创作,而文学创作也在一定程度上体现了社会文化环境。作家对环境的顺应也体现在对文学环境的适应方面。由于特定时代的文学观念、文学潮流的影响,作家很可能自觉不自觉地采取顺应的态度,从而迎合了主流文学。

文学创作不仅仅顺应环境,更重要的是反抗环境,这就是一种逆向回应。如果说文学创作对环境的顺向回应主要体现在文学的现实意义的话,那么,文学对环境的逆向回应则主要体现在文学的审美意义。这是由于,文学创作是对现实的超越,包括对创作环境的超越。作家依据自己的审美理想——自由的要求,来对自己所处的生存环境进行审美体验,于是,文学创作就成为一种对环境的批判、反抗和改造的过程,并在文学主体与现实环境的冲突中,实现作家的审美理想。文学创作对环境的逆向回应表现为四种形式:作家对自己命运的反抗;作家对社会现实的批判;作家对意识形态的反叛;作家对文学潮流的突破。

文学创作是对人的命运的理解和同情。在现实社会中,人的命运并不由自己决定,在很大程度上是由社会环境决定的。因此,人的命运往往是不合理的、不公平的、不理想的。如果说普通人往往与现实妥协,屈从命运的话,那么作家之为作家,首先在于他对社会环境加之于自己的命运并不甘心、顺从,他能够自觉地反抗命运的安排,并把自己的人生理想诉诸文学创作。作家强烈地追求理想的人生,也强烈地感受到现实人生的不合理。因此,他们才钟情于文学,在文学的自由创造中可以重新选择人生,重新塑造自我。在文学创作中，作家不是单纯地描写社会现实和他人的命运，而是通过文学形象的创造，批判现实或者诉诸理想，反抗自己的命运，寻找自己的人生道路和存在意义。因此，对作家而言，主人公的命运，就是自己的命运；对主人公命运的同情，就是对自己不合理命运的反抗。罗曼·罗兰的小说《约翰·克利斯朵夫》描写了一个平民出身的音乐天才与不合理的社会抗争，个人奋斗的故事，它表达了作者不甘心屈服于命运的反叛精神。

文学创作环境包括社会现实，文学创作不仅仅再现现实，更重要的是批判现实。在审美理想观照下的现实，必然是批判性的。在文学的审美意义上，文学揭示了社会现实的不合理，控诉了它对人的摧残，表达了对自由生活的向往。文学的批判性是作家对现实环境批判的产物。作家作为一个追求自由的主体，深刻地认识到社会现实环境的黑暗，强烈地感受到它对人的压迫。因此，他不屈从现实，而是通过文学创作批判现实，撕破现实的虚假面纱，揭露现实的丑恶面目。文学展现的现实生活，是经过作家选择、评价过的文学世界，它已经渗透了作家的思想情感，表达了作家的审美理想。这就是说，文学世界是作家对现实批判的产物。如果说古典文学对现实的批判还受到古典理性的限制，那么从现实主义到现代主义，文学对现实的批判则摆脱了理性的羁绊，达到了空前的深度和强度。

文学是作家思想感情的表现，而作家的思想感情受到创作环境的影响，这种影响也包括顺向回应和逆向回应两种取向。如果说作家在文学创作中往往自觉或不自觉地接受了意识形态，在作品的现实意义上表现了与意识形态相同的价值取向的话，那么在文学作品的审美意义上，就会超越意识形态的局限，对其不合理性进行质疑、反叛。文学创作对意识形态的质疑、反叛，源于作家的自由要求和审美理想。作家的创作动机是自由要求，它转化为审美理想，成为文学形象创造的动力。自由要求、审美理想必然与意识形态发生冲突，结果导致作家对自己接受的意识形态发生质疑，并战胜意识形态的影响，创造出反叛意识形态的文学形象。现代以来的大作家几乎都不是资本主义意识形态的拥护者，而是其批判者，他们自觉地以自己的创作反叛主流意识形态,表达了自由的意识。

以上仅就文学创作对社会文化环境的逆向回应做了考察,还应该考察文学创作对文学环境的逆向回应。一定时代的文学观念和文学潮流,虽然不可避免地影响作家的创作,但是作家并不是单纯地顺应,而有可能突破主导的文学观念和文学潮流,创造属于自己的、新异的文学品格。这种文学创新是经常发生的,并且是文学发展的必要途径。古往今来的文学大师往往并不盲目地跟随潮流,而能够突破已有创作模式,开创新的文学风格和潮流,显示自己的卓越的创作个性。历史上文学风格和文学潮流的新变,都是大作家对文学潮流的逆向回应。如浪漫主义的最初发生,就是对新古典主义和启蒙主义创作环境的逆向回应;现实主义则是对浪漫主义创作环境的逆向回应;现代主义则是对现实主义创作环境的逆向回应;等等。如果消极、盲目地顺从创作环境,就会流于平庸,就不可能开创一代文风。

第四节 文学创作的特性

一、从表现自我到超越自我

文学创作与文学接受都是文学活动的一种形式,它们都体现了文学活动的基本性质,即把现实生存变成自然的生存和自由的生存,把现实体验变成身体体验和审美体验。同时,它们又各自有自己的特性。文学创作遇到的第一个问题是,作家如何处置自我,也就是肯定自我与超越自我的关系问题。对这个问题的解答,就形成了文学创作的第一个特性:超越作家既要表现自我又要超越自我,从现实自我到自由的自我。

首先,文学创作是作家自我肯定、自我表现的活动,必须张扬自己的主体性。作家创作的动机是从自我出发的,而且首先是自我肯定、自我表现,而后才转化为自我超越。他要对社会现实表示自己的态度,要肯定自己的存在、自己的个性。于是,他就在文学创作中通过文学形象表达自己的思想感情和个性特征。文学活动区别于其他活动(如科学创造),就在于不能排除自我,是自我的表现。没有自我,就没有文学创作,就不会产生感人的文学作品。作为现实个性,作家的自我必然在文学创作中表现出来,转化为文学作品的现实内容。因此,作家必须在文学创作中伸张自我、表现自我。在歌德的《浮士德》中,主角浮士德就有歌德自己的影子,作品体现了歌德的个性特征和人生体验。歌德说:"……不仅主角浮士德的阴郁的、无餍的企图,就连那恶魔的鄙夷态度和辛辣讽刺。都代表着我自己性格的组成部分。"①作家创作中的自我表现使文学作品保持了与现实的联系,打上了社会历史的烙印,同时也具有了主体性,成为作家现实个性的对象化。

其次,文学创作又不仅仅是作家自我的复制、自我表现,它同时又是作家的自我创造、自我超越,这一点对文学创作更为重要。作家受到社会关系的束缚,不能获得自由,个性的全面发展受到抑制,自我成为非本真是自我,即异化的现实个性。作家受到历史条件和意识形态的影响,世界观打上了现实的、阶级的烙印。于是,在现实意义上,文学作品不能超出意识形态的局限,没有实现文学的自由本质。但作家不甘心于现实存在,他要通过文学创作来塑造理想的自我。这是一种自我超越。超越自我的途径是通过审美理想,克服自我的局限,提升自我到自由的境界。作家的文学创作就是超越自我的过程。作家首先从自我实现的动机出发,通过对现实的冲击,来实现自我。但文学创作不是自我的膨胀,它是指向自由的,包括对现实自我的局限的克服和超越。作家在创作过程中要重新体验社会人生,包括自我体验,把自己被压抑的自由要求转化为审美理想即创作动机。不管是抒情文学的创作还是叙事文学的创作,都有一个自我体验、自我超越的过程。叙事文学的自我体验是经由对象化的自我——文学形象的创造实现的。叙事文学形象不是纯客观的再现,作家在它身上倾注了自己的全部思想感情和人生追求,它就是作家自我的化身。抒情文学的形象直接就是自我体验、自我超越

① [德]爱克曼辑录:《歌德谈话录》,朱光潜译,人民文学出版社1978年版,第139页。

的产物。文学形象身上体现着作家的人生态度、审美理想，可以说，文学形象就是作家的理想自我的创造。同时，作家也经历了重新发现自我的过程，对自我进行审视、批判，创造新的、自由的自我。这个过程往往是不自觉的。作家并不是完人，他也有优点和缺点、高尚和卑下的对立。在现实生活中，我们往往不能发现自己的缺陷和局限，但是作家在创作过程中却能够也必须发现自我的缺陷和局限，然后才能通过自我批判、自我否定进行自我的超越。果戈理创作《钦差大臣》、《死魂灵》等作品时，就发现和否定了自我的卑劣部分，并把它体现在反面人物身上，通过讽刺和批判进行自我超越。他说："我身上汇集了各种龌龊的东西，应有尽有，每种都有一点，并且种类如此繁多，至今我还没有在另外一个人物身上见过。"①在创作文学形象的过程中，作家通过对文学形象的理解，认识了自己，并且不自觉地对自我进行了改造、升华，克服了自我的缺陷，使自己变成了一个理想的自我。这个过程往往是痛苦的自我认识的过程。歌德说："只有在他感到欢喜和痛苦的时候，才学会什么应追求和什么应避免。除此之外，人是一个蒙昧物，不知道自己从哪里来，向哪里去，他对世界知道得很少，对自己知道得更少。我就不认识我自己，但愿上帝不让我认识自己。"②我们常常说作家在文学创作中能够克服自己世界观的局限，表达了崇高的精神，就是作家对自我的超越。托尔斯泰对自己的贵族生活痛心疾首，但是又无法摆脱，于是在文学创作中进行了自我忏悔。《复活》中的主角聂赫留道夫形象就是作家的自我再现和自我忏悔的产物。鲁迅的《阿 Q 正传》写出了中国人的灵魂，其中也包括对自我的反省和批判。

二、从经验世界到审美世界

文学创作遇到的另一个问题是如何处置对象世界，也就是经验世界与

① ［俄］魏列萨耶夫：《果戈理是怎样写作的》，蓝英年译，天津人民出版社 1980 年版，第 8 页。

② ［德］爱克曼辑录：《歌德谈话录》，朱光潜译，人民文学出版社 1978 年版，第 193 页。

审美世界的关系问题。文学创作是作家经验世界的表达,同时又是审美世界。从经验世界到审美世界,就是文学创作的第二个特性。

文学创作首先是作家经验世界的表达,包括外在的经验世界的再现以及内在的经验(情感)世界的表现,前者构成叙事文学;后者构成抒情文学。文学作品总是与作家的生活经验分不开的,作家不熟悉生活就不能进行文学创作。作家在自己的生活中感受世界,积累了生活经验,这就是经验世界。经验世界是作家创作的对象和原材料,文学形象是经验世界的改造。作家对生活经验加以选择、整理、重组,使其变成文学形象。即使经验世界被改造了,但是,它仍然根源于作家的生活经验,带有经验世界的影子。文学的现实意义上就体现了作家的经验世界,只不过有的作品经验世界的原貌保留得多一些(如写实性作品),有的作品经验世界的原貌保留得少一些(如非写实性作品)。抒情文学是内在的经验世界即情感世界的表现,也是主体与世界打交道的内在体验。总之,文学创作在一定程度上再现了作家的生活经验,展现了一个经验世界。这就要求作家在文学创作中忠实于自己的生活经验,表达真实的生活体验,这就是所谓文学真实的基础。如果缺乏生活经验,不熟悉经验世界,或者为了屈从某种观念,违背生活真实,扭曲经验世界,那么文学作品就必然丧失真实性。反之,作家熟悉生活,忠实于生活经验,表达真实的生活体验,即使经过审美的改造,那么文学形象也仍然是真实的。为什么有的作品令我们觉得真实,虽然它不一定是写实的;而有的作品令我们觉得不真实,虽然可能是写实的,原因就在于是否忠实于自己的生活经验。例如,浪漫主义、现代主义的优秀作品虽然远离现实,但我们却感到它的真实;而有些作品如中国“文革”前的一些作品和“文革”期间的作品,虽然在描写现实生活,但却感到虚假。

文学创作又不仅仅是经验世界的再现,还回归自然生存,创造了一个原始欲望化的自我和世界。这就需要作家放松理性意识,转向身体意识,在欲望体验中描写一个自然化的世界。

文学还是审美世界的创造。作家的经验世界并不直接再现于作品中,而是要经过审美的改造。这种改造是审美理想对现实经验的否定、升华，使其变成文学形象。文学形象已经超越现实领域，成为审美世界。如果说经验世界是作家的现实感受的产物的话，那么审美世界是作家审美体验的产物。创造审美世界的关键是要重新体验生活，重新创造对象世界或内心世界。作家必须把以往形成的观念悬置起来，以新的眼光重新审视世界，这种新的眼光不是世俗的眼光，而是审美的眼光，这时，以往熟悉的经验世界就变得陌生了，这就是所谓的“陌生化”。同时，作家也开始对这个陌生的世界进行新的探索，在审美理想的观照下发现现实世界的缺陷，批判它、否定它、改造它，重新创造出一个渗透着审美理想的世界。这就是文学形象展现的审美世界。审美世界虽然以经验世界为基础，甚至保留着现实世界的某些形式和特征，但已经本质上区别于现实世界。它比现实体验的世界更深刻，也更真实，是一个既熟悉又陌生的世界，它有无穷的魅力，这就是文学形象展现的审美体验的世界、自由的世界。

三、从主体性到主体间性

文学创作遇到的第三个问题是如何处理自我与世界的关系问题。文学创作是作家与世界之间的关系的调整，这种调整是由对立到同一的转换过程，也就是从主体性到主体间性的过程。

首先，文学创作开始于作家与世界的对立和主体性的觉醒。作家最敏锐地感受到生存的痛苦，感受到自己的生存状况不自由，不能忍受社会对自己的束缚、压迫，于是就反抗现实。一旦作家意识到现实生存的虚假，起而反抗，自我与世界的虚假的和谐就被打破了，彰显了自我与世界的对立。这种对立是自我觉醒的标志，是主体性的崛起。主体性的反抗只是第一步，它并不能达到自由的境界。作家要求得自由，就必须克服自我与世界的对立。自我与世界的对立是不能经由现实行为解决的，作家要达到这个目的，只能诉诸精神的超越，诉诸文学活动。于是，为了克服自我与世界的对立，获得自由，作家就开始了文学创作。古今中外的文学创作大都起于对现实的不满和自我的伸张,这就是所谓的“愤怒出诗人”。

文学创作的动力首先就是主体性的觉醒,然后又必须转化为审美理想。主体性并不能解决自我与世界的对立,反而加剧了这种对立。如果仅仅以主体强加于客体,就会导致世界的疏远和无法理解,使作家无法理解笔下的人物,也无法使文学描写的世界具有人性的魅力,文学形象就可能是死的而不是活的,这意味着作家无法进行文学创作。要真正克服自我与世界的分裂,只有一个途径:变主体性为主体间性,也就是变自我与世界的对立为自我与世界的融通。从对立到融通的桥梁就是对话,文学创作就是自我与世界的对话从而达到同一的过程。作家在文学创作过程中,已经把主体性的要求升华为审美理想,即自由的要求。在审美理想的提升下,自我与世界的关系变成了主体间性关系,世界成为一种平等的主体,成为自我的对话伙伴。作家对待社会中的人和自然中的景物,都当作与自己一样的主体,进行平等对话,达到充分的理解、同情,最终使自我与世界融合为一体。在叙事文学的创作中,作家对待现实生活的原型以及自己笔下的人物,不是当作客体,而是当作主体,理解、沟通,设身处地,将心比心,同情他们的命运,了解他们的心灵。这样,作家就把作为他者的世界(包括他人)变成了另一个自我。人物形象对作家而言是“熟悉的陌生人”,对待它们,不能像新闻记者那样纪实,必须通过想象来创造。而想象不是天马行空、不着边际,要依据作家的生活经验和自我体验。作家往往把人物设想为自己,设想自己在那种情形下的心理、行为、命运,从而理解人物、把握人物。这个过程就是作家与文学形象对话达到的审美同情、审美理解。通过这种沟通,最终使作家与人物形象合而为一,无法分离。

抒情文学也是一样。抒情文学不是自我的宣泄,自我的情感宣泄不能成为文学形象,不能感动人。作家的主观情感必须对象化,如果不能对象化,那么就无法变成文学形象。由于经验世界与自我的对立,情感不能充分对象化。而在文学创作过程中,作家改变了与世界的关系,把写作变成了自我与世界的对话、融合。这时,世界不再是自我的对立面,不是无情之物。

而成为对话的伙伴、情感交流的对象。中国文论讲究情景交融，就是通过作者与世界（景物）的情感交流，创造出感人的文学形象。在这个过程中，通过审美的同情，世界成为自我的化身、自我成为世界的化身。在这种物我一体的体验中，我的感情升华了，对象化了，对象世界成为情感的体现，成为文学形象。因此，抒情文学要通过塑造意境来表达情感意象，而意境是自我与世界的同一，是情景交融的自由状态。

第五节　文学创作的基本环节

文学创作要经历一个过程，但是，每个人的创作过程可能有所不同。同时，文学创作又带有偶然性、突发性、不可预料性，因此不可能遵循固定的程序。有鉴于此，要描述出文学创作的过程是很难的。但是，即便如此，文学创作也有某种共同的规律，也要遵循一些基本的环节，从而可以加以描述。

一、体验生活和积累素材

文学创作的基础是作家的生活经验，文学创作的素材来源于生活经验。因此，有意识地体验生活和积累素材就是文学创作的第一个必要的环节，也是文学创作的准备阶段。

生活经验是作家在日常生活中对社会人生的体验，拥有丰富的生活经验对作家创作而言是绝对必要的。但是作家不仅要有丰富的生活阅历，还必须自觉地积累生活经验，主动地扩大自己的生活领域，也就是有意识地、深入地体验社会生活。对于具体的文学创作而言，仅仅具有一般的生活经验往往是不够的，还必须具备特殊的生活经验。所谓特殊的生活经验，就是与写作题材有关的生活经验。比如有的作家比较熟悉农村生活，主要写农村生活题材，他就要注意积累农村生活的经验。而有的作家比较熟悉城市生活，主要写城市生活题材，就要注意城市生活经验的积累。而且，作家的日常生活积累可能不够,往往还需要特地深入特定的生活领域中去,自觉地熟悉生活,积累生活经验,特别是要体验自己不太熟悉的生活领域,扩大自己的生活经验。这种自觉的生活经验的积累,要求熟悉那个生活领域里的一切,包括人物性格、社会环境、自然环境、风土人情、历史文化、职业特点等,它们都是文学写作的有用材料。其中最重要的是熟悉人物,因为人物是文学形象(特别是叙事文学形象)的核心。要熟悉各种各样的人,了解他们的生活、命运、性格、思想感情、语言,等等。这不是一般的熟悉,应该熟悉到像了解老朋友、情人甚至自己那样才行,只有这样,他们才能转化为生动真实的文学形象。1890 年,契诃夫到库页岛旅行,他把这次旅行变成了体验生活和收集素材。他在一封给友人的信中说道:“顺便说一句,我居然有耐心造了库页岛全体居民的调查表。我走访了所有的居民,进入了每一家茅舍,并且跟每个人都谈过话;在调查的时候我利用了卡片的办法,并且我已经登录了将近一万个囚徒和移民。换句话说,库页岛上没有哪一个囚犯或移民是没有跟我谈过话的。我特别成功的是对儿童的调查,对于这一套调查表我是抱着不小的希望的。”①这次对库页岛的考察,他看到了沙皇统治下的俄罗斯的黑暗,认识到了整个俄罗斯就是一座大牢狱。后来,依据这种体验和认识,他怀着无比愤怒的情绪,写作了反专制、反暴力、反迫害的名作《第六病室》,强烈地控诉、抗议了沙皇的暴政。

体验生活是为了积累写作资料,但这时生活经验还没有加以选择、提炼,不能成为写作的材料。要获得有用的写作材料,必须对生活经验加以选择、提炼,这就是素材的积累。素材的积累是进入写作的准备阶段。所谓素材,就是可能进入文学作品的、以人物为中心的现实经验材料,它们是那些最富于特征的生活现象,比如一些人物故事、社会事件乃至生活的片段、瞬间的印象、内心的感觉、思想的火花,等等。素材是对生活经验的初步提炼的产物,是文学创作的原材料。它与写作的题材、内容相关,经过文学创作

① [俄]叶米诺夫:《契诃夫传》,张守慎译,人民文学出版社 1960 年版,第 262 页。

的加工，就会转化为文学的题材、内容。作家在生活中应该有意地选择、积累相关的素材，越丰富、越生动、越典型越好。素材积累的质量和数量对文学创作的成败具有重要作用。《契诃夫手记》中就记载着作家长期积累的大量生活资料和素材，比如："有一男人，笨得像匹灰色的骟马"，"他的胡须像鱼尾巴"，"有一位小姐，她的笑声，简直像是把她的全身浸在冷水里发出来的一般"，"人不能抵抗恶，但能抵抗善"①等。素材的积累除了直接从生活经验中提取以外，还可能间接地获得。一些道听途说的故事和社会新闻也可以成为素材。例如，司汤达看到当时的《法院通报》中的一则案件的报道，受到启发，就依据其基本情节，构思了《红与黑》的故事。但是，这种从间接的生活经验提取的素材，也必须有直接的生活经验的基础，否则就很难转化为文学的内容。

应该注意，体验生活和积累素材不仅仅是知识性的了解，必须包括情感体验和思想感情的积累。因为文学创作不同于新闻采访，它是全身心的投入，是自我融入生活中去，重新体验人生，寻找生存的意义。因此，它必须包括情感体验、思想感情的积累。作家在体验生活时必须有所感动、有所思考，而不能无动于衷，仅限于搜寻奇闻逸事。有了情感体验和思想感情的积累，生活经验和素材才是有活力的，作家的写作才能有激情喷发，才能有思想的深度。对于抒情文学的创作，情感体验的积累更为直接、重要，因为抒情文学就是情感的表达，没有丰富的情感体验的积累，就不可能进行文学创作。作家必须把生活中每一种细致微妙的情感体验都储存在心里，连带着伴随着它的情感表象，以便在日后抒情文学创作中把它加工为审美意象。

二、创作冲动和立意

体验生活和积累素材仅仅是文学创作的准备阶段，产生创作冲动和立意，才正式进入文学创作阶段。创作冲动是文学创作动机的发生，也是作家

---

① 《契诃夫手记》，贾植芳译，浙江文艺出版社 1983 年版，第 20、28、61、63 页。

由生活体验中产生审美理想的过程。创作动机往往是不单纯的,一般可以分为现实动机和审美动机两个意义。现实动机是自觉的现实要求,作家有意在文学作品中实现自己的意图。例如,茅盾写作《子夜》,就是想用文学形象来说明一个道理:中国不能走资本主义道路,只能走社会主义道路。而巴尔扎克的许多作品就是为了还债,换取稿费就是其写作的现实动机之一。当然,对现实的不满和批判也是其现实动机之一,而且是更重要的动机。而审美动机则是超越现实动机的审美理想,它往往不自觉地发生,隐藏在现实动机后面,引导着文学创作。如《红楼梦》的写作动机,如作者所言,是留恋昔日生活和忏悔自己不忠不孝。但其审美动机则是思考人的命运,寻找人生道路和回答人生意义问题。

在长期的生活积累中,作家会不知不觉地萌生超越现实的要求,也是一种自我实现和自我超越的要求。创作冲动是各种各样的,是由非常具体的感触而发生的,但从根本上说,它发源于无意识中的自由要求,形成了审美理想。在日常生活中,可能有某些事情触动了作家,使他对人生有了新的体验,要表达某种新生的思想感情,这其实就是审美理想的萌发。这种体验往往是一种缺失体验,也就是由于现实生存的不完满引起的痛苦、苦恼以及对于自由生存的渴求,于是这种缺失体验就会突然产生创作的冲动。但还有一种情况,也可能是某个事件引起的幸福的感觉,于是作家把自己的美好理想追求转化为创作冲动。有人把这个过程比喻作文学创作的“受孕”,审美理想以及其实现形式文学形象都孕育其中。创作冲动往往是由于偶然的情境的触发产生的,是一种灵感的发生。比如契诃夫就认为:“平时注意观察人,观察生活……那么后来在什么地方散步,例如在雅尔达岸边,脑子里的发条就会忽然咔的一响,一篇小说就此准备好了。”[①]这种突然的灵感其实是有长期的生活经验做基础的,是丰富的生活积累的产物。有的创作冲动是偶然出现的,但如果没有长期的生活积累,偶然的创作冲动很可能不会发

① 《契诃夫论文学》,汝龙译,人民文学出版社 1958 年版,第 404 页。

生,即使发生也不会转化为创作行为。托尔斯泰关于《安娜·卡列尼娜》的创作冲动是这样产生的:他正躺在沙发上冥想,这时一个穿着浴衣的贵夫人的幻象出现了,她以忧郁的眼神看着作家。于是,这个女人成为作家摆脱不掉的意象。屠格涅夫的《阿霞》创作冲动是这样产生的:他在河上划船时看到河边小屋的窗子里探出一个标致的姑娘的头,后面还有一个老太婆,于是,他被一种莫名的情绪所控制,并开始猜测这些人物的身份、关系、命运……无论是托尔斯泰还是屠格涅夫,他们的创作冲动都有长期的生活经验的基础。如果托尔斯泰不熟悉贵族生活,没有被某些人和事所感动过,就不会产生灵感和创作冲动,也不可能创作出安娜的形象。如果屠格涅夫不熟悉俄罗斯的妇女,对她们没有深厚的感情,即使看到了河边的景象,也不可能有灵感和创作的冲动,就不可能创作出《阿霞》。有时作家是有意识地培育和寻找创作冲动,例如中国清代画家王昱云:"未作画之前,全在养兴。或睹云泉,或观花鸟,或散步轻吟,或焚香啜茗。俟胸中有得,技痒兴发,即伸纸舒毫,兴尽斯止,至有兴时续成之,自必天机活泼,迥出尘表。"①绘画如此,文学创作也一样,许多诗人就特意游览山水,寻求诗兴,获得创作的冲动。

由于审美理想冲破了理智的防线,携带着巨大的心理能量喷薄而出,因此,文学创作的冲动是非常强烈、不可遏止的,它一旦产生就无法摆脱,纠缠着作家,使作家无法平静,最后只能把它付诸写作实践。所以柏拉图认为诗人写作不是出自理智,而是进入一种"神灵凭附"的癫狂状态。歌德说:"这些诗原来在我头脑里已酝酿多年了。它们占据了我的心灵,像一些悦人的形象或一种美梦,飘忽来往。我任凭想象围绕它们徜徉游戏,给我一种乐趣。"②创作冲动强烈地俘虏了作家,推动他进入与文学形象同在的生命体验。许多作家都描述了自己创作冲动时的心理状态。郭沫若在产生《地

① (清)王昱:《东庄论画》,俞剑华编:《中国古代画论类编》(上),人民美术出版社 2007 年版,第 189 页。

② [德]爱克曼辑录:《歌德谈话录》,朱光潜译,人民文学出版社 1978 年版,第 207 页。

球，我的母亲》和《凤凰涅槃》的创作冲动时，竟然是这样的状态：诗兴燃烧起来，像发疟疾一样，全身发冷，牙关打战，手都颤抖起来，强烈的写作欲望迫使他进入文学创作。曹禺回忆自己在创作《日出》时的心理状态："在情绪的爆发当中，我曾经摔碎了许多可纪念的东西，……我绝望地嘶嘎着，那时我愿望一切都毁灭了吧，我如一只负伤的兽扑在地上，啮着咸丝丝的涩口的地壤。"①

创作冲动是朦朦胧胧的灵感，没有形成明确的意图，更没有明确的主题，但在这种朦胧的灵感中就已经蕴含着创作的意图。这就是说，文学创作的冲动中就包含着创作的立意。文学创作的立意并不是理智的决定，而是非自觉意识的活动，它既是一种未明的渴望、情绪，也是一种朦胧的思想、认识，总之是审美理想的初步展开，是审美意象的萌芽。它不十分明晰，一切都刚刚发生，隐晦未明；文学形象只闪露出一点影子，创作的主题尚未确定，但像种子萌发、卵子受孕一样，新的生命已经开始了。它有鲜明的指向性，引导着作家的思维，催发着文学形象的生成。曹禺对自己创作《雷雨》时最初的感觉："有些人已经替我下了注释，这些注释有的我可以追认——譬如'暴露大家庭的罪恶——但是很奇怪，现在回忆起三年前提笔的光景，我以为不应该用欺骗来炫耀自己的见地，我并没有显明地意识着我是要匡正、讽刺或攻击什么。也许写到末了，我在发泄着被压抑的愤懑，抨击着中国的家庭和社会。然而在起首，我初次产生《雷雨》一个模糊的影像的时候，逗起我的兴趣的，只是一两段情节，几个人物，一种复杂而又不可言喻的情绪。"②这些"模糊的影像"、"一两段情节、几个人物，一种复杂而又不可言喻的情绪"就是文学创作立意时的审美意象的发端。屠格涅夫《父与子》中的主角巴扎洛夫的形象，是在一次从彼得堡到莫斯科的列车上开始孕育的，那个时候他对于这个人物的全貌还不了解，只是开始把握了他的某种主要

---

① 曹禺：《日出》，中国戏剧出版社 1960 年版，"跋"。

② 曹禺：《雷雨》，人民文学出版社 1994 年版，第 180 页。

因素:“照我看来,这位杰出人物正体现了那种刚刚产生、还在酝酿之中、后来被称为‘虚无主义’的因素。这个性格给我的印象很强烈,同时却不大清楚,……”①这种状况正是写作立意时的特征。

有的作家的创作动机是理智化、现实性的,往往是先有明确的创作意图,然后才进入写作。作家的现实的创作动机包括社会的动机,即为了对某种社会现象表达某种政治的或道德的态度,以文学干预现实,履行某种社会责任。比如白居易、元稹等就提出“文章合为时而著,歌诗合为事而作”、“惟歌生民病”,写作了大量讽喻诗。还有,茅盾写作《子夜》、《春蚕》,是先有对中国社会的理论认识,并且抱有批判旧社会的明确目的,而后才有具体的写作意向。也有的作家是抱着其他的动机,如为了稿费、为了出名等。但是,这只是外在的动机,而不是文学创作的内在动机。外在的动机必须转化为内在的动机即审美理想,一旦进入文学创作,就必须进入非自觉意识的活动中去,忘记外在动机,以审美理想推动文学形象的创造,这样才能避免公式化、概念化的弊病,创造出鲜活的文学形象。例如,巴尔扎克债务缠身,为了还债,不得不夜以继日地写作,赚取稿费。但这只是外在的动机,而他的内在写作动机是对社会现实的批判态度和对社会人生的审美理想;一旦进入写作,现实动机就不起作用了,推动创作的是对笔下主人公命运的关心和思考。

创作立意伴随着题材的选择。打动自己的生活事件,就构成了创作题材。生活是一个万花筒,各种事件令人眼花缭乱,应接不穷,但那种使你难忘、勾起你的创作欲望的就会形成创作题材。题材还是现实事件,要把它变成故事,需要对这个题材的深入体验、想象和构思,由此就进入文学创作。

---

① [俄]屠格涅夫:《关于父与子》,引自中国社会科学院外国文学研究所外国文学研究资料丛刊编委会编:《外国理论家作家论形象思维》,中国社会科学出版社 1979 年版,第101 页。

三、文学构思

作家在萌发创作冲动和创作立意以后，接下来的环节是文学构思。文学构思是对创作立意的扩展和具体化，就是根据已经发生的审美理想，构筑文学形象的基本轮廓。之所以说是构筑文学形象的基本轮廓，是因为在构思阶段，还没有完成文学形象，只是一种大致的构想，就像建筑师勾画蓝图一样。文学形象的创造要等到写作阶段才能完成。文学构思有几个基本的环节：第一是确立主题。主题是文学作品的基本思想，是文学形象的骨骼，是文学意义的提炼和审美理想的理性表达。文学创作的构思首先要确立表达什么样的主题思想，文学创作要围绕主题进行。主题不是凭空指定的，而是从生活体验中来，是生活体验的抽象、概括。作家对最深刻的生活体验进行反思，就得出了文学的主题。第二是选择题材。题材是依据主题对作家积累的文学素材的选择、提炼，把符合主题的素材集合起来，以备写作之用。同时，这些题材也进一步深化了主题，使主题有血有肉。第三是形象设计。依据主题，把文学题材加以想象的加工，初步构造人物、基本情节和故事的大概，使其成为文学形象的雏形。这样，文学形象就有了基本的轮廓，在正式进入写作阶段就可以在这个基础上进行细化。第四，谋划文学作品的结构。包括选择什么样的体裁、篇章结构、叙述方式或抒情方式等。上述文学创作的构思往往形成一个写作提纲，成为以后写作的蓝本。

文学构思是艺术想象与理性思考的结合。在审美理想引导下，通过艺术想象对生活经验材料、素材进行选择、整理、改造、重组，构筑文学形象，或探索人物的命运（叙事文学）或寻找情感意象（抒情文学）。这是文学构思的主要形式。文学构思也需要理性思考，这是对艺术想象的反思和补充。作家依据自己的生活经验、写作经验以及社会观念对人物、情节、环境以及思想感情的表达进行理性的思考，并提炼出作品的主题，围绕主题展开文学形象，使文学形象的创造合乎逻辑、符合主题，使作品展开一个清晰的叙述线索和篇章结构。但是，理性思考往往有抽象化、逻辑化的局限，它不能代替艺术想象，主题也不能涵盖文学形象。文学构思要把理性思考与艺术想象结合起来，二者交替进行、互相制约、互相补充。艺术想象是非自觉意识，理性思考是自觉意识，二者的关系就是文学理论界讨论的形象思维与逻辑思维的关系问题。非自觉意识的艺术想象活动是文学创作的基本形式，而自觉意识的理性思考是对艺术想象的反思。抛开艺术想象单纯地进行理性思考，就会导致概念化。同时，艺术想象也往往在自觉意识的引导下进行，否则，完全脱离了自觉意识，也可能使艺术想象失去方向、偏离主题。总之，艺术构思应该是艺术想象和理性思考的完美融合。艺术构思作为艺术想象和理性思考的结合，体现为一种沉思状态。这种沉思是艺术思维的状态，是思想的沉潜，它一方面体现为激情和想象，另一方面又有理智的控制，二者达到了动态的平衡。在创作沉思中，文学形象的构思得以进行和完成。

当然，也有特殊的情况，就是文学构思并没有经过理性思考，而是直接经过艺术想象，产生文学形象。作家一旦有了创作激情，就任凭想象的驰骋，不假思索，一泻无余，使文学形象直接呈现。特别是在灵感状态下，也是不经过理性思考直接产生文学形象。这种情况在抒情诗歌创作中比较常见，短篇小说的创作也有这种情况，而中长篇小说的创作一般离不开理性思考。歌德说自己的创作有时会在无意识状态下完成："在其他时候我写诗的情况完全不同。事先毫无印象或预感，诗意突如其来，我感到一种压力，仿佛非马上把它写出来不可，这种压力就像一种本能的梦境的冲动。在这种梦行症的状态中，我往往面前斜放着一张稿纸而没有注意到，等我注意到时，上面已经写满了字，没有空白可以再写什么了。"①

艺术想象往往伴随着灵感。所谓灵感，就是不经过理性思考的直接创造性领悟，实际上是特殊的想象活动，是想象力的爆发状态。灵感是不可预测的、偶然的，不知道什么时候会产生。作家在艺术想象过程中，有时会突然得到启示，出其不意地产生审美意象。灵感虽然得之偶然，但却是长期的

---

① ［德］爱克曼辑录：《歌德谈话录》，朱光潜译，人民文学出版社 1978 年版，第 207 页。

创作经验积累的结晶,也是艺术思考的飞跃和艺术想象的爆发。作家苦苦思考,纵横想象,往往不得其所,但却已经充分调动了自己的生活积累,使创造能力发挥到极致,这时就可能产生思维的飞跃、想象力的爆发,形成灵感。果戈理曾经描绘自己的灵感状态:“我感到,我脑子里的思想像一窝受惊的蜜蜂似的蠕动起来;我的想象力越来越敏锐。噢,这是多么快乐呀,要是你能知道就好了!最近一个时期我懒洋洋地保存在脑子里的,连想都不敢想的题材,忽然如此宏伟地展现在我的眼前,使我全身都感到一种甜蜜的战栗,于是我忘掉一切,忽然进入我久违的那个世界。”①灵感又是稍纵即逝的,它往往只是一闪的念头、倏忽而过的意象,必须即刻把握,否则就会失之交臂。苏轼曾经这样描绘灵感状态:“作诗火急追亡逋,清景一失后难摹。”(《腊日游孤山访惠勤惠思二僧》),这是对灵感的形象写照。灵感是由构思转向意象创造的过程,因此既属于创作构思,也属于意象生成,是这两个阶段的沟通环节。

四、意象生成与形式表现

文学创作在经历了构思环节之后,就进入了文学写作阶段。文学写作过程就是文学意象的生成,这是对文学构思的完成。文学构思不过是对文学意象的轮廓的想象、设计。这时,文学意象还没有形成,而其轮廓是不完整的、模糊的,留有许多空白。而文学意象的生成则对其加以补充、具体化、完善、深化、完成,使其由模糊到清晰,使空白充实,最后把轮廓变成形象。这时作家必须具体地展开文学描写,塑造文学形象,而不仅仅是一种构想。具体的文学意象创造过程,也是对文学构思的一次检验。文学构思只是初步的构想,可能存在着不符合审美规律的失误,通过文学意象创造的实践检验,就会发现在人物性格、事件情节、环境设置或者情感展开等方面的不当

---

① [俄]魏列萨耶夫:《果戈理是怎样写作的》,蓝天年译,天津人民出版社 1980 年版,第 11 页。

之处，从而重新构思、创造，给以纠正。托尔斯泰写作《复活》和《安娜·卡列尼娜》的过程中，都曾经改变了文学构思。他原来构思的妓女玛斯洛娃和背叛婚姻的安娜都是引起反感的负面形象，但在进入创作以后，审美体验纠正了理性的偏见，于是把她们修改为值得同情和肯定的正面形象。文学形象的创造过程，是作家与自己笔下的文学形象交流的过程，作家不是置身于事外，而是化身为文学形象，与他们共命运、同悲欢，从而能够真切地把握笔下人物的命运，创造出真情实感的文学形象。

文学意象的生成主要是意象思维（形象思维）的过程，同时也辅助以理性思考（逻辑思维），有时需要理性思维的反思、干预，帮助文学意象的生成。文学意象的生成并不仅仅是作家的心理活动，还要经过语言符号的媒介，使思想感情形式化，变成文学形象。这就是鲍桑葵说的“使情成体”，克莱夫·贝尔说的“有意味的形式”。

文学创作中文学意象的形式化就是语言传达。因为文学创作是使用语言的，文学形象是以语言的形式呈现的，因此语言表达就是必要的环节。对文学创作而言，语言不仅仅是表达思想感情的工具，而且是文学形象塑造本身；不是在文学形象完成以后再用语言表现出来，而是要通过语言传达来最终完成。没有经过语言组织的思想感情是混乱的，只有经过语言的组织，才能转化为清晰的文学形象。文学创作的语言传达不是重复、复制艺术构思，而是继续文学构思、完善文学构思，是完成文学构思未完成的文学意象的创造。这是因为，文学语言传达不是现成的语言的套用，而是使日常语言变成文学语言的过程，也就是克服语言的抽象性、逻辑性而向意象性、自由性生成的过程，这个过程是与现实经验向文学意象转化的过程同质同步的，就是文学形象创造本身。文学形象的语言传达是自动化的，由于作家已经掌握了丰富的生活语言并且具有高度驾驭语言的能力，所以能够在文学意象构想的同时，自动地选择生动传神的语言加以表现。有时存在着语言不能充分地传达审美意象的情况，正如陆机说：“恒患意不称物，文不逮意，盖非知之难，能之难也。”（《文赋》）这时就需要进行语言的提炼、选择，例如诗人贾岛对“僧推月下门”还是“僧敲月下门”的著名“推敲”故事就是鲜明的事例。

文学形象的语言传达同时也是文学意象形式化的过程。文学构思中形成了初步的文学意象轮廓，它还没有形式化，文学写作就是要把它形式化，使其由内在意象变成可以感知的语言形式。形式化不是先有了文学内容再选择文学的形式，这就会落入内容与形式的二元论中去了；而是文学形式与文学内容的同步生成。文学构思本来就没有完成文学形象，也没有全部呈现出文学的思想内容，它只是初步的构想，处于未完成状态。文学意象初成时也是混沌不清晰的，需要适当的形式使其清晰化。文学意象在选择适当形式的同时，对混沌的思想感情加以整理，使其充分升华、完善，形成完整的文学形象。可以说，文学形式就是使文学意象完成的手段。形式化首先是选择适当的体裁，这是文学形式的基本样式。比如诗歌创作要选择具体的体裁，是格律诗还是自由诗等；小说创作要选择具体的样式，是长篇、中篇还是短篇等。仅仅选择文学体裁还不够，还要寻找具体的文学形式，也就是自己特殊的篇章结构、语言风格、叙述方式、抒情方式等。这种具体的文学形式是与文学意象充分吻合的，就是文学形象本身。这种文学形式一方面是以往文学创作的成果，同时也是新的创造。作家必须利用、借鉴已经存在的文学形式，同时又创造新的、属于自己的文学形式，以充分传达文学的内涵。可以说，文学形象既是文学形式的创造，同时也是文学思想内容的创造。此时，文学的思想内容与文学的表现形式合而为一了。

文学写作就是进入审美意识，而审美意识包括审美情感。这就是说，文学写作阶段始终伴随着强烈的情感。文学构思的过程主要是一种沉思，情感处于被抑制的状态。与文学构思不同，作家在创造自己的文学形象的时候，不是冷漠的、无动于衷的，而是充满激情的，他要表达对文学形象的爱和恨，要把自己的自由追求表现出来，这就使得创作处于一种激情状态。正是这种审美情感，使得创作有强大的推动力，也使得作家的文字充满了感染力，笔下的文学形象充满了人性。郭沫若写作《凤凰涅槃》时，“伏在枕头上用铅笔只是火速地写，全身都有点作寒作冷，连牙关都在打战，就那样把那首奇怪的诗写了出来。”①当然，每个作家创作激情的表现方式并不一样，有的外露，有的内隐，但激情是始终伴随着写作过程的。

文学意象的生成和形式表现是文学的写作阶段，但写作任务的完成往往并不是一步到位的，有时还要进行反思和修改。有的文学作品，特别是短小的文学作品，可能是一气呵成，不需修改的，但长篇的文学作品则大都需要修改。文学形象创造的初步完成，可能并不完美，存在着需要修改的地方，比如说人物性格方面、情节展开方面、环境描写方面、情感传达方面、语言运用方面，甚至主题思想方面都可能存在不足之处。这就需要经过反思来进行修改。反思的前提是审美体验。首先要以读者的身份阅读文学作品的初稿，进行审美体验，如果发现审美体验的缺失，就说明文学描写有失误。反思就是在审美体验的基础上对文学形象进行理性思考，找出文学描写的失误，加以修改。审美体验是对文学形象“入乎其内”，反思是“出乎其外”，这种形象思维与逻辑思维的交替就是修改的过程。修改要对文学作品的立意、构思和具体描写进行局部的修正、重写。这个过程有时要进行多次，有的作品甚至要推倒重来。总之，修改实际上是创造过程的延续、深化、完善。

本章参考书目

1.［法］福柯：《什么是作者》，见赵毅衡编选：《符号学文学论集》，百花文艺出版社2004年版。

2.［法］雅克·马利坦：《艺术与诗中的创造性直觉》，刘有元、罗选民译，生活·读书·新知三联书店1991年版。

3. 刘勰：《文心雕龙·体性》。

① 郭沫若：《我的作诗经过》，见《郭沫若谈创作》，黑龙江人民出版社1982年版，第39页。

第十一章　文学接受

第一节　文学接受的构成

一、读者

文学接受是读者的行为，文学接受的主体是读者，因此，文学接受要受到读者的主导。读者是爱好文学和有一定文学接受能力的人，具有与文学接受相关的品质，包括生活经验、文学兴趣、鉴赏能力等方面。

首先，我们考察读者的生活经验。读者的生活经验与文学接受有密切的相关性。读者的生活经验是文学兴趣的基础。读者的文学兴趣往往与他的生活领域、阅历、命运相关，读者喜欢的文学题材、风格、思想倾向都与生活经验相关，读者在文学阅读中重新体验了自己的生活经历。往往有这种情况，农民喜欢看农村题材的作品，军人喜欢战争小说，青年人爱看爱情小说……

同时，生活经验也是读者的接受能力的基础。一方面，作品的现实意义是作者生活经验的结晶，读者在阅读作品时以自己的生活经验作为“前理解”，回应作品的生活描写，产生共鸣。所以，生活经验是理解作品的现实意义的前提，是文学理解能力的基础。读者具有丰厚的生活经验，才有可能具有深刻的文学理解能力；而生活经验肤浅的人，往往文学理解能力也不深。读者在青年时期阅读的作品，在老年重读时往往会有更深刻的理解，这是因为生活阅历更丰厚了。辛弃疾词曰：

少年不知愁滋味，爱上层楼。爱上层楼，为赋新词强说愁。

而今识尽愁滋味，欲说还休。欲说还休，却道天凉好个秋。

——《丑奴儿·书博山道中壁》

这里虽然是讲生活经验与创作的关系，也包括生活经验与文学接受的关系。另外，文学作品的审美意义是作者生活经验的升华、超越，它需要读者的审美体验的回应。审美体验是生活体验的升华，没有深厚的生活经验，也不可能有高水平的审美体验。所以，生活经验也是理解作品的审美意义的基础。读者的生活体验是否深厚，关系到文学接受的审美水平的高低。例如，我们在青年时期阅读《红楼梦》，可能仅仅把它理解为爱情悲剧；而随着年纪的增长和阅历的深厚，对人生体验更为深刻，就能够理解它所蕴含的人生哲理。

其次，我们考察读者的文学爱好和文学兴趣。好的读者应该是文学的爱好者，他对文学有强烈的爱好。这种爱好甚至可以到痴迷的程度。为什么会是这样呢？因为他们在文学中实现了自己的梦想，找到了生活的意义，所以文学成为他们的第二生活。读者不仅具有文学爱好，还具有特定的文学兴趣。读者的文化修养、世界观、性格气质等方面都影响着他的文学兴趣，但最直接的因素是文学接受的实践。作为文学爱好者，读者在长期的文学阅读过程中形成了自己的文学兴趣。文学兴趣就是喜欢读什么样的文学作品，包括文学类型：通俗文学还是严肃文学、纯文学；还有文学样式：抒情文学还是叙事文学；还有文学题材：战争题材、爱情题材还是政治题材等；还有文学风格：悲剧还是喜剧，或者崇高还是荒诞……在文学兴趣后面，实际是读者的个性和审美个性。读者的现实个性包括思想倾向、气质等都影响着文学接受，特别是直接影响着对文学现实意义的接受、影响着对文学作品的选择、解读和评价。而审美个性是现实个性的升华，是在以往的文学活动中形成的稳定的审美心理结构。审美个性决定着对审美意义的接受。读者的审美理想、兴趣等都直接决定着对文学的审美意义的解读。总之，读者对生活怎么看,有什么样的审美理想,就会喜欢什么样的文学作品。

文学兴趣在具体的文学接受过程中转化为接受动机和文学评价的标准。文学阅读的动机是读者抱着什么样的意图阅读特定的文学作品。文学的接受动机决定着对接受的对象的选择。一般来说,文学接受的动机包括三种类型:第一种是感性冲动,主要是为了消遣娱乐,以文学阅读泄导原始欲望。持这种接受动机的读者往往选择通俗文学。第二种是理性冲动,主要是为了关注社会人生的现实问题,以文学阅读实现自己的社会理想。持这种接受动机的读者往往选择严肃文学。第三种是审美冲动,主要是为了安放自己的灵魂,以文学阅读寻找生存的意义。持这种接受动机的读者往往选择纯文学。当然,这三种动机之间常常互相缠绕在一起,因为各种文学类型也都存在着原型层次、现实层次和审美层次,只是主导方面不同。

还有,要考察读者的接受立场。在具体的文学阅读中,文学兴趣还决定着文学评价的标准。读者如何评价文学作品,一方面取决于文学作品本身,同时也取决于读者的评价标准,而这个标准就是文学兴趣。读者只对自己感兴趣的作品作出好的评价,肯定符合自己阅读标准的作品,对不感兴趣、不符合自己标准的作品作出否定的评价。所以,文学兴趣的高雅和低俗,影响着文学接受水平的高低。此外,文学接受的立场还包括读者的文学观念,它与读者的意识形态观念相关,也与其审美观念相关。读者接受文学作品,总要从自己的接受立场出发,来感受、评价文学作品。文学兴趣是感性化的立场,而文学观念是理性化的立场,二者可能一致,也可能有差异。一般来说,在文学接受过程中,文学兴趣直接影响着对文学作品的感受,这是一个非自觉的过程;而文学观念则直接影响着读者对文学作品的评价,这是一个自觉的过程。二者可能互相协调,也可能发生冲突。一旦发生冲突,就可能出现两种情况:一种是文学兴趣战胜了文学观念,对违反文学观念但符合文学兴趣的作品作出了肯定的评价。另一种是文学观念压倒了文学兴趣,导致对自己喜欢的作品作出了否定的评价。总之,文学立场决定着文学接受结果。

最后，我们考察读者的鉴赏能力。读者的鉴赏能力包括文化水平、审美修养两个意义。文化水平的高低影响着读者的阅读水准。一般来说，文化水平较低的读者，阅读能力较弱，更容易接受通俗文学作品，而难以接受严肃文学作品和纯文学作品；而文化水平较高的读者则阅读水平较高，更易于接受严肃文学作品和纯文学作品。当然这不是绝对的，二者并不成正比，甚至也有相反的情况。原因在于，决定鉴赏能力的直接是审美修养，文化水平只是审美修养的基础和影响接受能力的间接因素。审美修养是在文学阅读以及其他审美活动中培养出来的，包括审美理想的高低、审美感受的敏锐性、审美评价能力的强弱等。如果具有崇高的审美理想而不是庸俗的趣味，如果审美感觉很敏锐而不是迟钝，如果审美评价能力很强而不是很弱，那么读者的文学鉴赏也必然是高水平的；反之，则是低水平的。

读者应该有意识地加强自己的修养，包括积累深厚的生活经验，培养自己高雅的文学兴趣，加强自己的文学鉴赏能力，从而提高文学接受的水平。

二、接受对象

文学接受的对象与接受主体一样，是文学接受的构成之一，它也制约着文学接受。文学接受的对象是文学作品，但文学作品还只是一种物质性非存在，还没有展开其内容；它进入文学接受后，才成为文学接受的对象。首先，文学作品转化为文学文本。文学文本即文学作品的语言构成，它是读者阅读的对象。继之，文学文本在接受过程中转化为文学形象。

文学文本具有客观性，从而限定了文学接受。文学文本作为语言构成，形成了一个意义的框架，具有意义的限定性。一方面，语言具有意义意义和涵义意义，而意义意义具有公共性，对具有个体性的涵义意义有制约作用，从而保持着文学作品意义的稳定性；另一方面，语言在历史的流传中具有连续性，保持了意义的相对稳定性。语言虽然经历了历史的变迁，意义不断发生变化，但仍然保留了某种连续性，形成了一个意义框架，产生了意义的指向性。这样，文学阅读才不是一种随意的解释，而文学的意义才具有了相对的确定性。我们能够理解历史上的文学作品,有赖于文学文本的语言的限定性。因此,读者必须理解文本,尊重文本,这是文学接受的前提。

其次,文学文本又具有开放性,从而为文学接受的创造性提供了可能。文学文本并不像结构主义者所说的那样是一个封闭自足的结构,而是需要读者参与的开放式的结构。文本只有与主体融合,才是完整的、有意义的,而脱离了主体的文本只是一个空洞的能指。文学文本在作者手里已经完成了,产生了意义,但是一旦脱离了作者,就失去了完整性,需要重新阐释。文本的阐释不是原始意义的复原,而是填补历史的空白。在文本的历史视域与读者的现实视域之间产生了历史的距离,需要在阅读中实现"视域融合",这就给读者的参与和创造留下了空间。因此,文学接受就不是对文本的简单阐释,而是意义的再创造。例如歌德的《浮士德》,在那个启蒙主义时代,它表达了人文主义的社会人生理想,即向理性的回归。而在现代,在新的历史视域下,我们就可以赋予其新的思想,如浮士德向魔鬼摩菲斯特出卖灵魂来满足自己的欲望,是现代性带来的人的异化;而主人公的无尽追求体现了生存的终极意义——自由。所以,接受美学家尧斯说,文学作品的存在方式不是孤立的文本,而是一种历史性的存在,是在读者的接受中存在的。伊瑟尔说,文本具有"召唤结构"和"隐含的读者",即文本需要读者的解释,意义才能重现。文学阅读就是通过读者的解释,恢复文本的完整性,重新获得意义。

文学文本的开放性既体现在现实意义,又最显著地体现于审美意义。不仅在现实意义的解释中,要填补历史的空白;而且在现实意义与审美意义之间也留有意义的空白,也就是留下了读者创造的空间,这样读者就有可能依据自己的期待视野进行创造性阅读加以填充,产生新的审美意义。这个审美意义具有独特性,并不重复他人的接受,从而具有了更为自由的性质。如果说在文本的现实意义上,由于受到了历史条件的限制,意义的开放性是有限的,那么,在文本的审美意义则具有充分的开放性。在审美的解读中,审美理想为读者开拓了自由的意义空间,因此审美意义是具有无限的可能性的。读者可以在现实意义的基础上进行个性化的审美创造,产生独特的文学形象,获致独特的审美意义。仍然以《红楼梦》为例,它的审美意义是不断深化的,不同时代不同的读者可以依据自己的审美理想进行不同的解读,因此百余年来,红学研究不断深入,仍然不能穷尽其审美意义。总之,文学文本是开放的,但相对而言,文学文本的现实意义具有相对的确定性,而审美意义则具有更大的不确定性。文学文本的这种开放性,为文学接受主体的创造性留下了空间,使文学接受成为一种新的创造。总之,文学文本既具有限定性,又具有开放性,这就是所谓的"启发性结构"。文学文本只是提供了阐释的可能,而不限定最终意义,从而使文学接受成为一种创造性阐释。

在接受过程中,对象不是被动的,而具有能动性,这体现为文学作品的魅力。在接受过程中,文学文本转化为文学形象。这个过程具有巨大的魅力,吸引着读者的参与。文学的魅力是综合性的、多方面的,它包括原型意义、现实意义和审美意义的吸引力。人的需要是多层次的,有原型层次、现实层次和审美层次,而文学全方位地满足了人的心理需要,因此具有巨大的吸引力。在原型意义上,文学通过感性的描写,使人摆脱了理性的束缚,泄导和升华了原始欲望。在现实意义上,文学展现了多姿多彩的生活世界,展开了各种各样的人的命运,打开了人们的眼界,引起了人们的好奇心、同情心。因此,人们从通俗文学中获得了消遣娱乐,从严肃文学中获得了思想的深化和道德的升华。在审美意义上,文学展现了一个自由的天地,给人的生存开辟了无限的可能性。因此,人们从纯文学中给自己的灵魂找到了安顿之地,文学成为人们的向往之所。从文学形式上说,鲜明而独特的意象,各式各样的人物,富于悬念的情节,生动的语言,都具有强烈的吸引力,让人流连忘返。所以,不仅作家把文学创作视为生命,而且读者也把文学看作最大的爱好。必须强调的是,文学的魅力固然来源于文学作品,但也在于读者的参与,在文学接受的过程中文学的魅力才得以呈现,读者的文学兴趣才得以发生。这就是说,文学接受不是被动的解读,而是能动的创造和积极的参与。

三、接受环境

文学接受除了与读者、文本相关以外,还与接受环境相关,所谓接受环境,是指文学接受所处的社会文化环境,当然也包括文学环境。接受环境一方面与读者相关,另一方面也与文学文本相关,从而影响着文学接受。

接受环境首先影响着读者。读者不是孤立的存在者,他要受到接受环境的影响。因此,考察文学接受和文学的意义,必须考察文学接受的环境。读者的人生态度与生存环境相关,而人生态度就影响对文学作品的选择和评价。某一个时期,人们喜欢阅读什么作品,产生什么样的文学潮流,是与那个时期的社会环境有关的。例如,"文革"刚刚结束时,伤痕文学、反思文学等就受到了读者的关注,因为这些作品中批判了"文革"和极左思潮;而在后新时期,由于市场经济的兴起,人们的生活方式发生了巨大的变化,于是描写普通人的日常生活的"新写实"小说就受到了读者的关注,形成新的文学潮流。同时,接受环境作为社会生活以及文化、文学气氛,不是外在的东西,而成为读者的生活经验。生活经验作为读者的前理解进入文学接受,影响着对文学文本的解读。

接受环境除了与读者相关之外,还与文学文本相关。对读者而言,文学的接受环境可以转化为读者的生活经验和文学经验,而对于文本而言,则是文学的语境。语境是语言表达的具体环境,它限制着语言表达的意义范围,使语言表达具有相对的确定性。文学文本不是孤立存在的,它是一定历史环境的产物,也存在于一定的历史环境中。特定的历史条件成为文本的语境。不仅文学环境,而且社会环境也成为文学文本的语境,使文本的意义具有了历史的规定性。因此,考察文学作品的意义,不能仅仅考察文本,也不能仅仅考察作者,还要看文学文本的语境即接受环境,考察接受环境对文本意义的影响。例如,历史剧的文本是历史故事的再现,但实际上它的意义与接受环境关系很大,甚至可以说是在接受环境中才显示出它的意义。比如郭沫若的历史剧《屈原》、《棠棣之花》、《蔡文姬》等,它们在抗日战争中写成和演出,其意义不仅仅在叙述历史,而在干预现实,即批判国民党的消极抗日、积极反共的政策;而观众的接受也同样发生共鸣,引起了轰动。如果脱离了历史环境,就不能深刻地理解这些历史剧的意义。

接受环境还具体化、内化为读者的接受心境。无论是社会环境还是文化、文学环境,都只是大的历史条件,而直接与文学接受发生关系的是具体的接受环境以及具体的接受心境。具体的接受环境是指在文学阅读的时候读者身处的整个生活环境、他的具体遭遇,这都影响接受时候的心情即接受心境。接受心境作为一种“前理解”的因素参与了文学接受,直接对文学文本的选择、阅读、理解、评价产生影响。

文学文本作为语言构成并不是孤立的,它还与其他文学文本发生关系、互相关联,形成“文本间性”。这样,文本的边际就无限地扩大了,不断形成更大的文本,从而使该文本的意义呈开放性。其他文学文本也可以看作一种语境,一个文学文本在不同的文学语境中(例如一个时代的文学思潮、文学氛围),就会产生不同的文本间性,为文学接受提供了变化着的解释对象,从而影响文学意义的生成。例如,《红楼梦》在清朝,是与传统的才子佳人小说发生文本间性,因此那个时代它的意义也就是言情,故有所谓“不是情人不泪流”的评语,甚至被作为“淫书”查禁。而在清末民初,由于西方近现代文学和美学理论的传入,文学语境发生了变化,《红楼梦》就与当时的世界文学作品发生了关联,产生了新的文本间性,于是它的意义就具有了现代性。王国维就依据叔本华的悲观意志哲学,写作了《红楼梦评论》,认为这部著作是欲望悲剧。而在五四以后,由于反封建主义的语境,《红楼梦》就与争取爱情自由的启蒙主义文本发生了关联,成为反封建主义的经典。又如,塞万提斯的《堂吉诃德》在作者写作的年代,由于处于骑士小说盛行的接受环境下,因此与骑士小说发生文本间性,对它的阐释就是对骑士小说的讽刺,是一部喜剧。而在现代社会,由于现代性的发展,产生了现代性批判思潮,于是,对它的接受就发生了变化,人们在其中发现了对现代性带来的负面因素的忧虑和悲哀:传统的行侠仗义、济世救民理想的失落以及因此产生的悲剧。

第二节　文学接受的特性

一、文学接受的被动性和能动性

首先,应该承认,文学接受不同于文学创作,具有某种客观性、被动性。文学创作是作家主动地选取经验材料,按照审美理想创造文学形象,因此具有能动性。而文学接受则是面对确定的文本,进行解读。文学文本的语言描写是确定的,它叙述的内容也是确定的,读者不能随意改动,其解读也受到文本的限制,不是任意的创造。文学形象在很大程度上是文本提供的,读者的创造要建立在文本的基础上。文本提供了创造的可能性,读者完成了这个创造。因此,文学形象具有公共性,不同的读者面对的文学形象具有共同性。在这个意义上,文学接受具有客观性、被动性。

另外,文学接受具有能动性,是一种文学形象的再创造。传统文学理论认为,文学的意义是作者赋予的或文本固有的,是确定的;文学接受是读者对文本原有意义的发现,是作者意图的还原,与读者本身无关,读者只是被动的接受者。确实,文学接受是对文学文本的解读,因此不可避免地受到文本的制约,不能随意阐释。但是,文学接受作为文学活动的一种,与文学创作一样,具有文学的一般本质,这就是独创性。文学接受从根本上说不是被动的阐释,而是与文学创作一样的创造。读者不是接受现成的文学形象,因为作品只提供给读者生活经验材料,读者要依据自己的生活经验和审美理想来重新理解和创造文学形象,因此接受就是创造。萨特认为:"读者意识到自己既在揭示又在创造,在创造过程中进行揭示,在揭示过程中进行创造。"①

文学接受的创造性是独特的。作家的创造是对现实经验材料进行创

① 柳鸣九选编:《萨特研究》,中国社会科学出版社1981年版,第8页。

造，这种生活经验是独特的，对它的再创造就更独特，因为它要依据自己的社会理想和审美理想创造个性化的世界，也就是把自己的文学个性对象化，从而使文学形象具有独创性。文学接受也一样，它要对文本提供的现实经验材料进行再创造，而不是接受现成的东西。每个读者是依据自己的社会理想和审美理想来理解文本的描写，并且进行新的创造，文学形象才能形成。这就是接受美学所说的“期待视野”对文学形象的再创造。由于社会理想和审美理想本身就具有独特性，特别是审美理想是最独特的，不可重复的，是自由个性即理想自我创造的动力。因此，文学接受就成为文学形象的再创造，具有独创性。鲁迅说每个人心中的林黛玉都是不同的，这跟读者的不同的生活经验有关。

从文本方面说，文本不是固定的意义载体，而是留有许多意义的空白，需要读者的填充，从而为文学接受的独创提供了可能。这些意义的空白首先体现在文本的现实意义上，给读者留下了想象的空间。对于现实意义上的文学描写，由于读者与文本之间的历史距离，也产生了意义的空白。文本产生的那个时代所具有的意义，与读者所处于的时代的观念之间，有一个历史距离。这个历史距离是一个空白，要求读者加以填充，用什么填充呢？用自己的生活经验和社会理想去填充。每个人的生活经验不同，社会理想也不同，所以也会产生不同的文学形象。所谓“有一千个观众就有一千个哈姆雷特”，就是由于生活经验的不同而创造的文学形象的差异。但这种差异毕竟有限，给个体创造的空间也有限。在文本的现实意义上，文学描写具有现实意义，这些现实意义的核心是意识形态，它相对稳定，没有太多的解释的空间。例如，《三国演义》贯穿着忠义观念，这是传统社会的意识形态，读者不能随意解释。所以尊刘贬曹，颂扬诸葛亮的智慧和忠诚、关羽的义气就成为难以更易的主题。

但是，意义空白更主要地体现在文本的审美意义上。在文本的现实意义与审美意义之间，也形成一个意义空白，需要读者的创造性填充。因为在现实体验到审美体验的升华中，消解了意识形态，把巨大的空间留给接受主体,可以任他自由地创造出文学形象。由此,读者的文学个性形成并且对象化为文学形象,而不同读者的接受产生的文学形象就有巨大的差异,不会雷同。这种差异不是误读,而是合法的创造,是文学接受的必然结果。尽管不同个体接受的文学形象之间会有共同性,但是差异是绝对的,不可能产生完全一致的文学形象。而且,文学接受的文学形象越是独特,说明文本越有文学性,也说明文学接受的水平越高,越有深度,越有创造性;反之,一般化的文学接受只能说明文学文本缺乏文学性或者文学接受的水平低和缺乏深度,也缺乏创造性。在审美意义上,我们可以对《三国演义》贯穿的意识形态加以质疑,产生自己独特的理解,例如对于忠义观念的合理性产生疑问:为什么忠义立国的蜀汉灭亡了,而奸佞篡权的魏国却胜利了?天道与人道一致吗?等等。于是,就可以尝试作出种种答案,这些答案都是对生存意义的独特理解。

二、文学接受的历史性和超历史性

传统观念认为文学接受是对作者思想意图的还原,于是,文学接受就脱离了历史条件,成为绝对意义的阐释者。古典解释学就是这样,它企图寻找还原历史文献的原初意义的方法。这种传统观点受到了现代解释学的质疑。现代解释学认为,文学接受是读者对文学文本的解释,而解释是意义发生,带有历史性。现代解释学创始人伽达默尔认为,文本的意义不是确定的,需要主体的创造性解释。主体不是被动地发现文本的意义,而是带着“前见”能动地创造文本的意义。这样,解释就不具有纯粹的客观性,而成为一种“合法的偏见”。由于解释主体处于具体的历史环境中,而文本也产生于特定的历史环境中,这就产生了两者不同的历史视域。解释就是“视域融合”的过程,文本的意义既区别于作者赋予文本的原意,也区别于读者的“前见”,而是读者与文本的沟通。这样,文学接受就带有了历史性,形成了所谓“效果历史”。

文学接受的历史性,首先在于接受文本的开放性。文学文本虽然是在一定历史条件下创造的，打上了那个时代的烙印，但是，它一旦脱离了作者，就失去了意义的完整性和确定性，产生了意义空白，具有了“召唤结构”，需要读者的填充。这样，文学文本就成为当代的接受对象，而文学接受就成为当代的事件。这一点，前面已经阐述过了。其次，文学接受的历史性还在于接受主体的历史性存在。文学接受的主体即读者不是超历史的存在，不是作为一个白板接受文学作品的，他是存在于一定的历史环境中的，他的生活经验、文学经验构成了接受文学作品的“前见”，也就是所谓历史视域。读者带着“前见”和历史视域接受文学作品，也就是以自己的生活经验来重现文学描写的内容，而且只有这样才可能理解文学作品。如果读者没有一定的生活经验和文学经验，没有带着“前见”和历史视域来阅读文学作品，那么就不可能再现和理解文学描写的内容。因此，文学接受不是客观地再现作品的意义，不是复原作者的原意，而是把作品带到当下的历史语境中，用现代的观点重新解释文学作品，从而使文学作品的意义具有了当代性。这就意味着，文学解释不可避免地带有偏见，这种偏见不仅是合法的，而且具有积极意义，它是文学接受的能力和动力；如果没有“前见”和历史视域，那么文学接受就没有可能，文学的意义也无从发生。文学解释依赖于读者生活经验和文学经验，而生活经验和文学经验离不开社会文化传统和文学传统，因此文学接受成为传统的延伸和更新，成为一种历史性的创造活动。

文学接受要依据文学传统和读者的前见，并不是说文学意义仅仅是传统的再现或读者观念的复制，也不是以当下的意识来代替文本的历史意识。文本是另一个历史经验的产物，用伽达默尔的话来说，属于另一个历史视域。它进入文学接受，就与读者的历史视域形成了差距，而文学解释必须消除历史差距，沟通两个历史视域。通过文学接受的对话，读者与文本之间就达到了理解，文本的意义和读者的理解具有了同一性，产生了所谓的“视域融合”，形成了新的历史视域。这就是文学文本的新的意义。文本的新的意义既与原初意义相关，又具有了当代性；既与读者的前理解相关，又具有了历史性，总之，既不是原初的意义，又不是读者已有的观念，而是新的意义和理解。例如,我们阅读《水浒传》前,必然带着现代的观念,同时《水浒传》又带着作者那个时代的观念,这两个时代的观念是不相同的,我们对于那个时代的流民意识、江湖义气等都难以认同。但是,在文学接受中,我们理解了梁山好汉,同情他们的命运,赞赏他们的义举,甚至包括理解他们的野蛮行径(如孙二娘卖人肉包子、李逵劫法场乱砍民众等情节),同时这种同情和理解又是现代人的视角,具有某种批判性、超越性,而不是对作者观念的完全认同。

解释学强调文学接受的"视域融合"具有历史性,而实际上,文学接受既具有历史性,也具有超历史性;所谓视域融合本身就是对历史的超越,实质是"视域超越"。解释活动的基础是理解,理解就是对历史间隔的超越。解释既依据历史,同时又沟通了历史,超越了历史。这种超历史性在一般文本的解释中还不充分、彻底,只是在文学接受中才具有了充分性、彻底性。现实解释中,视域融合还偏重以现在同化过去,赋予历史文献以当下的意义,也就是说偏重于主体性。所以,我们难以接受作品中体现的古典时代的意识形态,如忠义观念等。但文学不仅具有现实意义和现实意义,而且具有审美意义和审美意义,文学解释在审美意义上,具有超越历史的性质。文本的审美意义和读者形成的审美理解之间充分同一,二者都已经超越了现实,也超越了历史。我们对《红楼梦》的审美意义的领悟即对于人生意义的探索和把握,已经超越了曹雪芹那个时代的意识形态,也超越了读者所处那个时代的意识形态,而与作者的超越性追求、思考会通了;它是永恒的价值,是超越历史视域的审美视域。由于解释学把文学文本等同于一般文本,把文学接受等同于一般接受,因此只强调文学解释的历史性,没有意识到其超历史性,这是不足之处。

三、文学接受的主体性和主体间性

传统的文学理论认为文学接受是主体与客体的关系,读者是主体,文学作品是客体,读者对作品的解读或者是主体性的,依读者的观念为转移,是读者的主观见解的表现;或者是客体性的,依作品的内容为转移,是作品的客观意义的发现。中国古代也有这两种观点,客体性观点如“我注六经”,主体性观点如“六经注我”。结构主义文论建立了以文本为中心的客体性的接受理论。它认为文本具有固定的结构,具有确定的意义,因此文学接受只是确认文本的意义。接受美学建立了以读者为中心的主体性的接受理论。尧斯认为读者带有“期待视野”阅读文学作品,参与文学作品意义的发生。他认为期待视野是读者在阅读中对于文学内容的预期。期待视野不仅仅是读者个人的阅读习惯,它来源于社会的文学传统、惯例,“读者可期待的视野是由传统或以前掌握的作品构成的,由一种特殊的态度构成的。”①这样,读者就取代文本具有了中心地位,决定了文学文本的意义。结构主义的客体性理论和接受美学的主体性理论都具有片面性,前者忽视了读者的能动性,后者忽视了文本的限定性。解释学美学则克服了主体性接受理论与客体性接受理论之间的片面对立,建立了主体间性的接受理论。解释学美学认为,文学接受是一种解释活动,读者与文本之间的关系不是主体与客体的认知关系,而是主体与主体的问答、对话关系,通过对话达到理解,产生了读者与文本之间的视域融合。伽达默尔说:“流传物像一个‘你’那样自行讲话。一个‘你’不是对象,而是与我们发生关系……因为流传物是一个真正的交往伙伴(kmmunikationspartney),我们与它的伙伴关系,正如我和你的伙伴关系。”②苏联文学理论家巴赫金也认为文本不是客体,而是主体,要通过与文本的对话才能理解文本的意义。

文学接受是对文学文本的解读,而文学文本具有现实意义和审美意义,因此文学接受是从现实意义到审美意义,从主体性到主体间性。文学接受首先是在现实意义上进行,这时,读者与文本是对立的,读者是主体,文本是客体。读者以自己的前见阐释文本,使文学的语言描写转化为感性意象即

---

① [德]尧斯:《走向接受美学》,见《接受美学与接受理论》,周宁、金元浦译,辽宁人民出版社1983年版,第100页。

② [德]伽达默尔:《真理与方法》,洪汉鼎译,上海译文出版社1999年版,第460页。

生活经验的再现;同时,文本作为客体抵抗者主体,迫使读者接受自己的意义规范。在文学接受中,发生读者和文本之间的“视域融合”,沟通了主体与文本。但此时的文学意象还不是审美意象,而是现实意象,它所具有的意义还是现实意义。这种感性意象独立于读者,是一个“陌生化”的对象。感性意象有自己的生命、自己的性格,读者还不能完全理解它,与它的对话还没有充分展开。感性意象在读者的期待视野下生成,与读者发生遭遇,读者努力把它同化于自己的生活经验,而感性意象也努力保持自己的独立性。这种对峙产生了一种紧张的关系。这时,读者就会以自己的“前见”来理解、阐释文本,而这种阐释尽管受到文本结构的制约,但还是偏向于主体的历史视域。这就是说,现实意义的文学接受虽然也具有主体间性,但这种主体间性是不充分的,它以读者的生活经验来理解、阐释文学作品,实际上是一种主体性的把握。这种主体性的把握具有外在性,读者没有充分理解对象。因此,在现实意义上的文学接受是未完成的、有缺憾的。

文学接受从现实意义进入审美意义,使读者由现实主体变成了审美主体(审美个性),文学文本由现实对象变成了审美对象。审美对象即审美意象是感性意象的升华,是文学形象创造的完成。这是由主体性到主体间性的过程。接受主体与接受对象之间产生了一种特殊的关系,就是对话关系。接受主体开始不再把接受对象当作客体,而是当作与自己平等的另一个主体,产生了审美理解和审美同情。于是,接受主体就与接受对象间进行了对话、交流。接受主体把自己的生活经验、自己的审美理想倾注在接受对象身上;接受对象把自己的遭遇、自己的心声倾诉给接受主体,达到了彼此的沟通、互相理解。于是,文学形象就最终与接受主体彼此不分,合而为一,即文学形象的命运就是接受主体的命运,文学形象的情感就是接受主体的情感;接受主体也化身为文学形象,在文学形象的身上重新体验了人生。这种对话同时也是读者与作者之间的对话和沟通。例如,与曹雪芹同时代的爱新觉罗·永忠阅读了《石头记》的手抄本,被作品中的人物命运所感动,当作自己的命运来体验。这样,他就与作者发生了共鸣。永忠赋诗云:“传神文笔足千秋,不是情人不泪流。可恨同时不相识,几回掩卷哭曹侯。”这时,文学接受就成为主体间性的实现,它既不是客体性的行为,也不是主体性的行为,而是主体与主体之间的平等对话,达到充分的理解和同情。于是,文学作品的意义就在这种对话中产生。

四、文学接受的个体性和社会性

文学接受是个体的行为,同时也是社会化的行为。作为个体活动,文学接受是文学个性的创造,它在接受过程中把现实个性提升为文学个性,也以文学个性的创造产生了文学形象。这样,文学接受就不是复制作者的思想,也不是再现作品的意义,而是新的创造。当然,这种创造不是随意的,而是读者与文本之间的沟通,是文学形象的再造。如此,文学接受就带有了个体性。越是个性化的文学接受,就可能越是有深度、有价值。反之,一般化的文学接受则是平庸的,没有创造性的,它掩蔽了作品的深刻思想,因此不是成功的文学接受。

个体生活于社会之中,个体的文学接受互相影响,形成社会的文学接受。社会的文学接受形成了共同的接受趣味、标准,也就是形成了共识,产生了共同的潮流。文学的社会接受具有能动性,它不仅把其他读者卷入其中,而且也影响、引导着众多的作家。作家创作不可能不受到接受潮流的影响,不可能不考虑读者的需求、爱好、评价。古代社会的社会评价机制还是文人的品评和文学选集的选录。但是在现代条件下,文学市场以及文学评价的社会机制的形成,使文学创作与文学接受高度一体化了,形成了文学生产与文学消费的互动机制。例如,各种文学评奖就使文学接受高度社会化,诺贝尔文学奖以其权威性引导着文学接受,使其获得更大的社会接受面。

以往的文学理论仅仅重视文学创作,把文学史当作文学创作的历史,忽视了文学接受的历史。接受美学纠正了这个偏见,把文学接受提升到了主导地位。接受美学认为,文学接受引导、决定着文学创作,能动地创造文学的历史，文学史首先是文学接受的历史，是文学接受创造了历史。文学接受的社会化和能动性集中地体现在文学经典的形成。文学经典是经过社会接受认同的文学作品，是公认的具有巨大的社会价值或审美价值的优秀文学作品，它体现着一个时代文学标准和超越时代的文学传统。在众多的文学作品中，读者的接受进行了选择，淘汰了多数作品，保留了少数作品，经过世代的选择，最后留下的作品就是所谓经典。文学经典的形成，一方面要有文学大师的出现，创造出具有划时代的审美价值的伟大作品；另一方面还要有社会接受的认可和历史的选择。经典是在作品的社会接受中形成的，社会接受的认可基于作品的思想艺术价值。有时候伟大的作品被当代人所承认，流传下去成为经典，如李白生前就享有盛名，作品成为经典。有时候，伟大的作家、作品并不被当代人所发现、承认，而是在经过一段历史时期后才被发现和承认。例如，钟嵘的《诗品》把陶渊明的诗作评定为中品，是后人发现了他，肯定了他，使他进入了伟大诗人的行列。再如，杜甫生前诗名不大，唐人编录的诗集如《玉台后集》、《国秀集》、《丹阳集》、《中兴间气集》、《河岳英灵集》等竟然没有收录杜甫的诗作，可见其籍籍无名。后来，在杜甫死后，是诗名、地位显赫的元稹发现并褒扬了他。元稹在为杜甫撰写的墓志铭中称颂道："上薄风骚，下该沈宋……诗人以来，未有如子美者。"于是经元稹的推介，世人才发现和承认了杜甫。后代文人都尊崇杜甫，李杜齐名，"李杜文章在，光焰万丈长"，一代经典遂告形成。由此可知，权威人士的肯定，是经典形成的重要条件。

文学经典既是文学接受的产物，也影响着文学接受。文学经典一旦形成，就作为一种话语权力影响、支配着文学的潮流和历史发展。它作为文学作品的楷模，具有典范性和权威性，成为人们竞相阅读和模仿的对象。社会的文学趣味和文学观念来源于文学经典的熏陶，文学经典生产着文学趣味。经典影响着文学创作和文学接受，文学创作和文学接受又产生经典，在这种循环之中就形成了文学的历史。文学的历史主要是由文学经典构成的，经典以外的其他文学作品或者作为陪衬或者被淘汰。

当然,文学经典的权威也不是牢不可破的,因为文学毕竟是自由的创造。当文学经典形成的规范束缚了文学的发展,不适应读者的口味,或者阻碍了作家的创造,那么经典就可能受到质疑,它的权威地位就可能被动摇。这时,就可能有新的经典产生和被认同,于是文学的历史和传统就被更新了。文学思潮的发生和更替就证明了这一点。古希腊悲剧曾经作为经典被17世纪新古典主义推崇和仿效,但到了19世纪初期,这种经典及其规范“三一律”(尽管是一种误解)已经被文学接受所疏远,不再具有绝对的权威了,于是浪漫主义产生,新的文学经典形成。当然,由于文学的审美超越性,历史上形成的文学经典并没有被完全抛弃,而是被重新解读,赋予历史的意义,从而在新的文学史体系中被保留,成为超越历史阶段的接受对象,这就是所谓文学的永恒性。因此,浪漫主义发生后,古希腊悲剧并没有失去经典地位,只是更多地具有了历史意义。

第三节　文学接受的基本环节

一、文字解读

文学是语言艺术,文学作品是由语言构成的文本,因此文学接受的第一个环节就是对语言文字的解读。文学阅读首先遇到的是构成作品的语言文字,它包括语词、句子、篇章等不同的等级。文学接受从对语词的理解开始,然后扩展到句子、篇章。文字解读是为了理解文字的意义,即文本的字面意义。字面意义是约定俗成的,由词典和语法规定了的。读者必须克服文字的障碍,掌握语词的意义以及语法就成为阅读的先决条件。对于古代的以及带有方言特色的文学作品,要克服历史语言(如中国的文言)和方言的障碍,才能顺利地理解作品。同时,读者还对语言文字有特殊的理解,这与读者的生活经验相关。这种特殊的理解,就是语言文字的涵义。语言的意义是公共的、理性的,语言的涵义是个体的、感性的。对语言文字的特殊理解是文学接受的重要方面,它使语言文字具有了生动性、个体性,使其转化为文学形象。因此,文学接受能力不仅关系到语言文字修养,还关系到生活经验以及对语言的个体体验。例如,"春风又绿江南岸"一句,只有感受过南方的春天、对"绿"有特殊体验的人,才能深切地被它感动。如果没有这种体验,对"绿"只有一般的理解,就不会被这个诗句所打动。

文字解读还必须把握文学语言的特殊性。文学语言是由日常语言构成的,日常语言往往被加工、变形,包括各种修辞手法以及各种形式的语言的有意的误用,以便打破日常语言的抽象性和语法规则的逻辑性,顺利创造文学形象。这样,文字解读就必须克服这些障碍,理解各种修辞手法以及语言的误用,避免造成错误的理解。例如,"白发三千丈,缘愁似个长",你不必照字面意义,真的以为有这么长的头发,而把它看作一种夸张的修辞手法。再如杜甫诗句"香稻啄余鹦鹉粒,碧梧栖老凤凰枝",如果按照正常的语法去解读就错了,必须按照诗歌的特殊语言构成法则(为了合乎平仄有意颠倒词序)去理解,才能明白诗句的意义。

文字解读还包括对语言文字的形式的感受。一般文献的接受可以不考虑对语言形式的感受,而只专注于语言内容的解读,但文学接受的特点是不忽略语言形式的感受。语言文字的"能指"特征包括语音变化形成的语句的长短、起伏和文章的节奏、韵律,这些都引起某种情感体验。这些语言现实特征在诗歌、抒情散文中最为明显和重要。读者对这些语言形式感受都予以保留,使其在后面的审美体验阶段转化为审美意象的构成因素。

文字的解读一方面是从部分(语词、句子)到全文(篇章)的过程,因为语句的意义构成了篇章的意义,只有先理解语句才能理解篇章;另一方面又是从全文到部分的过程,因为语句的意义在篇章的意义中才被规定,只有理解了篇章才能理解语句。这就是一种"解释学的循环",在这种循环中理解作品。完成这种"解释学的循环"意味着必须进入文学接受的第二个环节——理解文学作品的现实意义。

二、现实经验和身体经验的再生成

文字解读的结果，仅仅是理解了文学语言的字面意义，还没有把握它所描绘的生活经验即感性的文学意象，因此文学接受就要转入对文本的现实意义的领会。现实意义是文学文本的表层结构，它与现实经验相对应，在文学接受中形成感性意象。文学作品的语言描写克服了语言文字的抽象性以及语法的逻辑性，使语言呈现出涵义意义，可以容纳读者的现实生活经验，为感性意象的创造留下了空间。文学作品的语言描写，沟通了读者的生活经验，使作品成为可以理解的。例如，我们阅读《聊斋》，虽然写的是人与狐妖、花魅之间的爱情故事，但其实写的是人与人的情感纠葛，我们在现实生活中有许多相似的体验，因此可以理解它，并且被这种描写所感动。同时，文学语言的描写也留有许多空白，需要读者以自己的生活经验回应、填充。比如，《红楼梦》中对林黛玉只描写了她的一些典型特征，如体态娇弱、多愁善感、心高气傲等，但有许多方面并不那么具体，读者必须联系自己的生活经验加以填充，才能形成栩栩如生的林黛玉形象。同时，文学描写又呈现为读者没有经验过的新生活，不能以现成的生活经验回应，这又需要读者凭借自己的想象来创造，形成了一种新的生活经验。例如，我们阅读外国文学作品，它展现出来的生活是我们所不熟悉的，但是，由于人类的共同生活又有许多相似、相通之处，于是我们在原有生活经验的基础上，凭借自己的想象，就可以理解外国文学作品中的新内容。总之，对文学作品的现实体验产生了新的感性意象，它既依据以往的生活经验，又是新的生活经验；既是作品展开的新生活，又是读者新的生活经验，是二者的统一。在现实意义上的文学接受对叙事文学而言，就是一个生活意象，它展开了一幅社会生活的画面，是对生活的一种感性认识，同时也带有一种情感态度；对抒情文学而言，就是一个情感意象，它展开了一个情感世界的天地，同时也寓有对生活的一种理解，总之，是认识与情感的统一。

此外，文字解读产生的感性意象除了具有现实意义之外，还有身体性的维度。感性意象不仅与知性意识发生关系，从而具有现实意义，还与身体意识发生关系，并且在文学活动中回归身体意识，产生身体意象。文学接受的身体意象不仅是日常身体经验的再现，而且使其得以独立、深化，产生了身体性意义。

在文学接受中，读者不是被动地跟随文学描写，而是主动地参与文学内容的展开。读者以自己以往形成的“期待视野”介入文学阅读，对文学作品的情节发展、人物遭遇、立场态度等有所期待、有所猜测，并随着作品的展开而产生“满足、超越、失望或反驳”等心态。文学情节的所谓“悬念”，就是期待视野的产物。

文学接受受到读者的心理倾向的影响。有的读者具有客观化倾向，对于作品的内容能够客观理解，容易认同作品的思想倾向。有的读者则具有主观化倾向，偏向于以自己的主观意愿来理解、评价作品。如对待《安娜·卡列尼娜》中安娜形象，有的人比较容易顺从作品的倾向，对她给予同情；而有的人则受到自己的道德观念或者自身遭遇的影响（如有离婚经历），就容易给予否定的评价。

感性意象一方面返回身体意识，它还是一种原始体验；另一方面又属于现实领域，与现实世界以及读者的现实经验相联系，具有现实意义。在这个环节上，读者还没有领会文学形象的最高意义。于是，文学接受就走向审美体验，把握文学的最高意义。

三、审美体验

文学接受产生了感性意象，导向身体体验和现实体验。文学接受是从身体体验、现实体验到审美体验的升华，文学形象是从感性意象到审美意象的创造。文学接受不是被动的感知，而是主动的创造。读者对作品呈现的感性意象并不满足，他还有一种审美期待。审美期待是审美理想产生的创造冲动。在审美理想的作用下，经过审美想象的改造，感性意象就转化为审美意象。这就是说，作品中呈现的生活经验被超越了、升华了，变成了一种审美体验。审美体验与现实经验的区别首先在于有了审美同情，审美同情就是以审美理想克服审美主体与审美对象之间的对立，使文学描写的对象变成自我的化身。其次，审美体验超越现实体验，不再是日常的生活经验，而成为对人生意义的领悟。在叙事文学的现实体验中，我对人物的命运的理解、态度与现实生活经验一致，人物仅仅是一个被观察的“他者”，并不具有特别的意义；但是在审美体验中却发生了质的变化，人物的命运不再是“他者”的命运，而成为包括自我在内的人类的命运，是绝对令我同情、感动的新的人生体验，我在这种人生体验中获得了自由和对人生的领悟。这时，感性意象就不再是现实生活的表象，而成为动人心魄的、超出现实经验的审美意象。在抒情文学的现实体验中，我对抒情主人公的情感表达仅仅与现实情感相一致，这种情感在日常生活中经常遇到，不会引起太大的心灵震动。但是，在审美体验中，它就不再是日常的情感，而成为审美情感，是对人生的一种最高的追求。它强烈地感染了我、震撼了我，并且变成了我自身的生存体验，引导我寻求人生的真正价值。这时，感性意象不再是寻常的现实情感的表达，而成为超出现实情感的审美意象。

文学的审美体验还包括对文学的语言形式的感受。在文字解读过程中，语言的节奏、韵律等已形成一种情感体验，而在审美体验中，它与文学描写所形成的感性意象一道转化为审美意象。在诗歌、抒情散文等文学形式中，语言形式的审美体验是不可忽视的，它是审美意象的重要构成要素。

文学接受的审美体验带来了审美的享受，这是一种身心和谐的愉悦感，是巨大的精神享受。无论是悲剧还是喜剧，无论是优美还是崇高，无论是叙事文学还是抒情文学，都产生审美愉悦，这就是所谓美感。美感是自由的体验，是精神解放的感觉。

审美体验同时也是一种审美判断，美感就是审美判断的产物。所谓审美判断不同于理智的判断，比如科学的事实判断（真假）以及伦理的价值判断（善恶），它们都是以外在的标准对确定的事物进行理智的检验。审美判断是以审美理想为标准，对审美意象进行检验。这就是说，审美判断不是运用外在的标准，而是运用内在的标准，因为审美理想是内在的心理体验。审美判断不是运用现成的标准,而是运用生成性的标准,因为审美理想是在审美活动中生成的。审美判断不是对外在事物进行判断,而是对内在感受进行判断,因为审美意象是一种内在感受,属于非自觉意识。因此,审美判断就是一种内心体验,是文学接受产生的审美体验本身。具体地说,就是审美意象呈现于审美理想之前,接受检验,如果符合审美理想,就产生美感,否则就不会产生美感。因此,康德说审美判断在美感产生之前,而不是在美感产生之后,如此才具有普遍性。我们在进入审美体验之后,不仅理解了文学作品,而且对它进行了审美的检验,感觉到了是否美,这就是审美判断,美感的产生就是审美判断本身。我们回味、咀嚼审美体验,凭借美感来评价作品的成功与否。当然,审美判断还不是理智的评价,还需要反思,但审美判断是理智的评价的基础。

四、文学释义

文学接受在进入审美体验之后,文学欣赏阶段就结束了,进入了文学释义阶段。所谓文学释义,就是对文学接受的现实体验和审美体验进行反思,得出文学作品的意义;同时,也对文学作品进行评价。

首先是对文学文本的现实意义进行阐释,也就是反思现实体验。前面已经说明,文学接受的现实体验产生了感性意象,它对应着读者的现实生活经验。这种现实体验还不是一种自觉意识,我们对文学的现实意义是只可意会,不可言传。要自觉地把握文学的现实意义,就必须对现实体验进行反思,使其由非自觉意识(形象思维)变成自觉意识(逻辑思维)。反思要用概念,使感性意象变成理性概念。这样,现实体验就被抽象为现实意义。文学作品的现实意义就是它所表达的主题与思想倾向,这种主题与思想倾向必然具有社会性,与一定的意识形态相关。文学作品的现实意义总是表达了一定的意识形态立场,既表达了作品的意识形态立场,也表达了读者的意识形态立场。

文学释义也在身体层面上进行。身体体验产生身体意象,对原始欲望的反思产生原型意义。原型意义就是对自然生存的认同,对理性规范的否定,这就解构了现实意义,肯定了人的原型人格和生存的自然性。

文学释义不仅在现实意义和原型意义上进行,也在审美意义上进行。审美体验同样是非自觉意识,读者对文学作品的审美意义也是只可意会,不可言传,只感觉美,不知道是什么样的美,为什么美。要知道这些,就要对审美体验进行反思,使其由非自觉意识变成自觉意识。审美体验的反思要运用审美范畴,使审美意象变成审美范畴。审美范畴包括优美、丑陋、崇高、荒诞、喜剧、悲剧等,它们是对审美意象的概括,是审美意义的具体表达。通过审美反思产生审美范畴,它的具体展开,也就是文学作品的审美意义。审美意义就是生存意义,文学的审美阐释就是对人生意义的理性把握。例如,《红楼梦》的审美体验,使我们体验了人的命运,领悟了人生的真谛。经过反思,我们又有了对审美意义的理性的把握,即它是一种人生悲剧,体现了人的自由追求与社会现实的冲突。

文学释义只是对文学作品的意义的把握,并没有解释文学内涵的全部,因为文学的内涵不仅包括现实意义,还包括审美意义;不仅包括意义,还包括涵义。这就是说,文学进行了意义阐释之后,还有意义的剩余。所谓意义的剩余就是文学意象(感性意象和审美意象)本身。无论是现实意义还是审美意义,都是对文学内涵的一种抽象、概括,文学作品除了这种理性的把握之外,还需要文学体验;文学的内涵除了文学的意义之外,还有文学意义的剩余。

文学释义同时也伴随着文学评价。读者欣赏文学作品,已经内在地进行了判断,这就是康德所说的审美判断,审美判断产生美感。但审美判断还具有非自觉性,是不知不觉地发生的。而文学评价则是自觉性的,是对非自觉的审美判断的反思。读者不仅要知道作品的意义,也想知道它的成败得失,对它进行评价。文学评价就是对文学作品意义的自觉评价,主要包括现实评价和审美评价。现实评价是对文学作品的现实意义进行的评价,也就是对它是否合乎读者的社会观念进行评价。这就是说,文学评价的现实标准就是读者的社会观念，其核心是意识形态，包括政治、道德、法律、宗教等观念。文学作品总是体现着一定的社会思想倾向，人们也总是以一定的社会价值观念来评价作品。这样，在对现实体验进行反思，产生现实意义的同时，也就对现实意义进行了评价。如果作品的现实意义符合了读者的社会价值观念，那么就会得出肯定的评价，反之则得出否定的评价。

文学作品的审美评价是对审美意义进行评价。审美体验产生了审美判断，审美判断是前反思的判断，如果对审美判断即审美体验进行反思，就在得出文学作品的审美意义的同时，也就对它进行了评价。审美评价是以读者的审美观念对审美意义进行评价，包括对作品的审美倾向以及艺术形式进行评价。审美观念成为审美评价的标准，它是读者审美理想的反思，也是在长期的审美实践中形成的。读者以审美观念来评判文学作品的审美价值，如果二者相符，就会得出肯定的评价，否则就会得出否定的评价。必须指出，审美评价的标准虽然是读者的审美观念，但它并不仅仅是以往形成的、抽象的、固定的审美观念，而是新的、具体的、生成的审美观念。这就是说，审美观念必须进行更新，也就是与新的审美经验相结合。所谓新的审美经验就是在审美判断中形成的审美经验。当读者运用审美观念来评价审美对象时，发生了以往的审美观念与新的审美经验之间的互动。以往的审美观念必须与新的审美经验相符合，审美评价才能进行。但以往的审美观念与新的审美经验之间不可能完全符合，新的审美经验一定会溢出旧的审美观念，因为后者仅仅是过去的审美经验的概括。这样，一方面旧的审美观念会把新的审美经验纳入自己的框架，也就是把它纳入传统，使审美经验变得可以自觉把握，这是皮亚杰所说的“同化”过程；另一方面，新的审美经验也会突破旧的审美观念，使其发生改变，产生新的审美观念，从而使审美观念与审美经验相符合，这是皮亚杰所说的“顺应”过程。两种运动双向逆反、同时进行，审美评价得以完成。这种情况在审美思潮的演变过程中尤其明显。例如，在 19 世纪初，新古典主义的审美观念还占统治地位，审美阐释的依据就是新古典主义的审美观念，主要是强调理性和规范。但此时浪漫主义开始兴起，它以其自由的形式和反叛的思想打破了古典主义的理性、规范，新的审美经验与传统的审美观念发生冲突，于是新的审美经验冲破了传统的审美观念，并产生了新的审美观念。由此可知，审美评价的依据并不是传统的审美观念，也不是审美经验的简单抽象，而是旧的审美观念与新的审美经验的沟通而形成的新的审美观念。这说明，审美评价的标准是生成的，而不是现成的。

此外，在现实评价和审美评价之外，还有对文学作品的原型意义的评价。文学作品对原始欲望的想象性满足，产生身体性的快感，这也是对文学的价值之一，也成为对文学作品的评价内容之一。在一般情况下，这种评价被现实评价和审美评价掩盖了，人们不会自觉地加以注意。但是在通俗文学的评价中，则提出了原型意义的评价问题。当我们感到一部作品有趣味，产生了身体性的快感，如男女性爱、打斗的情节所产生的吸引力，就要求对此加以评价，解析其价值的高低，这就是一种原型意义的评价。

第四节　文学批评

一、文学批评的性质和任务

什么是文学批评？文学批评就是具有专业性、社会性、权威性的文学释义和文学评价。我们可以从文学批评的主体、工具、表达三个方面来说明文学批评的专业性、社会性和权威性。所谓专业性，是指文学批评的主体是批评家，这是专门从事文学批评的职业专家。普通人的文学评价往往是业余的，是文学阅读的附带性活动，它主要依据以往的接受经验，凭借自然形成的文学兴趣，缺乏专业的训练和专门的知识。而批评家是从事文学批评的专业人士，他们受过专门的训练，掌握系统的文学理论和批评方法。所谓社会性，是指文学批评区别于不同于普通人的文学接受，后者仅仅是个体行为，不能影响社会，而文学批评是一种社会化的活动，它承担着为社会介绍、阐释、评价文学作品的责任，产生重大的社会影响，是文学生产、流通和消费中的重要环节。所谓权威性，是指文学批评是高水平的文学接受，对于文学的社会接受具有典范意义。文学批评不同于一般的文学鉴赏，后者是普通人的一般鉴赏行为，水平有限，缺少权威性，而前者是专业化的解释。它有精到的文学感悟，还有专门的理论知识和丰富的批评经验，能够敏锐地发现文学作品的内涵，并且深入地揭示其意义，作出通常的文学鉴赏所不能及的深刻解释。总之，文学批评具有很高的专业水平，成为一种社会化的行为，具有文学解释的权威性。正因为如此，文学批评影响整个社会的文学活动和审美活动，对于大众的文学评价具有重要的导向作用。

文学批评的工具是文学的理论。文学接受包括文学欣赏和文学释义、评价，而文学的释义、评价需要运用一定的观念作为工具，文学意义才能被揭示出来。文学批评不同于一般的文学释义和评价，还在于后者运用的是日常的社会观念和文学观念，而前者运用的是文学的理论。日常的社会观念是一般的生活态度，日常的文学观念是文学经验的积累，它们还停留于感性的水平，往往不具有理论的高度，往往知其然而不知其所以然，难以深刻地揭示文学作品的意义。文学理论是社会生活和文学经验的升华和概括，是系统的理论体系，提供了一整套关于社会文化和文学方面的系统知识，揭示了文学的本质、规律，提供了批评方法。把文学理论运用于文学鉴赏，就能科学地揭示文学作品的意义，并且能够分析文学的意义是如何生成的。这样，文学批评作为文学接受就具有了系统性、科学性和深刻性。一般说来，文学批评总是比一般的文学鉴赏提供了更深刻的东西，这正是由文学理论的深刻性造成的。

文学批评的表达形式是系统的批评著作。一般的文学评价并不要求形诸文字，更不要求系统性，也不要求广泛传达。但是文学批评是为社会接受服务的，必须要写成文章或者专著，系统地对文学作品进行理论的分析，有理有据地进行评价，并且发表出去。好的文学批评著作可以成为经典，流芳千古，对文学研究具有重要的指导意义。这样，文学批评就较之一般的文学接受更专业、更典范,更具有社会性。

文学批评的任务是对文学作品的意义进行理论的阐释,解释文学作品的现实意义和审美意义。同时,还要对文学作品的优点和缺点、成败得失进行分析。这种分析既包括作品的思想倾向,也包括文学作品的形式表达,是对文学作品的全面的释义和评价。当然,对具体的文学批评而言,可以根据作品的特点和批评家的选择进行批评,突出某一方面,从而显示自己的批评特色。

二、文学批评的模式

文学批评作为对文学作品的解释和评价,具有多种模式,这是由文学的多义性、文学形态的多元性以及批评家关注的问题的多样性决定的。

文学具有多层次的结构和多种意义,从而决定了文学批评的多样性。文学不是单层次的结构,而是具有原型层次、现实层次和审美层次的复合体。不同的层次就具有不同的意义,文学就同时具有了原型意义、现实意义和审美意义。文学的原型层次是文学的深层结构,它从文化角度说是原始文化的转化形式,从心理角度说是原始—儿童意识的转化形式。总之,它保留着人类和个体童年时期形成的原始意象,积聚着人的原始欲望,文学因此就具有了原型意义。文学的现实层次是文学的表层结构,它受到社会现实以及文学主体的思想观念的影响,蕴含着现实文化、现实观念,核心是意识形态,这是文学的现实意义。审美层次是文学的最高层次,它超越现实意义,升华了原型意义,具有了审美意义。文学以其审美意义揭示了生存的本质。在文学的三种意义中,审美意义是最高的、主导的,因此在文学批评中具有中心的地位。文学的多种层次和意义,使文学批评具有了多元性,因此可以针对不同的文学层次和意义进行阐释和评价,从而产生多样的文学批评形式。

此外,文学的不同类型也导致不同的批评。文学存在着通俗文学、严肃文学、纯文学三种类型,它们分别突出了原型意义、现实意义和审美意义。

这样,文学批评也针对不同的对象而有所侧重。针对通俗文学(包括民间文学),就需要运用可读性、趣味性的批评标准,以阐释其消遣娱乐性。针对严肃文学,就需要有社会性的批评,以阐释其意识形态意义。针对纯文学,就需要有美学的批评,以阐释其审美意义。

批评家对文学的解释也取决于他们对文学的关注点以及解读的角度。文学的意义受制于其社会接受,而人们对文学的关注是多样的、变化的。它可能关注通俗文学或者文学的感性意义,也可能关注严肃文学或者文学的意识形态意义,还可能关注纯文学或者文学的审美意义。这就要求批评家进行多样性的文学批评,以揭示文学的多种意义。既然文学具有多种层次、多种形态和多种意义,批评家也可以关注文学的某一特定方面,并使用特定的文学理论给以特定的解释。每一种文学批评都从不同角度解释了文学的意义,从而满足了社会公众的需要。

由于以上原因,文学批评具有不同的模式。针对文学的原型意义和通俗文学,就有原型—精神分析的批评和通俗文学批评;针对文学的现实意义和严肃文学,就有社会历史的批评;针对文学的审美意义和纯文学,就有审美的批评,它们分别揭示了文学的原型意义、现实意义和审美意义。

原型—精神分析的批评运用弗洛伊德和荣格的理论,旨在揭示文学的原型意义。精神分析理论的代表是弗洛伊德,他认为文学发源于人的无意识,而无意识是个体童年时期的原始欲望的转化形式。由于无意识与有意识的冲突无法解决,遂以梦或文学艺术的形式宣泄、升华原始欲望。因此,文学是无意识的升华。从个体无意识的角度来解释文学就形成了精神分析理论和批评。原型理论的代表有荣格、弗莱等。荣格认为原始时代形成的"原始意象"转化为人类的"集体无意识",并反复出现于神话、宗教、梦幻与文学作品中。因此,文学的本质就是"集体无意识"。从集体无意识角度解释文学就形成了原型理论和原型批评。弗洛伊德从个体无意识的角度揭示文学的原型意义,荣格从集体无意识和原始文化的角度揭示了文学的原型意义,二者有异曲同工、殊途同归之妙。总之,从无意识和文化原型角度解释文学就形成了原型批评和精神分析的批评。原型批评理论和实践有丰富的成果,为我们提供了可资借鉴的样板。弗洛伊德本人在提出了精神分析理论的同时,也进行了文学批评的实践。他从个体无意识角度解释文学作品,认为文学是以性欲为基本内容的无意识的升华,如古希腊悲剧《俄狄浦斯王》就是恋母仇父情结的体现。他特别注重作家童年形成的深层心理倾向,认为它是作家创作的原动力,并决定了艺术品的思想倾向,如达·芬奇的《蒙娜丽莎》就是自幼丧母的画家恋母情结的体现。弗莱的原型批评著作《批评的解剖》提出了关于文学的原始意象的理论,认为艺术批评的任务就是从作品中寻找出原型,而这种原型是人类远古形成的普遍的文化—心理构成物。结构主义批评理论也与原型—精神分析批评有关,因为结构主义认为不变的深层结构源于无意识结构或集体无意识结构。结构主义批评企图从千变万化的文学现象中寻找出不变的模式,如托多洛夫致力于叙事结构的研究,普罗普寻找民间故事的普遍模式,列维—斯特劳斯研究神话的永恒、普遍结构。总之,原型—精神分析批评注重文学与原始文化和无意识的关系,追本溯源,寻找文学的发生学的根据和深层结构,揭示文学的普遍模式和原始意义。原型—精神分析批评可以从个体童年形成的人格取向角度解释文学作品,揭示文学中体现的作家的深层心理。例如,对卡夫卡的作品进行精神分析批评,就可以溯源到他童年时期与父亲的关系。由于它从小惧怕严厉、专制、暴虐的父亲,产生了强烈的反感,受到了深深的心理创伤。这种童年形成的憎父心理与他对资本主义社会的反感结合在一起,在他的文学作品中就体现了对异化的现实世界的畏惧和反感情绪。如《城堡》中的土地测量员 K 和《变形记》中的萨姆沙,他们带有孤独感、恐惧感、软弱性、负罪感、虐待狂等“人类的普遍弱点”(卡夫卡语)。

原型批评也可以从集体无意识角度解释文学作品,揭示文学中体现的普遍的原始意象。还可以从普遍的文化模式角度解释文学作品,寻找文学的共同母题、情节和模式等。如原型批评家吉尔伯特·默里(Gibert Murray,

1866—1957)发现莎士比亚戏剧中的哈姆雷特的故事与古希腊英雄俄瑞斯忒斯的故事有相似之处:老国王被王族中人谋杀、篡位、娶王后为妻,王子受到神示为父报仇,杀死篡位者,也导致王后即自己母亲的死亡。对这种情节相似的现象,默里考证说,这不是模仿,而是一种“种族记忆”,而所谓“种族记忆”实际上就是一种深层文化模式。

还有一种针对通俗文学的批评,就是针对其消遣娱乐性进行解析,揭示其原型意义。通俗文学批评的标准是消遣娱乐性,这是通俗文学的价值所在。这种批评是非常必要的,但由于传统的文学理论对通俗文学和身体性的贬低而被忽视了,通俗文学批评成为一个空白领域。这就提出了新的文学批评的课题,就是加强对文学的消遣娱乐性的研究,开展通俗文学批评,为广大通俗文学读者提供一种指导。

社会历史的批评运用社会学理论和观念,旨在揭示文学的现实意义。这一类理论针对文学的现实意义,强调文学的现实意义。苏联的文学理论以历史唯物主义为指导,认为文学作为上层建筑的意识形态,被经济基础所决定,并能动地反映现实。因此,文学的本质就是反映现实,并体现一定的意识形态。丹纳认为文学取决于种族、时代、环境三种因素,从这三方面就可以解释文学现象。中国传统文学理论强调文学的道德本性,提出了“文以载道”的学说。现代西方的新历史主义、女权主义和生态主义也属于社会学的批评理论,它们从意识形态、男权社会、生态伦理等角度解释文学现象。总之,从社会现实角度,运用社会学进行文学解释就形成社会历史的批评,它们都强调文学的现实性和意识形态本质。这种批评形态注重文学与现实的关系,关注作品的政治、经济和文化背景,并且从社会背景对作家的世界观影响的角度考察文学,寻找文学中体现的社会内容和意识形态,评价文学的社会历史作用。社会历史的批评有悠久的历史,表现为多种形态。中国古代的伦理批评属于这个领域,认为“不关风化体,纵好也枉然”;意大利学者维柯的著作《新科学》对荷马史诗的分析被认为是一个社会历史批评的范例。俄国革命民主主义文学批评家别林斯基、车尔尼雪夫斯基和杜勃罗留波夫卓有成效地从事了社会历史的批评。马克思、恩格斯运用历史唯物主义观点进行了社会历史批评的实践，同时又主张社会历史的标准与美学的标准的结合，如对《济金根》和《城市姑娘》的批评就是范例。苏联和中国的革命文学批评继承了马克思、恩格斯的社会历史的批评传统，更注重批评的政治性，毛泽东提出了“政治标准第一，艺术标准第二”的口号。现代西方的法兰克福学派的政治批评、新历史主义批评、女权主义批评、生态批评等也属于社会历史批评的范围。此外，还有把文学批评泛化的英国文化研究学派，它跨越了传统的文学批评的界限，把文学纳入整个文化系统之中进行研究，这也应该属于社会历史批评的范围。

审美的批评，主要运用美学作为批评武器，针对文学的审美意义，发掘文学的审美意义。审美的批评理论包括古往今来的许多美学理论，如康德、黑格尔、席勒的美学以及存在主义美学等现代美学家。审美批评认为，文学的本质是审美，审美意义是文学的最高意义。但是，他们对审美的本质的认识是非常有歧异的，有的认为美是情感表现（康德），有的认为美是理念的感性显现（黑格尔），有的认为美是一种形式（形式主义美学）。因此，他们的共同点只在文学的超现实性上。总之，从美学角度解释文学就形成审美的批评理论。这类批评把文学与其他现实事物区别开来，注重文学的审美品格，着重考察文学的形式构成或哲学内涵，并从审美价值的角度进行审美评价。唯美主义批评、形式主义批评、存在主义美学的批评等都属于审美的批评。由于文学具有审美的形式，形式主义文学理论就把文学的特质归结于形式，并产生了形式主义的文学批评，如美英的新批评派。形式主义批评注重文学作品的语言、形式、结构的特征，从中找出文学的审美特性和审美价值。又由于文学的审美内涵具有哲学的意义，因此审美的批评也注重文学体现的哲学思想，解读文学所体现的生存意义。如存在主义批评就运用存在主义哲学来分析、评价文学作品，以印证存在主义的哲学观点。萨特运用和吸收了精神分析方法的存在主义理论对《恶之花》的作者波德莱尔进行了分析，认为“由于无依无靠，被抛弃，波德莱尔早就想在自身重新经受这种分离的痛苦。他愿意孤独寂寞地度日,为的是使这种痛苦至少产生于他自己,从而不会觉得是在忍受。"①由于波德莱尔作出了生存的基本选择,从而在其作品中印证了存在主义的基本思想,即"人根据自身进行的自由选择,绝对地与人们称之为他的命运的东西完全一致"②。

除了以上三种批评模式外,由于批评的角度不同,还存在其他一些批评类型,如注重文学接受的读者—反应批评等。但上述三种形态应当是文学批评的基本类型。不管哪一种文学批评模式都有其应用范围,也各有所长、各有所短。如原型—精神分析批评适用于对文学的深层结构模式和原始意义的解释,揭示了文学的文化原型和心理原型,为其他批评形态所不及,这是其长处;但是,它没有触及文学的现实意义和审美意义,忽视了文学的现实意义和审美意义,取消了文学作品的个性特征以及文学价值的高低,不能揭示文学之为文学的根据,这是其短处。社会历史的批评适用于对文学的现实意义和现实意义的解释,揭示了文学与现实的关系以及现实作用,为其他批评所不及,这是其长处;但是,它没有触及文学的原型意义和审美意义,忽视了文学的原型意义和审美意义,不能揭示文学与现实的本质区别,容易产生片面性,这是其短处。审美的批评适用于对文学的审美意义和审美意义的解释,揭示了文学超越现实的审美本质,为其他批评所不及,这是其长处;但是,它没有触及文学的原型意义和现实意义,忽视了文学的原型意义和现实意义,又可能产生片面性,这是其短处。为了克服它们各自的片面性,一方面,我们应当针对具体的文学对象,分别应用具体的批评方法,如对纯文学,就主要应用审美的批评方法;对严肃文学,就主要应用社会历史的批评方法;对通俗文学,就主要应用原型批评的方法。同时,还应当把三种批评方法结合起来,取长补短,全面地揭示文学的意义。

---

① 转引自[法]罗杰·法约尔:《批评:方法与历史》,怀宇译,百花文艺出版社 2002 年版,第 375 页。

② 转引自[法]罗杰·法约尔:《批评:方法与历史》,怀宇译,百花文艺出版社 2002 年版,第 375 页。

三、文学批评的标准

由于文学的多层次性和多形态性，文学批评不仅有不同的理论模式，也有不同的评价标准。一般来说，文学批评的标准是综合的，当我们说这个作品好或者不好的时候，往往综合了对作品的思想倾向性、艺术性和趣味性等方面的评价。这些评价结合在一起，缺一不可。但是，对于不同的文学作品和不同的批评主体而言，又可以有所侧重地选择不同的批评标准。这样，我们就可以把这个综合的标准加以分解，得出这样三种具体的文学批评的标准：思想性的标准、艺术性的标准和趣味性的标准。对这些标准，应该给予具体的说明。

第一个标准是思想性的标准，就是用以评价作品的思想价值的准则。文学作品的思想价值实际上包括两个意义，一个是现实意义的社会思想价值，一个是审美意义的哲学思想价值。如果作品在这其中一个或两个意义上表达了深刻的思想，那么就可能成为优秀的作品。一般说，用于严肃文学批评的思想性标准，主要是社会性的思想观念，批评家可以运用不同的政治观念、伦理观念来评价文学作品的思想性，以此来确定文学价值的高低。例如，现实主义的文学批评的思想标准就是人道主义，主要看作品是否揭示了社会的黑暗和表达了对底层人民的同情。作品蕴含的人道主义思想的深度，决定其思想价值。社会性的思想观念不仅运用于严肃文学的批评，对于通俗文学和纯文学也具有应用价值，因为它们也具有现实意义和现实意义，当然，这不是主要的评价标准。思想性标准作为一种底线，规范着通俗文学和纯文学，虽然它们在一定程度上突破了现实观念，但社会观念仍然规范着通俗文学和纯文学。因此，对于具有巨大的社会价值的通俗文学和纯文学也要给予肯定的评价，如《十日谈》；对于违反社会伦理基本规范的、诲淫诲盗、反人性的描写也要给予否定性的评价，如《金瓶梅》，而不是完全不顾。

文学批评的思想性标准还包括审美的意义，这就是美学观念。文学的审美意义体现了一定的审美价值，审美价值的高低成为文学批评的一个重要指标。批评家可以运用特定的美学观念来解读作品的审美意义，并以此来确定文学作品的价值。例如,王国维开拓性地运用叔本华的美学观念来批评《红楼梦》,认为欲望导致了人生痛苦,从而揭示了人生的悲剧性。在现代主义文学中,审美价值得到了充分的发掘,因此美学观念成为最基本的思想性标准,如对于荒诞派戏剧,运用存在主义美学观念加以批评,就揭示了其审美意义:现实生存的无意义和理性的荒谬。

第二个标准是艺术性的标准。所谓艺术性的标准就是文学表达思想的审美手段的优劣高低,它侧重于作品的形式。文学的艺术性包括文学语言的纯熟、富于美感,还包括文学叙事和抒情的别开生面,流畅多变和富有感染力,以及文学形象的鲜明、生动和富有内涵等。无论是纯文学、严肃文学还是通俗文学,都必须具有艺术性,否则就失去了文学的魅力,思想的表达就不具有感染力,甚至不成其为文学。因此,艺术性是各种形态的文学批评的共同标准。当然,通俗文学、严肃文学和纯文学的艺术性标准虽然有共同性,但也是有差别的,它要适应所表达的不同思想内容。例如,通俗文学的艺术性与趣味性联系在一起,包括巧合性、传奇性等;严肃文学的艺术性与社会思想性联系在一起,包括对冲突、情节、性格的重视等;纯文学的艺术性与审美意义联系在一起,包括对象征性、叙事方式的重视等,各自并不相同,意识流的心理描写适用于纯文学,但并不适用于通俗文学和严肃文学。因此,应该以不同的艺术性标准来衡量不同类型的艺术作品。

第三个标准是趣味性的标准。文学除了表达思想外,还具有趣味性,它是文学作品的可读性,旨在满足人们的消遣娱乐的需要。趣味性需求来源于无意识领域,是对理性化的现实生活的消解。文学的趣味性发源于原型意义,它可以泄导人的原始欲望,激发生活的热情。趣味性标准主要应用于通俗文学,因此与通俗文学的艺术性标准难以分离。趣味性标准主要表现为内容的感性化、形式的新奇性等,也体现为语言的机智风趣、情节的紧张刺激等。

趣味性不仅是通俗文学的批评标准,也可以成为其他文学形态的批评标准,只不过通俗文学的趣味性更为直接、突出,因此趣味性成为主要的批评标准;而严肃文学和纯文学的趣味性并不直接、突出,而思想性更为突出,趣味性标准是辅助性的。严肃文学和纯文学可以在一定限度内运用趣味性标准进行批评,因为文学的趣味性有助于增强文学的吸引力,但不能把趣味性当作主要的批评标准。对于某些特殊的文学样式,趣味性的批评标准可能重要性更大些,如对喜剧可以运用趣味性的标准进行批评,虽然它可能不属于通俗文学。

文学批评的思想性的标准、艺术性的标准和趣味性的标准具有统一性,它们往往结合在一起,不能截然分割开来。对于一些文学作品,可以综合性地运用这三种标准进行批评,从而比较全面地评价其价值。

另外,这三种批评标准又分属不同的意义,各自具有相对的独立性,互相区别甚至发生对立,不能等同。因此,要根据文学作品的不同形态进行有侧重的批评。总起来说,通俗文学要侧重趣味性的标准,严肃文学要侧重社会思想性的标准,纯文学要侧重美学思想性的标准。而艺术性的标准则是普遍性的。还有,由于三种批评标准之间的差异,在运用不同的批评标准时,可能会发生矛盾。有的作品思想意义较高,但艺术性薄弱;有的则相反。要找出主导倾向,进行综合性的判断。有的作品在现实意义上运用思想性标准(社会观念)进行评价,可能具有否定性;而在审美意义上运用思想性标准(美学观念)进行评价,又可能具有肯定性。对于这种现象,要以审美评价为主,现实的思想标准要服从审美的思想标准,因为文学的审美意义高于现实意义。例如,对陀思妥耶夫斯基的《罪与罚》的社会评价可能不高,因为它宣扬了宗教观念,把社会黑暗归结为人性问题,主张通过信仰获得拯救。但是,对它的审美评价却是肯定的,因为它揭露了现实生存的黑暗面,从而引导我们思考存在的意义。

同时还必须说明,以上考察的三种文学批评的标准只是一种抽象的原则,对于具体的文学批评而言,还要具体化,也就是说要把一般的批评标准与自己的文学经验结合起来,变成个性化的标准。无论是思想性的标准还是艺术性的标准、趣味性的标准,在具体的运用中都是同中有异的。它不是现成的，而是在批评家的批评实践中生成的、变化着的。对于一般的文学批评而言，文学批评的标准是历史性的，是在历史性的接受、批评实践中生成的、变化着的。例如，新古典主义的批评标准就是思想性的标准的理性化（国家理性）和艺术性的标准的规范化（三一律等），而浪漫主义的批评标准则相反，是思想性的标准的非理性化（情感性、想象性、神秘性）和艺术性的标准的非规范化（自由性、传奇性）。因此，文学批评不是死板的、一般化的，而是有活力的、有特性的。

四、文学批评的社会作用

文学批评作为审美解释的典范，发挥着重要的社会作用。由于文学批评具有超出一般审美解释的深专业性、社会性和权威性，因此对文学活动有强大的影响力，推动着文学的发展。

首先，文学批评可以指导作家的文学创作活动。批评家作为特殊的文学接受者，对文学作品的阐释和评价比一般的文学接受要深刻得多，它能够敏锐地发现文学作品的社会价值和审美价值，并且能够从理论高度上进行分析。因此，批评家代表了广大文学接受者，向文学家反映意见。作家也把批评家的意见当作最权威、最有价值的意见，作为自己创作的指导，以修正自己的创作，确定自己的道路。尤其是在新的文学思潮发生时，面对传统势力的压制，作家最需要批评家的帮助。俄国革命民主主义文学批评家别林斯基，对初出茅庐的果戈理给予坚定的支持和正确的指导，使处于困难境地的作家走出了困惑，坚定了走现实主义道路的决心。鲁迅在一生中全力支持青年作家，使得这些幼苗能够茁壮成长，如对萧红、萧军的支持就是一例。当然，文学批评必须符合文学规律，才能有效地指导文学创作，否则就有害于文学的发展。在“文革”中流行的“革命大批判”就是非文学的、粗暴的“文学批评”，它践踏文学作品的审美价值和社会价值，扼杀了文学的生命。

其次，文学批评可以指导群众的文学接受。群众的文学接受往往停留于有限的审美趣味和文学经验水平，不能深刻地把握文学的社会意义和审美意义。这就需要批评家的指导,以提高文学接受水平。批评家以其专业化的文学解释,树立了权威。他们的批评文章成为读者理解文学作品的指南。在这里,批评家成为文学家的代言人,他最理解文学家和文学作品,把文学蕴藏的精神宝藏都发掘出来,奉献给读者。同时,批评家也成为读者的良师益友,帮助和指导他们正确、深刻地理解文学作品。特别是在新的文学思潮发生之初,批评家的指导作用就更为重要,他能够帮助读者理解新作品、新思潮,从而推动文学的革新。例如。俄国现实主义文学的崛起,就与别林斯基、车尔尼雪夫斯基、杜勃罗留波夫等批评家的引导分不开。正是由于他们的批评,才使群众接受和理解了现实主义文学作品。

文学批评通过对作家和读者的影响,沟通了作家和读者、文学创作和文学接受。文学批评代表读者向作家反映自己的意见,作家通过文学批评了解了读者的反响,从而可以调整自己的创作,以适应读者的需要。读者也通过文学批评的指导,理解了作家的创作,调整了自己的接受观念。这样,通过文学批评,读者就与作家进行了对话并得以沟通,使文学创作和文学接受成为有机的整体,使文学创作发挥更大的社会作用。因此,英国作家 J.浮尔兹说:“唯一能够消除艺术家和非艺术家之间的裂痕的人就是评论家。”①

还有,文学批评沟通了文学活动和文学理论,成为文学理论变革的重要途径。文学批评要使用文学理论,是文学理论的实践应用,从而成为实践和理论的中介。当批评家运用文学理论阐释和评价文学作品时,实际上是对文学理论的一次检验。理论必须符合文学实践,文学实践修正、发展文学理论。尤其是当文学创造有了新的突破的时候,就会强烈要求改造已有的文学理论。批评家不是仅仅被动地运用理论,而是往往能动地改造、发展文学理论,甚至创造文学理论。理论家正是通过批评家才与文学实践相结合,从而发展文学理论。苏联的巴赫金,不仅是文学理论家,而且也是文学批评

---

① ［英］J.浮尔兹:《亚里斯托斯》,《英国作家论文学》,汪培基等译,生活·读书·新知三联书店 1985 年版,第 559 页。

家。他在文学批评实践中总结出自己的文学理论观点,如通过对陀思妥耶夫斯基的文学作品的批评和研究,得出了“多声部”理论以及对话理论、狂欢化理论等。这些理论对现代文学理论的创造性发展已经获得了全世界的承认。

本章参考书目

1.[德]伽达默尔:《真理与方法》,洪汉鼎译,上海译文出版社 1999 年版。

2.[德]H.R.姚斯、[美]R.C.霍拉勃:《接受美学与接受理论》,周宁、金元浦译,辽宁人民出版社 1987 年版。

3.[英]拉曼·塞尔登编:《文学批评理论——从柏拉图到现在》,刘象愚等译,北京大学出版社 2003 年版。

第四编　文学作品论

第十二章　文学作品

文学作品是完成了的文学对象，但不能把作品仅仅理解为作者思想的表象，而应该理解为一种文本，以及它的解读产生的文学形象。

第一节　文学文本

一、作品与文本

在前面已经说明，文学是作为文学活动存在的，包括文学创作和文学接受，而作品包括在文学活动中，是文学活动的对象。因此，文学作品作为文学活动的对象也是文学的一种亚存在方式。但不能把文学等同于文学作品，而要把作品归属于文学活动。所以艾布拉姆斯说："作品是读者浏览他们眼前的文本书页时持续进行的精神活动与反应。"①文学作品是一个广泛的概念，也就是所有文学创作的成果和文学接受的对象都可以叫文学作品，它可以在三个意义上理解。第一个意义，文学作品是一种物质性的存在，也就是作为书籍的存在。它还没有产生意义，但它潜在地包含着文学文本和文学形象。第二个意义，是文学文本。文本就是文学作品的语言构成，是有

① ［美］M.H.艾布拉姆斯等：《文学术语词典》，吴凇江等译，北京大学出版社 2009 年版，第 513 页。

待于解读的文字形式。第三个意义,是文学形象。文学形象是文本解读后的文学作品的存在形式。通过对文本的解读,产生文学形象,文学作品才成为文学本身。因此,文本是未完成的文学对象,文学形象是完成了的文学对象;文本是文学形象的骨骼,文学形象是血肉丰满的文本意义的呈现。

文本是形式主义和结构主义文论提出的概念。在20世纪,文学理论发生了语言学转向,开始从语言的角度研究文学,文学成为语言的表现。以语言结构为核心,形成了关于文本的概念。语言学转向使文学理论走向形式主义(如新批评派和俄国形式主义),继而走向结构主义。结构主义否认人具有支配世界的主体地位,倡导"主体离心化",认为语言具有本体的地位,是自足的符号系统。结构主义认为事物具有稳定的内在秩序,这就是结构。文本就是具有这种内在结构的语言形式,它是超历史的、非主体的,意义是确定的。后结构主义则主张"作者已死",认为文本具有独立自足的意义,文本的解读是"能指的游戏",文本的意义来自"互文性",即不同文本之间的意义关联和互渗,因此,文本的意义是不确定的,不断生产着的。我们不赞成结构主义的文本理论,不同意文本可以离开主体而具有固定的意义。我们也不赞成后结构主义的文本理论,不同意文本的意义是完全任意的。我们认为文本不是独立的实体,它是文学活动的构成部分,是与作者、读者互动的意义载体。文本应该被看作有待于解读的语言构成,它具有自己的结构,其意义既有前在的规定性和某种意义的指向性,不能随意解读;同时也具有开放性,给主体的创造性解读留下了空间。文本的语言构成已经给文本的意义确定了某种范围,这种范围带有客观性,给主体的解读指定了方向、划定了一定的限制。同时,文本又不是有确定意义的实体,不是意义的实现,而只是意义的可能性,它只有在被主体解读时才真正具有具体的、完整的意义,才能转换为文学形象。所以,伊塞尔认为,文本中具有"召唤结构"、"隐含的读者",就是强调文学文本需要主体的参与才能具有意义。

文学是由语言构成的,按语言规则构成的语句组合体就是文本。文学文本就是文学作品的语言构成。文学作品首先是作为文本存在的,文学文本是文学作品的客观性存在方式。文学文本区别于文学作品，因为文学作品还没有进入语言学的层次，只是一个抽象的存在，而文本则已经进入了语言学的层次，具有了某种结构和潜在的意义。同时，文学文本也不同于文学形象，因为文学形象是文学作品被阅读后的产物，是活生生的文学体验，而文本则是未被解读的语言构成，是理性分析的产物。通过对文本的解读，文学作品才真正成为文学的存在形式。杜夫海纳指出：

> 作品具有两种特定性质：一，它是阅读的，二，它是书写的。首先，它等待阅读。为什么？它不是完完全全地存在于这本放在图书馆书架上的书中了吗？当作家在手稿上画上了最后一个句号时，它不是已经获得了确定的存在了吗？不要急，让我们慢慢地分析。一个剧本等待着上演，它就是为此而写作的。它的存在只有当演出结束时才告完成。以同样方式，读者在朗诵诗歌时上演诗歌，用眼睛读小说时上演小说。因为书本身还只是一种无力的、黑暗的存在：一张白纸上写的字和符号，它们的意义在意识还没有使之现实化以前，仍然停留在潜在的状态。……阅读是“一种具体化”，它使作品成为它想成为的东西：一个审美对象，一种活意识的关联。在这个意义上说，批评家——任何读者也是如此——有权怀着某种骄傲，因为他把作品提升到它的真正存在。①

文学作品首先是作为文学文本存在的，因此，揭示文本的结构，才能把握文学的意义。

二、文学文本的结构

文学文本是由语言构成的，具有自己的结构。结构是事物的内在的稳定的秩序，是内在各部分之间的关系。结构作为事物内部各个部分之间的

---

① ［法］米盖尔·杜夫海纳：《美学与哲学》，孙菲译，中国社会科学出版社1985年版，第158页。

关系,也包括层次方面。所谓层次是指事物内部构成的不同等级的关系,比如高层次结构和低层次结构,深层结构与表层结构等。复杂的事物往往有多种层次结构,揭示这些层次结构之间的关系就能够完整地把握事物的构成和文本的意义。文学文本也具有多种层次,揭示这种层次结构也有助于完整地把握文学的构成和文学的意义。现象学美学家英加登对文学作品的层次作出了有意义的划分。他认为文学作品是由四个异质的层次构成的一个整体结构。这四个层次是:(1)语音组合层次,这是文学作品的物质意义;(2)意义单元层次,这是文学语言的词和句子所体现的意义,它不同于科学语言的意义,具有含混性;(3)再现的客体层次,这是文学作品所虚构的对象,它不同于现实事物,而是想象的对象,它具有"未定点",意义不确定;(4)图式化观相层次,所谓观相是指文学再现的客体不是客观存在的,而是主体意识的构造,是客体向主体的显示方式。这种观相虽然有客观的成分,但又是因人而异的;它有许多未定点,需要读者的想象去连接和填充,从而使文学作品具体化为丰满的对象,因而只是一种"图式化"的观相。此外,文学作品在上述四个层次的基础上,还具有一个"形而上质",它成为文学作品的最高的意义。所谓"形而上质"是指再现客体所指涉的超现实的体验和意义,如"崇高、悲剧、恐惧、动人、丑恶、神圣、悲悯"等审美范畴和哲学意义。

因加登对文学作品的层次划分有借鉴意义。我们可以建立自己文学层次划分,以揭示文学文本的结构和意义。

文学文本的第一个层次是文字语音意义,这个意义是由个别的词、语句构成的,还没有形成整体。此时的语言还是日常语言,没有构成文学语言。在这个意义上的词语的意义是经验水平的,与现实意义相联系。比如诗歌"春眠不觉晓,处处闻啼鸟。夜来风雨声,花落知多少?"这里的每个词、语句都指向日常经验中的对象,如"春眠"、"晓"、"啼鸟"、"夜""风雨声"、"花落"等,这是我们理解整个作品的基础。同时,语言的语音也具有独立的意义,为文学语言的音乐性奠基。特别是诗歌语言的音韵格律更为重要,它具有音乐性,本身就是情感的表现。对文学文本中的个别词语的解读仅仅引起经验性的解读,没有构成完整的意象。

第二个阶段就是进入感性意象层。通过具体词语的连接和整体的解读,就进入了整体的话语描绘,它是具体的词语的整体组合,是文字描写的完整显现。它显现了我们完整的日常生活体验和经验世界,而且是以感性意象的方式呈现的。这种经验对象是与想象联系在一起的,通过经验性的联想,展现了一个似曾相识的世界。比如上面引用的孟浩然《春晓》一诗,整体上的描写勾起了我们的生活经验,展现了一幅春天早晨的印象。这种现实经验的意象是文学形象的组成部分。但是,它又不是完全复制现实经验,而是一种更深刻的生活体验。

感性意象不停留于日常经验,而是出离现实世界。其中一种指向是自然化的世界,它脱离了现实领域,具有身体性的意义。于是,第三,就产生了一个身体性的意义层面。

感性意象的另一种指向是审美的世界。于是,就产生了文学文本的第四个层面即审美意象层。感性经验的世界在这个意义上被审美理想所提升,感性意象变成了审美意象。同时语音也具有了审美意蕴,使语言本身不仅具有经验意义,而且具有了音乐性,这是审美意象的构成部分。例如《春晓》一诗,在日常经验的基础上,我们还感觉到新的生活意蕴,这种热爱自然、热爱生活的生存体验指向了自由,因此才感动我们,令人向往。同时,诗歌的音乐性的节奏、韵律也产生了美的意象,成为审美体验的一部分,形成了完整的审美意象。于是,整个诗歌就最终构成了一个从生活经验到审美体验,从感性意象到审美意象的流动过程,这就构成了文学形象。

第五个是文学的审美意义层,也就是哲学意义层。在产生审美意象之后,要对审美意象进行反思,也就是对这种生存体验的反思,就获得了文学的审美意义。这是一种形而上的意义,是文学作品的哲学意义。

三、文学的主题

文学文本作为文学作品的语言构成,其思想意义要通过解读才完全显现,从而具有了某种历史性。这就是说,文本的意义不是完全固定的,而是在历史视域中变化着的。但是,文本的意义也不是完全随机的,它已经被作者赋予了意义,并且保留在语言表达之中。这样,文本就潜在地包含着某种特定的思想意义,并且给予文学的解读以某种限制和规定。因此,文学的意义就具有某种客观性。在这个基础上,我们可以预先确定文学文本具有自己的主题,这是对文学文本的基本意义的概括。在对文学作品的创造和解读中,我们可以对文本的基本意义进行抽象,而抽象的结果就是文学的主题。主题相对于文学形象,具有某种抽象性和共同性:文学形象是个体创造的、具体的意象,而文学主题是反思的、抽象意义。另一方面,文学主题又是文学一般意义的具体体现,它具有个体性。每个文学作品的主题都是不同的,要在一般的文学意义中寻找出具体作品的特殊意义。

主题概念来源于德国的音乐理论,它指的是乐曲的主旋律,是乐曲的核心思想。后来移用于文学理论。中国古代已经有相关概念,如"文意"、"主旨"、"主脑"等。主题是存在于文本中而在文学创作和文学阅读中得以实现的基本思想。主题是一个纲领,它统领着文学的各种要素,使各种意象联结在一起,成为统一的文学形象。例如,《红楼梦》有上百个人物角色,它们性格各异,命运不同,成为纷纭复杂的万花筒。但是,它的主题把这些人物及其命运结合在一起,形成了一幅统一的文学叙事。这个主题就是对传统人生道路的怀疑和探寻,以悲剧的形式宣告了对传统人生价值的反叛。在这个主题之下,各个人物角色就得到了合理的安排,整个故事的意义就得到凸显。

文学作品可以有多个主题,因为文学的意义是多重的,包括现实意义、原型意义和审美意义。一般说来,文学作品的主体也蕴含着多重主题,包括现实性主题、身体性主题和审美性主题,但对于不同类型的作品而言,其中某一种主题是主导的,其他主题是次要的。如严肃文学作品的主题主要是意识形态性的,但也有次要的原型性、审美性的主题;通俗文学的主题主要是原型性的,但也有次要的意识形态的、审美性的主题;纯文学的主题主要是审美性的,但也有次要的意识形态性的、原型性的主题。文学作品的现实意义的主题、原型意义的主题与审美意义的主题共同存在，互相对立，构成矛盾的主题。例如前面讲过的《长恨歌》就有两个对立的显在主题，一个是基于意识形态的主题，就是谴责唐明皇荒淫误国的主题；还有一个是体现审美意义的主题，那就是对个人幸福与国家责任之间矛盾的揭示以及对李杨之间生死不渝的爱情的讴歌。除此之外，还有一个隐在的主题，那就是对人的欲望的合理性的肯定，它体现在对杨贵妃的美色的描写以及对她与唐明皇之间欢爱的感性描写中。这三个主题之间不是平列的，而是审美性主题和原型性主题压到了现实性主题，所以《长恨歌》的基本格调不是谴责式的，而是恋歌式的。

还有一种情况是，在一个基本主题之下，展开了多个分支主题，它们又聚合在一起，构成了一个大合唱。还以《红楼梦》为例，其主题是人的自我意识的觉醒与无路可走的悲剧，在这个主题之下，作品展开了三个分主题，一个是宝黛的爱情悲剧，一个是大观园女性的命运悲剧，还有一个是贵族大家庭由盛而衰的社会悲剧。这三重悲剧各构成一个相对独立的主题。同时，这三个主题又交织在一起，互相渗透，形成了一个总的主题，共同构成了一个大悲剧，这就是传统社会末世人生道路的悲剧。

文学的复杂、矛盾主题，也可能与作家思想的复杂和矛盾相关。由于作家的世界观的内在矛盾，他们对待社会人生的体验和看法也不一致。作家有时觉得生活应该是这样，但又觉得不应该这样，他们找不到生活的方向，充满了困惑。这种矛盾也体现在文学创作中，使得文学的主题模糊、分裂、冲突。例如苏联作家肖洛霍夫的《静静的顿河》和帕斯捷尔纳克的《日瓦戈医生》，主人公都是参加革命又退出革命的彷徨者，这体现了作者对待革命的矛盾态度：向往革命，而又反感革命的血腥、暴力。因此，通过对主人公遭遇的描写，表达了个体命运与历史洪流的悲剧性冲突主题。这种矛盾也是作家的现实观念与审美体验之间冲突的体现。

主题虽然潜在于文本之中，但又体现于文学形象之中，是文学形象包含的思想意义。也可以说，主题是在文学意象的创造中自然发生的，是对文学意象的反思产物。作家在生活体验中,孕育着总体性的文学形象,这是一个非自觉意识的活动,不是自觉意识的活动。因此,主题不是设计出来的,而是自然发生的。文学活动是非自觉意识的创造,不同于自觉意识的活动,所以不能主题先行,不能先设置主题再安排人物、情节,这样违背了文学的规律,创作必然失败。克罗齐指出:“事实上,真正的艺术家能够发现自己头脑中孕育了某个主题,但却不明白这个主题是怎么孕育的;他感到分娩的日期正在临近,但却不能想要它或不想要它。”①但是,文学形象是有思想倾向的,在这个形象的展示中,就蕴藏着思想主题。主体通过对文学形象创造的反思,就可以获知主题。主题一旦形成,就反作用于文学形象的创造,使其更自觉、更鲜明、更有深度。文学创作往往是形象思维伴随着自觉的思考,这就是围绕着主题展开的文学形象的创造。这样,就使得文学创作不至于散漫无际,人物性格、情节发展都符合情理,而且具有了思想的深度。文学接受也是如此。在阅读过程中,形成了丰富多彩的文学意象,各种角色的命运,各种情节的展开,聚合在一起,就形成了一个思想线索,这就是对主题的把握。一旦把握了主题,就穿透了文学形象而提纲挈领地领会了整个作品的思想意义。

文学主题虽然有抽象性、一般性,但是又是具体化的,不雷同的,它是与具体的文学形象结合在一起的,因此把握文学的主题是与对文学作品的理解结合在一起的,是理解的一个环节。所以,应该在文学活动中具体地设置、分析和掌握主题,而不能削足适履地以抽象的思想来榨干文学形象。

第二节　文学形象

文学形象是文学作品的具体实现,是对文本解读的产物。在文学文本

① [意]克罗齐:《美学》,转引自拉曼·塞尔登编:《文学批评理论》,刘象愚等译,北京大学出版社 2003 年版,第 159 页。

的最高意义上，形成了文学形象。

一、文学形象的内涵

文学形象，是一个约定俗成的概念。最早提出“文学形象”概念的是俄国的文学理论家别林斯基，他阐释黑格尔的“美是理念的感性显现”命题，认为理念就是思维，感性就是形象，理念的感性显现就是形象思维。他说：“诗人用形象来思考；他不证明真理，却显示真理。可是诗歌在自身以外没有目的——它本身就是目的；因此，诗的形象对于诗人不是什么外在的或者第二义的东西，不是手段而是目的：否则，它就不会是形象。”[①]他还说：“艺术不能忍受抽象哲学概念，尤其是理性概念：它只能容受诗情观念——这不是三段论，不是教条，不是规则，这是一种活生生的热情，这是激情”[②]文学形象概念被苏联文学理论继承，后来又传到中国。但这个概念是不准确的。说它不准确，是因为“形象”一词指的是视觉意象，而文学呈现出来的不仅仅是视觉意象，还包括听觉意象甚至味觉的、触觉的印象；不仅有认知意象，还有情感意象，情感作为一种内部体验不一定呈现为“形象”。诗歌就不仅仅呈现出视觉意象，还有节奏、韵律所体现的听觉意象，它融合到整个“文学形象”之中了；它还直接描述情感体验，这是不能形成视觉形象的，例如李清照的《声声慢》：“寻寻觅觅、冷冷清清、凄凄惨惨戚戚……”这只是一种内在的心理体验，并没有形成视觉形象，但它却形成了一个情感意象。因此，所谓文学形象实际上是文学意象。作为心理学概念的意象比形象更准确、科学，它指的是心理体验的形式，不仅包括视觉意象，还包括听觉意象以及内部情感体验所产生的意象等。比如一首诗歌，它所呈现的可能有视觉意象，也可能有听觉意象，还可能有内部情感体验所形成的意象，这些意象的总和构成了文学意象。西方文论建立在叙事文学经验的基础上，所以形

---

① 《别林斯基选集》第二卷，满涛、辛未艾译，上海文艺出版社 1963 年版，第 96 页。

② 《别林斯基文学论文选》，上海译文出版社 2000 年版，第 423 页。

成了文学形象的概念。而中国古典文论建立在抒情文学经验的基础上,所以没有形成文学形象的概念,而是形成了意象概念。中国文论的意象概念不仅包括了视觉印象,而且包括了听觉印象以及全部身体感觉,并且升华到审美的高度,成为一种审美意象。但是,由于文学形象这个称呼沿用已久,成为习惯,难以改变,只好继续使用下去,只是我们要记住文学形象其实就是文学意象。

文学形象是文学活动(包括文学创作和文学接受)中形成的意象整体。文学作品只有在文学活动中才能变成活的文学对象,它呈现为生动具体的意象,这就是文学形象。文学形象具有整体性,它不是个别的印象,而是文学作品呈现出来的整体意象。这个整体意象不仅包括文学的内容部分,也包括文学的形式部分,它们融合在一起,构成文学形象。文学的语言形式本身也具有意象性,是文学形象的构成因素。例如,文学语言的节奏、韵律构成一种音乐美,是文学形象的不可缺少的部分。文学形象不仅包括视觉意象,还包括听觉意象以及情感体验的意象等。叙事文学形象不仅包括人物形象,还包括作品展现的事件、情节、环境等的总和,它们一起构成了文学形象整体。如果把文学形象分割开来,那么各个具体的意象就不是文学形象,而只是现实经验的表象。叙事文学以人物为中心,事件、情节、环境等都围绕人物形象展开,因此人物形象具有一定的独立性,可以作为相对独立的文学形象存在。即使如此,文学形象也是整体性的,人物形象的存在,是与他所参与的事件、情节、环境融合在一起的,不能加以分割,否则人物形象也不会存在。抒情文学形象不是视觉为主的意象,而是情感体验的对象,因而一般不以形象名之,而称为诗(还有抒情散文)的意象。这些意象可以是简单的意象,也可以是许多意象的复合体。例如,马致远的《天净沙·秋思》就展现了许多简单的意象,这些意象又复合为整体的复杂意象:"枯藤、古树、昏鸦,小桥、流水、人家,古道、西风、瘦马,夕阳西下,断肠人在天涯。"这里每个名词都相对独立地形成一个意象,而这些意象又联结起来,构成一个复杂的整体意象,也就是完整的诗歌形象。

文学形象包含着感性意象、身体意象和审美意象，是这三种意象的总和。更准确地说，是由感性意象向身体意象和审美意象的流动。文学形象首先呈现为感性意象，它是现实经验的对象。一部文学作品，首先呈现给我们的是现实生活的意象，包括对现实生活的感性经验和情感体验。我们说文学的形象性，首先就是感性经验的原初性、完整性。这些活生生的感性意象并没有被理性所抽象，而直接呈现在我们的面前。透过这些似曾相识的感性意象，我们才能进入理解整个文学作品的通道，进入审美意象。在叙事文学中，文学形象首先是以人物形象为中心的感性意象，这是文学形象的实体，在这个基础上才形成了审美意象。现实人物是文学形象的原型，文学形象要本于原型，对文学形象尽管可以进行创造性的想象，但不能完全离开原型，如人物的外貌、性格等都要与现实人物有某种“相像性”。在抒情文学中，文学形象首先是情感意象，是情感化的世界，在这个基础上才形成了审美意象。抒情文学形象虽然不同于现实的情感意象，但也要以现实经验世界为原型，在这个基础上有所创造。

文学的感性意象是不稳定的，它一方面流向审美意象，同时也流向身体意象，也就是感性意象身体化，形成身体意象，这是文学形象的原型层面。

文学形象还升华到审美意象。审美意象不同于感性意象，它是审美体验的对象，是感性意象的升华。文学形象在感性意象的基础上，升华为审美意象。审美意象是文学形象的更高意义，感性意象无论是在形式上还是在内在品格上都被审美理想改造了。在叙事文学中，文学形象不同于现实原型，它被审美理想升华了。比如《红楼梦》中的林黛玉，她应该有生活中的原型，也首先呈现为现实生活中的感性意象，使我们联想到似曾相识的女性；同时，她又不是生活中的人物，而是理想化、梦幻化的审美意象，她不存在于现实中，也超出了世俗的意义，具有了审美的品格。在抒情文学中，审美意象也不同于现实中的情感意象，它被审美理想升华了，具有了审美意义。因此，作为艺术形象的梅花不同于现实经验中的梅花，前者无论在形式上还是内容上都被审美理想改造了，具有了超越性。

文学形象既包括感性意象、身体意象,又包括审美意象,但文学形象并不是三者的累加,而是感性意象向身体意象和审美意象流动的过程。我们已经知道,感性意象是基础,身体意象是感性意象的原型,而审美意象是感性意象的升华,因此,文学形象就不是单一的,而是从感性意象向身体意象、审美意象的流动过程,是一种流动的意象。它既是现实的感性意象,同时又转化为身体意象和审美意象,在这种意象之流中,文学形象就立体性地呈现在我们面前。

二、文学形象的性质

文学形象是文学的存在方式。文学是指向自由的生活方式和本真的体验方式,而文学体验的结果就是产生了文学形象。在文学活动中,对象世界,无论是作家面对的社会生活,还是读者面对的文本世界,都呈现为文学形象。文学作为文学形象而存在。作家的生活经验材料,在没有进行文学创造之前不能称为文学;文字构成的文本,在没有进入文学欣赏之前,也不能称为文学,因为它们都没有转化为文学形象。只有在经过创作和阅读之后,经验材料被想象性创造,文本被想象性解读,作为文学形象呈现出来,文学才存在,而经验材料和孤立的文本还不能称为文学。所以说,文学形象是文学的存在方式。

作为文学存在方式的文学形象高于生活现象,而不是生活现象的复制。首先,它融合了主体的生活经验和思想感情,与现实生活紧密相连,是现实生活的艺术再现。因此,文学形象具有现实性。但是,文学形象不是现实的复制品,它已经被作家的主体意识所改造,渗透着作家的生活理想,是一种想象的创造。他与现实有相似性甚至逼真性,但不是同质的。

其次,文学形象不仅具有现实性,还具有原型性,是身体意象。身体意识下的世界不同于现实世界,它体现着原型意义,是一个自然化的世界。

文学形象更是审美理想的创造,从而不同于现实世界。现实世界是经验的世界,而文学形象是指向审美的世界,因此是自由的世界,是真正属于人的世界。这就是说,文学形象不是现实世界的反映,而是另一个世界;不是经验的世界,而是可能的世界、本真的世界,它体现着人的自由理想。文学所创造的人物形象,不同于生活中的人物形象,即使是写实性的文学形象,也不同于现实人物。现实人物只是经验认识的对象,而文学形象则是深度体验包括审美体验的对象。同样,抒情文学形象如情景交融的描写,也不同于日常经验中的景物,前者是充满情感的世界,而后者是客观的世界。文学形象更鲜明、更生动、更丰富、更能打动人心、更有思想意义,因而高于现实世界。以主张现实主义著称的卢卡契,也认为文学形象不同于现实世界。他说:"因此,每件意味深长的艺术作品都创造'自己的世界'。人物、情景、行动等都各有独特的品质,不同于其他作品,并且完全不同于日常现实。"①文学形象以审美意象为旨归,而审美意象具有超感性、超知性的意义。文学形象因此有了深刻、丰富的内涵,成为"象外之象"。

文学形象是虚与实的同一。文学形象不是经验对象,不具有实在性,不同于现实世界,因此具有虚无性。文学形象又具有本真性,是世界本质的显现,因此是实有。从现象学的角度说,文学形象不是表象,是一种"意向性对象"。现象学认为,"现象"是意向性构成的对象,纯粹意识使得"现象"呈现。而审美意识即纯粹意识,使现实对象转化为"现象"。现象学美学认为,艺术体验是一种现象学的直观,它使艺术对象作为"现象"呈现。而现象学的"现象"不同于我们平常所说的日常现象(表象),而是本质的直接呈现。因此,艺术形象就脱离了经验世界的表象,而成为"现象",它显现了世界的本质,而具有了深刻性。

三、文学的形象性

文学在感性、身体性和审美性三个维度上具有意象性,也就是说,文学

---

① [匈]卢卡契:《艺术与客观真理》,转引自拉曼·赛尔登编:《文学批评理论》,刘象愚等译,北京大学出版社2003年版,第54页。

具有了形象性。

形象性把文学与科学、意识形态理论区别开来。文学不用概念说话,不用逻辑论证,而是用形象来表达思想,来征服人。科学用严格的概念和逻辑证明来说服人,意识形态用抽象的价值观念来教育人,文学用语言描绘生活形象和情感体验来打动人、感染人,因此就有了文学是形象思维的说法。这里有必要考察一下"形象思维"的概念。文学是形象思维这个命题人们早已熟悉,但对它的来源却不一定了解。这个命题是俄国文学批评家别林斯基提出来的,他是黑格尔的信徒,因此从黑格尔哲学中推演出文学是形象思维的命题。黑格尔哲学认为艺术是绝对精神自我认识的感性阶段,美是理念的感性显现,即人对真理的感性(形象)认识。别林斯基认为理念即思维,感性即形象,由此推演出文学是形象思维的命题。虽然这个命题基于唯心主义哲学,但也符合文学的实际,包含着某种合理性。所谓形象思维,就是不使用抽象的符号(表象或概念、范畴),而使用意象进行的意识活动。原始人和儿童的意识就是意象意识。文明人类和成人也有意象意识,即直觉想象和情感意志活动,但这不是独立的意识活动,而是受"逻辑思维"即自觉意识支配的非自觉意识。只有文学和艺术以及一切审美活动才是独立的意象意识,它摆脱了自觉意识或"逻辑思维"的控制,充分发展了人的创造能力。必须注意,当我们使用"形象思维"概念时,要注意两点:其一是"形象"一词不准确,应理解为"意象",理由如前所述。这就是说,文学是一种意象意识活动,它不使用抽象的语言符号,而使用意象。意象不仅包括视觉形象,还包括听觉、触觉、味觉等体验。其二是"思维"一词不准确,应理解为"意识"活动。思维一般指自觉意识活动和认知活动,不包括非自觉意识活动和情意活动。文学不是一般意义上的思维活动,它是直觉想象和情感意志活动,具有非自觉性。总之,由于形象思维概念已经广泛流传,难以改变,我们不妨继续使用,但应理解为意象意识;文学是形象思维的命题也应理解为文学是意象意识活动,核心是审美意识活动。

文学的形象性是文学的基本属性,因此,文学形象的鲜明生动,就是文学创造成功的标志。文学的魅力在于文学形象，如果人物没有个性，情感不真诚深切，作品就枯燥无味，就不会吸引人、感染人。古今中外的优秀作品，都塑造出栩栩如生的文学形象，也许我们对一些细节已经忘记了，但是，像孙悟空、诸葛亮、林黛玉、堂吉诃德、哈姆雷特、安娜·卡列尼娜……却永远不会忘记，他们将一直活在我们记忆中。文学形象韵味无穷，只可意会，不可言传，"言有尽而意无穷"。每部小说、每首诗歌、每个人物，都有无尽的意蕴。例如莎士比亚的作品，人们已经欣赏、研究了几百年，但仍然不能说穷尽了它，它还将继续供我们欣赏、研究。

四、典型和意境

某些成功的文学形象在叙事文学中被称为典型，在抒情文学中被称为意境。

叙事文学的文学形象是以人物角色为中心的，某些具有普遍的社会认识意义的人物形象被称为典型或典型形象、典型性格。关于典型的概念和理论是在欧洲发展起来的，朱光潜先生曾经做过考证：

> 典型（Tupos）这个名词在希腊文里原意是铸造用的模子，用同一模子托出来的东西就是一模一样的。这个名词在希腊文中与 Ideawei 为同义词。Idea 本来也是模子或原型，有形式和种类的含义，引申为"印象"、"观念"或"思想"。由这个词派生出来的 Ideal 就是"理想"。所以从字源看，"典型"与"理想"是密切相关的。在西方文艺理论著作中，"典型"这个词在近代才比较流行，过去比较流行的是"理想"；即使在近代，这个词也常被互换使用。①

典型概念和典型形象都具有历史性。古希腊的亚里士多德对文学社会认识意义的描述涉及了典型问题："诗人的职责不在于描述已经发生的事，而在于描述可能发生的事，即按照可然律或必然律可能发生的事。……写

---

① 朱光潜：《西方美学史》，人民文学出版社 1979 年版，第 695 页。

诗这种活动比写历史更富于哲学意味,更被严肃地对待;因为诗所描述的事带有普遍性,历史则叙述个别的事。所谓'有普遍性的事',指某一种人,按照可然律或必然律,会说的话,会行的事,诗要首先追求这目的,然后才给人物起名字。"①亚里士多德的这段论述虽然还没有提出典型的概念,但是已经触及文学形象的必然性、可能性问题,也就是体现了事物的普遍性问题。沿着这个思想,从新古典主义到启蒙运动时期,就产生了关于典型的理论。

17 世纪新古典主义强调人物的类型性,典型是指性格的类型,强调人物性格的普遍意义,带有理想化倾向。蒲伯就提出"诗人的任务是细查类型,而非细查个别"。新古典主义的典型形象也突出类型性,展示人物的身份、性格类型,而个性特征不够突出。如高乃依的《熙德》中的男女主角堂·罗德利克与施曼娜,作为理性化的典型,虽然也是栩栩如生的人物形象,但由于理性倾向太强,个性特征相对不突出。

启蒙主义文学也注重文学形象的代表性问题,但开始扭转新古典主义的强调共性的倾向,企图达到特殊性与普遍性的同一。歌德就认为,文学形象要"从这特殊中表现出一般"。黑格尔哲学认为特殊是一般与个别的统一,一般是个别事物的本质,从而为典型理论提供了哲学基础。他认为,性格是"普遍力量"即绝对精神(一般)与"个别人物"(个别)的统一,这个一般(正题)与个别(反题)的合题"特殊"即"情致"。情致是体现于个别人物身上的普遍力量的完整的性格。恩格斯发挥了黑格尔的情致说,完善了典型理论。他认为"每个人都是典型,但同时又是一定的单个人,正如老黑格尔所说的,是一个'这个'。"②这里的"典型"相当于黑格尔的"普遍力量"(一般),"单个人"相当于黑格尔的"个别人物"(个别),而"这个"相当于黑格尔的"情致"(特殊)。而他后来论述"典型性格"时,又把它作为一般与个别的综合,相当于黑格尔的"这个"。恩格斯还提出了"典型环境中的典

① [古希腊]亚里士多德、[古罗马]贺拉斯:《诗学诗艺》,罗念生、杨周翰译,人民文学出版社 1962 年版,第 28—29 页。
② 《马克思恩格斯选集》第 4 卷,人民出版社 2012 年版,第 578 页。

型性格”思想，强调社会环境的典型化以及典型环境与典型性格之间的统一性。别林斯基信奉黑格尔哲学，他虽然强调人物性格的个性化，但同时又强调典型的社会代表性。认为典型是个别人物身上体现的普遍性。他说：“艺术中的典型(原型)，正如同大自然中的类和属，历史中的英雄一样。在典型中，包含着两个极端——普遍事物和特殊事物——的有机融合的胜利。典型人物是整个一类人物的代表，是用专有名词加以表达的许多事物所共有的普通名词。……这不是同一个概念的鲜明特征的折中的汇集，而是艺术性地创造出来人物身上特殊化了的普遍概念。”①

现实主义也注重典型性，以塑造具有普遍社会意义的人物形象来批判现实，如巴尔扎克笔下的众多人物形象都具有典型性。现实主义的典型观转向社会化的个性，强调典型的社会意义，从而区别于新古典主义的性格类型的典型。美国现代文学理论家 R.韦勒克说：“但显然现实主义摒弃了古典主义的‘理想性’：它把‘典型’解释成社会的典型而不是普遍的。”②同时，现实主义文学形象更突出个性特征，从而也区别于新古典主义的突出共性的典型。巴尔扎克指出：“‘典型’指的是人物，在这个人物身上包括所有那些在某种程度上跟它相似的人们的最鲜明的性格特征：典型的是类的样本。因此在这种或那种典型和他的许许多多同时代人之间随时随地都可以找出一些共同点。但是，如果把他们弄得一模一样，则又会成为作家的毁灭性的判决。因为他作品中的人物不会是艺术虚构的产物了。”③巴尔扎克笔下的典型人物，虽然体现了鲜明的社会特征，但是又突出了鲜明的个性特征，他们之所以具有永恒的魅力，不是因为其性格的普遍性，而是个性的特殊性。恩格斯提出：“据我看来，现实主义的意思是，除细节的真实外，还要

---

① 《别林斯基选集》第 3 卷，上海译文出版社 1980 年版，第 204—205 页。

② ［美］R.韦勒克：《文学思潮和文学运动的概念》，刘象愚选编，中国社会科学出版社 1989 年版，第 249 页。

③ ［法］巴尔扎克：《一桩无头公案 · 初版序言》，《古典文艺理论译丛》1965 年第 10 期。

真实地再现典型环境中的典型人物。”①恩格斯强调了现实主义文学性格与环境的一致性。

苏联文学理论继承了恩格斯和别林斯基的典型理论，但是突出地强调了典型的共性，共性成为个性的本质。它把典型确定为个性与共性的统一，是包含在人物个性中的普遍性；而这个共性、普遍性就是以阶级性为核心的社会性。后来，甚至把典型上升到“党性在文学中的体现”的政治高度。可以看出，苏联的典型理论继承和改造了新古典主义的类型说，成为革命古典主义的典型理论。中国自20世纪30年代起接受了苏联的典型理论，更强调了典型的阶级性，认为典型是阶级性的具体体现。在这种典型理论的指导下，产生了像高尔基《母亲》中的巴威尔、尼洛夫娜，茅盾《子夜》中赵伯涛、吴逊甫以及《红岩》中的江姐等阶级典型。同时，由于这种革命古典主义的典型理论过分强调了典型的共性，削弱了人物形象的个性特征，在文学实践中也产生了很大的负面作用，出现了公式化、概念化的倾向，甚至出现了“一个阶级一个典型”、“千人一面，千部一腔”的现象，特别是“文革”中的“样板戏”里表现得更为严重。

应该指出，由于典型是具有普遍社会属性的文学形象，因此典型并不是各种文学类型和文学思潮中普遍适用的概念，而只是某些类型的叙事文学中某些人物形象的概括。首先，抒情文学中一般没有典型，典型是叙事文学中的人物形象，而抒情文学一般不塑造人物形象。其次，典型只存在于客观性的写实风格的文学类型中，主要是新古典主义、启蒙主义和现实主义文学中，而在浪漫主义、现代主义、后现代主义文学中并不存在典型。由于浪漫主义和现代主义、后现代主义文学的超现实、非理性特征，它们与现实的关系是非对应的，不能直接从文学形象身上找到它所代表的社会对象，他们的意义不在于代表某种社会类型，因此人物的典型意义消失了，典型也不复存在了。比如，浪漫主义的文学作品《巴黎圣母院》中塑造的敲钟人加西莫多

---

① 《马克思恩格斯选集》第4卷，人民出版社1995年版，第683页。

形象,由于有太多的主观性,没有客观现实的对应性,就不能成为一种典型形象。又如,现代主义文学作品《等待戈多》中的两个主要角色就是没有具体社会身份的抽象化的形象,而不是现实人物的直接摹写,因而也不是典型形象。

还应该指出,典型是在文学形象的现实意义上存在的,主要是一种社会学意义上的概念,而不是美学意义上的概念。当然,典型也必须具有审美价值,是成功的文学形象,否则即使具有社会认识价值也不能称为文学典型。但它主要是要揭示文学形象的社会意义,而不是审美意义。新古典主义、启蒙主义和现实主义文学强调文学的客观现实性,因此突出了文学形象的社会学意义,产生了典型和典型概念。某些文学形象的现实意象具有典型性,可以代表某种社会势力、人物性格和身份;但是作为审美意象,其意义就不在于代表某种社会角色,因为此时文学形象已经脱离了现实意义,超越了现实意义。比如《红楼梦》中的贾宝玉、林黛玉,作为现实意象可以成为某种社会角色的代表,可是作为审美意象,却不能说他们仅仅代表了某一类公子、小姐,他们的审美意义超越了社会角色,而成为人类命运的体现和存在意义的揭示。而且,文学形象的价值并不全体现在是否具有典型性,有些文学形象可能不具有典型性,但并不等于不是成功的文学形象,例如前面说的《巴黎圣母院》中的加西莫多形象,就不具有典型性,贾宝玉、林黛玉的形象也不具有典型性,但不能说这些文学形象不成功。同样,具有典型性的文学形象不一定就是成功的文学形象,一定作品中描写的人物形象很有代表性,具有现实意义,但艺术水平不高,只具有新闻通讯的价值,因此不是成功的文学形象。

典型虽然主要是社会学意义上的概念,但要成为成功的文学形象必须具备一定的审美价值,因此有审美价值是文学典型的前提。典型必须吸引人、感动人,给人留下深刻的印象,一句话,典型必须是优秀的文学形象。否则,如果仅仅具有社会学价值,而没有审美的魅力,就不可能成为社会普遍接受并且具有历史价值的文学形象。在这个意义上,典型是成功的文学形象。古今中外被称为典型的莫不是成功的文学形象，它们不仅以社会学的价值，而且以审美的价值流传千古。

总起来说，典型的概念可以这样界定：典型是叙事文学中的人物形象，抒情文学中没有典型；典型是客观化的、写实风格的文学类型中的人物形象，特别是新古典主义、启蒙主义以及现实主义文学中的人物形象，浪漫主义、现代主义文学中没有典型；典型的本质是个性中显示的普遍性，具有社会学意义上的代表性；同时典型也必须具有审美价值，从而成为成功的艺术形象。

西方文学理论偏重于认识论，强调文学对社会生活的认识、再现。西方的叙事文学比较发达，戏剧、小说成为主要的文学形式。因此，西方文学理论产生了典型概念，它揭示了文学的社会认识意义。中国文学理论偏重于价值论，强调文学的情感、伦理性质和审美价值；中国的抒情文学比较发达，诗歌、抒情散文成为主要的文学形式，因此，中国文学理论产生了意境概念，它揭示了文学的审美情感意义。

意境概念的形成是一个长期的历史过程，而至清末民初的王国维才成为重要的美学范畴。意境概念出自意象概念，是意象概念的延伸。《周易·系辞》云："子曰：书不尽言，言不尽意。然则圣人之意，其不可见乎？子曰：圣人立象以尽意。"所谓"象"，就是"表意之象"，是传达心意的表象。中国古人认为语言有抽象性，不能充分表达思想感情，而只有具体的表象才能充分表达。由于这个表象与心理体验融合为一体，具有主客同一的性质，因此又称为"意象"，实际上是感性意象。中国古代文论家们又进一步认识到，"象"作为表象，"意象"作为感性意象，只具有有限的感性意义，它可能较充分地表达日常的思想感情，但不能充分地表达文学作品中的审美情感，因为文学作品的审美内涵是无限的。他们认识到文学的"意象"即审美意象不同于一般的感性意象，它超越自身，具有象征、隐喻的性质，而审美意义就存在于这种象征、隐喻之中。于是，中国古代文论家们就企图在意象之外寻找文学的审美意义，这意象之外就是境或境界、意境。境界本是佛学概念，指非现实的精神世界，它被引入文学理论，具有了超越现实的审美属性。皎然提出了“采奇于象外”（见《文镜秘府论·南卷》引）的主张，同时又提出“取境”的思想，开始把审美意义寄托在象外之“境”上。刘禹锡提出“境生于象外”（《董氏武陵集记》），司空徒讲“象外之象、景外之景”（《与极浦书》），“超以象外，得其环中”（《诗品》）叶燮讲道：“言在此而意在彼，泯端倪而离形象，绝议论而穷思维，引人于冥漠恍惚之境。”（《原诗》）。王国维把意境作为基本的审美范畴提出来，认为文学（诗）与非文学的区分以及文学格调之高低取决于意境（境界）。他指出：“有境界则自成高格”，并进一步区分了“有我之境”和“无我之境”（《人间词话》），从而完善了意境理论。中国现代美学家宗白华说：“化实景而为虚境，创形象以为象征，使人类最高的心灵具体化、肉身化，这就是‘艺术境界’。”①可以看出，中国古代文学理论走过了由“意”到“象”（意象），再由“象”到“境”（意境）的历程，这实际上是由感性意象向审美意象的过渡，意境具有审美意象的意义。

由意象概念走向意境概念，也适应了抒情文学的特征。中国文学理论没有由意象概念转向西方式的形象、典型概念，而走向意境概念，也由于中国文学主体是抒情文学，而抒情文学的意象并不都是视觉意象以及认知意象，还包括听觉意象以及其他情感意象。这样，意境概念就超越了视觉意象以及认知意象，比文学形象、典型等概念更恰当地体现了抒情文学的特征。意境概念的确立，揭示了抒情文学的审美特性，为世界文学理论作出了贡献。

意境作为抒情文学的审美范畴，是超越现实世界而达到的审美境界。现实世界虽然也可以呈现为意象，但仅仅具有现实意义，没有诗意可言，因此也没有意境。文学不是现实的复制，不是现实意象，而是超越了现实，拥有了诗意，因此有了意境。正是在这个意义上，王国维才以有无意境（他也称为境界）作为诗歌成功与否的标准。他在《人间词话》中说：“词以境界为

---

① 宗白华：《美学散步》，上海人民出版社 1981 年版，第 59 页。

最上。有境界，则自成高格，自有名句。”所谓“高格”就是超越现实的审美的品格。意境就是审美的品格，而达到审美品格就必须“真”：“境界非独谓景物也，喜怒哀乐亦人心中之境界也，故能写真景物真感情者，谓之有境界。否则谓之无境界。”所谓“真”，不是纯粹客观的真实，而是本真的自由的存在方式和体验方式：所谓真景物真感情，不是客观的写实，也不是现实情感的表达，而是审美的对象世界和审美个性。

意境有两个基本特征。意境的第一个基本特征是主客同一性。意境是意与境的融合为一，在抒情文学的审美意象创造中，主体的情感与对象世界融合为一，对象世界摆脱了现实世界的外在性，而染上了主体的情感色彩，成为情感的体现，即有意之境；主观世界也摆脱了与世界的对立，对象化为境中之意。总之，就是主客同一、物我两忘的境界，也就是中国古代文论所说的“意与境浑”。中国抒情文学通常采用写景抒情的手法，而成功的文学形象则达到了情景交融的境界。王国维说“一切景语皆情语也”，就是指景物描写成为情感的表达。当文学形象达到主客同一、物我两忘的境界时，我们就说有意境。

意境的第二个基本特征是非概念化的无穷性和超越现实的无限性。现实语言和它所传达的现实意象，不能表达文学的审美意义。而意境作为审美意象的存在形式，具有超越现实的审美意义。因此，才有“超以象外”、“境生于象外”等说法。同时，意境也不是一种概念化的存在，而是一种审美意象，不可以用有限的现实语言来表达，它的蕴含不可穷尽，具有丰富的审美内涵，因此才有所谓“意在言外”、“韵外之致”、“味外之旨”、“言有尽而意无穷”等说法。好的文学形象，必然不是有限的思想的表达，而具有无穷的意蕴；必然不是概念化的、一览无余的，而是“可以意冥，难以言状”的。

总之，意境是中国古代文论特有的范畴，也具有现代意义。它是对抒情文学形象的审美本质的揭示。意境具有主客同一、情景交融的特征以及超越现实意义的无限性特征。意境概念与典型概念，是中西方文学理论的核心概念，它们可以相容互补，从而可以全面地揭示文学形象的特性。

第三节　文学形象的特点

一、文学形象是主体与客体的同一

由于文学的主体间性,决定了文学形象具有主客同一的性质。在现实世界中,我们可以区分出主观的心理体验(心象)和客观的物理事实(物象或表象),比如想象中的事物或情感体验就是心象,而客观认识中的外在事物就是物象。那么文学形象属于主观的心象还是客观的物象呢? 应该说,文学形象既是物象又是心象,是主观与客观的同一。首先,文学形象是心理体验,属于心象。因为文学形象是想象的创造,是一种虚构,而不是物理的事实,而且包括情感体验,它只存在于内心体验中,而不存在于客观世界中。鲁迅笔下的阿 Q 就是一个虚构的形象,它并不存在于现实中,而只存在于文学活动的心理体验之中。同样,诗人的情感也只存在于内心世界,而不存在于客观世界中。但是,在文学活动中,我们有极其真切的体验,相信文学形象是真实的存在,不是虚假的幻象;这时无法区分文学形象与自我,无法区分文学形象是外在的事实还是内在的体验,它们成为一体。因此,文学形象既是主观的心象,又是客观的物象。文学形象作为感性意象向审美意象的超越,本身就克服了心象与物象的对立,达到了主观与客观的同一、心理体验与客观事实的同一。现象学认为在“纯粹意识”的直观中,产生的“现象”就是主观与客观的同一,这就是所谓“现象学一元论”。文学形象也可以看作一种特殊的审美现象,是主观体验与外在事实的同一,它消除了主观与客观的对立、心理与物理的对立,进入了物我一体、主客同一的境界。

在文学活动中,文学对象成为另一个主体,自我主体与文学形象是主体间性的关系,因此,文学主体对象化为文学形象,文学形象化身为文学主体,融合为一。但是,这是相对于审美主体而言,如果相对于现实主体而言,文学形象就具有了独立性,他不是现实主体的化身,也不是他的支配对象,而是独立于现实主体，具有自己的生命、自己的性格和命运的另一个主体，他按照自己的逻辑即审美的逻辑行动。因此，巴赫金就提出了"多声部"的理论，认为每个人物形象都不服从主体的意志而作为独立的主体发出自己的声音，并且与文学主体对话，从而形成作品的多声部。

总之，文学形象既是主观的心理体验，又是客观的事实，它克服了现实领域中主客体的分裂，达到了二者的同一。

二、文学形象是内容与形式的同一

传统的文学理论把文学的内容和形式加以分离，认为语言、风格、体裁、结构等是形式，人物、情节、环境以及传达的思想感情是内容，于是就把内容意识形态化，把审美看作形式。这是一种二元论的文学观。在现实世界，确实存在着内容与形式的分离，一般把事物外在的表现看作形式，把事物的质料或含义看作内容，如服装的式样是形式，服装的质料是内容；语言的能指（符号）是形式，而所指（意义）是内容。但文学形象作为感性意象向审美意象的超越，却克服了内容与形式的分离，实现了内容与形式的同一。在文学形象的现实意义，存在着内容与形式的分离，可以把文学语言的表达看作形式，而把文学体现的现实意义看作内容，二者之间有所区别。例如，鲁迅的《狂人日记》采用的是日记体裁、主观的叙事模式，还有它使用的语言本身，都可以看作一种形式；而它所表达的反封建礼教的思想情感可以看作是内容。但是，在文学形象的审美意象意义上，内容与形式的差别消失了。审美意象已经脱离了现实，它的内容已经不是现实的内容，它的形式也不是现实的形式，二者融合为一，成为完整的审美意象。在审美意象的构成中，文学的语言形式具有了审美意义，从而变成了内容，例如文学的体裁、结构以及语言的叙述本身都不是可以随便改变的形式，它们本身就有审美意义。《狂人日记》的日记体裁和主观叙事模式以及它的叙述语态，本身就具有了特殊的美感，增强了作品的表现力和感染力，成为作品审美内容的一部分。这种情况在诗歌中最为明显。诗歌的音韵、节奏在感性意象中可以看作形式，它本身没有意义。但是在审美意象中却不然，它产生了一种音乐之美，与语言表达的思想感情相融合，成为审美意象不可分离的一部分。例如，李白的“床前明月光，疑是地上霜。举头望明月，低头思故乡。”如果以散文语言来表达，就是这样：“月光照到了我的床前，我以为地上结了冷霜。抬起头来看月亮很耀眼，不由得想起了自己的家乡。”显然，诗歌的韵律之美丧失了，也在很大的程度上失去了诗意。同样，在审美意象的构成中，文学的内容脱离了现实，失去了现实意义，转化为审美形式，从而产生了审美意义。例如阿Q形象作为审美意象，已经不是现实中的人物，而是审美对象，具有象征意义，成为中国人灵魂的写照。这样，阿Q就被形式化，成为审美的形式。本来审美意象就是形式，而这个形式又具有审美意义，因此，文学形象就成为形式与内容的同一。从语言学的角度看，文学语言消除了能指与所指的分离，能指本身就具有了意义，成为文学的“内容”，如语言的音韵之美；而语言的所指也被虚无化了，即没有现实所指、现实意义，从而成为一种“形式”。

三、文学形象的虚拟性和本真性

文学体验不同于现实体验在于，它不是理性支配下的经验性的感知，而是社会理想和审美理想指导下的艺术想象的产物，因此文学形象不是现实的复制，展现的世界不是经验世界，而是虚拟的世界、幻想的世界。文学虽然要以现实为基础，采用生活素材，融合生活体验，但又必须按照社会理想和审美理想选择、改造这些素材和体验，塑造文学形象。文学作品中的人物、事件、情节都是作家虚构的，不是事实的报道。即使历史题材的作品，虽然主要人物、主要事件要大体上符合史实，但人物性格和内心活动以及细节必须虚构，进行想象创造；而且，对历史事件和人物的评价和解释，作者有很大的自由度。所以《三国演义》中的曹操不同于《三国志》中的曹操，前者是文学形象，作者有权把他丑化为白脸奸雄；后者是历史人物，必须给予客观记叙和评价。抒情文学的世界也是虚拟的，虽然抒发的情感必须有真实的基础，但不是日常情感的表达，它已经被升华、被审美化了，因此不同于现实的情感，它更深切、更纯洁、更美好。如张若虚的《春江花月夜》，它固然有真情实景的基础，但那种情景交融、主客一体、超越时空的意境，已经不同于现实世界，是艺术的创造，成为审美境界。

但是，文学形象虽然虚幻，但又具有本真性。文学形象包括感性意象、身体意象和审美意象三个层面，而非最终指向审美意象。文学形象不仅具有经验的真实、身体经验的真实，更具有审美体验的真实。审美体验作为最高的层面，影响着现实体验和身体体验，因此，文学形象不同于生活现象，而具有更高的真实。这个更高的真实性在于审美体验的本真性。审美体验是生存体验的最高形式，是最真切的生存体验，在主体与对象完全融合的体验中，我们最直接地、没有隔膜地把握了世界，我们的情感也是最真诚的，它没有受到利益的驱使，也没受到意识形态的误导，而是最纯真的体验，因此也是最真切的体验。在现代社会，人的生存体验已经被物化、概念化、僵硬化，而文学艺术则解放了人的感觉和思想，使人返回了活生生的真实世界。所以什克洛夫斯基说，艺术克服了对事物的机械的、"自动化"的认识，而以"陌生化"的方式恢复了对世界的新鲜的、完整的体验。马尔库塞说："艺术使僵硬的世界说话、唱歌、跳舞，它这样来同物化斗争。"①艺术最典型地体现了审美体验的真切性。艺术的对象是虚构的，不具有现实意义上的真实性，但我们却觉得它所描绘的生活是最真实的，我们信以为真，并为它所感动。这种真切的体验和真诚的情感甚至超越了现实生活中的感受。这种真实不能看作一种幻觉，它是本真的生存体验，我们真实地体验到了自由的生存。现实生存体验虽然不是虚幻的，但并不是自由的生存体验，而只是非本真的生存体验形式。它受到实际经验和现实利益的驱使，也受到科学规范和意识形态的制导，远离了本真的存在。审美和艺术的魅力就在于生存体验的真实性，使人脱离了虚假的生活，进入了真实的生存。因此，

① ［美］赫伯特·马尔库塞：《美学方面》，刘半九译，见《马克思主义文艺理论研究》第二卷，文化艺术出版社1984年版，第486页。

鲁迅说艺术是“以假为真”“假中见真”①的。文学形象超越了感性世界，也超越了知性世界，成为本真的世界。它告诉我们世界的真相、生活的意义，因此文学形象的最高真实性就是审美的本真性，也就是所谓的“本质的真实”。

文学的虚拟性给人以真实感，这就是一种“逼真”。文学的“逼真”性使人们对虚构的世界信以为真，为之感动。因此，康拉德·朗格说艺术是“有意识的自我欺骗”，但这种“自我欺骗”却是最真实的体验。一方面，由于审美意识是充分的非自觉意识，主体丧失了理智，把幻象当作真实；另一方面，又由于充分的主体间性，导致主体与客体的融合，对象意识成为自我意识，所以我们才会有艺术同情。我们会相信主人公是活着的人，甚至会相信孙悟空有七十二变，我们会与作品中的人物同悲欢、共命运。没有这种虚拟的真实感，文学创作和欣赏都无法进行。文学创作要“假戏真作”，要动情，要假定自己就是主人公。福楼拜在创作《包法利夫人》，写到主人公自杀的情节时，甚至痛苦地感受到自己的嘴里有砒霜味。文学欣赏也要以假为真，也要动真情。印度士兵观看《奥赛罗》，解放军战士观看《白毛女》，都曾发生过出于激愤差一点射杀演员的事件，因为他们忘记了在看戏，把剧情当作真事。当然，这是极端的事例，不具有普遍性。但是，具有普遍性的是，当我们沉浸于文学作品时，不也是经常忘情地热泪盈眶或者欣喜若狂吗？

四、文学形象的情感性和思想倾向性

文学形象是主客观的同一，也意味着它消除了主观的情感体验与客观认知的对立，是情感意象与认知意象的同一。所以庞德说：“一个‘意象’是在瞬间表现智慧和情感的复合体。”②在现实领域中，可以区分出情感意象

---

① 《鲁迅全集》第4卷，人民文学出版社2005年版，第23—24页。

② ［美］庞德：《严肃的艺术家》，转引自拉曼·塞尔登编：《文学批评理论》，刘象愚等译，北京大学出版社2003年版，第308页。

与认知意象,前者是内在的情感体验——痛苦、欢乐、忧愁等,具有主观性,而不具有客观性;后者是对世界的认知,呈现为外在的事实,具有客观性,而不具有主观性。文学形象作为感性意象向审美意象的超越,克服了认知意象与情感意象的对立。在感性意象意义上,可以说存在着认知意象与情感意象的分离,如叙事文学对社会生活的描写,就呈现为认知意象;而抒情文学对情感的宣泄,就呈现为情感意象。但是在审美意义上,主观与客观的对立消失,认知意象与情感意象融合为一体。叙事文学既是一种认知意象,同时也是一种情感体验,我们不得不对文学所描写的人的命运产生强烈的同情,不能不为之痛苦、欢乐。同样,抒情文学既是一种情感意象,同时也是对生存意义的一种领悟,这种审美体验是最高的认识形式。

文学作为一种生存体验,不是单纯的认知,而是饱含着情感的精神活动,情感性把文学与科学等认知活动区别开来。经验认识和科学认识要排除情绪等主观因素的干扰,要冷静地、理智地分析对象,才能得到客观的知识,而文学则必须饱含着情感。文学的情感体验不是可有可无,也不是认识的附属物,它是文学的本质特征之一。离开了情感,文学就不存在,也不可能吸引人和感染人。不管作家还是读者,在文学活动中都不能不动感情,作品通过情感体验征服人,人通过情感体验理解作品。中国古代文学理论家不同于西方理论家,他们不把文学归结为一种认知活动,没有讲文学是对现实的模仿、反映、再现、认识,而是讲文学是情感表现,提出了表情论的文学本质观,从而充分地认识到了文学的情感性:“诗者,志之所之也。在心为志,发言为诗。情动于中而形于言,言之不足,故嗟叹之,嗟叹之不足,故永歌之,永歌之不足,不知手之舞之,足之蹈之。”(《毛诗序·大序》)“诗缘情而绮靡。”(陆机《文赋》)“情者,文之经。”“人禀七情,应物斯感。”(刘勰《文心雕龙·明诗》)西方文论虽然有认识论传统,把文学的本质归于形象的认识,但从浪漫主义开始,也强调文学的情感性。托尔斯泰甚至把表情当作艺术的基本特性,他说:“艺术是这样一项人类活动:一个用某种外在的标志有意识地把自己体验过的感情传达给别人,而别人为这些感情所感染,也体验到这些情感。”①虽然他对文学的本质的界定并不全面、准确，但却触及了文学的情感特性。

文学情感的内涵是复杂的，既有现实情感，还可能包含某种无意识欲望，但最终是指向审美的。现实情感是作家或读者对生活现实的态度，它是在现实生活中形成的，受到意识形态的支配。现实情感是文学情感的基础，没有日常情感的基础，就不会有审美情感的创造。我们对文学形象的爱和憎，首先是一种现实情感。在这个基础上，我们才会以审美态度对待文学形象。审美情感是现实情感的升华，是一种自由的情感，它不是基于现实的满足或不满足，而是作为一个自由人对待世界的态度，因而是一种更人性化的情感。《红楼梦》中作者对贵族生活的留恋和对自己“潦倒半生”的悔恨，是一种现实情感；而对于传统人生道路的拒绝和对于新的人生的探求，则是一种审美情感。至于无意识欲望，也会在作品中或隐或显地有所流露，特别是在一些通俗文学中流露的色情、暴力倾向和现代派作品中渲染的非理性倾向。

文学由于包容了现实情感、审美情感和原始欲望，而且理智对情感的束缚被解除，使情感获得了解放和升华，因此情感力量特别强烈。特别是审美情感，可以突破理智的界限，不可抗拒地征服人。常有这种情况，在理智上，我们难以接受某一作品，但在感情上却被它俘虏，最后感情战胜理智，与它发生共鸣。当理智是一种偏见时，这种情况是必然的。美感又是一种高峰体验，它使人获得极度身心愉悦的快感，它不同于现实情感，而是最高价值的实现，是幸福的体验。文学因此有了巨大的魅力。《红楼梦》在封建时代是被正统意识形态封杀的“淫书”，但那个时代的人仍然被它感染。作者的同时代人永忠读后作诗云：“传神文笔足千秋，不是情人不泪流。可恨同时不相识，几番掩卷哭曹侯。”可见其情感力量之不可抗拒。

---

① 中国社会科学院外国文学研究所外国文学研究资料丛刊编委会编：《外国理论家作家论形象思维》，中国社会科学出版社 1979 年版，第 202 页。

文学体验不是无思想的感觉,也不是无情感的认知,而是具有思想性和情感性的生存体验。因此,文学不是现实纯客观的展示,也不是无思想的游戏之作,而是借文学形象表达一定的思想感情,传达自己的生活认识和人生态度。文学体验中包含着思想倾向,因此文学形象不是客观的表象,而是具有鲜明的思想倾向性。文学形象不中立,它强迫我们对文学角色的命运表示自己的态度,对抒情主人公的情感表示同情,而这就是思想倾向性。文学中表达的情感必须是正面的,而不是负面的。作家在文学描写中往往站在人道、正义的立场上鲜明地表达了自己的爱憎,从而感染读者,引起读者的共鸣。而那些负面的情感则因其违背审美理想而被拒斥。所以罗斯金说:"少女可以歌唱失去的爱情,而守财奴不能歌唱失去的金钱。"文学的思想性既表现为意识形态倾向性,也表现为审美倾向性。它既能告诉我们生活的道理,又能启迪我们思考生存的意义。我们热爱文学,因为它能给我们以思想的启迪,指引我们的人生道路,文学因此成为我们的良师益友。高度的思想性成为优秀作品的标志,越是优秀的作品就越有思想性,而缺乏思想性的作品是平庸的作品,它们很快就被遗忘了。

文学的思想性不是通过作者直接说教的方式表现出来的,而是通过文学形象自然流露出来的。文学形象似乎是中立的、客观的,没什么倾向性。实际上,文学形象是有倾向性的。在现实生活中,某种事实的记录或者情感的流露具有客观性,不一定表达某种思想倾向性。但在文学中,由于审美理想的作用,使得文学形象饱含了作者赋予的思想倾向。在文学体验的现实意义上,文学形象本身就有了某种道德属性,给你规定了一定立场,它以不知不觉的方式感染你,要求你与之共鸣。而在审美意义上,更迫使你站在自由人的立场上看待和评价文学的描写,并与文学形象自身的思想倾向合拍。为什么文学形象会具有自发的倾向性?一个原因是,人们会以普遍的价值标准来评价文学中的人和事,如作品中描写了一个善良的人,我们就会按照道德标准肯定他;如果描写了一个凶恶的人,我们也会憎恨他。这就是文学的现实倾向性。另外,文学是一种审美活动,我们接受文学形象的时候就会进行审美判断，审美判断是以审美理想即自由的追求为标准进行的判断，这是最高的价值判断。美感就是审美价值判断的产物。优美、丑陋、崇高、荒诞、悲剧、喜剧这些审美范畴就是对文学形象的审美判断的规范。这样，我们在接受文学形象的同时，就必须进行审美判断，从而文学形象就具有了审美倾向性。审美倾向可能与现实倾向一致，这时美亲近善，也就是荀子说的“美善相乐”。但美与善也可能不一致，因为美高于善，审美价值高于现实价值。这时，现实判断要服从审美判断。例如有的文学作品表达了某种社会偏见，但文学形象本身却否定了这种偏见，最终审美判断战胜了现实判断。有时作者以客观、冷漠的态度描写，不表现自己思想倾向，特别是自然主义和现代主义文学这种现象更严重，但这只是一种写作手法，并不表示文学没有了倾向性，作者实际上有自己的倾向性，只不过掩藏起来，以达到某种艺术效果。对于这样的文学形象，读者在阅读中也产生自己的价值判断和审美判断，使得思想倾向显现出来。

五、文学形象的独特性

文学形象是文学个性（包括作家的创作个性和读者的接受个性）的对象化，而文学个性是独特的个性形式，因此，文学形象必然是独特的、不雷同的。关于文学形象的独特性，与文学风格的独特性是一致的，所以在这里从略，留待后面文学风格的独特性一节中讲述。

第四节　文学风格

一、文学风格的性质

什么是文学风格？文学风格是文学形象的总体特征，是创作个性的体现。文学形象是独特的、不可重复的，这种独特性就表现为风格。不同的风格，把不同的文学形象区分开来。当我们说李白的诗歌飘逸超脱，杜甫的诗歌沉郁顿挫时,就说出了它们不同的风格。

文学风格是文学形象的总体特征,既包括了思想内容的特征,也包括了形式结构的特征。前面已经说明了,文学形象是内容与形式的统一,而文学风格作为文学形象的总体特征,也是内容与形式的统一。文学风格首先体现在文学作品的思想内容之中,比如鲁迅的思想比较激进,他的杂文具有反对黑暗势力的战斗主题,文学风格就尖锐、冷峻。而周作人的思想倾向于自由主义,后期转向个人生活情趣,他的散文就比较平和、闲适。文学风格也体现于文学的形式结构之中。文学作品语言修辞方面有不同的风格,有的朴实、有的华丽;有的简约,有的繁复;有的风趣,有的呆板;有的含蓄,有的直露……文学作品在篇章结构方面也体现出不同的风格,有的篇章宏大、情节线索众多、全方位地展示历史事件,主题不那么单一,具有史诗般的雄伟壮阔风格,如托尔斯泰的《战争与和平》;有的则情节线索单一,突出主要事件,主题比较集中,具有鲜明、单纯的风格,如托尔斯泰的另一部作品《复活》。此外,体裁作为文学形式的规范也是文学风格的构成要素,选取什么体裁也限制了文学风格的创造,如"词主婉约"就说出了文学体裁所承载的风格特征。

风格作为文学作品的总体特征,究竟是主观的、受作家个性决定的,还是客观的、受现实状况决定的,历来存在着争论。主观说认为风格是作家个性的体现,人们常说的"文如其人"和"文品即人品"都属于主观说。而客观说认为风格是由现实环境决定的,如丹纳的艺术决定于"种族、时代、环境"三要素的理论,以及苏联的"文学反映现实"的理论都属于客观说。但二者都有片面性,都不是完整的答案。主观说固然有一定合理性,因为文学风格直接与作家个性相关。但是,文学风格又不仅仅是作家主观的表现,因为无论是作家还是作品的内容都离不开社会现实,都受到现实环境的影响。客观说也有一定道理,因为文学总是受到现实的影响,体现了时代精神。刘勰说:"兴废系乎时序,文变染乎世情"(《文心雕龙》)就是说文学风格的演变受到历史环境变迁的影响。但是,客观说的片面性也是显而易见的,因为社会环境并不能直接决定作品的风格，它要通过对作家个性的影响体现出来。作家可以对社会环境采取不同的态度和立场，从而形成不同的风格。歌德意识到了两种观点的片面性，提出风格是主观与客观的统一。他认为艺术创造有三种情况：单独的模仿、作风、风格。单独的模仿是片面的客观性，体现客体的特征，没有形成文学的风格；作风是片面的主观性，体现主体的特征，也没有形成文学的风格；风格则是主观与客观的综合，是艺术所能企及的最高境界。歌德对风格理论作出了巨大的贡献，克服了主观说和客观说的片面性。但是，他还没有最终解决问题，因为风格并不是客观模仿与主观作风的综合，在现实平面上二者的综合不能产生文学风格。风格应该是在更高意义上对客观性与主观性对立的解决，这个更高意义就是审美意义。在审美意义上，世界成为审美对象，失去了片面的客观性；作家的现实个性(作风)成为审美个性(创作个性)，失去了片面的主观性，从而文学风格就消除了主观性与客观性的对立。因此，我们可以说，文学风格超越主客对立，是创作个性的表现形式。

风格虽然是作品的特征，但归根结底是人的个性的创造，因为作品是人创造的。因此，文学风格首先受到人的个性的影响。文学风格与人的关系，早就被认识到了。中国有“文品如人品”之说，欧洲有“风格即其人”(布封)之说，歌德说：“总的说来，一个作家的风格是他的内心生活的准确标志。所以一个人如果想写出明白的风格，他首先就要心里明白；如果想写出雄伟的风格，他也首先就要有雄伟的人格。”①他们都是说风格是人的品性的体现，作家与作品之间具有一致性。这固然有一定的合理性。我们都知道李白的豪放不羁的性格与他的飘逸超脱的诗风是一致的；鲁迅的刚正不阿、疾恶如仇的性格与他的如匕首、投枪的文章风格是一致的。

但是也往往有相反的情况，即作家的性格与作品的风格不一致甚至相反。许多作家在现实生活中并不那么真诚、纯洁、高尚，有的甚至品格低下，

---

① ［德］爱克曼辑录：《歌德谈话录》，朱光潜译，人民文学出版社 1978 年版，第 39 页。

做出了一些不道德的事情,但是他们仍然可以在作品中表现出真诚、纯洁、高尚的风格。例如雨果就曾经很卑鄙地出卖自己的情人,但他在作品中却真诚地讴歌了真挚的爱情。还有,作家的气质也与文学风格相关,往往在作品的风格中体现出作家的气质,如性格开朗的作家,其作品也往往体现开朗、明快的风格;性格沉郁的作家,其作品也往往体现出阴郁、凝重的风格。古代文艺理论家也认识到了这一点,刘勰云:"长卿傲诞,故理侈而词溢……安仁轻敏,故锋发而韵流。"(《文心雕龙·体性》)但是,也有相反的情况,作家的气质可能与作品的风格不同甚至相反。日本文艺理论家厨川白村写道:"……平素极为沉闷的憎人底(misanthropis)的人们里,滑稽作家却多,例如夏目漱石那样正经阴郁的人,却是做《哥儿》、《咱们是猫》的 Humorist,如斯惠夫德(J.Swift)那样的人却作《桶的故事》(Tale of a Tub),又如据最近的研究,谐谈作者十返舍一九,是一个极其沉闷的人物。凡是这些,我相信可以用人格分裂来解释。"[①]厨川白村主张用弗洛伊德的无意识理论解释文学,因此认为作家气质与作品风格的不同原因在于人格的分裂。人格分裂可能说出了部分的原因,但是,无论是作家的品格还是气质,作为完整的个性之所以与作品的风格不同,根本原因在于风格表现的不仅仅是作家的现实个性,还包括审美个性,也就是在创作中生成的创作个性。

我们已经知道,现实个性是片面的、没有充分发展的个性形式,并且往往是虚假的社会角色,而审美个性是在审美理想的提升下,超越现实个性而达到的全面发展的、自由的个性形式,是本真的自我的实现。在创作过程中作家现实个性向审美个性的提升就形成了创作个性,它表现为文学作品的风格。风格不是别的,就是创作个性的表现形式,是对象化的创作个性。正因为创作个性中现实个性与审美个性不一致,后者反叛、超越了前者,文学风格就可能与作家的现实个性不一致,甚至相反。有的作家在现实中性格的某些方面受到压抑,只表现出片面、虚假的个性方面,而在文学创作中,由

① [日]厨川白村:《苦闷的象征》,鲁迅译,人民文学出版社 1988 年版,第 75 页。

于审美理想的提升作用，受到压抑的性格方面得到解放，于是就表现出与现实性格相反的风格，这恰恰是更本真的个性体现。比如雨果，由于受到现实关系的束缚，个性扭曲，为了名利而出卖爱情，这是其现实人格。但是，他的内心应当是痛苦的，在文学活动中他会为自己的卑鄙而自责，并诉诸审美理想而讴歌高尚、纯洁的爱情。这才是真实的感情，也是本真的自我。文学风格所体现的正是这个更真实的自我。这也就是说，审美理想是文学风格的核心，因为审美理想使现实个性变成了创作个性，使片面的作风和单纯的模仿变成了风格。作品的风格总是体现了作者的创作个性，因而也体现了作者的审美理想。

文学风格的形成是文学创作成熟的标志。作家创作一般要经历模仿、探索和成熟的成长阶段，而风格的形成就是文学创作成熟的标志。文学创作的成熟，就摆脱了模仿别人以及彷徨探寻的阶段，就形成了独特的创作个性，独特的创作个性表现为独特的文学风格。作家在文学实践中，找到了适合自己的主题、表现手段，也就找到了自己的风格。

二、文学风格的特点

文学风格作为创作个性的表现，具有以下几个基本特征。

文学风格具有独特性、多样性。文学风格是文学形象的总体特征，而这个特征是独特的、不可重复的。这是因为，文学风格是创作个性的表现，而创作个性是个性发展的最高形式，是全面发展的自由个性，它解除了社会关系对现实个性的束缚，克服了现实个性的片面性和不自由性，因此是最独特的个性形式。同时，文学风格也是文学形象的特性，而文学形象本身也是独特的、不可重复的。因此，文学风格也是最独特的，它克服了主观的作风和客观的模仿的雷同性，成为自由创造的理想形式。文学风格的独特性使作家实现了独特的自我，也创造了独特的理想世界。文学风格的独特性是文学作品的审美价值之所在。古今中外的优秀文学作品总是体现了与其他作品不同的文学风格，古今中外的优秀作家也体现了与其他作家不同的创作风格。以宋词为例,苏东坡的豪放清旷、柳永的柔婉清妙、李清照的凄清淡静、辛弃疾的悲壮慷慨,各不相同,如百花争艳,万紫千红。如果文学作品没有特色,陷入某种雷同的模式,那么它就没有风格,也就没有审美价值,不会引起人们的兴趣。文学风格的独特性必然导致文学风格的多样性。文学史上出现了众多的文学风格,它们呈现了百花齐放、百家争鸣的局面。多样的文学风格使文学作品丰富多彩、千姿百态,产生了迷人的艺术魅力;相反,如果文学风格单一、雷同,就标志着文学生命力的衰落,丧失了艺术魅力。如在“文革”期间,文学风格按照“样板戏”模式强求一律,给文学带来了灭顶之灾。

不仅每个作家的创作风格不同,就是同一个作家的不同作品的风格也有所不同。这是由于人的个性是多侧面的,创作个性上也是自由的、无雷同的创造,具有多种可能,因此可以选择多样的风格。屈原的作品表现出很明显的风格差异,正如刘勰所说:“《骚经》《九章》,朗丽以哀志;《九歌》《九辩》,绮靡以伤情;《远游》《天问》,瑰诡而惠巧;《招魂》《招隐》,耀艳而深华。”(《文心雕龙·辨骚》)陶渊明既有“采菊东篱下,悠然见南山”这样恬淡自然的风格,也有“精卫衔微木,将以填沧海。刑天舞干戚,猛志固常在”(《读〈山海经〉》)这样“金刚怒目”式的风格,还有“愿在丝而为履,附素足以周旋。悲行止之有节,空委弃于床前”(《闲情赋》)这样委婉多情的风格。鲁迅的《阿Q正传》的讽刺笔调与《狂人日记》的悲愤情调就有很大的区别,而后来又写作了有象征主义风格的《野草》和带有浪漫色彩的《故事新编》。可以说,风格是一次性的、不可重复的;每一次创作都是一次灵魂的历险,都有新的发现和收获,都是对理想自我和理想世界的创造。

文学风格虽然是独特多样的,但又是相对统一的。一方面,这是指在作家的多种风格中,往往有一种是主导的,其他风格则是非主导的。例如,陶渊明的主导风格是恬淡自然的,而“金刚怒目”式的或香艳多情的风格则是非主导的。另一方面,文学风格的统一性是指超越特殊作家、作品而形成统一风格的可能性。同一作家的不同作品都有自己独特的风格,但它们都是同一创作个性的体现，互相之间不是隔绝的，而是互相影响、内在相关的，具有统一性，形成了统一的风格。丹纳说："一个艺术家的许多不同的作品都是亲属，好像一父所生的几个女儿，彼此有显著的相像之处。"①因此，我们不仅可以谈论具体作品的风格，也可以谈论一个作家的风格。同样，虽然每个作家的风格都不相同，但由于存在着同一的时代精神、民族精神以及文学风格之间的互相影响，也存在着超越个别作家、作品的统一的文学风格，包括一个时代、一个民族、一个文学流派、一种文学思潮的文学风格，它们都是共同风格的体现。

文学风格也是在历史中变化的。文学风格具有历史性，由于历史条件的变化，文学风格也不断发生变化，这是因为创作个性是在历史中形成的和变化着的。同一个作家往往因为命运和个性的变化而导致创作风格的变化，如李清照在南渡前生活安逸幸福，故词作多清丽妍媚；南渡后颠沛流离，故词作多凄清淡静。风格的变化也是文学活力的体现，是作家文学创作水平提高和不断走向成熟的标志。作家的文学创作是一个探索的过程，他不断寻找更新、更好的风格，由此也不断进步。一般来说，随着人生阅历以及思想深度、文学经验的增加，作家中年、老年的创作要比青年时期成熟，风格也会发生相应的改变。像杜甫在安史之乱后，饱经风霜，诗歌风格变得更深沉凝重，其艺术性和感染力远远超过了青年时期的诗作。如果一个作家的文学风格一生都没有改变，只是不断重复已有的风格，没有创新和发展，那么他的创作生命力也就枯竭了。当然，也有这种情况：由于思想的退步导致创作迷失了方向，风格的变化并不是进步和提高，而是退步和混乱，例如果戈理晚期的创作就陷入困境，最后把自己的《死魂灵》第二部付之一炬。历史会改变文学风格，时代的变化会造成一个民族的文学风格的变化，因此有所谓"文变染乎世情，兴废系乎时序"之说。以唐代文学为例，有"初、盛、中、晚"之说。初唐、盛唐和中唐、晚唐的社会情况不同，文学创作也发生了

---

① ［法］丹纳：《艺术哲学》，傅雷译，人民文学出版社 1963 年版，第 4 页。

很大的改变,形成了不同的文学风格。

但是,文学风格不仅是变化的,而且是相对稳定的,它一旦形成就会在一定时期内保持不变。文学风格是创作个性的形成,个性是相对稳定的,不会轻易改变,风格一旦形成也不会轻易改变。同时,文学风格也是文学创作达到成熟的表现,标志着文学创作已经摆脱了不稳定的状态,形成了自己的规范,这个规范是相对稳定的。从个别作家的风格来说,文学风格一旦形成,就会在很长时期内规范着作家的创作,从而延续着自己的传统。当然,风格的稳定性也是相对的,随着时间的推移也会有或多或少的变化,有时甚至会发生重大的改变。但是,在一定时期内,风格还是相对稳定的。风格的相对稳定,有助于文学创作的提高,因为只有在一定的风格中,文学经验才能得到积累,文学特色才得到呈现,文学技巧才会得到改善,才能走向文学创作的成熟;而随意改变自己的风格,则可能导致文学创作规范的丧失和文学特色、文学积累的丢失,这意味着创作无所凭依,只能不断地从零开始。

三、文学风格的共同形态和文学流派

文学风格首先是个别作家、作品的总体特征,同时也存在着超越个别作家、作品的共同的风格形态,包括时代的文学风格、民族的文学风格、地域的文学风格以及流派的文学风格等。

首先,我们考察时代的文学风格。由于每个时代存在着一个共同的时代精神和审美理想,它影响文学创作和接受,并且体现在文学中,就形成了一个时代共同的文学风格。尽管每个作家、作品有不同的风格,但是处于共同的时代,彼此仍然有共同之处,体现出相似的思想倾向、审美理想以及形式特征。中国古代文学理论家刘勰说“文变染乎世情”,讲的就是时代影响了文学风格。西方文学理论家丹纳认为文学取决于“种族、时代、环境”三要素,其中就包括时代对风格的影响。比如建安文学就形成了这样的共同风格:“慷慨以任气,磊落以使才。造怀指事,不求纤密之巧;驱辞逐貌,唯取昭晰之能。”(刘勰《文心雕龙·明诗》)这就是所谓“建安风骨”。建安时

代的诗人大都体现了建安风骨，比如曹操、曹丕、曹植父子三人的诗歌就有慷慨豪迈的英雄之气。曹操的《观沧海》："东临碣石，以观沧海。……秋风萧瑟，洪波涌起。"是建安风格的典型代表。建安风骨的形成，是由于历史环境和时代精神使然。刘勰对此做了分析："观其时文，雅好慷慨，良由世积乱离，风衰俗怨，并志深而笔长，故梗概而多气也。"（刘勰《文心雕龙·时序》）当然所谓时代的风格是对主流文学而言，由于文学是个性化活动，也存在着与主流文学不同的特殊风格，因此不能一概而论，要进行具体的分析。

其次，我们考察民族的文学风格。民族是由共同的种族、地域、语言、文化组成的人类共同体，其中最主要的是共同的文化。由于共同的文化传统和生活方式，每个民族都形成了自己的民族个性和民族精神，在民族个性和民族精神的基础上，就产生了民族的审美理想，它体现在文学中，就形成了民族的文学风格。比如中华民族有温厚中正的民族性格，体现在文学中就形成了中和雅正的审美理想和温柔敦厚的文学风格。中华民族的崇尚理性的民族精神也制约了文学创作，使中国文学富于理性精神和鲜明的道德倾向。歌德在评论中国的文学作品时，是这样说的："……只是在他们那里，一切都比我们这里更明朗，更纯洁，也更合乎道德。在他们那里，一切都是可以理解的，平易近人的，没有强烈的情欲和飞动的诗兴……他们还有一个特点，人和大自然是生活在一起的……还有许多典故都涉及道德和礼仪。正是这种在一切方面都保持严格的节制，使得中国维持几千年之久，而且还会长存下去。"①欧洲的拉丁民族性格浪漫，而盎格鲁-撒克逊民族和条顿民族性格严谨，这也导致文学风格的不同，如法国、意大利等国的文学就比较活泼、感性，而英国、德国等的文学就比较严肃、理性。歌德评论法国文学时说道："法国人在风格上显出法国人的一般性格。他们生性好社交，所以一向把听众牢记在心里。他们力求明白清楚，以便说服读者；力求饶有风趣，

---

① ［德］爱克曼辑录：《歌德谈话录》，朱光潜译，人民文学出版社 1978 年版，第 112 页。

以便取悦读者。”①当然,所谓民族的文学风格也不是孤立的、封闭的,因为各民族文学之间是互相交流、影响的,因此民族文学除了有本民族的特性之外,也可能受到外民族文学的影响,因此所谓民族的风格并不是那么纯粹的。

民族的文学风格还体现在共同的题材、主题以及语言形式结构方面,这也是由共同的民族文化和生活方式决定的。中华民族在长期传统社会的共同生活中,形成了共同的题材和主题,比如长期受到外来民族的侵犯,就有精忠报国的爱国主义文学;长期受到贪官污吏的压榨,就有歌颂清官忠臣、揭露批判贪官奸臣的文学;长期的社会黑暗,就有渲染侠客精神的文学。共同的语言文字也是形成民族文学风格的因素,比如中华民族使用的汉字是表意文字,与欧洲的表音文字不同,前者具有多义性、含蓄性、意象性,而且文字的单整、音韵都适于诗歌的抒情表现,因此中国诗歌具有含蓄、形象、简练、精致和富于音乐美等独特的风格。

再次,还有地域的文学风格。在同一时代,同一民族,由于地域不同,也会产生文学风格的差异,形成地域的文学风格。不同的地域,地理气候等自然条件不同,生活方式不同,影响人的性格气质,人文也有所不同,因此,会形成不同的文学风格。丹纳的影响文学风格的种族、时代、环境三要素中,环境要素主要就是指不同地域的自然环境的不同,他认为不同的自然环境会影响文学的风格。中国的南方和北方,不仅仅是地理的分界,也是人文的分界,从而也是不同文学风格的分界。郭沫若说:“地之比邻者,其文化色彩大抵相同。总而言之,可得南北二系。江淮流域诸国南系也,黄河流域诸国北系也。南文尚华藻,字多秀丽;北文重事实,字多浑厚,此其大较也。”②南方自然条件温和湿润,形成了水乡田园生活,养成人细腻平和的性格,影

① [德]爱克曼辑录:《歌德谈话录》,朱光潜译,人民文学出版社1978年版,第39页。

② 郭沫若:《两周金文辞大系·序》,《沫若文集》第16卷,人民文学出版社1962年版,第308页。

响南方文学的风格特征。南方文学以《楚辞》为源头，风格华丽柔美、富于幻想抒情，具有感性倾向。北方气候寒冷干燥、土地广袤，生活环境严酷，养成了人的粗犷豪迈的性格，也影响了北方文学的风格特征。北方文学以《诗经》为源头，风格朴实刚劲、客观写实、富于理性精神。欧洲文学也有南北之分。法国著名的作家、批评家斯达尔夫人指出："我觉得有两种完全不同的文学存在着，一种来自南方，一种源出北方；前者以荷马为鼻祖，后者以莪相为渊源。希腊人、意大利人、西班牙人和路易十四时代的法兰西人属于我称之为南方文学这一类型。英国作品、德国作品、丹麦和瑞典的某些作品应该列入由苏格兰行吟诗人、冰岛寓言和斯坎的纳维亚诗歌肇始的北方文学。"①她还指出，南欧文学与北欧文学的风格有明显的不同，前者比较开朗而富于激情，后者比较阴郁而富于思考。在现代社会，虽然由于交通条件的改善，打破了地域上的封闭状态，但地域的影响仍然存在，比如中国现代文学中的"京味小说"、"海派文学"、"山药蛋派"、"荷花淀派"等就是例证。应当注意，地域环境对文学风格的影响不是直接的，而是间接的，它要通过对人的生活方式的影响作用于文学。

最后，同时代产生的共同的文学风格也形成了文学流派，这就是说也有文学流派的风格。风格不仅仅是个别作家作品的特征，也是一定文学流派的共同特征。由于文学主张、审美理想的相同或相似，形成了共同的文学风格，就结成了文学流派。文学流派可以是有组织的，如宋代黄庭坚组织"江西诗社"，形成"江西诗派"，还有现代的"创造社"和"文学研究会"，也构成了不同的文学流派；也可以不形成文学组织，只是在文学思想和文学风格上互相呼应，如德国近代的"狂飙突进"运动形成的文学流派，以及中国历史上的"前七子"、"后七子"等。文学流派的共同特征就是有共同的文学主张、审美理想和共同的文学风格。如五四时期的"创造社"主张"表现自

---

① ［法］斯达尔夫人：《论文学》，引自《欧美古典作家论现实主义和浪漫主义》二，中国社会科学出版社 1981 年版，第 48 页。

我”，而“文学研究会”主张“为人生”，前者具有主观、理想化的文学风格；后者具有客观、写实的文学风格。

文学流派的形成，既有社会需要的基础，也有文学高度发展的历史条件，它标志着文学的成熟和自觉。在早期古代社会文学没有获得充分发展的历史条件下，文学还没有获得自觉，文学也没有成熟，没有可能产生共同的文学主张和审美理想，也不可能产生共同的文学风格，因此也不可能形成文学流派。只是在文学得到较大的发展，形成了文学的自觉的历史条件下，才有可能形成共同的文学主张、审美理想和文学风格，从而产生文学流派。文学流派的产生，使文学风格摆脱了个体的限制，成为一种社会性的文学倾向，使文学风格得到强化、丰富，从而推动了文学的发展。如中国五四时期的“创造社”和“文学研究会”的出现，使中国新文学形成了两种主导的风格，一种是较多地受到浪漫主义影响的风格，一种是较多地受到现实主义影响的风格，它们共同构成了启蒙主义文学思潮，为中国现代文学贡献了宝贵的经验和财富。

本章参考书目

1. [波兰]英加登：《对文学艺术作品的认识》，陈燕谷、晓未译，中国文联出版公司 1988 年版。

2. [英]《艾略特诗学文集》，王恩衷编译，国际文化出版公司 1989 年版。

3. 王国维：《人间词话》，上海古籍出版社 1998 年版。

4. 刘再复：《性格组合论》，安徽人民出版社 2008 年版。

第十三章　文学语言

文学是特殊的语言活动，这种特殊的语言就是文学语言。文学使用现实语言，同时又使现实语言转化为文学语言。从语言学角度研究文学活动，可以更深刻、全面地揭示文学的性质。

第一节　文学的语言性

一、文学是以语言为媒介的艺术

音乐、舞蹈、美术、戏剧、影视等被称作艺术。文学也具有艺术性，因而被称作语言艺术。文学与其他艺术既有共性，又有差异。文学的特殊性在于，它使用特殊的媒介——语言。使用语言把文学与其他艺术区别开来，使文学成为语言艺术。艺术要表达意义、传达思想感情，必须使用某种媒介，也就是特殊的符号。不同的艺术使用不同的符号作为媒介，语言也是一种符号媒介。艺术类型的划分，可以有多种方式。如果以符号媒介类型来划分，可以有四种艺术类型：视觉艺术、听觉艺术、语言艺术、综合艺术。

视觉艺术包括美术（绘画、雕塑等）和建筑艺术，也可以包括舞蹈（舞蹈也可以划入综合艺术）。视觉艺术使用色彩、线条、形状等视觉符号构造视觉形象，表达思想感情。色彩、线条、形状与特定的情绪相对应，具有一定的表情功能，属于情感符号。视觉艺术使用这些情感符号，构造了情感意象。

听觉艺术是音乐。音乐使用特殊的情感符号——乐音。乐音的运动——节奏、旋律等构造听觉意象，表达审美情感。

语言艺术包括小说、诗歌、散文等文学体裁。文学以语言来构造文学形象，小说等叙事文学使用语言塑造人物角色为中心的文学形象；诗歌等抒情文学使用语言来传达情感体验，塑情感意象。

综合艺术包括戏剧（话剧、戏曲、歌剧、舞剧、歌舞剧等）、影视等。这些艺术使用多种符号媒介，包括视觉符号、听觉符号和语言符号，也综合了视觉艺术、听觉艺术、语言艺术。例如，戏剧、影视不仅有人物表演（形体、表情符号）、对话，还有美术、音乐、舞蹈等艺术手段。舞蹈本身是视觉艺术，但是又必须有音乐伴奏，故有“音乐是舞蹈的灵魂，舞蹈是音乐的回声”之说，因此也属于综合艺术。

语言艺术使用语言塑造文学形象，语言符号不同于视觉符号、听觉符号，这种特殊的媒介使文学具有了特殊性。

二、语言艺术的特征之一：文学形象塑造的间接性

语言艺术的第一个特征是文学形象塑造的间接性。文学形象由语言塑造。语言符号不是直接的自然符号，而是间接的人工符号。自然符号如色彩、线条、形状、音响等，是具体符号，其能指（符号的物质外壳）与所指（意义）是同一的，不可分离。因此，符号直接作用于人的感官，呈现为感性意象。自然符号构成的艺术如美术、音乐、舞蹈、戏剧、影视等就具有直观性、直感性。这种直观性、直感性使艺术形象接受起来更容易、更直接。语言作为人工符号具有某种抽象性，其能指与所指分离，即语言的物质形式与其意义之间无必然联系，而是任意的、约定俗成的。我们不能通过语言的能指（音—形）直接作用于感官而塑造出文学形象，必须经过对字义的解读，了解其意义，并且通过想象，联系生活经验，才能把语言转化为文学形象。如果不了解语言的意义或者缺乏生活经验，文学作品就不会形成文学形象，也不会有意义。

语言艺术形象塑造的间接性,也体现为文学的意象性。所谓"意象",在这里指心理现象,它区别于客观现象。文学形象即意象,它是由语言文字的涵义构成的,又是被读者内心体验到的,它融合了主体的生活经验、思想感情、想象力等。文学形象不同于其他艺术形象,后者既存在于主体心中,也存在于客观世界中(如视觉艺术和听觉艺术就既是心理现象又是客观对象);而文学形象则只存在于主体意识之中,它的客观形式只是语言符号的能指。因此,文学形象本身就具有了巨大的感染力。它不是纯客观的描写,带有强烈的主观态度,读者对它不能无动于衷,能够通过意象创造而倾注自己的思想感情。

文学形象的间接性、意象性也意味着模糊性。其他艺术形式如美术等,由于使用自然符号,因此可以比较精确地塑造视觉形象。文学使用语言,语言具有抽象性,使用抽象的语言进行描述必然是间接的、模糊的,不能像视觉艺术那样直接、那样毫发毕现。文学的语言描写留有意义的空白,需要用生活经验和想象去填充。文学描写只是大致勾画出的一个轮廓,不能面面俱到,只能抓住某些重要特征着力刻画,其他次要特征或者省略或者只作简单交代。文学形象的模糊性,造成了文学意义的某种不确定性。古人云:"诗无达诂",就是说诗歌的解释因人而异,没有确定意义。当然文学形象的模糊性,并不是说它不具体、不生动、不鲜明,恰恰相反,文学形象是具体、生动、鲜明的。但是,只有通过生活经验和想象,才能填补文字描写的空白,文学形象才能在脑海中具体、生动、鲜明地呈现出来。同样,文学意义的不确定性也是相对的,对于具体读者而言,经过想象和生活经验的填充,文学形象是确定的。不同读者的理解虽有所不同,但也有基本的一致性。比如对林黛玉,其基本特征如瘦削多病、多愁善感、任性清高等是大家公认的。虽说"诗无达诂",但也有一个大致的标准,而不是主观任意的。

语言艺术形象塑造的间接性,是一种局限,也是一种优势。文学因缺乏形象的直观性、直感性在某些方面减少了吸引力。但是,由于有了语言的中介，使文学具有了特殊的魅力。文学形象并不直接呈现于感官，它要经过想象的中介，要联系自己的生活经验，才能塑造出来。这样，主体的能动性得到充分发挥。主体不是被动地接受直观、直感的文学形象，而是充分地调动自己的生活经验、发挥自己的想象力，主动地参与创造文学形象，从而使文学形象的创造有了充分的能动性、个体性和无限的可能性。例如古典名著《红楼梦》，塑造了众多栩栩如生的人物形象，他们因不同读者的生活经验和艺术想象而不同。鲁迅曾经说过：

> 文学虽有普遍性，但因读者的体验的不同有变化，读者倘没有类似的体验，它也就失去了效力。譬如我们看《红楼梦》，从文字上推见了林黛玉这一个人，但须排除了梅博士的"黛玉葬花"照相的先入之见，另外想一个，那么，恐怕会想到剪头发、穿印度绸衫、清瘦、寂寞的摩登女郎；或者别的什么模样，我不能断定。但去和三四年前出版的《红楼梦图咏》之类里面的画像比一比吧，一定是截然两样的，那上面所画的，是那时的读者心目中的林黛玉。①

文学形象的意象性、模糊性，也使它具有了特殊的魅力，显得更含蓄、更耐琢磨、更有意蕴。例如，《诗经》里描绘美人"美目盼兮，巧笑倩兮。"它不像人物画那样精确，如果把它与达·芬奇的《蒙娜丽莎》相比，确乎少了精确性，多了模糊性，但却充分调动了人的想象力，给想象力以广阔的空间，产生一种难以言说的朦胧美。

三、语言艺术的特征之二：文学的强大表现力和自由性

语言的抽象性造成了文学形象的间接性、意象性和模糊性，而语言的普适性决定了文学的强大表现力和自由性。语言是在人类长期历史实践中形成的基本符号体系，它应用于人类生活的广泛领域，是主要的交流思想的工具，具有最大的普适性，因而语言学家索绪尔称语言为人类符号的"主样

---

① 鲁迅：《看书琐记》，见《鲁迅全集》第5卷，人民文学出版社2005年版，第559—560页。

式”。语言有丰富的词汇、完备的语法和应用的灵活性,因而具有强大的表现力和交际功能。语言既有再现功能,又有表现功能。再现功能是描述客观事物的能力,表现功能是传达内心情感的能力。有的符号表现能力强而再现能力弱,如音乐使用的符号就只能表情而不能叙事;美术则适于描写客观事物而较难表情。文学使用语言符号,既能叙事,又能表情。叙事文学用语言绘声绘色地讲故事,述说人物的命运,使人仿佛身临其境。语言叙事的长处还在于,它既能描写人物外部行为,又能描写人物心理活动,这一点是其他再现艺术所不及的。如美术作品表现人物心理活动,只能通过动作、表情间接描绘,其他如戏剧、影视等也是如此。文学描写可以通过对动作、表情的描绘来刻画人物描述人物的内心世界,也可以直接描述人物的心理活动甚至可以通过内心独白来直接表露心理状态。语言也具有表情的功能,抒情文学用语言来传达情感,同样可以淋漓尽致。它可以直接描绘内心感受,如李清照的“寻寻觅觅、冷冷清清、凄凄惨惨戚戚……”就把一个孀妇的苦寂心情表露无余。它也可以通过自我行为描写来表现内心情感,如孟郊《游子吟》:

慈母手中线,
游子身上衣。
临行密密缝,
意恐迟迟归。
谁言寸草心,
报得三春晖。

前四句都是母亲行动的外部描写,但是却把爱子之心真切地表现出来。它还可以用景物描写来烘托、暗示、渲染某种情绪。写景抒情是中国诗歌、散文的重要手法。我们可以欣赏一下张若虚的《春江花月夜》:

春江潮水连海平,海上明月共潮生。
滟滟随波千万里,何处春江无月明。
江流宛转绕芳甸,月照花林皆似霰。

空里流霜不觉飞，汀上白沙看不见。

江天一色无纤尘，皎皎空中孤月轮。

……

大段的景物白描手法，却非常真切地表达了作者对宇宙人生的宁静而深沉的感受。

语言艺术不仅有全面的表现力，而且有充分的自由性，即它可以突破时空限制，自由地塑造文学形象。

文学形象塑造的间接性、意象性，使其可以突破时间、空间限制，创造了自由的艺术时空。其他艺术使用自然符号，要受到时空限制。戏剧、影视等要在时间中展开，故事长度要受到演出时间限制，一般要控制在几小时以内，超过这个限度，演员、观众的体力和精力都吃不消。同时这些艺术也要受到空间限制，如演出场地等。因此，必须对内容有所限制。美术、舞蹈、建筑艺术等艺术更要受到空间限制，不可能无限扩展或随意变换。语言艺术则不受时空限制，因为语言作为人工符号，几乎可以有无限长度，也没有空间限制。文学可以描写任意长度的生活，从瞬间体验到一生经历。加西亚·马尔克斯的《百年孤独》甚至叙述了上下百年的历史。文学作品也几乎没有篇幅限制，从微型小说、短篇小说、中篇小说到长篇小说都可以，作家创作和读者阅读都很自由。文学也不受空间限制。文学形象是想象创造，是心理意象，并不占有实际空间，凭借艺术想象，可以展现无限的艺术空间。古人所谓"观古今于须臾，抚四海于一瞬"，就是指文学的超时空性。文学描写的环境，不受任何限制，可以周游世界，可以遨游太空，甚至可以幻想上天堂、入地狱；场景变换不受限制，不像戏剧受场地限制，甚至比影视的镜头变换还随意、自由。语言艺术的自由性使文学有广泛的题材，一切社会生活都可以进入文学描写的范围。此外，文学作为语言艺术，可以长期保存而不会失传；可以大量翻印而广泛传播。相比之下，有些艺术形式如美术就不具备这些优点，保存过久会受损，复制品会失去价值。

第二节　本源的语言和现实语言

一、本源的语言与语言的本质

研究语言，必须先研究语言的本质，而语言的本质根源于本源的语言。本源的语言是一种逻辑的设定，而非实际的语言，但本源的语言是现实语言的根据。现实语言一方面是本源的语言的异化，一定意义上失落了语言的本质；同时又受到本源的语言的制约，一定水平上体现着语言的本质。海德格尔区分了本质的语言即道说与非本质的语言即人言。他指出："作为世界四重整体的开辟道路者，道说把一切聚集入相互面对之切近中，而且是无声无阒的……这种无声的召唤着的聚集，我们把它命名为寂静之音（das Geläut der Stille）。它就是：本质的语言。"①这里所说的"本质的语言"就是我们说的本源的语言。

本源的语言具有本体论的根据，它是存在的基本结构，即主体与世界之间的关系结构。存在是主体与世界的共在，而共在不是主体与世界的并列，而是互相依存、互相构成、互相融合，而这是通过主体与世界的对话完成的。因此，主体与世界的对话就是语言的本体。语言不是一种实体，不是工具，而应该看作存在的基本结构和主体与世界之间的对话。传统语言观认为语言是概念体系，是一种思想的工具，这是对语言的误解。语言的本质是活的，是对话，这才是语言的根本，而概念体系只是本源语言的异化和抽象化。现代语言理论产生了两种不同的倾向，都反对把语言行为看作主体性的活动，也都反对把语言形式看作思想的工具。一种倾向是以索绪尔为代表的结构主义语言学，他把语言看作语言形式，通过区分语言和言语，考察语言

① ［德］海德格尔：《在通向语言的途中》（修订本），孙周兴译，商务印书馆2004年版，第212页。

形式的共时性结构。但他认为语言不是主体操纵的工具,而是自成意义的体系。另一种倾向则从考察语言行为出发,认为语言的本体是语言的运用。洪堡认为语言不是一种"产物",而是一种"活动"。海德格尔认为"语言的生存论存在论基础是言谈"。伽达默尔认为语言是"谈话"。这样,我们就可以确定,本源语言是谈话,是主体间的对话。

首先,从发生学上看,语言是交谈的产物,而不是主体独白的产物;独白不需要语言,交谈才需要语言。语言也不是主体支配的工具,即不是人给世界命名。如果没有另一个主体,是不需要语言的。在荒岛上的鲁滨逊不需要语言,多年独处的人往往失去了语言的能力。动物之间也不需要语言,虽然它们之间也有信息的交流。语言是主体间交谈的产物。正是由于人类在社会生活中的交往中,主体与主体之间有了交谈的需要,才产生了语言。

其次,语言本身就是谈话,这是语言的本体。人们往往把语言看作由语词、语法组成的实体,看作一种思想的工具,而实际上,这并不是语言的真正存在。语言的存在形式是语言的运用,是谈话,谈话的总和构成了语言。至于语词、语法等不过是对交谈的分析、抽象的产物,而不是语言本体。语言的形式在没有进入谈话前并没有语言的功能,只有进入谈话才成为真正的语言。海德格尔认为语言是言谈,而言谈是"共在"(主体间性)的所在:"把言谈道说出来即成为语言……言谈就是存在论上的语言。""共在本质上已经在共同现身和共同领会中公开了。在言谈中,共在'明言地'被分享着,也就是说,共在已经存在,只不过它作为未被把捉未被占有的共在而未被分享罢了。"①伽达默尔也是这样看待语言的,他考察了"从古希腊时期对语言的完全无意识一直走到了近代把语言贬低为一种工具"的历史过程,认为:"语言按其本质乃是谈话的语言。它只有通过相互理解的过程才能构成自己的现实性。"②

---

① [德]海德格尔:《存在与时间》,陈嘉映、王庆节译,生活·读书·新知三联书店 1987 年版,第 197、198 页。

② [德]伽达默尔:《真理与方法》下卷,洪汉鼎译,上海译文出版社 1999 年版,第 570 页。

本源的语言具有本真性,这个本真性源于存在的本真性。本源的语言与存在相一致,是存在的结构,因此可以显示存在的意义。现实语言是经验性的语言,它只是本源的语言的沦落、异在。现实语言仅仅可以显示经验的(感性)或者理论(知性)的意义,存在的意义被障蔽。而本源的语言显示着存在的意义。存在的本真性决定了本源的语言的本真性,它超越于现实语言,是一种超验的、可能的语言,也决定了语言本质的超越性。本源的语言的本真性表现为:第一,本源的语言描述的对象不是具体的事物,而是存在本体,这是一种超验的对象,而不是经验的对象。第二,本源的语言表达的意义不是现实意义,即不是经验意义和理论意义(科学的和意识形态的),而是形而上的意义——存在的意义。老子认识到“道”不可用日常语言来表达和把握,“道可道,非常道”。但是,这不意味着不要语言,而是说应该有一种更本源的语言来把握和言说道——存在。第三,本源的语言与现实语言不同,不是理性化的概念的体系,而是与本真的生存体验完全合一的语言体系,是前反思性的语言。这种前反思性的语言是意识与语言的同一。本源的语言与存在本体同一,因此它就具有现象性,能够使存在的意义显现。本源的语言的超越性,在后期海德格尔那里,是“道说”与“人言”的区别。海德格尔认为“鉴于道说的构造,我们既不可一味地、也不可决定性地把显示归因于人类行为”①。海德格尔把它归结为“本有”(或译为“大道”),“大道(Ereignis)乃作为那种道说(Sage)而运作”②,“大道成道”即“道说 Sagen”,即“天、地、神、人”四方之相互“居有和揭蔽”。

本源的语言具有同一性,这与存在的同一性相对应。主体与世界的共在是同一性的,而这需要本源的语言作为结构。在我与世界的对话中主体与世界达到了同一,成为完整的存在。海德格尔认为,语言的本质是“道

① [德]海德格尔:《在通向语言的途中》(修订本),孙周兴译,商务印书馆2004年版,第253页。

② [德]海德格尔:《在通向语言的途中》(修订本),孙周兴译,商务印书馆2004年版,第189页。

说”。在“道说”中发生的“在场者本身将自己显示出来”就不是“独在式的现身”，而是在“天、地、神、人”四方“共在”中的相互“居有和揭蔽”。海德格尔把这种“共在式现身”称为“映射”（Spiegel）之“游戏”（Spiel）。在此游戏中，各方显示自已，而这种显示又是从其余各方那里映射的结果。他说，“四方中的每一方都以它自己的方式映射着其余三方的现身本质”，“以这种居有着—照亮着的方式映射之际，四方中的每一方都与其他各方相互游戏”①。本源的语言沟通了主体与世界，消除了主体与客体的对立。本源的语言具有一种超越现实的力量，使死寂的世界复活，使异化的自我恢复本真，从而达成彼此的沟通与融合。存在的同一性规定了本源的语言的同一性，即本源的语言作为对话使主体与世界同一。

本源的语言的同一性，既是一种逻辑的设定，也体现在现实语言的主体间性之中。虽然现实语言的主体间性并不充分，而只是本源的语言同一性的“残缺样式”，但毕竟还保留着一定的同一性功能。这就是说，现实语言中也不充分地体现了主体间性，而这个主体间性来源于本源的语言的同一性。哈贝马斯认为社会交往之可能性基于语言的主体间性：“通过语言建立的主体间性结构——该结构能在与基本语言行为的关联中，接受标准化检验——乃是社会系统与个体系统的条件”。② 一旦进入谈话，世界就不是客体，而成为另一个主体即作为谈话对象的主体。伽达默尔、巴赫金都认为文本不是客体，而是主体。伽达默尔认为“本文作品是自为的存在”，解释活动是主体与文本之间的“视域融合”。巴赫金认为阅读文本是对话，而文本是另一个对话的主体。它认为自然科学中人的对象是客体，是独白活动；而在人文科学中，人的对象是主体，是对话活动：“精确科学是知识的一种独白形式，因为，人们依靠智力观察和谈论事物。这里只有一个主体，就是认知主体和表达主体。唯有无声音的事物出现在它面前。但是，我们不能

① 《海德格尔选集》，孙周兴等译，上海三联书店 1996 年版，第 1180 页。

② ［德］哈贝马斯：《交往与社会进化》，张博树译，重庆出版社 1989 年版，第 101—102 页。

把主体作为一种事物来感觉和研究，因为，如果它没有声音，就只能是主体；所以，对它的认识只能是对话性的。”①梅洛—庞蒂也认为语言是一种对话，对话具有主体间性，他说：“在对话体验中，语言是他人和我之间的一个公共领域，我的思想和他人的思想只有一个唯一的场所，我的话语和对话者的话语是由讨论情境引起的，它们被纳入一种不是单方面能完成的共同活动中。……在一种完全的相互关系中，我们互为合作者，我们互通我们的看法，我们通过同一个世界存在。”②语言所展开的对话或交谈活动本身是主体与主体之间的活动，是主体间性的，也就是说语言是主体间性的。语言——谈话的主体间性是本源的语言的同一性的体现，这意味着语言形式不是工具，它在运用中构造成为文本——显现的世界主体，因为世界是在语言中呈现的。

二、现实语言的性质

以上考察了本源的语言，但这只是对语言本质的逻辑设定，是一种理想的语言。这就是说，本源的语言并不是实际的语言，它不是现实的言说，但却本真地存在着。本源的语言决定了语言的本质，这就是说，本源的语言内在地制约着现实语言，在现实语言中体现着语言的本质，尽管现实语言只是本源的语言的“残缺样式”。

语言在实际中呈现为不同的形态。与三种生存方式和生存体验方式相对应，有三种语言形态，即原始（巫术）语言、现实（理智）语言和超越性（自由）语言，它们分别与原始（蒙昧）的生存方式和体验方式、现实的生存方式和体验方式、自由（超越）的生存方式和体验方式相对应，也与原始意识、现实意识和自由的（审美）意识相对应。原始语言是语言的原型。超越性的语言包括文学语言和哲学语言。现实语言是文学语言的基础。这里我们先

---

① 转引自［法］托多罗夫：《巴赫金、对话理论及其他》，蒋子华、张萍译，百花文艺出版社2001年版，第199页。

② ［法］梅洛—庞蒂：《知觉现象学》，姜志辉译，商务印书馆2001年版，第446页。

忽略对原始语言的考察,而专注于对现实语言和文学语言的考察。

现实语言不像原始语言那样具有虚幻的巫术性质,也不像文学语言和哲学语言那样超越现实,它是人类现实生存活动所使用的语言系统。现实的语言是本源的语言的异在形式,也是其历史体现。现实语言具有两重性,一方面,本源的语言仍然内在地制约着现实语言,现实语言也在一定程度上体现着语言的本质(本真性和同一性),从而具有一定的超越性和主体间性;另一方面,由于现实语言的本真性和同一性失落,成为"沦落的语言",因此不是存在的意义构成,而是现实生存的意义构成。它表达了科学知识和意识形态,揭示了世界的现实意义,而不能显示存在的意义。此外,现实语言是工具化的语言,它根源于现实生存的主体性。由于主体与世界的对立,本源的语言的同一性破裂,成为主体操纵的工具。它不再是主体与世界的对话,而是主体的独白和对世界的命名。现实语言具有下列特征:

第一,能指与所指的分离,使现实语言与世界分离。现实语言分解为能指(形式)与所指(内容),从而也就把语言本身与它所代表的东西区分开来。这样,人类就能够理智地运用语言来指称事物和表达思想,而摆脱了原始语言的巫术性。正因为人类能够理智地对待语言,才摆脱了语言的盲目支配,自觉地运用语言来掌握世界。同时,这种分离根源于主体与客体的分裂,从而导致人与世界的疏远化,丧失了亲近感,并造成了实体这一不真实的概念。彻底克服这种疏远化,必须克服现实语言的外在性,恢复语言与世界的同一性,而这只有文学语言才有可能。

第二,意义与涵义的分化,使现实语言具有抽象性。现实语言是对非自觉意识(意象)的反思的产物,从而有了意义与涵义的区分。意义与自觉意识对应,具有抽象性;涵义与非自觉意识对应,具有意象性。意义制约涵义,涵义充实意义。这样,现实语言摆脱了原始语言的意象性,而具有了抽象性。现实语言不再是具体事物的直接表达,而是某一类事物或事物的本质的表达。文明人类长期使用抽象语言,世界被抽象化了。现实语言构造的意义世界不再是神秘、模糊的了,而是确定、规范化的意义世界。现实语言的抽象性虽然为理智地、科学地掌握世界和主体自我控制创造了可能，但世界和自我也因此失去了具体性和个性，它湮没于普遍的、抽象化的语言之中。其后果是，世界和人都失去了完整性，失去了诗意，被理性所分解。人类精神的完满、和谐发展要求打破语言的抽象性，在更高层次上恢复生活世界的意象性。

第三，外延和内涵的分离，产生了现实语言的外延语法。现实语言的语法遵从形式逻辑，对语言的外延进行抽象，分成各种词类，进而确定它们之间的搭配规则。这样，就克服了原始语言内涵语法的不规则性，掌握了语言构成的形式规律。外延语法使人类可以利用现实语言进行判断、推理和意义的表达，意义被社会化、规范化了，它不再是个体特殊的体验了，于是人们才可能进行精确的交流，才可能拥有一个共同的意义世界。但这种规范化只是相对的，有一定限度的，因为语言除了确定的意义外，还隐含着不确定的涵义，因而具有模糊性、多义性。因此，纯粹的外延语法往往难以规范语言的意义表达，就会出现许多约定俗成的对语法的违反现象，尤其是日常语言的表达往往不合语言规范。同时，规范性的语言也不能完全表达主体思想，就会有很多"言不尽意"的情况出现。现实语言的外延语法为人类表达普遍意义提供了可能。但是，普遍的、规范化的语言抑制了个体经验（语言的涵义）的直接表达，这对个体意义世界的创造必然是一种限制。人类自由个性的发展，要求突破这种限制，创造一个自由的语法，这有赖于在更高水平上重建内涵语法。

第三节　语言的结构

一、语言的层次分化

现实语言发生了分化，形成了不同的层次，即意义层次和涵义层次以及原型层次，它们与自觉意识、非自觉意识以及无意识对应。自觉意识进行语言意义的操作，这是理智的行为。意义是超个体的、集体赋予语言的内容，它是反思的产物，是自觉性的把握。这样，语言的内容才具有确定性，才有普遍性，才能交流。否则，语言就丧失了公共性，成为个体信号。涵义属于非自觉意识的把握，它是个体的特殊体验，是特殊的意象。在每个语言的意义外壳下面，都包含着特殊的涵义，它对每个个体开放，所以世界才是具体可亲的。涵义是直觉体验，是不可言说的“意味”或“意思”，而意义是对涵义的反思，是可以言说的思想。语言携带确定、普遍的意义可以进行逻辑推演（理论思维），而语言包含的涵义则不能。比如说“家”这个词，其意义就是由亲属关系组成的生活单位。但其涵义却是具体的、不确定的，对于独身者、老人与儿童、幸福的人和不幸的人，都具有不同的涵义，它凝聚着个体特殊的生活体验。意义不过是对这些特殊体验的共同抽象。

语言还具有深层结构，即语言的原型层次，它是原始语言的转化结构。语言的原型层次与无意识领域相对应，它继承了原始语言的原始意象和语法结构（转喻和隐喻）。语言能够摆脱具体语境而具有某种魔力，就在于继承了原始语言的语法结构和心理能量。语言除了字面上的意义之外，还具有某种不可言说的原始意味，它源自语言的原型——原始语言。由于原型层次的存在，语言就携带有某种魔力，潜在地影响着我们，并且激发情感反应。例如，人们用吉祥的话语祝福，用咒骂来表达憎恨，似乎语言真的具有这种魔力。这种内在的意味正是文学所要充分发掘的，它使文学的语言描写产生感人的魅力。文学语言的语法也继承自原始语言，由转喻和隐喻法则分别生成横组合关系与纵聚合关系。

二、语言的功能分化

原始语言没有发生认知功能和情意功能的分化。由于现实生存中主体与世界的对立，语言的同一性分化，发生了认知语言与情意语言的区分。无论是在词语水平上还是在语句水平上或者在文本水平上，都存在着认知功能和情意功能的区分。认知语言表达对象的客观属性或主体的认识，形成了事实判断;情意语言表达对象的价值属性或主体的情感意志,形成了价值判断。这种分化的最典型的形式是科学与意识形态的划分,前者是事实描述和判断,后者是价值描述和判断。现实语言的认知方面与情意方面的分离,为人类客观地掌握世界和理智地控制自身创造了条件;但同时也把生活世界二重化了,一个是冷冰冰的、与人对立的客观世界;一个是与客观世界相对立的主观需求的世界。对世界的事实判断与价值判断往往不一致,这是主客体分裂的内化。人类寻求一个完整的意义世界,这只有消除认知语言与情意语言的分离才有可能。

三、语言的水平分化

人类生存活动具有感性、知性和超越性三种水平。相应地,语言也区分为感性语言、知性语言和超越性语言。感性语言表达感性经验,它以表象形式呈现,如“这是一朵花”,就形成一个表象。表象是类的抽象,用以把握日常现象。知性语言是概念,它是属性的抽象,用以把握对象的本质,如“这种花是草本植物”,就是一种概念的表达。超越性语言包括哲学语言(范畴),它是最高的抽象,用以把握存在总体;也包括文学语言(意象),它显示存在的意义。在不同的语境中,词的运用具有不同水平的含义,它可以是表象,也可以是概念,还可以是哲学范畴。例如“人”这个词,可以是日常经验的对象,称为表象;也可以是科学研究的对象,称为概念;还可以是哲学研究的对象,称为哲学范畴;如果对人的命运加以描写,就构成文学语言。感性、知性语言属于现实语言,用以把握现实世界。哲学范畴和文学语言是超越性的语言,它不同于现实语言,不是用以把握现实,而是把握存在的意义。

感性语言表达日常经验,形成表象,它是对事物表面特征的概括和主体价值态度的表达。感性语言只能帮助人们掌握日常现象,不能揭示事物的本质和价值意义,更不能掌握存在的意义。知性语言构成了严密的概念体系,从而摆脱了感性语言的不确定性和日常经验的局限。概念揭示了客观或主观方面的某种本质,形成了分门别类的科学和意识形态理论。知性语言构成的意义世界不是现象世界,而是抽象的本质世界。知性语言将人与世界以及世界各个方面加以分解、抽象,并加以规范,以便理智地认识世界和把握主体自身。但是,它也为此付出了代价,那就是失去了人与世界的亲和性和世界的完整性,主体与世界分离,世界成为凝固的存在物。知性语言不能揭示存在的意义,科学不能告诉人们人生的价值;意识形态也不能说明人生的真谛。人类靠科学掌握和改造客观世界,靠意识形态来控制自我和调节社会关系。但人类又不能局限于知性语言,否则就会沦为工具理性或价值理性的奴隶而丧失了自由性。这就要求有超越的语言。超越的语言就是本源的语言的实现,它体现为哲学语言(范畴体系)和文学语言(意象体系)。为了更清楚地了解语言的结构,图示如下:

水平 层次	感　性	知　性	超越性
意　义	表　象	概　念	哲学范畴
涵　义	感性意象	知性意象	审美意象
原　型	原始意象		

第四节　文学语言的性质

一、文学语言的本源性

文学语言是由现实语言构成的,是现实语言的特殊运用。但是,现实语言经过特殊的组织,变成了文学语言,就发生了质的变化,成为超越性的语言,而这就是向本源的语言的回归。这就是说,文学语言具有了本源性,是本源的语言的实现形式。

现实语言就其一般性而言,是现实世界的结构,因此,“语言是存在的界限”。这样,人的存在被语言系统所限制,人的自由受到抑制,对象世界被有限化，存在的意义被遮蔽。人要实现自由，从生存回归存在，要克服外在世界的对立，最终要克服语言的限制，即克服现实语言的局限性，建构一种超越性语言。但是，人不能不要语言，而只能创造一种超越性语言。文学语言承担了这个任务。文学正是这种超越性语言的创造，它把生存从现实水平升华到超越性水平，消除了主体与世界的对立，从而摆脱了语言的限制，显示了存在的意义。

文学语言具有本源性，首先是非现实性。文学语言虽然使用现实语言，但已经消解了其现实意义。文学并不指称实在的事物，也不是现实的感情的复制，它通过审美理想而创造了一个虚拟的世界。其次，文学语言的本源性，还体现在其体现了语言的谈话本质，具有非工具性和非独白性。现实语言一定程度上是思想的工具，为世界命名，同时又成为主体思想的表达，从而形成语言暴力。而文学语言则回归语言的谈话本质，是主体与世界的充分对话。在通过文学形象的创造，主体与世界展开对话，沟通了自我与世界，消除了对立。文学语言不是主观思想的表达，而是我与世界的对话。文学语言在更高的层次上复原了原始语言的魅力，沟通天人，能指与所指同一，主体与客体同一、主观与客观同一，创造了一个主体间性的世界。文学描写的对象，无论是人物还是景物，都成为有生命的主体。它们发生交流，回归存在的同一性。自我主体与世界主体之间的对话就是文学语言，它回归了本源的语言，联结了主体与世界，进入了主体与世界的共在。于是，文学语言不再是工具，而是自由的途径。最后，文学语言不限于表达现实意义，而是引导人们在总体上把握存在的意义。文学本质上不是风花雪月、闲情逸致，也不是政治宣传、道德说教，而是对生存意义体验和领悟。文学在现实语言意义上述说着现实生活，但文学语言本身却述说着存在的意义。叙事文学表面上讲述个人的遭遇，实际上是述说人类的普遍命运。抒情文学表面上在抒发自我的情感，实际上在表达人生的普遍价值。这样，文学语言就脱离了现实语言而回归了本源的语言。

作为超越性语言的文学语言是本源的语言的现身形式，体现了本源的语言的基本性质。因此,文学语言不是现实语言,也不是其派生物,它超越现实语言,并且成为现实语言的根据。所以海德格尔说,诗性的语言才是本真的语言,而日常语言只不过是"用罄了的诗",是语言的"沦落"。总之,文学语言是向本源的语言的回归,是对存在意义的阐释。文学语言的本源性主要体现在其超越性和主体间性两个方面。

二、文学语言的超越性

基于本源的语言的本真性,文学语言具有了超越性,超越性就是本真性的体现。文学语言通过文学的象征(转喻和隐喻),突破了现实存在的界限,把人引入自由的生存,从而回归存在,这就是其超越性。

文学语言超越现实语言,即超越感性、知性水平的语言,而显示了存在的意义。文学语言构成的意义世界是现实语言所难以表述的,它具有形而上的意义。正是在这种意义上,维特根斯坦才认为:艺术是超语言的幸福信息;世界上存在着不能用语言表达的神秘的东西,这就是世界的意义。世界的意义是不可描述的,因为人不能站在生活之外用逻辑来描述它。艺术就是这种超语言的对神秘之物的表达。在我们看来,文学语言并不是什么神秘难测的东西,虽然它不能用现实语言来解释,而要求超越性的体验。文学与哲学都揭示着存在的意义,而任何感性、知性语言都无法真正地揭示存在的意义。

文学语言具有象征性,从而使超越性成为可能。现实语言通过转喻和隐喻手段转化为文学语言,以具体的文学意象揭示存在的意义。文学语言的象征不同于现实语言的象征,后者局限于现实水平,如以橄榄枝象征和平,这是感性意象象征知性意义(政治观念)。文学语言的象征不仅仅是在修辞水平上,也是在文本水平上,就是说整个文本都具有象征意义。而且,文学语言的象征超越现实的水平,是对现实意义的超越、对生存意义的显示。文学的意义不在于构成它的现实语言的所指,例如:一首风景诗的意义不在于山水本身,它象征着人们对自由的追求和高远的志趣;一部小说不仅仅描写社会生活的现象，它还揭示人类的历史命运，启迪人们思索生存的意义。如果一部文学作品不能告诉我们这一切，仅仅是告诉我们一些现实的东西，没有象征意义，那就失去了文学的灵魂。文学具有感性形式，但不是现实生活的模仿、复制，也不是日常情感的表达，它超越感性，也超越知性，引导我们真正进入存在。通过对自由体验的反思，我们就把握了存在的意义。

文学语言的超越性，使其具有了开放性。现实语言的开放性是有限的，现实语言有确定的语义规定和语法规则，因而带有封闭性。在解释活动中，这种封闭性在一定程度上被突破（如德里达所阐述的“延异”），但其开放性仍然是有限的。这种情况在科学语言中最为明显。科学语言语义单一、语法严密，不容许解释的随意性。文学语言与科学语言正处在对应的两极，文学语言具有最大限度的开放性。文学语言是由现实语言构成的，对现实意义的消解和象征（隐喻和转喻）作用产生文学意义。文学意义是充分个性化的，主体按照自己的文学理想自由地创造着独特的意义世界。这样，文学意义本身就是开放的，它对每个人开放，允许每个人作出独特的解释。这就是说，文学语言不是封闭的，它没有固定的语义规定和形式化的语法规则，是自由的语言。

文学语言的开放性，保证了它对存在意义的解释。封闭性语言不能解释存在的意义，因为存在的意义是不能作有限的解释的。只有开放性语言，才能超越现实世界的局限性，才能揭示存在意义的无限底蕴。同时，开放性语言也保证了文学的永恒价值。文学具有超越性意义，它不随历史发展而丧失自身价值，而科学或意识形态则不具有这种永恒性。由于文学语言历史地开放，因而不断增值，每一时代都赋予它以新的意义。《红楼梦》、莎士比亚的作品被人研究了几百年，至今仍是不可企及的高峰，人们从中获得新的领悟，作出新的解释，而且还会继续下去，没有止境。文学的无穷魅力，正是来自文学语言的超越性、开放性。

三、文学语言的主体间性

基于本源的语言的同一性,文学语言具有了主体间性。主体间性是回归存在的同一性的途径,或者说就是同一性的实际体现。文学语言与现实语言的区别之一正在于是否具有主体间性。现实语言是独白的语言,是主体的工具,虽然还残留着主体间性。而文学语言是对话的语言,具有充分的主体间性。现实语言的不充分的主体间性在文学语言中充分化。现实语言活动把世界当作客体,语言成为主体的表达和对世界的命名,这实际上是一种独白。现实语言脱离了存在的本源,成为主体与客体之间的工具,打断了人与世界的交流,障蔽了存在的意义。在日常生活中,我与世界不能充分对话,我只是运用现成的语言表达我的情感或者给对象命名。这就是说,现实语言是独白和工具。现实语言使我失去了自身,也失去了世界。我用现实语言命名对象,把片面的意义强加给世界,不能倾听世界的呼唤。我用现实语言表达自己的思想感情,导致与世界对立,把自己异化,忘记了真实的表达。

文学语言不是主体的工具,而是主体与世界之间的交谈。在文学活动中,人(作家、读者)与世界(文本)的关系不是主体与客体的关系,而是主体与主体的关系。文学语言不是死的能指,而是活的交流,它使世界复魅,成为另一个主体,也使我成为自由的主体。文本展示的世界不是外在的世界,而是自我参与的世界,是具有生命的主体世界。伽达默尔说:"但流传物并不是一种我们通过经验所认识和支配的事件(Gechehen),而是语言(Sprache),也就是说,流传物像一个'你'那样自行讲话。一个'你'不是对象,而是与我们发生关系……流传物是一个真正的交往伙伴(Kommunikationspartner),我们与它的伙伴关系,正如'我'和'你'的伙伴关系。"①我们通过语言进入文学作品,就进入了另一种生活世界。在文学中,主体(读者或作者)面对的文本变成了文学形象,而文学形象不是客体,是主体,也不是作者或读者的传声筒。它独立于作者和读者,有自己的声音,这就构成了

---

① [德]伽达默尔:《真理与方法》上卷,洪汉鼎译,上海译文出版社1999年版,第460页。

巴赫金所说的“多声部”。巴赫金评价陀思妥耶夫斯基：“他肯定了他人的我不是客体而是另一个主体。”他认为，陀思妥耶夫斯基作品中的主人公“不是作者的代言人”，他的作品展现的世界“不是一个有许多客体的世界，而是有充分权力的主体世界”①。在这种世界中，自我与文本描写的主人公之间不是陌生的，而是亲和的，是灵魂的交往所达到的充分的理解、同情。在读者或作者与文本展现的主体（文学形象）之间，进行了主体间的交流，最后达到充分的理解和同情，实现了充分的主体间性。在这种主体间性的对话中，存在的同一性得到实现，存在的意义得以彰显。

文学活动是真正的对话，是作者与生活世界的对话，读者与文本所展现的世界的对话，这种对话是平等的交谈，彼此都承认对方的主体性。这就是海德格尔说的“听—说”关系、伽达默尔说的“问—答”关系、巴赫金说的“对话”关系。从根本上说，文学语言不是主体与客体之间的工具，不是现实经验的表达，而是人与世界的交谈，是我主体与世界主体之间的对话。文学是特殊的对话——人与世界的交流方式。正是人与世界对话、交谈的需要才产生了文学语言。在这种对话中，克服了现实语言的局限，恢复了语言的主体间性，实现了语言的本质。伽达默尔认为“诗歌所进行的是一种特别类型的交往”，“诗歌作品是一种新含义上的‘构成物’，它是一种卓越的‘本文’。语言在这里完全是以其自主性出现的。它是自为存在并自己存在，而语词则可以被它们所抛弃的话语意向所超越。”②可以说，现实语言是存在的牢房，它障蔽了存在的意义；文学语言即海德格尔所说的“诗性的语言”是存在的家园，它使人能够“诗意地栖居”即进入自由的存在，使存在的意义显现。

我与世界的对话，不是现实水平上的对话，而是超越水平上的对话。现实语言也有对话，但这种对话是不平等的、不充分的，带有独白的倾向。而

---

① 转引自［法］托多罗夫：《巴赫金、对话理论及其他》，蒋子华、张萍译，百花文艺出版社2001年版，第321—322页。

② ［德］伽达默尔：《真理与方法》下卷，洪汉鼎译，上海译文出版社1999年版，第806页。

在文学语言的对话中，我与世界都从现实世界抽身，回归存在，彼此共在，并且展开对话。在文学语言展开的对话中，我向世界倾诉自己的心声，那是自我在解除了现实语言枷锁后的自由心声；我也倾听世界的呼唤，那是世界在解除了现实语言枷锁后的自由呼唤。我把自己的自由要求告诉世界，世界把自己的自由呼声告诉我，双方互相沟通，而成为一体，形成自由的体验。这就是文学的境界。

四、文学语言的意象性

文学语言是意象语言，它具有非自觉性，它没有意义，而只有涵义。这就是说，文学语言是前反思的语言，而一经反思，文学语言也就不作为文学语言存在，而成为现实语言了。现实语言是自觉性语言，但通过特殊的组织（综合陈述），就成为超越性的意象语言，从而成为文学语言。文学使用现实语言（即“文学中的语言”），但自身又成为超现实的语言，这就是文学语言的两重性。文学语言不是现实意义上的语言，而是超越性语言，它克服了语言的有限性、自觉性，成为审美意象的表达。

由于现实语言具有意义，具有自觉性，因此可以理智地操作。而文学语言只有涵义而没有意义，具有非自觉性，只能在直接的体验中占有；此时主体也丧失自身，主客体融合于这种体验活动中。一旦主体恢复自觉性，文学语言就不复存在，变成了现实语言。文学语言的意象性，消除了世界的抽象化，克服了人与世界的疏离，人可以直接地与世界亲和，达到了真正的同一，从而为自由提供了可能。

文学语言的意象性，意味着它的不可分解的完整性。现实语言总是可以分解为各种水平的语言单位，如文体可分解为语句、语词等，它们有相对独立的意义，因此可以凭借一定的语法把它们组织起来，构成有意义的语言表达式。文学语言是独立完满的整体，不能分解为各种水平的语言单位。文学语言一旦分解开来，就不再是文学语言，而是现实语言。文学作品整体就是完整的艺术形象，如果分解开来，那么单独的句子、语词都不具有文学意义，只具有现实意义。总之，文学语言是现实语言的特殊构成，是完整的意象语言。

文学语言与原始语言一样，能指与所指同一。原始语言的能指和所指不加区分，因此语言具有巫术魔力。现实语言是自觉性的语言，能指与所指分离。区分开了语言与它所代表的东西，这样才能把语言从世界中分离出来，独立地进行语言操作。例如"马"这个词，作为原始语言与真实的马等同，它没有能指与所指的区分，只是一种原始意象。作为现实语言，马这个词与马这个实体相分离。文学语言恢复了原始语言的能所合一的特征，它作为意象语言，没有能指与所指的区分。文学语言消除了语言与其指称的世界的分离，创造一个真实的超越性意义世界。这就是说，在文学中，语言与其所代表的东西是一回事，书中的贾宝玉就是我们真实地体验到的贾宝玉，诗中的美景就是真实的使我们陶醉的美景；文学形式就是内容，内容就是形式。所以，文学语言的能指与所指是同一的。这就意味着文学语言作为意象语言，并不指代外在事物，它仅指称自身。叙事文学虚构社会生活，与现实生活没有一一对应关系，如贾宝玉不是现实中的公子哥儿，林黛玉也不是现实中的豪门小姐，他们只是文学中的独特形象。抒情文学表达超现实的审美情感，也不指称外物，那些借写景、状物抒情的抒情文学也不以描摹景物为宗旨，而不过是表情的手段。总之，文学语言没有实际的指称，仅有文学的含义。

文学语言的能指和所指的同一，还表现为文学语言的音乐性，即语言的声音不仅仅是一种表达意义的物质载体，而是其本身就具有审美意义。文学语言的声音在文学表达中特别是在抒情文学表达中，发挥了表达情感的功能。在诗歌中，音节、节奏、语调等对情感的抒发具有至关重要的作用，它配合了语义表达，共同构成了文学形象。正因为诗歌利用了语言音调的表情功能，瓦莱里说："一首诗歌只有在朗诵的时候才存在。"①各个民族的诗

① ［法］瓦莱里：《文艺杂谈》，百花文艺出版社 2002 年版，第 355 页。

歌，因为语音结构的不同，而显示出不同的风格：“总起来说，拉丁和希腊诗依靠音量对比的原则；英语诗依靠音势对比的原则；法语诗依靠音节数目和响应的原则；汉语诗依靠数目、响应和声调对比的原则。……仔细研究一种语言的语音系统，特别是它的动力特点，就能知道它发展过哪样的诗。”①

文学语言与原始语言一样，认知功能与情意功能同一。原始语言没有认知功能与情意功能的分化，原始人不能理智地分析、判断事物，而是带有强烈的情感体验来把握世界。对他们而言，世界的客观属性与价值属性是一回事。原始巫术礼仪与神话传说既是对世界本身的理解，又是情感意志的体验。而在现实世界，由于主客体对立，认知与情意、认知语言与情意语言分离，这典型地体现为科学与意识形态的分离。文学语言继承了原始语言的结构，它既是对客观世界本质的揭示，也是对主体价值的表述。因此，文学语言弥合了现实语言的认知与情意功能的分离，以完整的意象来把握世界。叙事文学使用认知语言，揭示人的本质，同时也激发强烈的文学情感，使人领悟人生的价值。抒情文学使用情意语言，表达人的最高价值追求，同时也使人领悟人生的真谛。存在的意义这个最高的哲学问题，本身就是认识与价值论的同一，也只能以认知与情意同一的文学语言来领悟。总之，文学语言完整地把握了存在，揭示了生存的意义。

文学语言继承了原始语言的心理能量，具有强大的感召力。原始语言以其巫术魔力激发原始人类如醉如狂的激情，使原始人类获得神秘的情绪体验。文学语言继承了原始语言的强大激唤能力，把积淀于无意识中的原始心理能量激发出来，使之升华为文学激情。因此，文学体验才能冲破理智的控制，产生动人心魄的力量。人类通过文学语言的诱导，使原始心理能量得以宣泄、升华，从而恢复精神上的平衡，产生身心愉悦的美感。无论是叙事文学还是抒情文学，都激发强烈的美感，从而满足了人类的最高精神需求。

---

① ［美］爱德华·萨丕尔：《语言论》，商务印书馆2000年版，第206页。

五、文学语言的内涵语法

文学语言是由现实语言构成的,因此有两个语法层次:现实语法与文学语法,即现实语言层次遵循现实语法,文学语言层次遵循文学语法。现实语法遵从形式(分析)逻辑,因而是外延语法。文学语法遵从内涵(综合)逻辑,因而是内涵语法。文学语言使用现实语言,一方面要遵从现实语法,另一方面又必须超越现实语法,构造文学语法,这种二重性是文学语言结构的内在矛盾。外延语法是文学语言语法的基础层次,而内涵语法是文学语言语法的高层次,它支配现实语法。

文学语言是意象运动,它具有综合逻辑的形式,而不具有分析(形式)逻辑的形式。现实语言是自觉意识支配的运动,它遵从形式逻辑。因此,文学语言与现实语言属于两种不同的逻辑体系,这决定了它们有不同的语法形式。现实语言基于形式逻辑,使用语言的指称(外延)制定语法规则,而不考虑语言的含义(内涵)。这就是说,现实语法要求语言形式化。现实语言的极端规范化的形式是科学语言,它能充分形式化。文学语言则与之相反,它没有内容和形式的分化,不具有外延语法的形式,而遵从综合逻辑,只具有内涵语法形式。文学语言是意象语言,它不能分解成独立的语义单位。一旦分解成为独立的语义单位,就不再是文学语言,而成为现实语言。这就是说,如果文学作品分解成为现实语言的词、句子,就不具有文学意义了。文学语言没有外延而只有内涵,不能够利用外延来构造语法体系,因此不具有形式语法。那么,什么是文学语言的语法呢?总起来说,文学语言的语法是由现实语言到文学语言的构成规则,也是文学形象的构成法则。这是自由的法则,就是石涛所说的“无法而法,乃为至法”。尽管如此,文学语言的语法仍然有内在的法则,我们对此加以考察。

索绪尔认为语言构成方式有横组合与纵聚合两种,横组合关系是在场的语言表达式内部前后相继的关系;纵聚合关系是在场的此一语言与不在场的其他语言的关联;在这两种关系中,语言的意义得到确定。他认为这种区分也是智力活动的两种形式。雅克布逊把这种区别由语言学扩展到艺术学领域，并由词、句子扩展到文本水平：横组合关系即转喻类型，纵聚合关系即隐喻类型——一切陈述或属转喻类型，或属隐喻类型。日常语言中存在着转喻和隐喻关系，如以剑象征战争是转喻，“夜幕”以幕布比喻黑夜是隐喻，前者以部分代整体，后者利用相似性。他认为艺术同样有转喻与隐喻两种类型：属于隐喻型陈述的有俄国民间抒情歌曲、浪漫派和象征派的作品、超现实主义绘画、卓别林的影片和弗洛伊德的梦幻象征等。属于转喻型陈述的有英雄史诗、现实派作家的作品、美国电影导演大卫·格里菲斯的影片和梦中景象等。很显然，雅克布逊对转喻和隐喻类型艺术的区分还限于感性认识，仅仅作了一些不完全的举例和不严密的归类。我们应当在这个基础上作出更为本质的划分。我们可以这样认为：再现艺术和叙事文学大体上属于转喻陈述，表现艺术和抒情文学大体上属于隐喻陈述。再现艺术和叙事文学是在时间上展开的叙述，属于横组合关系；又通过典型化来产生泛指（审美）意义，因而又属于转喻陈述。表现艺术和抒情文学通过意象的相似引起情绪性联想，属于纵聚合关系；它又通过意境的象征产生泛指（审美）意义，因而又属于隐喻陈述。前面雅克布逊所列举的分属转喻型陈述和隐喻型陈述的作品，实际上都可分别归入再现艺术、叙事文学与表现艺术、抒情文学。①

叙事文学的语法就是横组合——转喻关系。叙事文学是对人物活动的叙述，但它不同于现实语言的陈述，不是简单的纪实，而是为塑造完整的性格，展现其历史命运服务。塑造人物性格要求对生活素材（表象）加以剪裁、选取、改造、重新组合，这就是典型化。艺术不是全部照抄生活现象，也不是任意割舍生活现象，而是为了塑造完整的人物性格和展现其历史命运

① 转喻（横组合）关系的原型是接触巫术，隐喻（纵聚合）关系的原型是模拟巫术，它们后来又发展为神话传说和巫术仪式，最终转化为再现艺术（包括叙事文学）与表现艺术（包括叙事文学）。由接触巫术发源的横组合关系和由模拟巫术发源的纵聚合关系，已经积淀在人类语言体系的深层结构之中，也就是说，转喻和隐喻能力积淀于人类深层心理结构之中。人类语言的构造能力就有赖于这种原型结构。

来组织叙述。《阿Q正传》围绕阿Q性格的缺陷(如欺软怕硬、“精神胜利法”等)以及阿Q命运的悲剧,写了几个典型的行为,如赵太爷不准其姓赵,与小D打架,欺负小尼姑,向吴妈求爱,进城归来,盘辫子革命到不准革命,被抓、画押、赴刑场等。这些情节只是阿Q一生中的几个片段,但它们最能刻画出阿Q的性格、展示阿Q的命运。孤立地看,这些具体情节片段的描写仍然是现实陈述,但组合成整体,塑造出完整的性格,展现为活生生的生活画面,就具有了典型意义,这个人物性格——典型形象就代表了不仅仅是一类人,而且是全人类,揭示了人的本质,展现其历史命运。这就是叙事文学的转喻语法,它由对具体人物性格的塑造而揭示了人类存在的意义。当然,那些不具有典型性的文学类型如浪漫主义、现代主义等,也具有转喻语法,它们仍然通过个别人物的遭遇来书写人类的命运,具有象征意义。

叙事文学的转喻语法是非形式化的内涵语法,它没有外在的规则。选取哪些情节,塑造什么样的文学形象,完全是自由的,它服从审美理想,受非自觉性的艺术想象支配。叙事文学的创造不是对现实的摹写,文学没有摹本,也没有摹写的规则;它要从生活经验中创造出一个新的文学形象,这个文学形象是审美理想的创造,艺术想象的结晶。在这种状态中,文学的语法才自动地展现出来,引导创作主体或欣赏主体沿着它构成文学语言。

抒情文学语言属于纵聚合——隐喻类型,它按照情感意志的规律(综合逻辑),把现实表象组织起来,并通过隐喻象征,表达人类的自由追求。因此,抒情文学的语法就是纵聚合——隐喻法则,也就是现实表象与不在场的审美意象之间发生联想,产生隐喻象征关系。中国古代诗人多通过对自然景物的描写抒发思想感情,此时自然景物与审美情感之间就发生了横组合的、隐喻的关系,如描写月亮的阴晴圆缺就引起思乡和怀念亲人的感情,月亮与乡情、亲情之间就形成纵聚合的关系,而乡情、亲情也升华为审美情感,月亮又具有了隐喻性。抒情文学的语法是纯粹内涵性质的,它没有形式规定。表象语言的选取、改造、组织完全听凭审美理想的支配,它只有一个目标——文学意境的创造,而这种意境是只可体验不能预先设计的。作家就是凭着文学体验来变现实经验(表象语言)为文学意境(文学形象)。意境作为抒情文学意象具有隐喻功能,它超越了现实表象,象征着人类最高的价值追求和自由的情感。

第五节 文学语言的创造

一、文学语言的层次

文学语言具有三个层次;第一,原型层次,这是原始语言的转化物,成为语言和文学语言的深层结构。第二,现实层次,现实语言是文学语言的构成材料,现实语言的特殊运用构成了文学语言。第三,审美层次,就是审美语言,它继承了原始语言的结构,是现实语言的升华,代表着文学语言本身。

现实语言是文学语言的基础层次,文字语言由现实语言构成。正如鲁迅说的:"文艺家的话其实还是社会的话,他不过感觉灵敏,早感到早说出来。"①一部文学作品从整体上看是文学语言体系,但每一句话、每一个词都是现实语言。现实语言作为文学语言的基本构成单位,具有自己的语法和语义,即遵循现实语法,具有现实意义。我们阅读文学作品,首先接触的是现实语言。现实语言必须文通字顺,让人能看懂,这是文学描写的前提。如果不顾现实语言的语法规则,或者意义含混,让人看不懂,就无法创造文学语言、表达审美意义。

文学中的现实语言是由感性词构成的日常生活语言,用以描述现实事件和现实体验。现实语言层次与现实世界以及现实体验相联系,是现实世界和现实体验的描述,体现着人的现实观念。文学的现实语言层次是文学与现实联系的环节。文学不能与现实脱节,也由于现实语言层次而存在。

---

① 鲁迅:《文艺与政治的歧途》,见《鲁迅全集》第 7 卷,人民文学出版社 2005 年版,第 118 页。

现实语言是文学语言的基础，只有在现实语言的基础上，才能生成文学语言，即变现实意义为审美意义。

但是，现实语言只是文学语言的低层次结构，它只能作为基础制约文学语言，却不能决定文学语言的性质。文学语言的最高层次是审美语言，它是超越性符号体系，有不同于现实语言的外延语法即形式逻辑的法则。文学（审美）语言本身没有形式规则，它的语法是“无法而法”，即审美意象的构成法则——隐喻法则和转喻法则。同样，文学（审美）语言也有自己的语义规定。它当然要有明确的现实意义，但又必须超越、消解现实意义，使之转化为审美意义，而审美意义才是审美语言自身的语义规定。

文学语言的三个层次互相依存，构成一个复合体系。原始语言为文学语言提供原型结构，包括语法和语义的原型。原始语言的语义体现着原始巫术观念，能指与所指没有分离，没有内涵与外延的区分，也没有主客观的分化，具有非抽象的意象性等。原始语言的语法规则是转喻和隐喻法则，没有形成形式语法。原始语言与审美语言同构，也就是说审美语言继承了原始语言的结构，因此也具有了原始语言的语义规定和语法规则。现实是文学语言的基础，文学语言由现实语言组成，否则就不能存在。现实语言的运用对于文学语言的创造非常重要，只有熟悉并恰当地使用生活语言，掌握语言的艺术，才能成为文学家。文学家必须克服语言的限制和阻力，驾驭生活语言，才能进入文学语言的自由天地。因此。文学作品也是最好的语言作品，文学家也是最好的语言大师。另外，审美语言作为高层次又作用于低层次的现实语言，使其得到修饰、提高。文学语言绝不是现实生活语言的集合，而是其改造、加工、升华。现实语言来自生活，它朴实无华，带有浓厚的生活气息，但又是未经提炼的矿藏，混杂着许多粗糙、鄙俗的杂质。只有经过文学加工、去粗取精，才能成为纯洁、高雅的文学语言。五四文学提出了“文学的国语，国语的文学”的口号，就是要以文学语言提升日常语言，使其成为雅语。

二、文学语言的生成

文学语言不同于现实语言,但又包括现实语言,并且是由现实语言构成的。文学语言的最高层次是审美语言,其基本特征是充分的意象性和超越性。因此,现实语言转化为文学语言必须满足三个基本条件:第一,文学语言必须由感性(表象)语言构成,而不能由抽象的知性语言构成,概念化的语言不能构成文学作品。第二,表象语言必须转化为意象语言,即必须消除语言的意义,保留其涵义,成为纯粹的意象语言。第三,必须打破现实语言的感性意义限制,使其具有超越性意义。

首先,我们来考察文学语言生成的第一个条件,即如何选择感性语言。组成文学语言的现实语言必须是感性语言即表象语言,而不能是知性语言即概念语言。因为感性语言包含着感性意象,感性意象可以被加工为文学意象,而知性语言不包含感性意象,只包含知性意象,不能被加工为文学意象。感性语言就是日常生活的语言,而不是书面语言或理论语言。生活语言的基础是口语,这是最丰富的语言矿藏。而其书面形式也保留着生活语言的丰富性、生动性。对此,要加以选择,进行去粗取精的工作。

其次,感性语言有意义和涵义之分,意义是语言的抽象外壳即表象;涵义是语言意义外壳包藏着的感性意象。表象是对感性意象的类的抽象,感性意象的具体特征被抽象掉。必须消除意义,保留涵义,才能使其成为纯粹的意象形式。具体方法是通过对感性语言的特殊组织(如形象化的描写和修辞手法等),剥离语言的意义外壳,突出特殊的涵义,变表象为具体鲜明的意象。我们观察现实事物往往就是表象化的,比如一朵梅花,我们司空见惯,并不注意其具体特征,而是粗枝大叶地知道其大致轮廓,大概地知道它是梅花就行了。按照什克洛夫斯基的说法,人们的观察已经"自动化"了。这样,我们说"这是梅花",就成为一般梅花的表象,而不是具体的梅花意象。要创造文学意象,必须恢复对梅花的具体特征的注意,不是仅仅看到其大致的轮廓(表象),而是像第一次看到它一样,感知新鲜的形状和质感(意象),用什克洛夫斯基的话来说,就是恢复感知的难度和长度。同时通过具体的艺术描绘，如诗歌对梅花的吟咏，来表达新鲜、生动的印象，形成文学形象。这时，梅花就不是简单的表象，而成为生动鲜明的文学意象了。我们举例的梅花还是比较简单的，在复杂的文学中，为了变现实语言为文学语言，往往必须使用特殊的艺术手段，这些艺术手段都是为了突破表象语言的抽象外壳，突出感性意象。对具体的表象语言的运用，也要打破其表象外壳，突出意象内涵。在修辞水平上，大量使用拟人、比喻、夸张等手段，它们都使感性语言变形，打破其凝固性、抽象性，突出描写对象的涵义和意象性，从而产生“陌生化”的效果；在文本水平上，细致的叙述和描写，意在创造具体的意象，克服语言的抽象性。叙事文学使用具体的叙述手段，塑造生动具体的艺术形象，包括环境描写、情节叙述和人物形象描绘，这种艺术形象就克服了表象语言的抽象性，成为一种文学意象。抒情文学使用具体的描绘手段，如写景抒情，以具体化、客观化的方式，把内心情感意象表达出来；或者运用修辞手法把主观情感细致地呈现出来，从而克服表象语言的抽象性，创造了文学意象。这种艺术描写是语言的特殊组织方式，使感性语言组合成为意象形式。

文学语言生成还必须满足第三个条件，即使感性语言产生超越性意义。符号学美学家罗兰·巴特就艺术符号的生成提出了有价值的理论。他认为自然符号是第一性系统，如果它构成第二性系统的符号的所指，那么就具有确指意义，这是专用的人工符号，如莫尔斯电码；如果它构成第二性系统的能指，就产生泛指意义，泛指意义是超出确指意义的象征意义。在语词水平上，可以用狼指称特定的野兽，这是狼的确指意义；也可以指称凶狠的人，这是狼的泛指意义。在语句水平上，也可以通过比喻产生泛指意义，如“青年是初升的太阳”，就不具有确指意义，因为人不是太阳；它具有泛指意义，青年的朝气犹如初升的太阳。在词句水平上，泛指意义还不能产生真正的艺术符号，在文本水平上符号的确指意义转化为泛指意义，艺术符号才能产生。这就是说，如果现实符号作为第一性系统符号的文本，构成了作为艺术符号的第二性系统符号的能指，那么，第二性系统符号就产生了泛指意义，即审美意义,于是第二性系统的符号就构成艺术符号。罗兰·巴特得出结论:艺术符号是自然符号产生泛指意义的结果,泛指意义正是"艺术性"之所在。

罗兰·巴特的理论具有重要意义,它揭示了现实语言向文学语言转化的本质在于超越确指意义,产生泛指意义。这就为研究文学语言的构成开辟了道路。但是,由于受到自己的美学观的限制,罗兰·巴特对于泛指意义究竟是什么,没有作出明确的回答。他认为泛指意义没有确定的本质和方向,仅仅给个体的解释创造了广阔的空间。这样,艺术的意义就具有了纯然相对的性质。这种观点我们不能完全同意,应该给予修正。我们认为文本的泛指意义就是审美意义,仅在审美的方向和水平上,它才给个体意义创造以最大的自由。

由现实语言到文学语言、由确指意义到泛指意义的法则,就是前面提到的隐喻语法和转喻语法。文本水平的转喻关系和隐喻关系超出了修辞学的限度,它们产生了文学水平的泛指意义,形成了叙事文学或抒情文学。

叙事文学确指由人物活动构成的事件,它具有现实的意义(日常经验的或历史文献的意义)。孤立地看这些人物和情节,与历史人物和事件没有质的区别,不具有文学意义。作为艺术语言构成的整体,它塑造出有血有肉的人物性格,展示出其历史命运,凸显了完整的艺术形象。这样,通过对具体人物形象的艺术描绘,就出现了类似接触巫术的转喻意指作用,这个人物形象就像神话传说中的部族的代表(英雄的祖先)那样,具有了典型意义,它超出了确指范围,产生了泛指意义。通过转喻产生的泛指意义是文学意义,也就是由认知途径产生的文学意义,它透过艺术形象的命运,解说着整个人类的(也是每个个体的)存在的意义。例如,贾宝玉和林黛玉作为社会学的对象仅具有确指意义,即社会学的意义,他们不过是没落的贵族阶级的代表,但作为艺术形象却具有泛指意义即文学意义,他们作为人类的代表,其命运和追求揭示着生存的根本意义。

抒情文学确指一些现实的情绪,因此,孤立地看,也可以把它当作表象水平的情意语言，它仅具有现实的意义，不具有文学意义。抒情文学语言通过类似模拟巫术的隐喻作用，产生了特殊的意指关系。巫术仪式以一套抽象的形式规定（咒语、音乐、舞蹈、图画等），象征着最高的价值追求，那是一种天人合一的归属感，一种与神同在的神秘体验。抒情文学通过隐喻作用超越了确指（现实）意义，它不是表达某个人的现实情感意志，而是使每个个体进入自由的体验之中，领悟人生的真正价值。如诗歌，其确指意义是一些现实的情绪，其文学价值却高于确指意义，它不是现实的情绪，而是泛指意义——对人生价值的追求和领悟。

很显然，在现实语言转化为文学语言的过程中，现实语言的意义被消解了、被超越了，而且现实语言被形式化了，仅剩能指了。同时，这个能指又成为文学意义的载体，即所谓“有意味的形式”。由此可知形式主义的艺术观具有一定合理内核（当然也具有片面性，因为它抹杀了艺术的现实内容和审美意义）。这样，现实语言就可能通过转喻和隐喻功能（文学特殊的意指作用）来产生新的所指，即文本意义上的泛指（审美）意义，从而转化为文学语言。

三、文学中的语言对现实语言的偏离

文学（审美）的语言与现实语言不仅互相依存，而且互相冲突。现实语言有自己的现实意义和外延语法，文学（审美）语言有自己的审美意义和内涵语法，二者都遵循不同的法则。这样，现实语言与文学（审美）语言就不可能完全一致。文学（审美）语言可以在现实语言基础上超越现实语言，同时也在一定程度上改变现实语言，包括打破其语法规则和改变其语义。一方面，文学使用的现实语言必须遵循现实语言的基本法则，否则就无法传达现实意义和承载审美意义。另一方面，文学（审美）语言是主导者，它能够使现实语言发生改变，服从自己的法则。这就是说，现实语言必须服从文学（审美）语言，适应文学（审美）语言，从而发生语法和语义的偏离。当然这种偏离是有限度的，它不能完全违背现实语言的法则，否则就会使人读不

懂,审美意义也无从发生。

文学作品中的语言经常偏离常规意义,这是为了更好地消解现实意义,生成审美意义。文学作品往往不按常规使用语言,而是通过文学修辞手法,使语言发生语义畸变。文学修辞是文学语言的重要特征,它使得文学中的语言偏离了现实语言而具有了审美意义。这种情况在抒情文学(以诗歌为典型)最为明显。诗歌是审美的情感体验,它要求使用情意语言。现实语言的主要功能是描述外部世界,主要是认知符号,表情功能相对较弱。因此文学对主观世界的表现受到限制。抒情文学必须更多地使语言发生语义畸变,使认知语言变成情意语言,变外部世界的描写为内部情感体验的描写。此外,常规语言只适用于日常经验的描述,不一定适用于审美体验的描述,因此只有偏离常规语义,才有可能传达审美体验。后一个理由也适用于叙事文学,也就是说,叙事文学也要求对现实语言加以改变,包括使用修辞手法等。总之,现实语言是“粗糙”的语言,其语义是凝固的、规范化的,而审美体验要求打破语言的凝固性和规范化,使语义发生畸变。文学修辞手法的使用在于实现语义畸变,以便顺利地创造审美意义。常见的文学修辞手法有比喻、象征、夸张、拟人、反讽、含混等。

比喻是最常见的修辞手法。以此物的特征来说明他物的特征就是比喻,而喻体往往比被喻者的特征更突出、鲜明、具体、熟悉,如李白的“云想衣裳花想容”句,用斑斓的云彩和娇美的鲜花来比喻杨贵妃的服饰和容貌,比写实更生动。在比喻中,喻体的意义被改变了,如前面引述的诗句中,云和花不再是自然事物,而成为美女的某种特征的写照。比喻有明喻和暗喻之分。明喻是被喻者出现,与喻体间的关系是明显的。暗喻是被喻者不出现,喻体直接成为被喻者的化身。暗喻更直接地改变了喻体的语义,如“我们要消灭人间一切豺狼”,就是使用了暗喻手法,“豺狼”比喻一切恶人,而这种比喻关系并未明确指出来,被喻者没有出现,只是被暗示出来。

象征是特殊的比喻,它是以具体事物的特征来代表抽象的观念。如屈原《九章·橘颂》写道:“受命不迁,生南国兮”、“深固难徙,更壹志兮”、“苏世独立，横而不流兮”、“秉德无私，参天地兮”，用橘树来象征自己高洁孤傲的人格，从而使橘树的语义发生了畸变，成为抽象品格的象征。

夸张是把事物的特征夸大，如李白的“白发三千丈，缘愁似个长”，前一句是夸张，白发不可能有那么长；后一句是比喻，形象地表现了诗人的愁绪之深。在这里，“三千丈”已经不是实际的度量，它变成了虚数，极言白发之长。

拟人是把事物人格化，从而使事物的特征更生动。如古希腊史诗有“矛渴望着喝血”的诗句，矛被拟人化了。白居易有“又送王孙去，萋萋满别情”的诗句，芳草也与作者一样有了感情，被拟人化了。拟人手法改变了语词的原义，使物有了生命。

除了上述文学修辞手法外，还有反讽、含混、感觉错位等现代文学常用的手法。反讽是故意说反话，产生讽刺效果。新批评派理论家布鲁克斯认为，反讽是在文学作品中由于语词受到语境的压力，造成意义扭转而形成所言与所指之间的对立语言现象。如说悭吝人“慷慨”，说残忍者“仁慈”等。《诗经》中的“彼君子兮，不素餐兮”，就是文学语言的反讽。在这里，由于语境（即文学语言的审美意义）的压力，语言的本意被颠倒了。含混是在文学语境中，语言产生了多重意义，具有了含混性。诗歌语言往往不那么确定、清晰、意义含混、朦胧，因此有“诗无达诂”之说。中国 1980 年代的“朦胧诗”，就是充分运用了语言的含混手法。如顾城的“黑夜给了我黑色的眼睛，我却用它去寻找光明”中，“黑色的眼睛”意义含混，可以有多种解释；它与“黑夜”间有一种既对立又互渗的复杂关系。“感觉错位”基于生理上的连觉机能，它打破视、听、触、味、嗅等感觉的界限，用某一种感觉的语言来说明另一种感觉，产生一种通感。最常见的是视觉与听觉的错位，如“黑色的钟声”。也有其他的感觉错位，如“小白长红越女腮”，以小、长等形状语言来状色彩；“晓钟云外湿”，以触觉语言“湿”来状钟声。

文学中的语言还在不同程度上偏离了现实语言的语法规则，特别是诗歌语言的偏离更显著。叙事文学虽然大体上遵循语法规则，但也有例外，如意识流文学就使用不合语法规则、文意不连贯的“心理语言”。诗歌语言最大限度地、有意识地、系统地偏离了语法规则。这是由于，现实语言的功能主要是叙事，具有横组合的语义规则；而诗歌属于情意陈述，具有纵聚合的语义规则。所谓横组合关系指语言表述中词与词间发生的前后直接联系，如“我踢足球”语句中，“我”与“踢”、“足球”相联系才能确定意义。而所谓纵聚合关系是在句子之外语词与同类语词之间相联系而确定其意义，如“我”与不在场的“你”、“他”等相区别；“踢”与“拿”、“扔”、等相区别；“足球”与“篮球”、“排球”等相区别。横组合关系是散文句法，具有叙事功能。纵聚合关系则不具有叙事功能，而体现了语言的联想性、意象性。诗歌以其特殊体裁变横组合关系为纵聚合关系，从而打破了和偏离了散文句法。因此，雅各布森说“诗歌把对等原则由选择轴引向组合轴”。在这里，选择轴相当于纵聚合关系，组合轴相当于横组合关系。诗歌体裁就是对现实语言规则的系统违反。诗歌体裁要求分行、押韵、节奏分明，这就打破了现实语言的线性（横组合）规则。分行把完整的叙述语句拆散，诗句不是自然语气的停顿，而是情感节奏的形式化。这样，自然语气与诗句分离，现实语言的语法就会与诗歌语言发生冲突，结果是语法规则服从诗律。中国古诗词格律固定，有时为了符合诗律就把完整的语句拆散，如苏轼的《永遇乐》：“异时对，黄楼夜景，为余浩叹。”把“异时对黄楼夜景”一句拆开以合词律。现代诗歌更不顾及语句的完整性，为了情感的表达和节奏的需要而拆散它，如马雅可夫斯基的阶梯诗。在语句水平以下，诗歌也突破语法规则。诗句区别于散文句式，它不用或少用介词、连接词等虚词，把词与词间的语法联系打断，使语句解体、词孤立化，从而使完整的叙述语句（横组合关系）变为意象联想（纵聚合关系）。如马致远的《天净沙·秋思》：

枯藤、老树、昏鸦，
小桥、流水、人家，
古道、西风、瘦马。
夕阳西下，
断肠人在天涯。

前三句完全被分解，无任何关联词，打破了线性语法（横组合），孤立的词句间呈现为并列（纵聚合）关系，造成了画一般的意境。诗句还经常颠倒词序，造成特殊的诗歌句法，这往往是为了适应格律，但也有打破散文句法的作用。如杜甫的“香稻啄余鹦鹉粒，碧梧栖老凤凰枝”，按正常语言顺序就为“鹦鹉啄余香稻粒，凤凰栖老碧梧枝”。词序倒置是为了符合平仄韵律，也使自然语句变成了诗句。诗歌打破外延语法和横组合关系，是为了重建自己的内涵语法和纵聚合关系。诗歌的韵律（押韵、对仗、节奏等）把被打断语句（变成孤立的词）重新聚合起来，通过联想形成意象群，形成了新的完整性。

本章参考书目

1. [英]威廉·燕卜荪：《朦胧的七种类型》，王作虹、邓鹏译，中国美术学院出版社 1996 年版。

2. [捷克]雅克布森：《语言学与诗学》，佟景韩译，生活·读书·新知三联书店 1989 年版。

3. [德]海德格尔：《诗、语言、思》，彭富春译，文化艺术出版社 1991 年版。

4. [德]沃尔夫冈·凯塞尔：《语言的艺术作品》，陈铨译，上海译文出版社 1984 年版。

第十四章　文学的叙事和抒情

文学分为叙事文学和抒情文学，而叙事和抒情是文学的最基本的表达手段。因此，应该对文学的叙事和抒情这两种基本手法进行考察。

第一节　文学叙事的要素

文学叙事讲述了一个故事，而故事是由各种要素构成的，文学叙事就是把这些要素组合起来，构成了故事。

一、人物—角色

传统文学理论把文学区分为内容与形式两部分，叙事文学的内容包括人物、情节、环境等；文学的形式包括体裁、艺术手法、语言等。这种区分只在文学文本的现实意义上是合理的，因为现实语言能指与所指分离，所以现实描写也有内容和形式的分别。在文学文本的审美意义上，没有内容和形式的分别，因为文学语言已经消除了能指与所指的差别，二者同一，因此文学文本没有内容与形式的对立。必须抛弃内容与形式的二分法，而以要素与结构的划分取而代之。文学形象是由要素与结构组织而成的。要素具有两重性，分解开来，孤立在看，它与现实记述无异，只是特殊的结构把它们组织成不同于现实事物的文学形象。叙事文学形象的要素包括人物（转化为文学作品的角色)、事件(转化为文学作品中的情节)和背景(转化为文学作品中的环境)三个方面。文学形象的结构即文学特殊的叙事结构。文学的叙事区别于现实的叙事,它使现实人物转化为文学角色,使现实事件转化为文学情节,使现实背景转化为文学环境,也就使故事变成文学叙事,使现实现象转化为文学形象。文学叙事要素和文学叙事结构这种新的划分,既克服了内容与形式的分离,也将现实叙事与文学叙事区分开来。

叙事文学描写人物的活动,揭示其命运,因此人物—角色成为文学叙事的中心,也成为文学形象的核心。我们之所以把人物与角色加以区分,是因为人物是现实的身份,他只是文学形象的材料,还不是文学形象;他只有变成文学作品中的角色,才能构成文学形象。这好像演员由现实中的人经过化妆、登台表演而成为艺术角色一样。角色是行动的主体,因此文学的故事是以角色为中心展开的:情节是角色的活动线索,环境是角色的活动背景,角色是文学叙事中的中心因素。

文学角色以现实人物为基础,受到现实原型的制约。这就是说,角色必须符合人物的一些基本特征,如此才能使文学形象具有“逼真”性,符合人们的生活经验,引起人们的生活联想,从而能够理解和欣赏作品。但是,由于文学叙事方式不同于现实叙事方式,人物与角色并不完全相同,或者说角色偏离了人物。有的文学理论把文学角色等同于现实人物,以现实人物的性格来解释、规定文学角色,这是一个根本的错误。在文学叙事中,虽然现实人物是文学角色的基础,但角色必须按照审美理想和文学叙事方式加以改造。古典主义的角色并不同于现实人物,它突出了其理性的、崇高(或卑下)的性格特征;浪漫主义的角色也不同于现实人物,它突出了其激情的、反叛的性格特征;现实主义的角色也不同于现实人物,由于对“典型性格”的追求,突出了其社会性而忽略了人性中的偶然方面和非理性因素。而现代主义的角色又不同于现实人物,它突出了其非理性方面,甚至把角色性格抽象化、扁平化。至于神话、童话、科幻小说中的角色与现实人物的差别就更大了。总之,由于文学叙事方式不同于现实叙事方式,因此现实人物被改造为文学角色。

二、事件—情节

事件是人物的行动,但它只有在文学叙事中才变成情节。情节是故事的发展线索,它不同于事件的自然过程,而是按照一定的因果关系组织起来的事件。这个因果关系的基础是日常生活的逻辑,情节必须在一定程度上符合生活的逻辑,才有起码的可信性。但是仅仅符合生活的逻辑,还不能把事件变成文学的情节,它仍然是生活事件的自然过程。情节还必须符合作者的叙事逻辑。所谓叙事逻辑是指文学形象的塑造(核心是角色的塑造)需要对生活逻辑的改变。作者要把事件的偶然因素剔除,按照文学叙述的要求重新安排事件的关系、过程,使其具有某种必然性,有利于文学形象的塑造。因此,文学情节往往不同于事件的自然过程,而体现了作品形象塑造的要求和作者的主观态度。如中国古代文学作品多有“恶有恶报,善有善报”的“大团圆”结局,这并不完全符合生活的逻辑,而是作者的主观意愿和审美习惯所致。又如文学作品往往有很多巧合、戏剧性,故有“无巧不成书”之说,这也不是生活的逻辑,而是文学叙事的逻辑和文学形象塑造的需要。

在文学叙事的逻辑中,最重要的是角色性格塑造的要求。情节是角色行动线索,它必须符合角色的性格,角色的性格是情节发展的依据。情节也是角色性格的展开,在行动中才能展示角色的性格。例如《水浒传》中林冲的性格就是在情节的深入发展中塑造显示出来的。一开始,林冲是个安分守己的军官,当他的妻子被高衙内调戏时,他忍住了怒火,还劝住打抱不平的鲁智深。后来,他被陷害,发配,仍然安心做囚犯:路上解差百般折磨他,还是逆来顺受。直到高俅派人烧了大军草料厂,要置他于死地,他才突出并发展了性格刚烈的另一面:他手刃了陆谦、富安;老庄客不给他喝酒,他就用枪把燃烧的木炭挑向老庄客,结果烧着了他的胡须;在上梁山后,又火并了王伦。这些情节的发展塑造了林冲的性格,反过来林冲性格的发展也推动了情节的发展。

情节包含着冲突，如人与自然、人与人或人的内心世界的冲突。冲突是情节发展的动因，情节是冲突的展开，冲突的发生、发展、高潮、解决构成了情节，情节也因此变得生动、曲折、有吸引力。

情节可以是单一的线索，也可以是多条线索。多条线索之间往往有某种联系，并且互相映衬，形成比较复杂深刻的主题。如《红楼梦》就有三条情节线索，即贾宝玉与林黛玉的爱情悲剧；大观园女性的命运；贵族家庭的没落。这三条线索互相纠缠扭结，共同铸造了统一的主题——现实人生意义的虚假和对传统人生道路的拒绝。

三、背景—环境

背景是人物和事件存在的条件，如社会背景、时代气氛、生活条件等。但背景还是现实的条件，还没有成为文学故事的环境，它必须被文学叙事所改变，才能成为文学叙事的要素——环境。环境不是现实人物和事件的环境，而是文学角色和情节的环境，它具有虚拟性。一方面现实背景仍然是基础，文学描写不可能完全背离这个基础，而是要受到它的制约，如一定的作品体现了一定时代的社会关系、生活习俗，以及特定的自然环境等。但这些背景材料要进入文学叙事，必须按照文学形象塑造的需要和文学叙事的法则来重新组织，才能变成文学叙事的要素——环境。因此，文学叙事的环境又可能与现实背景不同，文学作品展开的社会、自然环境会偏离现实背景，如古典主义文学中的环境往往是宫廷和上层社会的、充满理性精神的、超个体的；浪漫主义文学中的环境往往是奇异的、反常的、幻想的；现实主义文学中的环境往往是黑暗的、冷酷的、不人道的；现代主义文学中的环境往往是陌生的、异己的、神秘的。这种虚拟、偏离是合法的，它满足了文学叙事的需要。《红楼梦》的叙事环境虽然以清代封建社会和作者生长的贵族家庭为现实背景，但它又有虚构，如把清代发生的故事背景假托为前朝（明代）的故事背景，大观园的生活环境也不可能等同于作者生活过的环境，它被虚拟化了。

环境是情节展开的社会、自然背景和时空条件。文学叙事的环境包括大环境即社会、自然环境,也包括小环境即具体的场景。角色是以社会为大舞台的,情节是在社会背景下展开的,而自然环境也同样成为角色活动的大环境。场景是小环境,即与角色的具体活动相关的环境。如果说《红楼梦》的大环境是封建社会走向没落的时代背景,而小环境则是主人公活动的具体条件,即以贵族家庭中大观园为中心的场所,以及具体的人事关系。大环境的功能主要是交代事件发生的背景、人物活动的条件等。在《红楼梦》的大环境下,才凸显了贾宝玉人生追求的悲剧意义:面对封建社会和贵族家庭的没落,贾宝玉要寻求新的人生道路,与腐朽但仍然强大的旧势力抗争,从而导致了悲剧命运的结局。小环境的主要功能是渲染气氛、展开情节等。大观园是贾宝玉的成长和性格形成以及悲剧展开的具体场所,也烘托了人物的悲剧命运气氛。他生长在相对封闭的大观园中,整日与纯洁的女孩子厮混在一起,较少受到封建思想的毒害,因此形成了追求自由的反叛性格。而封建家庭逼迫他走传统的人生道路(科举做官和在婚姻上听从父母之命)。在这个环境下,悲剧必然地发生了。烘托气氛是场景描写的重要功能,文学中的环境、景物描写都有烘托气氛的功能,如《红楼梦》对大观园的描写,在"抄检大观园"之前是明朗、欢快和富丽堂皇的,烘托了贾府的兴盛和主人公的开朗心情;在"抄检大观园"之后则是一派肃杀、阴郁、败落,甚至连找一点库存的人参也是朽烂了的,烘托了贵族家庭的衰败和主人公命运的悲剧性。

环境是角色性格形成的条件。人是环境的产物,性格是在一定的环境中形成,因此环境描写对于角色性格塑造至关重要。现实主义文学描写的环境往往是弱肉强食的资本主义社会,而它的主要角色也多为被损害的小人物。现代主义文学的环境是冷漠的、陌生的、异己的现实,它的主角也多为异化的、变态的、性格分裂的。但是,人毕竟是主体,不是环境的被动塑造物,人还能够改造环境。因此也有相反的情况,即主角的性格与环境相反,与环境形成鲜明对照，并且反抗环境，从而突出了角色的性格。像《堂吉诃德》的主人公就是与现实格格不入的悲剧形象。因此，角色与环境之间没有决定论，而是互动关系，它们都受到作家的创作意图和审美理想的支配。

第二节　文学的叙事结构

文学的叙事结构是文学的叙事要素的组织方式。在文学叙事结构的组织下，叙事要素才变成文学形象。这也就是说，叙事结构是将现实材料变成文学形象的关键。当代文学创作与文学研究已经由重视文学的要素转向重视文学的叙事结构，从而使文学的表现力大大增强，也使文学研究大大深化了。

文学叙事结构包括叙事主体、叙事角色、叙事态度、叙事角度和叙事的时间结构、叙事语言等方面。

一、叙事主体

文学叙事结构首先是叙事主体。与文学现实意义和审美意义的区分相对应，文学叙事主体也有两重身份，即现实主体和文学（审美）主体。现实主体是作者，文学（审美）主体是拟作者。作者是现实的人，他具有现实个性和现实意识，他不进入文学叙事，必须转化为文学（审美）主体才能进入文学叙事。文学（审美）主体是拟作者，他作为艺术个性和审美意识而存在。拟作者是真正支配文学叙事的主体。拟作者暗中操纵文学形象和读者，他是真正创造文学形象的人，又是真正与读者对话的人。感动着我们的不是作者本人而是拟作者。《红楼梦》的作者是曹雪芹，作品中向我们讲述着人生意义的那个人（拟作者）并不是这个没落的贵族子弟，而是隐藏在书中的那个痛苦的灵魂。

二、叙事角色

文学的叙事结构还包括叙事角色。叙事角色是指叙事者与文学角色的关系即谁是发话人。叙述者可以是情节中人物,即故事的参与者;也可以不是情节中人物,不参与故事。前者可以是第一人称的“我”,也可以是见证人讲述主人公的故事,即第三人称的“他”。后者一般使用第三人称,由叙事者直接出面讲述故事。以鲁迅作品为例,《阿Q正传》的叙事角色是由叙事者直接出面,使用第三人称讲述故事,叙事者并未参与故事,不在情节发展之中;《一件小事》则属于另一种情形,叙事者是情节中人物,以第一人称讲述自己参与的故事。至于《狂人日记》则采用近于“内心独白”的叙事方式,叙事者隐去,本人(狂人)直接表白心理活动。这是一种特殊的叙事角色和叙事方式,后面谈到叙事语言时再详细分析。

三、叙事态度

文学的叙事结构还包括叙事态度,即叙事者以什么态度讲述故事。叙事者的态度可以是鲜明强烈的,也可以是隐含不露的;可以代表作者的思想倾向,也可以偏离作者的思想倾向。一般说来,有三种叙事态度:第一,叙事者持正面态度,即从符合社会规范的立场来讲述故事,它表达了作者的立场、态度,也要求读者认同。第二,叙事者冷静、客观地叙事,不流露出情感倾向,不表示褒贬态度,将故事交由读者去判断。第三,叙事者是作品中特定角色,因此,叙事态度符合特定人物的身份,它可能站在正面立场,也可能站在反面立场,或者介于二者之间,总之,它可能与作者态度相一致,也可能不相一致,同时读者也有自主判断的权利。

我们知道叙事者只是拟作者的工具,因此叙事者的态度只是作品的表层倾向,还存在着深层倾向,即拟作者的审美态度。归根结底是审美态度支配着叙事态度,也支配着读者的态度。拟作者的审美态度不是直接的叙事者的态度,也不是作者的现实态度,而是拟作者作为自由主体在讲述人生意义。这种审美态度体现于文学作品中展示的人的命运,这种展示本身即已充溢着强烈的人道主义精神,而彻底的人道主义总是接近审美态度。因此,不管叙事态度如何,它都要以某种方式转化为审美态度。在叙事者的现实态度与拟作者的审美态度之间,文学叙事具有很大的自由空间,它可以采取多种多样的文学风格,可以通过正面叙事的方式,直接表达作者的倾向性,获得读者的共鸣,并向审美态度升华;也可以采用冷静、客观的态度,使读者产生情感的反弹,同样激发强烈的审美态度;还可以通过特定角色的叙事态度,迫使读者作出自己独立的判断,最终由审美立场来校正、升华。

古典文学往往掩盖或尽量缩小叙事态度与审美态度间的距离,多以正面表达作者态度的方式叙事,以创造读者的信任感。但是,这种古典的叙事方式也可能限制叙事态度向审美态度的转化,妨碍读者对作者现实立场的超越。例如《水浒传》,叙事态度十分鲜明,具有强烈的感染力,同时也使读者成为忠义观念的俘虏,难以达到批判的超越。自然主义文学采取了客观的叙事态度,从而背离了传统叙事方式。现代文学力图克服传统叙事方式的局限性,这导致了拟作者与叙事者的分离,审美态度与叙事的对立。现代文学或者采用冷漠的叙事态度,或者采用特定角色的偏离的叙事态度,它迫使读者增强独立的批判意识,摆脱对叙事态度的盲目认同,自觉地站在审美的超越立场,揭示叙事态度的非正当性,从而动摇现实立场,达到审美的超越。德国戏剧理论家和剧作家布莱希特的“间离效果”的理论和实践,即主张在文学叙事中打破读者的信任感,增强读者的批判意识。现代文学中反讽手法的大量使用,也体现了这种叙事方式的特点。

四、叙事角度

文学叙事结构的第四个方面是叙事角度。叙事角度是指叙事的故事是随哪个人物的视点变化的,也就是由谁的眼睛看到的。我们把叙事角度划分为三种类型:第一种是全知视角,由全知全能的叙事者讲述故事,他采用自由的角度描述事件和人物心理,叙事者比角色知道得多(叙事者>角色)。这是古典的叙事方式。托尔斯泰的《安娜·卡列尼娜》和福楼拜的《包法利夫人》属于这一类。第二种是内视角,即叙事者从内部分析事件和心理活动,叙事以角色的视点为转移,或者叙事者就是主人公。这种叙事角度是叙事者只限于说出角色所知道的(叙事者=角色)。回忆录、自传体、日记体等以及"内心独白"属于这种叙事角度,意识流小说也采用了这种叙事视角。第三种是外视角,即叙事者从外部观察事件,包括见证人从外部叙事和作者从外部叙事。这种叙事角度是叙事者比角色知道的少,是一种"客观的"或"行为主义的"叙事(叙事者<角色)。这种视点产生了特殊的艺术效果,即作者有意地对读者保留一些秘密,引起猜测,制造悬念。加缪在其《局外人》中利用这种写法表现了他人的难以理解性。

这三种叙事角度在具体作品中并不一定一以贯之,有时可以采用多种视角并加以变换。如福克纳的《喧哗与骚动》在不同的篇章、段落中使用了不同的叙事角度,从而增强了作品的表现力。在这部作品中,对同一事件采取了多种叙事角度:前三部分里,三个人物各自从自己的主观立场对同一事情作出自己的反应;第四部分从客观立场上为前三部分做了总结。这样,同一个故事被从不同的角度讲了四遍。这个故事在前三个人的眼里呈现出来,成为意识流的有机组成部分,给客观世界涂上了浓重的主观色彩,然后再以客观的叙事与之对照,更显出其荒诞性。

五、叙事的时间结构

文学叙事结构的第五个方面是叙事的时间结构,它使事件的自然进程转变为情节。文学叙事的时间结构也包含两个意义,现实意义是事件的自然进程,即现实时间;审美意义则突破现实时间而体现审美时间。

时间有三种形态。一为自然时间,这是物质运动的延续性,是一种"精确的"、"客观的"时间,也就是被钟表所记录的时间。这是时间的最基础的意义。二是现实时间,这是生命的延续性,凝聚着人的现实价值,其表现即是历史。其实,自然时间不过是现实时间的抽象形式,我们感受到的就是现实时间。现实时间以自然时间为基础,同时又突破自然时间。比如人类社会发展，自然时间可以看作没有变化，而现实时间却改变了，在同一自然时间内人占有的价值增加了，这表明现实时间延长了。列宁说革命时期一天等于二十年，就是这个意思。三为审美时间，这是自由的时间，体现着人对自身价值的充分占有。审美活动中人超越现实，进入永恒的境界，时间似乎停止流过，这正是自由的生存方式。

自然—现实时间结构即事件的自然进程是文学叙事的基础。不管文学叙事如何改变了事件的自然进程，但都可以还原为自然进程，否则就会导致故事无法理解，情节陷于混乱。但是，文学情节并不是事件自然进程的再现，它并不拘泥于自然—现实时间结构，反而必须突破自然—现实时间结构，重新组织事件的过程，从而进入审美时间，也就是说，使事件变成情节。现代文学打破了时间的自然进程。福克纳在总结自己的创作经验时写道："我可以像上帝一样，把这些人调来调去，不受空间的限制，也不受时间的限制，随意调动书中的人物，结果非常成功，至少在我看来效果极好。"①文学叙事的时间结构对自然—现实时间结构的突破体现在以下几个方面。

第一，情节对时间顺序的改变。情节不遵循现实时间，而按照审美效果的要求重新安排叙事的时间顺序。文学作品常常采用倒叙、插叙等手法以制造艺术效果，甚至出现了非现实的超前时间，如《百年孤独》这样开始叙事："多少年之后，面对行刑队，奥雷良诺·布恩地亚上校将会想起，他父亲带他去见识冰块的那个遥远的下午。"从未来的角度回忆已经过去的"现在"，这显然已经超越了叙事的自然—现实时间结构。

第二，情节对时间流逝速度的改变。自然—现实时间似乎是匀速流逝的，但文学叙事不是重演事件的自然进程，它按照审美要求而加以改变，这就造成了叙事时间的非匀称性。文学情节密度有大小之分，节奏有张弛之别，叙事有详略变化。有时对短时间的事件可以大肆渲染，即所谓"说时迟，那时快"；有时对长时间的事件却可以匆匆带过。一部作品的叙事时间

---

① 《福克纳评论集》，李文俊编选，中国社会科学出版社1980年版，第274页。

长度相差不多，但描述事件的时间长度却相去甚远，《百年孤独》上下延续百余年，而许多文学作品（尤其是戏剧文学作品）不过叙述数年、数月、数天、一天甚至片刻的事。

第三，文学叙事对主观心理时间的解放。主观心理时间是个体对时间的内部体验形式，它受自然—现实时间结构制约，又体现着个体差异。相对论创始人爱因斯坦说过：如果你坐在火炉上，一分钟就像一小时那样长；如果你坐在漂亮的姑娘身旁，一小时就像一分钟那样短，这就是相对论。现实时间本来就不同于自然时间，与人的社会存在相关，而主观心理时间带有更充分的主体性。但是，由于现实生存的局限性，现实时间对自然时间的偏离受到了限制，现实时间与自然时间的差异被忽略了，主观心理时间没有获得充分解放。文学叙事打破自然—现实时间对个体体验的束缚，使主观心理时间获得充分解放，进入自由的审美时间。在现代文学中，主观心理活动过程打碎事件自然进程，时间充分主观化，错觉、幻觉、梦觉、下意识更导致时间结构的错乱。如时空错位或同时性手法，即把不同时间和空间的、没有逻辑联系的事物放在一起，像同时发生的那样加以表现。对于一个人或物，也可以把它们的几个侧面放在同一平面上“同时”加以表现。如《尤利西斯》中，就大量采用现代生活与古代神话叠印的手法。于是，20 世纪的都柏林的街道变成了史前的裂岩；墓地变成了哈得斯的地府；海岩变成了盲螈的疆土。历史与神话合为一体，而小说故事发生的那一天——1904 年 6 月 16 日成了“全世界共同的时代的一天”。主观心理时间的突出，在更大程度上突破自然—现实时间结构，从而增强了文学的表现力。

上述三个方面，构成了文学的叙事时间结构，它突破了自然—现实时间结构，最终使文学活动进入审美体验的自由的时间结构。

六、叙事语言

文学叙事方式的第六个方面是叙事语言。文学语言有两个意义，现实意义是日常语言，它具有一般的语法规则和语义规定；审美意义是文学语言，它具有自己特殊的语法规则和语义规定。现实意义是基础，审美意义是主导，由现实语言转化为文学语言是通过特殊的叙事语言实现的。文学的叙事语言包括几种类型：

第一，概述。概述是对事件的简要交代，它区别于具体细致的场景描写。概述时间跨度大，直接是叙事者的声音，因此产生某种距离感和抽象性。概述使场景间相联系，使故事具有连贯性和详略得当、情节疏密有致和突出主要场景。概述不仅用以进行客观叙事，也可以进行主观议论和说明，以加强作品的思想深度，辅助对作品的理解；还可以调节读者情绪和绕过一些不必要的或困难的描写。概述使文学作品区别于剧本。剧本没有概述，只有场景描写。因此，概述是小说特有的描写手段。但概述不宜作为主要叙事手段，否则文学描写就因抽象化而变得枯燥无味，文学就会失去形象性。因此，概述仅作为辅助手段与场景描写相配合。

第二，场景描写。一个场景就是一个具体行动，是发生在某一时间地点的具体事件。场景具有连续性，是人物活动展现出来的情节、场面。场景描写能消除时间距离，创造一种身临其境的效果，赋予故事以直接性和现时性。概述产生的效果是已经发生的事，而场景描写产生的效果是当下发生的事。因此它产生一种亲切感，使概述的距离感消失。文学形象创造主要靠场景描写，它更是戏剧描写的基本手段（人物行动和对话）。场景描写不仅包括行动及环境，还包括对话及人物心理描写。在文学描写中，一般只突出主要场景，次要场景通过概述来交代。

第三，即时话语。即时话语也称内心独白，它是从心理描写中分离出来的新的叙事手段。心理描写是从外部描述，分析他人的或自我的心理活动，而即时话语则直接倾诉意识之流。意识流小说采用这种内心独白的叙事手段，使情节主观化，客观的叙事语言变为主观的心理语言，即一种无声的语言。即时话语有三个特点：使用不见叙事者的第一人称；不是对读者说话，好像无意识的表白和自言自语；即刻捕获的内心活动，未经作家用修辞手段加工整理，是自然粗糙的语言。这种叙事手段的最大优点是赋予故事以直接性,可以暗示潜意识活动。内心独白的出现改变了叙事语言,使其逻辑性、语法、连贯性和标点符号都被打乱,这与现代派文学的非理性倾向有关。乔伊斯被誉为“意识流”小说大师,他的《尤利西斯》也被称为“意识流”的百科全书。如书中描写布卢姆走在都柏林街头,目光偶然落在面前的男男女女身上,他的思想突然出现大幅度的跳跃。

> 她那双长袜松垮垮地卷在脚脖子上。我最讨厌这个样子,太不雅观了。他们统统是搞文学、有灵气的人。梦幻般的,朦朦胧胧的,象征主义的。他们是唯美主义者。就算你所看到的食物会造成那种富于诗意的脑波,我也毫不以为奇……要么我到老哈里斯家去串门,跟小辛克莱聊一聊吧?他是个文质彬彬的人。此刻多半正吃着午饭呢。得把我那架旧望远镜送去修理了。戈埃兹棱镜片要六基尼。①

从脚上的袜子到诗歌创作、老哈里斯家,又到望远镜……这些没有关联的事物接连出现在布卢姆的意识中,表现了他漫步街头、无所用心的精神状态。意识流文学的语言描写有时甚至不使用标点符号,以表现意识的非自觉状态。在《尤利西斯》最后一章中,女主人公莫莱在入睡前想起当年布卢姆向她求婚的情景,她的意识自由漂浮、模糊不清,最后完全消失:

> ……那天我们正躺在霍斯岬角的杜鹃花丛里 他穿的是一身灰色花呢衣裤 戴着那顶草帽 就在那天 我使他向我求婚 对啦 起先我把自个儿嘴里的香籽糕往他嘴里递送了一丁点儿 那是个闰年 跟今年一样 对啦 十六年过去啦 我的天啊 那么常常的一个吻 就差点儿都没气儿啦 对啦 他说我是山里的一朵花儿 对啦 我们都是花儿 女人的身子 对啦 这是他这辈子所说的一句真话
>
> 还有那句今天太阳是为你照耀的 对啦 这么一来我才喜欢上了他 因为我看出他懂得要么就是感觉到了女人是啥 而且我晓得 我啥时候都能够随便摆布他

① [爱尔兰]詹姆斯·乔伊斯:《尤利西斯》上卷,萧乾译,译林出版社 1999 年版,第 319 页。

我就尽量教他快活　就一步步地引着他　直到他要我答应他　可我呢　起先不肯答应　只是放眼望着大海和天空　我在想着那么多他所不知道的事儿　马尔维啦　斯坦厄普先生啦　赫斯特啦　爹爹啦　老格罗弗斯上尉啦……①

这一段内心独白真切地表现出在似睡非睡状态中的意识活动。

第四,人物语言。人物语言是作品中的人物的话,除了人物的独白之外,主要是叙事中展开人物的对话,以展开情节和表现人物的性格。人物语言特别是对话语言在戏剧文学中是主要样式,而在小说中也经常使用。人物语言与一般描写、叙述语言不同,它是富有生活气息的语言,要求符合人物个性,特别是对话语言要体现人物关系,这就是所谓"什么人说什么话"。好的人物语言可以表现人物的个性特征。如在《红楼梦》中,王熙凤的性格、形象就在其语言中鲜明地体现出来。林黛玉初到贾府时,未见王熙凤其人,先闻其声:

只听后院有人笑声说:"我来迟了,不曾迎接远客。"

然后又写道:

这熙凤携着黛玉的手,上下细细打量了一回,仍送至贾母身边坐下,因笑道:"天下真有这样标致的人物,我今儿才算见了!况且这通身的气派,竟不像老祖宗的外孙女儿,竟是个嫡亲的孙女,怨不得老祖宗天天口头心头一时不忘。只可怜我这妹妹这样命苦,怎么姑妈偏就去世了!"

这两段话生动地体现了王熙凤开朗、泼辣、机巧的性格。《红楼梦》全书中,人物语言最鲜明、丰富的就是王熙凤的语言,她在不同的场合,对不同的人物,讲不同的话,有的风趣、讨好,有的撒泼、刁蛮,有的机智、得体,充分地体现了她的多面性格。

---

① [爱尔兰]詹姆斯·乔伊斯:《尤利西斯》下卷,萧乾译,译林出版社1999年版,第1282页。

第三节 文学的抒情方式

叙事文学的主要表达手段是叙事，而抒情文学的主要表达手段是抒情，因此不但要考察文学叙事，还要考察文学抒情。

一、主观化的抒情方式

抒情文学的任务是表达感情并使其升华为审美意识，塑造抒情文学形象，而感情如何表达、升华以及如何转化为文学形象，就是文学的抒情方式问题。大体上说，有三种抒情方式：一是主观化的抒情方式，另一种是客观化的抒情方式，还有一种是物我交融的抒情方式。这三种抒情方式虽然性质不同，但可以在同一部作品中交替使用。

我们先考察主观化的抒情方式。主观化的抒情方式是直接抒情，也就是作者以抒情主人公的面貌出现，以第一人称直抒胸臆，让思想感情直接倾泻出来，感染读者，产生抒情效果。岳飞作的《满江红》就直接表达了壮烈情怀：

> 怒发冲冠，凭阑处、潇潇雨歇。抬望眼，仰天长啸，壮怀激烈。三十功名尘与土，八千里路云和月。莫等闲、白了少年头，空悲切！
>
> 靖康耻，犹未雪。臣子恨，何时灭。驾长车，踏破贺兰山缺。壮志饥餐胡虏肉，笑谈渴饮匈奴血。待从头、收拾旧山河，朝天阙。

全词都是“我”在抒发思想感情，作者本身就是抒情主人公，他直接出面倾吐自己悲愤壮烈的心情。但是，主观化抒情面临一个问题，就是感情的直接倾泻不一定就能成为抒情文学，它必须成为审美意象，具有审美的感染力。这就要求文学作品表达的内容不能是感情的一般表达，比如表达痛苦的情感，仅仅用痛哭失声、大喊大叫，或者用抽象的概念表达，都不是文学的表达，不能成为诗歌或其他抒情文学作品。文学的表达必须是对感情的细致描写,使其以审美意象的形式呈现出来,而不是以抽象的概念呈现出来。所以,如何把主观的心情具体形象地呈现出来,成为作家面临的课题。抒情文学作品是把自己的感情作为体验对象,作为一个心理意象加以捕捉,并进行具体细腻的描写。这样,文学作品才能成为文学形象,才能感染人。例如李清照的《声声慢》:"寻寻觅觅,冷冷清清,凄凄惨惨戚戚……"几个重叠字、排比句就呈现出一个清晰的心理意象,把主人公孤寂的心情表露无余。有时,对无形的情感的抒发,还要借助于一些修辞手段,如比喻、拟人、夸张,等等。像"桃花潭水深千尺,不及汪伦送我情"、"抽刀断水水更流,举杯消愁愁更愁"等,就以修辞手法来把情感具象化,避免了抽象化的表白,达到了抒情效果。

除了直接描述抒情主人公内在的思想感情以外,还有一种主观化抒情的方式,就是对自我的外在情状进行描写。由于人的情感不仅仅是内在的心理状态,也是一种外在的生理状态,而且表现为一种社会行为。如果对抒情主人公的情感的外在表现进行描写,同样可以传达作者的思想感情。例如,杜甫的《闻官军收河南河北》:

剑外忽传收蓟北,
初闻涕泪满衣裳。
却看妻子愁何在,
漫卷诗书喜欲狂。
白日放歌须纵酒,
青春作伴好还乡。
即从巴峡穿巫峡,
便下襄阳向洛阳。

前五句描写自己听到胜利消息时悲喜交加的反应和随之发生的不能自已的行为:流泪、漫卷诗书、放歌、纵酒等,虽然没有直接描写内在的心理感受,但却非常生动形象地把作者的狂喜心情表达了出来;只是后三句才直接描写自己急切的归乡心情。

对内在的心理感受进行描写,可以直接揭示思想感情的内容,并直接地感染读者,这是这种抒情手法的长处。但是,它也存在着短处,就是心理感受是内在的、难以传达的,它的意象化受到了限制,因此就容易流于直白,从而减弱了感染力。而对抒情主人公外在的情状进行描写,则可以较为形象生动地展示内在的情绪。但是,这种手法也有短处,就是不能直接、具体地展示思想感情的内容。因此,两种手法往往是并用,达到取长补短的效果。例如,在上面杜甫的诗歌中,前五句主要是描写外在的狂喜情状,意犹未尽,于是后三句则转而直接描写自己归心似箭的急迫心情:"……青春做伴好还乡。即从巴峡穿巫峡,便下襄阳向洛阳。"这样,思想的表达就更具体、完整了。

二、对象化的抒情方式

对象化的抒情方式是间接的抒情,采用第三人称,作者不是直接抒情主人公,抒情主人公隐而不露,以旁观者的视角描写景物、环境或叙事事件、场景的方式表达情感,似乎情感是外在的景物所具有的,感染了我们。

常见的对象化抒情方式不直接抒发主人公的情感,抒情主人公隐去,而通过景物、环境的描写、展示来暗示、渲染某种情绪。由于景物、环境作为文学描写的对象,对抒情主体而言不再是客体,而成为有生命的另一个主体,因此就具有了感情意义,与读者的情感发生了共鸣。因此,王国维说:"一切景语皆情语也。"这种写景抒情的手法,中国诗歌、散文运用得最为纯熟。如"红杏枝头春意闹"诗句,虽然没有直接表达内心感受,但通过对春天景色的描写,特别是一个"闹"字,就把内心的情感外化为具体的意象,含蓄而生动,表达了一种欣欣向荣的喜悦心情。再如杜甫"两个黄鹂鸣翠柳,一行白鹭上青天。窗含西岭千秋雪,门泊东吴万里船",以白描的手法写自然风光,表现了人的喜悦心情。王维擅长写景抒情,被誉为"诗中有画"。像他的《山居秋暝》:

空山新雨后,

天气晚来秋。
明月松间照，
清泉石上流。
竹喧归浣女，
莲动下渔舟。
随意春芳歇，
王孙自可留。

除了末尾两句有主观态度以外，通篇都是描写景物、环境，呈现出一幅优美动人的画面。作者几乎没有直接表露情感，但在景物描写中情感已经自然发生。这样，表面是客观化的景物环境描写，实际上是抒发思想感情。这就是王国维所谓的“以物观物”的“无我之境”。

咏物抒情（或称托物咏志）也是一种对象化的抒情方式。咏物不同于景物、环境描写，它通过对某一个物体的形象、属性的描写，以拟人、象征等手法，赋予所咏之物以政治、道德意义，由此表达某种思想感情。例如于谦的《石灰吟》诗：

千锤万凿出深山，
烈火焚烧若等闲。
粉骨碎身浑不怕，
要留清白在人间。

没有直接的抒情话语，但是，通过对石灰千锤百炼的身世和洁白的品性的描述，以拟人的手法，使石灰具有象征意义，从而讴歌了高洁的人格，达到了抒情的效果。

还有一种对象化的抒情方式，就是通过精练的叙事和场景描写，展现典型化的事件，来表达思想感情。叙事诗主要就是用这种手法来抒发感情，如杜甫的“三吏”、“三别”就是如此。不仅叙事诗采用这种手法，一些抒情诗也采用了这样的手法。但是，抒情文学中的叙事与叙事文学不同，其目的不在描写历史事件或者塑造人物性格，而在借事件、场景表达情感。请看卢纶

《塞下曲》:

月黑雁飞高,
单于夜遁逃。
欲将轻骑逐,
大雪满弓刀。

只是简单的叙事和场景描写,没有直接抒情,但事件、场面的描写渲染了紧张、凝重的战斗气氛,表达了对建功立业的英雄气概的崇敬之情。还有贺知章《回乡偶书》:

少小离家老大回,
乡音无改鬓毛衰。
儿童相见不相识,
笑问客从何处来。

这首小诗也只是客观地叙述了回乡时的一个小插曲——儿童的陌生感,没有主观的抒情,却表露出时光无情、人生易老的感慨。

中国古代文学理论已经注意到了这种叙事抒情的手法,也给予了较高的评价。宋人魏泰《临汉隐居诗话》中说:"诗者述事以寄情,事贵详,情贵隐,及乎感会于心,则情见于词,此所以入人深也。"但是,抒情文学的叙事抒情必须有别于叙事文学,不能以情节取胜,事件描写不能铺陈太过,否则就成为叙事文学了。抒情文学的叙事要求事件精练、场景典型,甚至能够呈现为一幅画面,才能富有感染力。像月夜追敌、老大回乡这样的事件、场景的选择、描写是非常精练、典型的,因此也是非常感人的,达到了很好的抒情效果。叙事抒情有其局限,就是单纯的事件描写,往往不能尽情,因此诗人往往运用其他抒情手段加以补充。如李白的《赠汪伦》:

李白乘舟将欲行,
忽闻岸上踏歌声。
桃花潭水深千尺,
不及汪伦送我情。

前两句只是叙述送别的过程,描绘了送别的感人场面,表达了一种感情:对友谊的珍视和对友人的感激,从而为下两句直接抒情“桃花潭水深千尺,不及汪伦送我情”做了铺垫;但这仍然不足以充分表达感激、留恋之情,于是用后两句的直接抒情来补充叙事抒情之不足。

三、物我交融的抒情方式

还有一种物我交融的抒情方式。这种抒情方式是抒情主人公在场,不隐藏他的态度,以他的角度来看待景物、环境,把景物、环境纳入自我的主观体验,使之情绪化,造成物我交融的境界,从而产生情绪感染力。这就是王国维所谓的“以我观物”的“有我之境”。如李白:“床前明月光,疑是地上霜。举头望明月,低头思故乡。”这首诗把自然景物与自我情感融合为一体,无法分别。再如王维《竹里馆》:“独坐幽篁里,弹琴复长啸。深林人不知,明月来相照。”都是把景色描写与自我感受融合起来,景物不是客观之景物,而是我体验的景物,带有情感色彩,造成情景交融的意境,达到感人的效果。这种物我交融的抒情方式,有比较强烈的感染力。像杜甫等大家,都善于运用这种手法。

对象化的抒情方式和主观化的抒情方式以及物我交融的抒情方式,在抒情文学的创作中不是互相隔绝,而是常常结合在一起的。这样,就避免了各自的局限性,更大地发挥了抒情的功能。例如,杜甫的《春望》:

国破山河在,
城春草木深。
感时花溅泪,
恨别鸟惊心。
烽火连三月,
家书抵万金。
白头搔更短,
浑欲不胜簪。

前两句“国破山河在，城春草木深”是客观化描写景物、环境，是无我之境。三、四句“感时花溅泪，恨别鸟惊心”是物我交融，把景物与自我感受结合起来，是有我之境。五、六两句“烽火连三月，家书抵万金”是客观叙事加上主观的感慨。七、八两句“白头搔更短，浑欲不胜簪”则是对自我情状的描写。这些不同的文学手法的配合运用，构建了优美的文学意境，成功地完成了抒情的任务。

四、语言形式的抒情功能

文学是语言艺术，不仅语言的涵义（所指）具有表情功能，而且语言的形式（能指）也具有表情功能。文学特别是抒情文学充分地发挥了语言形式的抒情功能。因此，语言形式的运用也成为抒情方式的组成部分。

语言形式即能指本身，包括语言的音调，还包括语言形式运用中形成的节奏；在抒情文学特别是在诗歌中，音调、节奏就组合成一种韵律。语言的韵律具有音乐之美，它配合语言的意义，成为表达情感的辅助手段。语言的音调本身具有表达情绪的功能，“平声平道莫低昂，上声高呼猛烈强，去声分明哀远道，入声短促急收藏。”语言音调的运用也就与情绪的表达互相配合，成为诗歌审美意象的构成因素。在诗歌选择的韵脚以及诗句音调跌宕的变化中就隐含着情绪的展开起伏，它与诗歌的思想情感互相配合，融为一个审美意象的整体。

此外，抒情文学语言节奏本身也具有表情的功能，节奏短促急迫，表达的情绪就高昂、激烈；节奏舒缓绵长，表达的情绪就平静、深沉。例如，“即从巴峡穿巫峡，便下襄阳向洛阳”就是一句流水对，以急促的节奏表达了归心似箭的心情。而鲁迅《纪念刘和珍君》的结尾：“呜呼！我说不出话，但以此纪念刘和珍君”，句子由短而长，节奏逐渐放缓，表达了鲁迅愤怒、沉痛的心情。古典诗词的体裁，与表达的思想内容相关。五言诗节奏短促，易于表达雄健、浑厚的思想感情，形成了质朴有力的风格。七言诗节奏舒长，易于表达曲折、细致的思想感情，形成了委婉繁复的风格。在古典词、曲中，句子长短不齐，节奏多变，较之五言、七言格律诗，易于抒发复杂变化的情感。而自由体诗则打破了固定的格律，句子长短、节奏变化随意，更易于抒发现代人自由的思想感情。

包括音调、节奏在内的抒情文学的语言形式形成了一种韵律，造成了一种音乐之美。这种音乐之美本身就具有情感的内涵。梁启超说，读李商隐的许多诗歌，有时弄不懂他的内容，但是，你反复念它时，那节奏和声律也使你陶醉，觉得诗写得很美。像《锦瑟》、《碧城》、《燕台》等"这些诗，他讲的什么事，我理会不着；拆开一句一句的叫我解释，我连文义也解不出来。但我觉得它美，读起来令我精神上得到一种新鲜的愉快"①。这种音乐之美与语言的意义巧妙的配合，共同表达了抒情主人公的思想感情。这意味着诗歌除了要考虑思想感情的语言表达以外，还必须处理好语言内涵与形式的配合。这是一种极其微妙高超的能力，几乎不是靠知识和理智解决的，而是靠审美体验，在无意识中完成的。

除了文学语言形式的抒情功能以外，语言的修辞手段也具有抒情的功能。这一点，已经在前面关于文学语言的一章中论述过了，这里不再重复。

本章参考书目

1. [荷]米克·巴尔：《叙述学：叙事理论导论》（第 2 版），谭君强译，中国社会科学出版社 2003 年版。

2.《巴赫金文论选》，佟景韩译，中国社会科学出版社 1996 年版。

3. 王国维：《学术文化随笔》，佛雏编，中国青年出版社 1996 年版。

① 梁启超：《中国韵文里头表现的情感》，见《饮冰室合集·文集》第 13 册。转引自龙协涛编：《艺苑趣谈录》，北京大学出版社 1984 年版，第 10 页。

第十五章　文学的类型和体裁

文学是一切文学活动和文学作品的总称，但文学是具体的，它以不同的类型和体裁存在。因此，我们应该研究文学的类型和体裁。

第一节　文学类型和体裁划分的原则

一、文学类型划分的原则

文学的类型有多种分法，可以从功能上，也可以从表现手段上划分为若干种类别。

从功能上划分就是再现性的叙事文学和表现性的抒情文学两种类型。再现性艺术是对现实生活的感性认识和审美认识，或者说，是从认知方面升华为审美活动，它通过对人及其命运的描写，揭示生存的本质。因此，再现性艺术具有叙事的时间结构和客观化形式。再现艺术的语言形式就是叙事文学。叙事文学包括小说、叙事诗以及剧本文学等。小说的描写对象是人和人的生活，它以叙事手段展开。叙事诗也描写人和人的生活，也以叙事手段展开。但叙事诗又有抒情性，是客观叙事与主观抒情的结合。但从总体上说，叙事诗还是以叙事为主，以抒情为辅，故归入叙事文学。剧本文学也是描写人和人的生活，以叙事手段展开，故归入叙事文学。但剧本文学又具有表演性，故常常另外划出剧本文学一类。剧本文学以再现性为主，它描写人的遭遇和命运，基本上属于再现艺术，但它也往往带有表现因素，尤其是歌剧、舞剧和歌舞剧等就有较多的抒情性和表现性因素，因此又可归入综合艺术。

叙事文学的原型是神话传说，中间又继承了史诗传统。史诗由朗诵者叙述祖先的英雄业绩，听众抱着极其崇敬、虔诚的心情聆听，把史诗中的故事当作真实的事，并且忘我地投入故事情景中去。因此，史诗带有客观的形式。叙事文学继承了史诗的客观形式，并且通过故事的虚构造成了一个幻象的真实。但叙事文学又不同于史诗。史诗是非个体性的集体创造的、世代流传的，朗诵者只是传达者，听众也是集体受到感染的；史诗的意义是一种“集体表象”，不存在个体的解读。而叙事文学是作家的个人创造，读者也是以个体身份阅读，它创造了一个私人世界。因此，客观化的形式和个性化的内容就是叙事文学的两重性。它必须把个体感受变成客观形式，掩盖其主观性，从而征服读者，造成信以为真的效果。

表现性艺术是现实情感和审美情感的表达形式，或者说是从意向方面升华为审美活动。表现性艺术通过对人的情感体验的描述，揭示生存的价值。因此，表现性艺术具有非叙事的空间结构和主观化形式。表现性艺术的语言形式就是抒情文学。抒情文学包括抒情诗、抒情散文等。

抒情文学的原型是巫歌之辞。在巫术仪式形式中，巫辞与巫乐、巫舞结合在一起，故在文明之初诗、乐、舞不分，后来才发生分化，诗歌独立，成为语言艺术的一种形式。诗歌继承了巫辞的形式，包括分行、押韵以及各种修辞手法，特别是它的音乐性、节奏性很明显地来自巫乐、巫舞。诗歌和其他抒情文学形式的基本特征是主观化形式，它抒发主体的情感体验，具有强烈的感染力。只不过它是抒发个体情感，而巫辞表达集体意愿。

文学还有一种划分标准，就是从表现手段上划分：可供直接阅读的是读本文学，可供表演的是剧本文学。戏剧文学、影视文学属于剧本文学。读本文学与剧本文学二者间有很大差异。读本文学用语言来描写事件、人物、场面、情节、心理活动等，通过阅读行为而显现其意义。剧本文学则供表演之用,通过表演而显现其意义。剧本文学直接面对表演者,不是直接面对观众,因此要给表演者留下余地,对人物形象、动作、心理以及对事件、情节只作概要的提示,而只对对话详加描写。剧本文学的原型是巫术表演,史诗当时也是供表演用的。还有从传播手段方面划分,就有纸本文学与网络文学的划分。

如果不是单纯地从功能或表现手段上划分,而是把二者结合起来,确定较为具体的形式规范,就出现了文学体裁的概念。文学体裁一方面比文学类型的划分要具体,另一方面更侧重于形式特征,因此同一种文学体裁可划分为不同的文学类型,如诗歌作为一种文学体裁又分别属于叙事文学(叙事诗)和抒情文学(抒情诗)。同时,体裁比具体的文学作品的形式抽象,它是共同的形式规范。每一种体裁又可以进一步细分为具体的文学样式,如小说还可以划分为长篇小说、中篇小说和短篇小说等。

二、文学体裁的性质

文学体裁是在历史中形成,并在历史中发展变化的,因此,是一个历史的概念。亚里士多德把文学分成三大种类:史诗、戏剧、抒情诗。随着历史发展,史诗成为陈迹,叙事文学代替了史诗的位置。体裁比文学类型更具变易性,如戏剧体裁在古代和现代就有所不同;中国诗歌也经历了古风、格律诗和自由体诗等阶段。至于影视文学这一体裁是在现代才出现的。在将来,可能还会有新的文学体裁出现,也会有旧的文学体裁消亡。

文学体裁的演变是有规律的,它具有历史继承性和相对稳定性。文学体裁随着文学内容的变化而变化。文学的历史发展不仅表现在文学思想内容上,而且也表现在文学的形式体裁上。形式服从内容,也体现在文学的发展上。当一种新的文学思潮出现,旧的文学形式、体裁就可能不相适应,最后也要随之发生变化。但是,文学体裁的变化又必须继承原有的形式传统,在原有基础上更新,而不能凭空产生。因此,托多罗夫说:“体裁从何而来?简单地说,他们来自其他体裁。一个新体裁总是一个或几个旧体裁的变形,即倒置、移位、组合。"①文学体裁的历史演变有其相对独立性和自己的规律。如中国诗歌从古代的格律诗到现代的自由体诗的演变，基本原因是诗歌表现的思想感情发生了变化，导致了形式的变化，但自由体诗依然继承了格律诗的某些特征，如分行押韵、讲求抑扬顿挫、有时也有对仗等。文学内容不那么稳定，易于变化，而文学的形式体裁则相对稳定，不易变化，因为体裁对于内容有较大的包容性，中国格律诗这一体裁自隋唐定型以来，直到五四前仍然没有变化，但诗歌的内容、流派却发生了很大的变化，说明体裁比内容要稳定。

文学体裁又具有民族性。虽然可以一般地谈论文学的体裁，但实际上各民族的文学体裁是有差异的。由于每个民族的文学传统不同，他们各自对文学体裁都有自己的特殊规定。在文学史上，有文学体裁只为某一民族所独有，如格律诗、某些说唱文学（大鼓书等）就是中国特有的文学形式。随着历史的发展，文学交流的扩大，形成了共同的文学体裁，如话剧和自由体诗、影视等都是从西方传入中国。从西方传入的现代小说也与中国传统的章回体小说有很大的不同，实际上文学体裁已经世界化了。尽管如此，文学体裁的民族特性仍然存在，它适应了不同民族的审美习惯、语言特征和文学体裁的传统。如中国自由体诗歌的体裁虽然引自西方，但仍然保留着自己的特征，不可能与西方的诗歌体裁相同，因为中国文字是表意性的，与西方的拼音文字有很大不同。欧洲的十四行诗就是欧洲特有的体裁，而中国就不可能存在这种体裁（虽然有仿作，但不成功）。

第二节　文学体裁（上）

一、小说

小说是叙事文学的代表，它使用散文语言，因而区别于使用抒情语言的

---

① ［法］托多罗夫：《巴赫金、对话理论及其他》，百花文艺出版社 2001 年版，第 24 页。

诗歌,也区别于使用对话语言为主的剧本文学。小说描写人的命运,通常讲述相对完整的故事,包括人物(角色)、事件(情节)、背景(环境)等因素,因此叙事性是小说的基本属性。

小说经历了漫长的历史演变过程。在西方,小说由传奇故事演变而来。在法语、德语和意大利语中,“小说”一词源于中世纪的一个副词,意为:用民间语言而非用学者的拉丁语言写作或讲话。由此可见,小说起源于民间,最初是民间的传奇故事。文艺复兴时期,由于印刷术的应用,以及职业作家的出现,把民间口头传说变成文学作品。以后,他又摆脱了传奇的形式,产生了像拉伯雷《巨人传》那样的寓言式作品。尤其是塞万提斯的反传奇式的作品《堂吉诃德》之后,小说转向现实生活,而不仅仅从历史传说中选取题材。现代小说由此定型。现代小说是现代性的产物,它关注个体命运,塑造个性化的人物形象,展现社会的历史变迁,从而取代古典社会的抒情文学而成为主样式。

在中国,由于史诗传统薄弱,小说直接发源于历史故事,史传文学成为中国小说的渊源。中国小说不仅取材于历史文献(如《左传》、《史记》、《三国志》等),而且史传文学成为重要的文学形式。如《史记》作为纪传体历史文献,本身就是优秀的文学作品。但它还不是独立的文学形式。《三国演义》就是由历史传记转化为纯文学的形式。明代以后,随着城市的繁荣,出现了话本文学,它包括民间的口头讲史,也包括日常生活的题材,如“三言”、“二拍”,而且具有了较强的文学性。讲史题材的话本文学经过文人的加工、改造,成为历史小说,像《水浒传》、《杨家将》、《说岳全传》等。《红楼梦》的出现,标志着中国小说由历史转向现实生活。在此前,《金瓶梅》已经转向现实生活,但它仍然带有历史题材的痕迹——由《水浒传》中武松杀潘金莲的故事衍化而来。《红楼梦》继承、发展了《金瓶梅》的现实性,成为中国古代小说的顶峰。而在五四前后,引进了欧洲现代小说形式,中国小说才具有了现代形态。

中国短篇小说的起源主要有二,一是文人笔记小说,《聊斋志异》为其代表；一是市井故事，“三言”、“二拍”为其代表。这两种是主要的，此外还有佛教的“俗讲”，也是小说的起源之一。

小说因篇幅长短又划分为长篇小说、中篇小说和短篇小说。一般称几万字以下的小说为短篇小说；十万字左右的小说为中篇小说；二十万字以上的小说为长篇小说。但是，长、中、短篇小说的区分不仅在篇幅长短，更在其容量，这是划分的内在依据。

长篇小说容量大、人物众多、情节复杂，往往有多条线索，社会背景广阔，时间跨度也较大，可以叙述人的一生甚至几代人的生活（如《百年孤独》）。因此，长篇小说对社会生活的展现有相当的深度和广度，可以表达复杂、深刻的主题思想。

短篇小说人物少，情节单一，时间跨度小，往往是描写短时间发生的事，有时没有完整的情节，它的社会背景和环境也比较简单，展现的社会生活也集中于某一点。短篇小说以对生活的一点感受为基础，不一定再现完整的事件和人的命运，而只撷取生活的某一片段；也不一定塑造完整的人物性格而只突出性格的某一侧面。短篇小说对人和生活侧面的描写，同样可以表达深刻的主题思想，具有强烈的审美感染力。如都德的《最后的一课》，只讲述了普法战争期间一个小学里最后的一节课，却表达了法国人民不甘屈服的爱国主义精神。

中篇小说介于长篇小说和短篇小说之间，但它不是长篇小说的压缩和短篇小说的拉长。中篇小说有自己的容量。一方面，它有完整的事件过程，人物关系也不那么单一，因此不同于短篇小说；另一方面，它的人物较少，情节不那么复杂，展现的社会背景也有限，故不同于长篇小说。当然，具体作品各有不同，有的中篇比较接近长篇小说，而有的比较接近短篇小说。

二、诗歌

诗歌包括抒情诗和叙事诗两种，以抒情诗为代表。中国古代的主要文学形式就是抒情诗。中国古代文论最早对诗歌的规定是“诗言志”，认为诗歌是主观思想感情的抒发，这与西方文论的“模仿现实”说不同。后来又进一步提出了“诗缘情而绮靡”的说法，不仅揭示了内容的表情性质，也揭示了诗歌的形式美特征，所谓“绮靡”即区别于日常语言的表达方式，诗歌是有所修饰的语言表达。

诗歌的基本形式特征有：

第一，分行，押韵、有鲜明的节奏和韵律，富于音乐性和形式美，适宜情感抒发。诗歌从原始巫术仪式脱胎而成，因此早期艺术是诗、乐、舞不分的，这就使诗歌在独立后仍然保留着音乐性。诗歌分行，以为区别于散文语言，作用是打断语言的叙事性，而以其节奏、韵律突出表情性。同时，又以句尾的韵脚形成各个诗句之间的呼应，造成整体性，从而具有音乐的美感。请看白居易的《琵琶行》中的诗句：

……

大弦嘈嘈如急雨，

小弦切切如私语。

嘈嘈切切错杂弹，

大珠小珠落玉盘。

……

这里不仅用“急雨”、“私语”、“大珠小珠落玉盘”来比喻弹奏的乐曲之美，还用了“嘈嘈”、“切切”叠字以及并置重复“嘈嘈切切”来模仿琵琶的声音变化；还运用平仄节奏和韵脚的变化（“雨—语”，“弹—盘”）来造成音乐的动感，描绘出一个美妙的音乐形象。

中国古代格律诗有严整的格律，富于和谐之美。现代自由体诗歌打破了格律的限制，形式较为自由，不要求固定的格律，甚至也不要求一定押韵，但仍讲求内在韵律、节奏，表达复杂的情感波动。如徐志摩的《再别康桥》就是一首极富韵律感的现代诗：

轻轻的我走了，

正如我轻轻的来；

我轻轻的招手，

作别西天的云彩。

……

悄悄的我走了，

正如我悄悄的来；

我挥一挥衣袖，

不带走一片云彩。

全诗抑扬顿挫、跌宕起伏，细致地表达了诗人的惜别深情，并且创造了梦幻般的意境。

第二，诗歌语言凝练、鲜明、富有特殊的表现力。诗歌讲求“炼句”和“炼字”，每一个字都必须是最适合的，不能有一个不恰当的、不能有语言的浪费。中国古代诗歌有“诗眼”之说，如“春风又绿江南岸”中的“绿”字；“僧敲月下门”中的“敲”字；“红杏枝头春意闹”的“闹”字就是诗眼，这些诗眼典型地体现了诗歌语言的凝练和表现力。

第三，诗歌的语句和情感表达富有跳跃性，给想象留下了广阔的空间。诗歌以抒情见长，不重细致的描写，也可以不遵照逻辑顺序叙事，它要按照情感的逻辑，用凝练的语言和跳跃的句式打破叙事逻辑，表达情感体验，并且充分发挥想象力，创造审美意境。如李白的《将进酒》：

君不见黄河之水天上来，

奔流到海不复回。

君不见高堂明镜悲白发，

朝如青丝暮成雪。

人生得意须尽欢，

莫使金樽空对月。

天生我材必有用，

千金散尽还复来。

……

这首诗想象奇诡，情感跳跃多变，由黄河入海联想到青春易逝；从悲叹人生短促忽而又转向及时行乐，忽而又转向建功立业的自信，极富于感染力。

抒情诗不以叙事为主要描写手段，它通过对情感体验的描述来感染人。囿于情感表现的时间限度，抒情诗一般较短，只抒发某一时刻的情感。当然，也有的抒情诗篇幅较长，抒发的思想感情也比较复杂，但这种作品不多见。抒情诗不以人物形象的塑造为主要目的，而是以创造意境为最高目标。意境是中国古代诗歌理论的范畴，后来王国维进行了深入的阐释，成为中国文论的一大贡献。意境或境界是指诗歌所创造的审美世界，它是审美体验（意）与审美对象（境）的融合；它区别于现实体验和现实世界，是一种超越的审美境界。如果说，小说以人物形象的成功为目标的话，那么，诗歌则以意境创造为成功的标志。

叙事诗使用诗歌语言进行叙述描写，它兼有再现（叙事）性和表现（抒情）性，但再现性是主要的，它既要创造审美意境，又要塑造人物形象，因此与抒情诗有别而归入叙事文学。叙事诗较多地继承了史诗形式，史诗就是一种叙事诗。叙事诗一般较抒情诗篇幅长，包括许多段落、章节。它叙事的事件不同于小说、戏剧，往往是激动人心的、富于情感色彩的故事。叙事诗与小说等其他叙事文学相比，情节较单纯、人物不多，性格鲜明，叙事简要，把笔墨集中在易于抒发情感的场面，以创造抒情的效果。

歌词也可以看作诗歌的一种，它是配乐的诗。诗本来就可以与音乐结合在一起演唱，如汉代的乐府诗就是歌词，后来诗与歌分家，只是在名称上还保留着原来的痕迹——诗歌。歌词是用来唱的，因此与一般的诗歌有所不同，主要表现为：情感意象要更鲜明、单纯，以便易于理解。这意味着歌词的语言要简练、明确、概括，不能太婉转、复杂、细致，否则就不易于理解，也就不适合歌唱。此外，歌词的节奏也更简单、明快，而不能太复杂、凌乱，这样才能符合乐曲的节奏。

三、散文

散文是用有文学性的语言来表达思想感情的文体，因此又被称为美文。散文的范围很广，只要不属于诗歌、小说、剧本等体裁而又有文学性的文体都可以归入散文范围。散文是一种自由、散漫的文体，它可以叙事，但又不要求有完整的情节，也不必以性格塑造为目的；它可以抒情，但又不受诗歌格律的限制。散文往往有实用性，如发表政论、记述史实、介绍风土人情等，但又必须有文学性和审美价值。散文的特点是：

第一，题材广阔，内容丰富多彩，可以选取日常生活中的各种事件和抒发各种生活感受。无论是对自然风光的描写，还是对社会现象的评论，或者是对生活现象的特殊体验，对往事的感怀，乃至对身边小事的感想，都可以纳入散文的描写范围。因此，许多大作家都有优美的散文作品传世，如，鲁迅就有《野草》等抒情散文集和更多的杂文作品；朱自清、周作人等散文大家的作品同样脍炙人口。

第二，散文描写身边的人和事以及日常生活体验，是一种相当私人化的文体。如周作人的闲适小品、林语堂的幽默小品、朱自清的散文诗都是发自个人的生活体验。即使是选取社会性题材，如政论性杂文，也是以个人化的视角和语气来写作，而不同于一般政论文。如鲁迅的杂文，虽然有很高的思想性、很强的政论性，但又完全是个人化的写作，它嬉笑怒骂、纵横捭阖，体现了作家冷峻、尖刻的战斗风格。散文比其他文学体裁要更随意、更平易近人和贴近日常生活。

第三，形式自由灵活、短小精练。散文不像诗歌、小说、剧本等体裁那样规范化，它没有固定的格式，可以充分地自由创造。散文可以把议论、抒情、叙事、描写熔为一炉，随意发挥。但散文也不是毫无规律、毫无章法，它有自己的内在结构，它必须符合审美规律。散文体裁要求形散而神不散，表面上要散，广征博引、纵横捭阖、古今中外、社会自然，兴之所至，无所不谈；但实质上又围绕着中心展开，或一针见血，或旁敲侧击，或直抒胸臆，或烘托熏染，都意在突出主题，从而造成了一个内在的、无形的整体结构。能够放得开、收得拢才是散文写作的诀窍。此外,由于散文不以故事情节取胜,因此一般篇幅不长,短小精练,适宜在闲暇时浏览。

第四,散文的语言要求简洁、自然、优美。散文不能像小说、戏剧那样以故事情节取胜,也不具有像诗歌那样的音韵、节奏等形式美的魅力,它只能用生活的语言来表达思想感情。这就要求它除了内容的亲和性外,还要求语言有特殊的魅力。散文语言应该是简洁的,因为非故事化的冗长、拖沓的描写会令人生厌。散文的语言应该是自然的,因为散文是贴近日常生活的,矫揉造作的语言只会损害思想内容的表达。散文语言应该是优美的,不同于粗糙的日常语言的枯燥的实用文体的语言,它必须调动各种修辞手段和带有文学性的描写方法,用语言自身的魅力来抓住读者。

散文包括许多具体的样式,大体上可以归为抒情性散文、记叙性散文和议论性散文三种。

抒情性散文是以抒发作者在生活中的情感体验为主的散文样式。它可以是写景抒情,如朱自清的《荷塘月色》;也可以是咏物抒情,如茅盾的《白杨礼赞》;还可以直接抒发情感,如鲁迅的《野草》。抒情散文有浓厚的诗情画意,有的被称为散文诗,有的被称为小品文。

记叙性散文是以描述人物事件为主的散文样式,当然也有抒情和议论的成分。它包括纪实文学(或报告文学)、传记文学、回忆录、游记等。记叙性散文在形式上、内容上与小说有所不同,它要求记叙的事件是真实的,不能虚构,但又允许细节的合理想象;结构上也较散漫、自由,不要求情节的完全连贯、冲突的戏剧性等,但又要有某种对人物、事件描写的文学性,以增强吸引力。

议论性散文是以论说为主的散文样式。它不同于一般论说文,不是用抽象的逻辑推论,而是用生动形象的语言,抓住生活中的典型人物或事件来说理,因此它既有鲜明的思想性,又有强烈的感情色彩。议论性散文包括杂文、随笔、各种议论性的小品文(讽刺小品、历史小品、时事小品、科学小品等)。鲁迅的杂文是议论性散文的经典之作。

第三节　文学体裁(下)

一、戏剧文学

戏剧是表演艺术,它属于综合艺术。董健等认为:戏剧是一种集众多艺术于一体的综合性艺术;戏剧是史诗的客观叙事性与抒情性的主观叙事性这二者的统一;戏剧是包括编剧、导演、演员、作曲、舞台美术、剧场、观众在内的多方面艺术人才的集体性创造;戏剧艺术是具有现场直观性、双向交流性与不可完全重复的一次性艺术。①

戏剧文学是戏剧的文学脚本,它不是直接给人看的,而是供演出用的,因此它的结构要适应舞台调度。同时,它的语言也主要是人物对话和独白,还有说明性语言,作为导演和演员的演出提示。戏剧包括话剧、歌剧等具体样式,中国的戏曲属于歌舞剧范围。话剧使用生活语言,以对白为主。歌剧语言以唱词为主,唱词主要是诗歌一样的韵文,而非口语式的对话。

普通戏剧文学的第一个特点是语言的口语化和动作化。戏剧语言主要是人物对话,因此它必须符合人物的性格、身份,而且还要生活化。性格化的对话是戏剧文学塑造人物形象的主要手段,而使用生活气息浓厚的口语可以最鲜明地表现人物性格。如老舍的话剧《茶馆》就依据人物的身份、性格,设计了有北京味的口语对话,使人物活灵活现。戏剧语言还要有动作性,避免脱离舞台动作的冗长的对话和独白,因为戏剧把人物动作呈现于观众面前,具有鲜明的直观性,所以人物语言必须配合舞台动作,必须能够暗示、引起人物行动,这样的语言才是有生命的。戏剧语言还包括潜台词,就是指台词的言外之意。人物语言不要太直露,要有言外之意。潜台词是人物语言在特殊语境、气氛中暗示的意义,是人物真正想说而又未能直接说出

---

① 参见董健、马俊山:《戏剧艺术十五讲》,北京大学出版社2004年版,第13—22页。

来的话，因此它更深刻、更有意义，能够引起观众的注意和思考。对歌剧、戏曲而言，唱词不一定要口语化，但要适合人物性格；同时还要强调语言的文学性，要富有诗意，如《西厢记》写崔莺莺送别张生时的唱词："碧云天，黄花地，西风紧，北雁南飞。晓来谁染霜林醉，总是离人泪。"这段唱词优美高雅，既符合小姐的身份、教养，又是一首好诗，给人以美的享受。

戏剧文学的第二个特点是有尖锐的戏剧冲突。戏剧作为表演艺术，注重人物的行动，而行动要在戏剧冲突中展开。戏剧要集中地表现社会矛盾和人物的内心冲突，这些冲突是戏剧吸引人的特殊之处。在戏剧冲突中，剧情得以展开，人物性格和命运以及剧中的主题思想得以呈现。戏剧冲突包括人与人之间的冲突，也包括人的内心世界的冲突，两种冲突往往纠结在一起，使主题得以深化。如在《哈姆雷特》中，既有主人公与克劳狄斯的外在冲突，又有哈姆雷特的内心冲突——他对生与死、善与恶的思考以及对行动的犹豫。正是这种内在的冲突才赋予剧作以思想的深度，使其超越了一般复仇题材的作品。现代戏剧的情节淡化，人物之间的冲突也被内心世界的冲突压倒，从而凸显了现代人精神世界的危机，如《等待戈多》就不是以人物之间的冲突为主要线索，而是以两个主人公的希望、焦急和绝望的内心焦虑为主要线索。

戏剧文学的第三个特点是人物、事件、时间、场景高度集中。由于舞台演出限制，要求戏剧文学不同于其他叙事文学，不能有太多的人物、太多的事件、太多的场景变换，演出时间也不能太长。中国古代剧作家李渔提出"立主脑"、"减头绪"、"密针线"，就是要使戏剧的情节单一化，去掉不必要的人物、事件。欧洲古典主义中的戏剧"三一律"(事件、时间、地点的单整化)，尽管有过分束缚创作的弊病，但也以矫枉过正的方式确立了戏剧的规范。

戏剧文学还有多种分类，按照容量大小可以区分为独幕剧和多幕剧；按照内容和审美特征可以区分为悲剧、喜剧和正剧。

二、影视文学

影视文学主要是电影和电视剧的文学剧本，也包括其他一些非叙事类的电影、电视作品文学剧本。

影视文学的第一个特征是以视觉画面的塑造为主要手段。影视是综合艺术，它使用了语言、视觉形象、音乐等手段，但它又主要是视觉艺术，通过镜头的移动给观众提供活动的视觉画面，来塑造艺术形象，而其他艺术手段是辅助的、次要的，并且要为视觉画面服务。影视文学作为电影和电视剧的文学剧本必须适应这个特点，以配合视觉画面的创造为中心任务。这就是说，影视文学不同于一般的叙事文学，它不是通过语言描写直接塑造文学形象，而是用语言的提示来为视觉形象塑造提供想象空间。一些文学描写手法在这里就可能不适用了，如人物的心理描写，在影视文学中就只能以镜头画面来表现，像人物表情的特写镜头、人物的特定动作或是景物、环境的烘托和气氛的渲染。另外，影视文学区别于戏剧文学的另一个方面，就在于它不受场地的限制，更适于宏大场面的展现，也更适于细节的描写。

影视文学的第二个特征是画面的流动性。影视文学与戏剧文学的一个区别就是，戏剧文学的场景较为固定，因此情节的展开以人物对话为主；影视文学以镜头的移动造成流动的画面，因此情节的展开以动作为主。影视文学就是通过各种动作性画面来叙述一个完整的故事，塑造视觉化的文学形象。影视文学与戏剧文学相比，更适于事件过程的描述，也就有更精彩的情节和故事性。与此相应，影视文学的人物对话语言也就要求精练，尽量以画面的展示来代替语言的表现，对话过多，影片就会显得沉闷，失去吸引力。影视与戏剧有不同的艺术特质，戏剧剧本如果被改编为电影或电视剧，必须在情节、场面、对话上做很大的改变，以适应影视文学的规律，而不能原样移植。

影视文学的第三个特征是结构的跳跃性。电影和电视剧是镜头的组接，因此有极大的自由，画面的流动不限于按照时间、空间顺序自然排列，而且可以打破时空顺序自由地组接,造成结构的跳跃性,这正是它不同于戏剧文学的优势所在。这种结构的跳跃性典型地表现为蒙太奇手法。所谓蒙太奇是指打破时间、空间和情节秩序而产生特殊效果的镜头的组接。影视艺术可以运用蒙太奇手法来组接镜头,产生特殊的意义:①隐喻、象征意义,如英雄倒下的镜头组接青松挺立的镜头以表现英雄的伟大;②连接不同的时间和空间,如描写一个人从儿童到成年,可以把母亲晃动摇篮的镜头与这个人长大后晃动摇篮的镜头组接在一起,暗示主人公的成长和时光的流逝;③表现某种情绪、观念,如俄国影片《战舰波将金号》中的"敖得萨阶梯"一段,通过军队射击、鲜血、混乱的人群、长长的台阶、愤怒的石狮子等镜头的组接,表现了残暴、混乱和恐怖的气氛,表达了对沙皇军队暴行的愤怒谴责。除蒙太奇手法外,影视文学的跳跃性结构还表现为它可以通过镜头的移动,来表现回忆、倒叙、插叙、意识流、幻想、幻象、梦境乃至时空倒错等,从而使影视文学显示出极大的表现力。

电视文学除了有上述影视文学的共同特点外,还有自己的特殊性。一是电视文学较之电影文学更注重人物语言,这是由于电视的画面较小、清晰度有限,因此要更多地运用语言来叙事,这既包括人物语言,也包括叙事人的解说和旁白。二是出于商业的需要以及观众在家庭观赏的余暇性,电视剧可以分成若干集,比电影更少受时间的限制,形成多集电视连续剧。三是与上一条相关,电视剧节奏相对慢一些,叙事可以详细一些,枝节可以多一些,如此就出现了所谓的"肥皂剧"。四是电视剧要尽快地吸引住观众,就必须在较短的时间内进入剧情,展开冲突,达到高潮。

本章参考书目

1.[苏联]莫·卡冈:《艺术形态学》,凌继尧、金亚娜译,生活·读书·新知三联书店1986年版。

2.[英]阿·尼柯尔:《西欧戏剧理论》,徐士瑚译,中国戏剧出版社1985年版。

3. [意]艾柯等:《结构主义和符号学——电影理论译文集》,李幼蒸选编,生活·读书·新知三联书店 1989 年版。

4. (唐)司空图:《二十四诗品》,罗仲鼎、蔡乃中校注,浙江古籍出版社 2013 年版。